U0955677

21世纪普通高等院校系列规划教材

导游基础知识

Daoyou Jichu Zhishi

（第三版）

主 编 李兴荣 李巧玲

西南财经大学出版社

图书在版编目(CIP)数据

导游基础知识／李兴荣,李巧玲主编．—3 版．—成都:西南财经大学出版社,2018.8

ISBN 978-7-5504-3350-2

Ⅰ.①导…　Ⅱ.①李…②李…　Ⅲ.①导游—资格考试—自学参考资料　Ⅳ.①F590.63

中国版本图书馆 CIP 数据核字(2018)第 003629 号

导游基础知识(第三版)

主编　李兴荣　李巧玲

责任编辑:高小田

助理编辑:陈璐

封面设计:杨红鹰　张姗姗

责任印制:朱曼丽

出版发行	西南财经大学出版社(四川省成都市光华村街 55 号)
网　　址	http://www.bookcj.com
电子邮件	bookcj@foxmail.com
邮政编码	610074
电　　话	028-87353785　87352368
照　　排	四川胜翔数码印务设计有限公司
印　　刷	四川五洲彩印有限责任公司
成品尺寸	185mm×260mm
印　　张	18.75
字　　数	421 千字
版　　次	2018 年 8 月第 3 版
印　　次	2018 年 8 月第 1 次印刷
印　　数	1—2000 册
书　　号	ISBN 978-7-5504-3350-2
定　　价	39.80 元

编辑委员会

主　编　李兴荣　西华师范大学管理学院副院长 高级经济师

　　　　李巧玲　南充职业技术学院 副教授

副主编　吴　勇　西华师范大学国土资源学院 教授

　　　　王晓晴　南充技师学院 博士

编　委　蒋晓春　西华师范大学历史文化学院 博士 教授

　　　　熊　梅　西华师范大学历史文化学院 教授

　　　　马建刚　四川警察学院 教授

　　　　陈　英　南充职业技术学院 副教授

　　　　张明川　西华师范大学管理学院 副教授

　　　　池洪涛　南充技师学院 讲师

　　　　石咏梅　西华师范大学管理学院 讲师

前 言

为满足二本院校旅游管理专业和理工类本、专科人文社科公共课教学的需要，提升旅游管理专业学生和理工类本、专科学生的人文素养，西南财经大学出版社组织西华师范大学、四川警察学院、南充职业技术学院、南充技师学院共同编写了这本《导游基础知识》教材，作为21世纪普通高校系列规划教材之一，公开出版、面向全国发行。同时，本教材作为四川省高等教育人才培养质量与教学改革重点项目——“高校旅游人才培养模式设计、应用及评价”课题（项目编号：P09271）的教材建设的基础工程，得到四川省教育厅立项和经费支持。该教材被评为四川省“十二五”普通高等教育本科规划教材。本书在第二版的基础上做了修订和补充。

本书主要介绍中国历史文化，中国旅游景观，中国民族民俗，中国四大宗教，中国古代建筑，中国古典园林，中国饮食文化，中华茶艺文化，中国风物特产，中国旅游文学，中国台湾、香港、澳门地区和主要客源国概况等方面的基础知识。

本书是旅游管理专业的基础课教材，旨在为学生在毕业之前顺利通过全国导游资格考试提供帮助；同时，也是理工类本、专科“人文社科基础”公共课教材，可以帮助大学生拓宽知识面、提高人文素养，培养其跨岗位、跨职业、跨学科的关键能力。

全书由十一章正文和三个附录构成。其中第一章由西华师范大学历史文化学院熊梅撰稿，第二章由西华师范大学国土资源学院吴勇撰稿，第三章由西华师范大学管理学院石咏梅撰稿，第四章、第九章由南充职业技术学院李巧玲撰稿，第五章由西华师范大学历史文化学院蒋晓春撰稿，第六章由南充职业技术学院陈英撰稿，第七章由西华师范大学管理学院张明川撰稿，第八章由西华师范大学管理学院李兴荣撰稿，第十章由南充技师学院池洪涛撰稿，第十一章由四川警察学院马建刚、南充职业技术学院李巧玲撰稿。全书由李兴荣、李巧玲主编，负责大纲的制定、书稿的修改和审定工作，吴勇、王晓晴任副主编。本书在编写过程中注重语言的通俗性，适当关注四川省的乡土材料，注意吸收学术界的最新成果。本书结合每章主题及导游资格考试大纲的要求，设置了复习思考题以帮助学生对每章的重点进行思考和深刻理解，同时配有本教材的电子课件。

本书编写过程中，参阅了国内外同行的有关教材和资料（参考文献见书后），有的还未来得及知会，在此谨向有关文献的作者表示真诚的感谢。由于时间仓促，加之水平有限，本书尚存诸多不足之处，敬请海内外同行及广大学子批评斧正，以便修改完善。来函请发 E-mail：263723475@163.com。

编 者

2018 年 8 月

目　录

第一章　中国历史文化

第一节　中国古代朝政概略

一、中国历史朝代演进

1. 朝代更迭概况

公元前 21 世纪，禹传位于自己的儿子启，突破“禅让制”的传统，代之以“家天下”的王位世袭制，建立了中国历史上的第一个国家“夏”。

公元 16 世纪，生活于黄河下游的古老部落商，在其首领汤的领导下攻击夏桀，夏朝灭亡，商朝建立。

公元前 1027 年，周武王联合各个部落讨伐商，商朝灭亡，周朝建立，建都镐京（今陕西西安），史称西周。至公元前 770 年周平王时期，周朝的国都迁到今河南洛阳，西周结束。东周（公元前 770—前 256 年）开始。

公元前 770 年至公元前 476 年，因与孔子编订的鲁国史书《春秋》的起止年代相当而被称为春秋时期。公元前 476 年至公元前 221 年，经过诸侯国接连不断的兼并战争，原来的一百多个国家只剩下二十多个，其中最强大的有齐、楚、秦、燕、赵、魏、韩七国，史称“战国七雄”，这一阶段被后人称为战国时期。

公元前 230 年到前 221 年十年间，秦国先后灭掉了其他六国，最终完成统一大业，建立了中国历史上第一个统一的专制主义中央集权王朝——秦朝。

公元前 206 年，秦王朝在农民起义的浪潮中被颠覆。公元前 202 年“楚汉战争”结束，以刘邦为首的地主集团建立了新的政权，国号为汉，定都长安，史称西汉。

西汉末年，社会矛盾日益突出，公元 9 年，外戚王莽篡夺政权，建国号“新”，但是很快被绿林、赤眉农民起义推翻。公元 25 年，原汉室支系后裔刘秀称帝，重建汉朝的统治，因定都洛阳，史称东汉。

东汉末年爆发了黄巾起义，在镇压起义的过程中，各地豪强军阀势力迅速发展，最终形成了以曹操、刘备、孙权为首的三个势力较强的武装集团。曹操“挟天子以令诸侯”，占据中原。公元 220 年，曹丕代汉称帝，改国号魏，史称曹魏；刘备踞益州，公元 221 年，刘备在成都称帝，定国号为汉，史称蜀汉；同年，孙权在建业（今江苏南京）称吴王，公元 229 年改称皇帝，建立吴国，史称东吴。至此，三分天下的局面正式形成，历史进入三国时期。

公元253年，魏灭蜀，但此时曹魏政权已旁落于司马氏之手。公元265年，司马炎代魏称帝，定都洛阳，建立晋朝，史称西晋。公元280年，灭东吴，西晋完成统一。公元316年，匈奴攻入长安，俘虏了西晋皇帝，西晋灭亡。

在南方，先后有东晋和南朝政权。公元317年，司马睿为避战乱而南迁，重建晋朝，在建康（今江苏南京）称帝，史称东晋。

公元420年，东晋大臣刘裕废晋帝自立，东晋结束，南朝开始。南朝是指南方相继出现的宋、齐、梁、陈四个朝代，直到公元589年，隋朝政权灭陈，南朝结束，南北对峙的局面才宣告结束。

在北方，公元439年，鲜卑族拓跋氏统一了混战于黄河流域的北方各国，建立了北魏王朝。公元534年，北魏分裂成东魏和西魏。公元550年，东魏为高欢取代，建立北齐；公元557年，西魏为宇文觉所取代，建立了北周。公元577年，北周灭掉北齐，统一了北方。公元581年，北周大将杨坚取代周静帝，北周宣告结束，隋朝建立。

公元618年，唐朝取代了隋朝。公元907年，唐朝灭亡以后，中国历史再一次进入了大割据时期，直到公元960年北宋建立。在动荡的54年间，北方地区军阀混战，先后出现了后梁、后唐、后晋、后汉和后周五个较强大的王朝。南方陆陆续续并存过九个较小的割据政权，分别是吴、南唐、吴越、楚、前蜀、后蜀、南汉、南平及闽九国，北方河东地区还有北汉势力，历史上称这段时期为“五代十国”。

公元960年，后周的大将赵匡胤在东京（今河南开封）东北的陈桥驿以黄袍加身，发动“陈桥兵变”，建立宋朝，定都东京，史称北宋。

公元1127年，北宋都城被金攻占，宋徽宗和他的儿子宋钦宗被俘，北宋灭亡。北宋灭亡后，原任河北兵马大元帅的赵宋皇族康王赵构在金军退走之后于临安（今杭州）即位，仍沿用大宋国号，史称南宋。

五代十国时期，由于战乱导致边防松弛，契丹族在蒙古草原不断向外掠夺扩张，势力不断壮大。公元916年，首领耶律阿保机仿照唐制建立了自己的政权，取国号为契丹。公元947年，正式改名为辽，成为一个与北宋对峙的封建王朝。公元1218年，辽被蒙古所灭。

西夏是党项族建立的政权，主要统治区域在今天的宁夏回族自治区、陕西省北部、甘肃省西北部、青海省东北部和内蒙古自治区一部分。公元1038年，党项族首领李元昊正式称帝，国号大夏，定都兴庆府（今宁夏银川市），史称西夏。

金是女真族建立的王朝，由于长期受到辽的压榨和欺辱，首领完颜阿骨打向辽统治者宣战，于公元1115年称帝建国，国号大金。此后金陆续打败了辽和北宋，迁都至汴京（今河南开封）。公元1234年，金被蒙古所灭。

公元1206年，蒙古首领铁木真统一了蒙古各部，建立蒙古国，并率军不断向外征战，先后灭掉辽、西夏、金政权。公元1271年，忽必烈宣布建国，国号为元，次年定都北京，公元1279年灭南宋，正式统一中国。

元末爆发了红巾军农民起义，元朝统治被推翻。原红巾军首领朱元璋于公元1368年在南京正式称帝，建立明王朝，公元1387年统一中国。明成祖（燕王朱棣）

于公元 1420 年正式迁都北京。

建立清朝的满族早先活动于今东北地区，称女真族。明万历十年（1616 年），努尔哈赤统一女真各部，定国号为金，史称“后金”。公元 1636 年，皇太极称帝，改“金”为“清”，改女真为满族。公元 1644 年，清人关开始了对全国的统治。

1912 年 1 月 1 日，孙中山领导的中华民国南京临时政府正式宣告成立。1912 年 2 月，清帝逊位，清朝结束。

2. 朝代记忆法

（1）记忆顺口溜

黄尧虞舜夏商周，春秋战国乱悠悠，秦汉三国西东晋，南朝北朝是对头，隋唐五代十国乱，宋元明清帝王休。

（2）记忆口诀

唐尧虞舜禹，夏商与西周，东周分两段，春秋与战国，一统秦两汉，三分魏蜀吴，两晋前后延，南北朝并立，隋唐五代传，宋元明清后，王朝至此完。

（3）中国历史歌

盘古开天神话传，三皇五帝数千年。炎帝黄帝华夏祖，尧舜禹王位让贤。夏商西周奴隶制，东周列国变封建。秦汉统一开疆域，三国纷争起战乱。西晋东晋南北朝，隋唐疆域又扩展。五代十国闹割据，宋辽夏金归大元。明朝船队下西洋，清朝锁国被破关。民国内战加外战，人民共和开新篇。

3. 历史纪年表

表 1-1　　中国历史纪年表

<table>
<tr><td colspan="5">三皇五帝：“三皇”指伏羲、燧人、神农；　“五帝”指黄帝、颛顼、帝喾、唐尧、虞舜</td></tr>
<tr><td colspan="2">朝代</td><td>年代</td><td>都城</td><td>开创者</td></tr>
<tr><td colspan="2">夏</td><td>约公元前 2070—前 1600 年</td><td>安邑（山西夏县）</td><td>禹</td></tr>
<tr><td colspan="2">商</td><td>约公元前 1600—前 1046 年</td><td>亳（河南商丘）</td><td>汤</td></tr>
<tr><td rowspan="2">周</td><td>西周</td><td>公元前 1046—前 771 年</td><td>镐京（陕西西安）</td><td>周文王姬发</td></tr>
<tr><td>东周</td><td>公元前 770—前 256 年</td><td>洛邑（河南洛阳）</td><td>周平王姬宜臼</td></tr>
<tr><td colspan="2">秦</td><td>公元前 221—前 206 年</td><td>咸阳（陕西咸阳）</td><td>始皇帝嬴政</td></tr>
<tr><td rowspan="3">汉</td><td>西汉</td><td>公元前 202—公元 8 年</td><td>长安（陕西西安）</td><td>汉高祖刘邦</td></tr>
<tr><td>新</td><td>9—23 年</td><td>长安（陕西西安）</td><td>王莽</td></tr>
<tr><td>东汉</td><td>25—220 年</td><td>洛阳（河南洛阳）</td><td>汉光武帝刘秀</td></tr>
</table>

表 1-1（续）

朝代			年代	都城	开创者
三国	魏		220—265 年	洛阳（河南洛阳）	魏文帝曹丕
	蜀		221—263 年	成都（四川成都）	汉昭烈帝刘备
	吴		222—280 年	建业（江苏南京）	吴大帝孙权
两晋	西晋		265—317 年	洛阳（河南洛阳）	晋武帝司马炎
	东晋		317—420 年	建康（江苏南京）	晋元帝司马睿
南北朝	南朝	宋	420—479 年	建康（江苏南京）	宋武帝刘裕
		齐	479—502 年	建康（江苏南京）	齐高帝萧道成
		梁	502—557 年	建康（江苏南京）	梁武帝萧衍
		陈	557—589 年	建康（江苏南京）	陈武帝陈霸先
	北朝	北魏	386—534 年	平城（山西大同） 洛阳（河南洛阳）	魏道武帝拓跋珪
		东魏	534—550 年	邺（河北临漳）	魏孝静帝元善见
		西魏	535—556 年	长安（陕西西安）	魏文帝元宝炬
		北齐	550—577 年	邺（河北临漳）	齐文宣帝高洋
		北周	557—581 年	长安（陕西西安）	周孝闵帝宇文觉
隋			581—618 年	长安（陕西西安）	隋文帝杨坚
唐			618—907 年	长安（陕西西安）	唐高祖李渊
五代十国	后梁		907—923 年	汴（河南开封）	梁太祖朱晃
	后唐		923—936 年	洛阳（河南洛阳）	唐庄宗李存勖
	后晋		936—947 年	汴（河南开封）	晋高祖石敬瑭
	后汉		947—950 年	汴（河南开封）	汉高祖刘暠
	后周		951—960 年	汴（河南开封）	周太祖郭威
	十国		902—979 年	吴、前蜀、吴越、楚、闽、南汉、荆南（南平）、后蜀、南唐、北汉等国，历史上叫作“十国”，实际却不止十个。	
宋	北宋		960—1127 年	开封（河南开封）	宋太祖赵匡胤
	南宋		1127—1279 年	临安（浙江杭州）	宋高宗赵构
辽			907—1125 年	上京（蒙古巴林左旗）	辽太祖耶律阿保机
大理			937—1254 年	大理（云南大理）	太祖段思平
西夏			1038—1227 年	兴庆府（宁夏银川）	景宗李元昊
金			1115—1234 年	会宁（黑龙江阿城） 中都（北京）开封	金太祖完颜阿骨打

表 1-1（续）

朝代	年代	都城	开创者
元	1206—1368 年	大都（北京）	元太祖成吉思汗
明	1368—1644 年	北京	明太祖朱元璋
清	1616—1911 年	北京	清太祖努尔哈赤
中华民国	1912—1949 年	南京	孙中山
1949 年 10 月 1 日中华人民共和国成立			

二、中国古代皇室名位

1. 帝王皇室成员称谓

（1）太皇太后、皇太后、皇后、嫔妃

太皇太后：皇帝的祖母。

皇太后：皇帝的母亲。

皇后：皇帝的正妻。

嫔妃：皇帝诸妾的通称，具体有美人、贵人、才人、昭仪、婕妤、贵妃、贵嫔等称号。

（2）皇太子、皇太孙

皇太子：皇帝诸子中皇位的法定继承人，也称“太子”。

皇太孙：由皇帝册立的有皇位继承权的嗣孙。

（3）公主、驸马

公主：皇帝之女。汉代皇帝的姊妹称长公主，皇帝的姑母称大长公主。后代有所不同，有的以“长”指排行。

驸马：魏晋以后指皇帝的女婿，清代称“额驸”。

2. 古代皇帝名号全称

（1）王、天子

奴隶社会中最高统治者可称“后”“王”“天子”。“后”“王”的称谓源自原始社会。夏、商、周三代的最高统治者都称为“王”，“天子”之称谓出现于西周。自周王室衰微后，诸侯国的君主也有称“王”的，如楚庄王。战国时各大诸侯国的君主均称为“王”。汉代开始，分封的诸侯称“王”，也有封爵称“王”的。

（2）皇帝

秦王嬴政认为自己“德兼三皇，功高五帝”，将“皇”和“帝”连起来开始称“皇帝”，为封建社会中历代君主沿用。“皇帝”也简称为“皇”或“帝”，如“唐明皇”“汉武帝”。“皇帝”的父亲被尊称为“太上皇”。

我国古代还形成了一套系统严密、不容僭越的名位制度。

①谥号

谥号是古代对死去的帝王、大臣、贵族按照其生平事迹进行评定后，给予或褒或贬或同情的称号。

②庙号

帝王死后，其继承者立庙奉祀，追尊为“某祖”“某宗”的名号即为庙号。

③尊号

封建社会对帝后在生前或死后奉上的尊崇颂扬性的称号即为尊号，有时也称为“徽号”，如“太上皇”“皇太后”“高皇帝”（刘邦）等。

④全称

全称即庙号、尊号、谥号的合称。如乾隆皇帝（弘历）的全称为“高宗法天隆运至诚先觉体元立极敷文奋武钦明孝慈神圣纯皇帝”，其中“高宗”为庙号，“纯”为谥号，其余均为尊号。

⑤年号

年号是封建帝王即位后为纪年而设置的称号，如“雍正”“乾隆”。

⑥陵号

封建皇帝陵寝的名字叫陵号，始于西汉，如茂陵、长陵、阳陵、孝陵、杜陵等。

三、中国古代著名都城

因特殊的地位，历代的国都往往大兴土木，着意修建，对全国其他城市的建筑都有特殊的影响。在众多著名的都城中，它们的历史熠熠生辉：

1. 西安

西安古称沣京、镐京、长安、常安、大兴、西京，现为陕西省省会、国家级历史文化名城，位于关中平原的渭河南岸，背依秦岭，沃野千里，号称“八百里秦川”。从奴隶制臻于鼎盛的西周，到封建社会达到巅峰状态的唐王朝，先后有西周、西汉、新、西晋（愍帝）、前赵、前秦、后秦、西魏、北周、隋、唐等13个王朝在这里建都，又曾为赤眉、绿林、大齐（黄巢）、大顺（李自成）等农民起义政权的都城，长期是古代中国的政治、经济与文化中心。

2. 洛阳

洛阳古称斟鄩、洛邑、成周、雒阳、东都、东京、中京、神都、京洛、洛京、西京，位于河南省西部，横跨黄河中游两岸，“居天下之中”，素有“九州腹地”之称，是国家级历史文化名城。夏太康迁都斟鄩，商汤定都西亳；武王伐纣，八百诸侯会孟津；周公辅政，迁九鼎于洛邑。平王东迁，高祖都洛，光武中兴，魏晋相禅，孝文改制，隋唐盛世，后梁唐晋，相因相袭共13个王朝。汉魏以后，洛阳逐渐成为国际大都市，隋唐时人口百万，四方纳贡，百国来朝，盛极一时。洛阳在历史上相当长的时期内曾是我国政治、经济、文化的中心，也是重要的交通枢纽。

3. 北京

北京古称蓟城、燕都、燕京、涿郡、幽州、南京、中都、大都、京师、顺天府、北平，国家级历史文化名城，是意大利旅行家马可·波罗在游记中称之为“世界莫能与比”的国际大都市。建都于此的正统朝代有辽、金、元、明、清等。1949年10月1日，北京成为新生的共和国的首都，古城的历史揭开了新的一页，正以一个雄伟、奇丽、新鲜、现代化的姿态出现在世界上。

4. 南京

南京古称建邺、建康，别称金陵、江宁，现为江苏省省会，位于我国长江下游，是国家级历史文化名城和区域中心城市。建都于此的正统朝代有晋、南朝（宋、齐、梁、陈）、宋、明以及中华民国。南京自古是江南地区的文化和政治中心，也是扬子江下游流域重要的商业经济中心和华东地区的交通枢纽。

5. 开封

开封，简称汴，古称汴州、汴梁、汴京、东京、东都、大梁。现为河南省辖市，国家级历史文化名城，位于河南省中部偏东、黄河冲积扇平原的尖端，是一座历史文化悠久的古城。自建城至今已有 2 700 多年的历史，夏、五代时期的后梁、后晋、后汉、后周以及北宋和金七个王朝曾先后建国都于此，故称“七朝都会”，是中原地区重要的旅游城市和对外开放城市。

6. 安阳

安阳古称北蒙、殷、相州、彰德等名，位于河南省最北部，地处晋、冀、豫三省交汇处，国家级历史文化名城。中华民族最早使用的文字——甲骨文、世界上最大的青铜器——后母戊大方鼎在这里出土问世，著名的大禹治水、文王演易、妇好请缨、苏秦拜相、西门豹治邺、岳母刺字等历史故事都发生在这里。建都于此的正统朝代有夏、商、东魏、北齐四朝，是一座历史悠久、文化灿烂的古都。

7. 杭州

杭州古称钱塘、临安，国家级历史文化名城，位于中国东南沿海、浙江省北部、钱塘江下游北岸、京杭大运河南端。建都或迁都至此的政权有吴越及南宋。杭州以其美丽的西湖山水著称于世，称“上有天堂、下有苏杭”，人文景观丰富多彩，被赞誉为“江南忆，最忆是杭州”。

8. 郑州

郑州古称豫州和中州，河南省省会，国家级历史文化名城，地处中华腹地，九州之中，十省通衢，是中华人文始祖轩辕黄帝的故里。建都于此的正统朝代有夏、商两朝，建都或迁都至此的政权有黄帝、郐、管、郑、韩计五个。现为河南省政治、经济、教育、科研、文化中心，中原经济区中心城市。

9. 成都

成都古称益州、锦城、锦官城、芙蓉城，别称蓉城，四川省省会，国家级历史文化名城，位于四川省中部成都平原腹地，自古被誉为“天府之国”。建都于此的正统朝代与政权有古蜀国、周（武烈王二十三年—慎靓王五年）、蜀汉、公孙述之成家、十六国之成汉、十国之前蜀和后蜀、李顺德之大蜀、张献忠之大西。现为中国西南地区物流、商贸、科技、金融中心及交通、通信枢纽，亦是西南地区的文化、教育中心。

四、中华盛世与华夏达人

1. 中华盛世

（1）文景之治

汉文帝与汉景帝在位期间，在汉初以来经济恢复的基础上，继续“与民休息”，使社会经济得到了更加显著的发展，统治秩序也日益稳定。在经济方面，文、景之世，户口迅速繁息，生产明显发展，粮价一再降低，国库充盈。西汉由此进入繁盛时期，史称“文景之治”。

（2）光武中兴

光武帝刘秀建立东汉后，在政治上改革官制，加强对官吏的监察，强化对军队的控制；在经济上实行度田，把公田借给农民耕种，提倡垦荒，发展屯田，安置流民，赈济贫民；在思想上提倡经学，表彰名节。这些措施使当时的社会安定，生产发展，东汉王朝得以兴盛，史称“光武中兴”。

（3）贞观之治

唐太宗李世民是中国历史上杰出的帝王，年号贞观。其在统治时期吸取隋亡的教训，重视农业生产，轻徭薄赋；注意“戒奢从简”；整顿吏治；任用贤才、虚心纳谏。这些措施使其在位期间政治比较清明，经济发展较快，国力逐步强盛，社会呈现出安定的局面，史称“贞观之治”。

（4）开元盛世

唐玄宗前期年号叫开元，后期叫天宝。唐玄宗在其统治前期，注重政治改革，针对时弊裁汰冗官，抑制食爵贵族，压抑佛教，打击宫廷生活奢靡风气，任用有才干、敢进谏的官员。这一系列的举措使其在位前期政局稳定，生产发展，户口增加，是唐朝社会经济繁荣和国势强盛的时期，史称“开元盛世”。

（5）康乾盛世

清初，由于数年的战争，生产遭到了严重的破坏。康熙、雍正、乾隆三朝为了恢复发展经济采取了若干措施，在政治、经济、文化等诸多方面将中国传统社会推向了一个新的高峰。这一时期国内相对和平，农业、手工业、商业在社会安定的环境下有了很大的发展，各族人民之间的经济文化联系也得到加强，边疆地区得到了进一步的开发，我国统一的多民族国家得到了巩固，史称“康乾盛世”。

2. 华夏达人

（1）唐尧虞舜

尧，中国古代传说的圣王，祁姓，名放勋，号陶唐，谥曰尧，因曾为陶唐氏首领，故史称唐尧。尧有圣德，曾设官掌管天地时令，观测天象，制定历法，敬授民时，咨询四岳，用鲧治水，开疆拓土，推行公平的刑法，使得万邦和睦共处，友好交往，共同组成了中原部落大联盟，出现了国家雏形。

舜，姚姓，有虞氏，名重华，史称虞舜，传说中父系氏族社会后期部落联盟首领，受尧的“禅让”而称帝于天下，挑选贤人治理民事，后选拔治水有功的禹为继承人。

（2）秦皇汉武

秦始皇嬴政（公元前 259—前 210 年），秦庄襄王之子，出生于赵国首都邯郸（今河北省邯郸市），中国第一个统一的封建王朝——秦王朝的始皇帝，后人称之为“千古一帝”。秦王嬴政 13 岁即王位，22 岁亲理朝政，除掉吕不韦、嫪毐等人，重用李斯、尉缭，并使法家思想得到全面实践，从而使秦国越来越强大。公元前 230

年至前221年，秦先后灭韩、赵、魏、楚、燕、齐六国，完成了统一大业，建立起多民族统一的封建大帝国——秦朝，定都咸阳。秦始皇是中国历史上第一个使用“皇帝”称号的君主。

汉武帝刘彻（公元前156—前87年），幼名彘，生于长安，汉景帝之子、汉文帝之孙、汉高祖刘邦之曾孙。4岁被册立为胶东王，7岁被册立为太子，16岁登基，在位54年。他的雄才大略、文治武功使汉朝成为当时世界上最强大的国家，他也因此成为中国历史上伟大的皇帝。汉武帝创立年号，同时也是中国第一个使用年号的皇帝。

（3）唐宗宋祖

唐太宗李世民（599—649年），陇西成纪人，祖籍赵郡隆庆（今邢台市隆尧县），唐高祖李渊次子，是中国史上有名的政治家与明君，开创了历史上的“贞观之治”，在位期间消灭各地割据势力、虚心纳谏、厉行节约、令百姓休养生息，使得社会出现了国泰民安的局面，为后来的开元盛世奠定了重要的基础，将中国传统农业社会推向鼎盛时期。

宋太祖赵匡胤（927—976年），涿州（今河北）人，中国北宋王朝的建立者，庙号太祖，出身军人家庭。948年，投后汉枢密使郭威幕下，屡立战功。951年，郭威称帝，建立后周，赵匡胤任禁军军官，周世宗时官至殿前都点检。建隆元年（960年），他以“镇定二州”的名义，谎报契丹联合北汉大举南侵，领兵出征，发动陈桥兵变，黄袍加身，代周称帝，建立宋朝，定都开封，结束了唐末以来五代十国时期长期分裂的局面。

（4）孙中山

孙中山（1866—1925年），名文，字逸仙，广东香山县（今中山市）人，中国伟大的革命先行者，早年以行医为名开始政治活动。1894年在檀香山创立兴中会。1905年，中国同盟会在东京成立，时任总理，提出了“驱除鞑虏，恢复中华，建立民国，平均地权”的资产阶级革命纲领，提出三民主义学说并创办《民报》，以鲜明的革命民主派立场同改良派作坚决的斗争。同时，领导了多次武装起义。武昌起义胜利后，任中华民国临时政府临时大总统。辛亥革命果实被封建军阀窃取后，为保卫民主革命的成果，他相继领导了二次革命、护国运动和护法运动。后与共产党合作，建立革命统一战线。1925年3月12日，在北京逝世。

（5）张澜

张澜（1872—1955年），字表方，汉族，四川南充人（今西充县莲池乡人）。1941年参加发起中国民主政团同盟，1941年10月继黄炎培之后担任中国民主政团同盟中央执行委员会主席，中华人民共和国成立后任国家副主席，民盟第一届中央委员会主席。张澜是一位热诚的民主主义者、爱国主义者。从旧民主主义革命到新民主主义革命，他经受了严峻的考验和锻炼，成为坚强的民主战士。他为政清廉，与共产党肝胆相照，为中国的独立、自由、民主、和平奋斗了一生。

（6）朱德与毛泽东

朱德（1886—1976年），字玉阶，原名朱代珍，曾用名朱建德，四川仪陇县人。伟大的马克思主义者，无产阶级革命家、政治家和军事家，中国共产党、中国人民解放军和中华人民共和国的主要缔造者和领导人之一，位居中华人民共和国十大元帅之首。

毛泽东（1893—1976年），字润之（原作咏芝，后改润芝），笔名子任，湖南湘潭人。中国无产阶级革命家、战略家、理论家和诗人，中国共产党、中国人民解放军和中华人民共和国的主要缔造者和领袖，毛泽东思想的主要创立者。毛泽东被视为现代世界历史上最重要的人物之一。《时代》杂志将他评为20世纪最具影响一百人之一。

（7）邓小平

邓小平（1904—1997年），四川广安人，原名邓先圣，学名邓希贤。伟大的马克思主义者，无产阶级革命家、政治家、军事家、外交家，中国共产党、中国人民解放军、中华人民共和国的主要领导人之一，中国改革开放和现代化建设的总设计师，邓小平理论的主要创立者。他开创了中国特色社会主义道路，引领中国走向繁荣富强，“一国两制”促成港澳回归。

第二节　中国古代思想文化

一、诸子百家与经史子集

1. 诸子百家

春秋时代王室衰微，诸侯争霸，学者们便周游列国，为诸侯出谋划策，到战国时代形成了“百家争鸣”的局面。“诸子”是指这一时期思想领域内反映各阶层、阶层利益的思想家及著作；“诸子百家”是按照“百家姓”的“姓”以“子”为称呼为代表的思想家，是对春秋战国时期各种学术派别的总称，主要人物有孔子、孟子、墨子、荀子、老子、庄子、列子、韩非子、管子、慎子、鬼谷子等。在诸子百家的学派流传中最为广泛的有儒家、道家、阴阳家、法家、名家、墨家、杂家、农家、小说家、纵横家十个派别，后来在历史的演进中，人们去除了“小说家”，将剩下的九家称为“九流”，这便是“十家九流”的来历。

2. 经史子集

中华文化源远流长，历代产生的典籍难以数计，据不完全统计，留存至今的尚有8万余种之多。早在西汉成帝时，刘向、刘歆父子就编成了中国最早的国家图书馆目录《七略》，将典籍分为概论性质的辑略和六艺、诸子、兵书、数术、方技、诗赋六大类。到西晋时，荀勖将六略改为四部，即甲部录经书（相当于六艺），乙部录子书（包括诸子、兵书、数术、方技），丙部录史书，丁部为诗赋等，这就奠定了四部分类的基础。东晋李充将史书改入乙部，子书改入丙部，这样，经、史、子、集四部分类已略具雏形。到唐初，名臣魏征正式标注以经、史、子、集四部的名称并进一步细分为40个类目，四部体制最终确立。从此，四部分类法为大多数史志、书目所沿用。

二、儒理演进与三纲五常

1. 儒理演进

儒学，亦称儒家学说，起源于春秋时期，是众多学术流派之一，代表人物有孔子和孟子，主要观点为“仁政”“王道”，提倡修己安人，内圣而外王；汉武帝时期，董仲舒诸人提出“罢黜百家，独尊儒术”之主张，确定儒学典籍为士人必读之经典，当时的儒学成为中国社会的正统思想；汉末以降，玄学盛行在先，儒、释、道鼎力在后，儒学独尊的地位不再；迨至宋明，儒学复兴，史称新儒学。宋明新儒学分为两支：一是程朱理学，代表人物程颢、程颐和朱熹。程朱理学以孔孟政治伦理思想中的人性论为起点，升华到追问世界终极存在的本体论高度，促成了儒学质的飞跃。二是陆王心学，代表人物陆九渊和王阳明。陆王心学将儒家学说与佛教禅宗思想相结合，承袭天即是理的观点，提出了心即理之命题，是儒家心学之开山。到清代，新儒学发展为宋明清性理之学，它积极吸收和融合了玄学、佛教、道教和道家的理论，促进了儒学的重大发展。

2. 三纲五常

三纲五常是中国儒家伦理文化的架构。孔子就强调以等级名分教化社会，认为为政首先要“正名”，做到“君君、臣臣、父父、子子”，这种名分与教化的观念是儒家政治思想的重要组成，通过定名分来教化天下，以维护社会的伦理纲常、政治制度，达到“名正”“言顺”“事成”的理想目标。

“三纲”是指“君为臣纲，父为子纲，夫为妻纲”，要求为臣、为子、为妻的必须绝对服从于君、父、夫，同时也要求君、父、夫为臣、子、妻做出表率。它反映了封建社会中君臣、父子、夫妇之间的一种特殊的道德关系。“五常”即仁、义、礼、智、信，是用以调整、规范君臣、父子、兄弟、夫妇、朋友等人伦关系的行为准则。

三、四书五经与科举考试

1. 四书五经

“四书”指的是《论语》《孟子》《大学》和《中庸》；“五经”指的是《诗经》《尚书》《礼记》《周易》和《春秋》，简称为“诗、书、礼、易、春秋”，在之前，还有一本《乐经》，合称“六经”，后来《乐经》亡佚了就只剩下五经。五经是儒家作为研究基础的古代五本经典书籍的合称，相传它们都经过儒家创始人孔子的编辑或修改。

2. 科举考试

科举是中国古代读书人参加的人才选拔考试，是古代封建王朝通过考试选拔文武官吏及后备人员的一种制度。由于采用分科取士的办法，所以叫作科举。科举制从隋代开始实行到清光绪二十七年举行最后一科进士考试为止，经历了一千三百多年，主要有以下几个考试层级：

（1）院试

院试，又称郡试、道试，是参加过县试、府试后的童生取得生员资格的考试，由朝廷所派官员主考。考中者称秀才，然后才有资格参加下一轮的科举考试。

（2）乡试

乡试是指每三年一次在各省省城举行的考试，由秀才参加。考中者称“举人”，取得参加中央一级会试的资格，也有做官的资格。第一名称“解元”。

（3）会试

会试是指每三年一次会集各省举人在京城举行的考试，在乡试的第二年举行。录取的三百名考中者为“贡士”或“中式进士”。第一名称“会元”或“会魁”。

（4）殿试

殿试又称御试、廷试、亲试，是科举制度最高级别的考试。殿试试题由内阁预拟，然后呈请皇帝选定。有时由读卷官预拟后径送皇帝圈定或由皇帝直接拟题。殿试题一开始是策问，后来改为诗赋，到明清时，主要仍是策问。录取分三甲，一甲三名，赐“进士及第”的称号，第一名称状元（鼎元），第二名称榜眼，第三名称探花，合称“三鼎甲”；二甲若干名，赐“进士出身”的称号；三甲若干名，赐“同进士出身”称号。如果某人在乡试、会试、殿试中均考取第一名（即解元、会元、状元），就叫“连中三元”。

3. 考棚与八股文

考棚是“贡院”的俗称，是封建科举考试的考场，即开科取士的地方。“贡”的意思指的是各地考生来此应试，就像是向皇帝贡奉名产。贡院最早始于唐朝，是科举时代的产物，现存有北京贡院、江南贡院、河北定州贡院、川北道贡院等遗址。

川北道贡院位于今四川省阆中市学道街 20 号，是全国保存最完好的贡院之一，是清初朝廷“县试”“府试”选拔人才的重地。整个考棚占地面积 10 余亩（1 亩≈666.67 平方米），从布局设计分出了前院和后院，属于典型的三进两院式建筑。前院即为现在的清代考棚，主要分布为：考舍、考务室、监临、致公堂等。后院多为斋舍，并配有水池、花园等，是考官们的休寝场所。

八股文是明清科举考试规定的一种特殊文体，也称制议、时文、八比文、四书文等，起源于宋元的经义，成于明成化以后，至清光绪末年始废。文章就四书五经取题，开始先揭示题旨，为“破题”，接而承上文而加以阐发，叫“承题”，然后开始议论，称“起讲”，再后为“入手”，为起讲后的入手之处。之后再分“起股”“中股”“后股”和“束股”四个段落，每个段落中都要有两股排比对偶的文字，合共八股，故称八股文。其所论及的内容都要根据宋代朱熹《四书章句集注》等书“代圣人立说”，专讲形式、没有内容，更不许作者自由发挥，文章的每个段落死守在固定的格式里，连字数都有一定的限制，因此，人们只能按照题目的字义敷衍成文，遂演变成为一种僵死的官僚式文体。

四、阴阳五行与生肖八卦

1. 阴阳五行

阴阳是一种定性的矛盾分类方法。如天为阳、地为阴，男为阳、女为阴，气为阳、血为阴等就属于对阴阳的具体定性表达。五行是指木、火、土、金、水五种物象表达的相生相克的关系。

阴阳五行学说是中国古代朴素的唯物论和自发的辩证法思想，它认为世界是物质的，物质世界在阴阳二气作用的推动下滋生、发展和变化；并认为木、火、土、金、水五种最基本的物质是构成世界不可缺少的元素。这五种物质相互滋生、相互制约，处于不断的运动变化之中（见图 1-1）。这种学说对后来古代唯物主义哲学有着深远的影响。

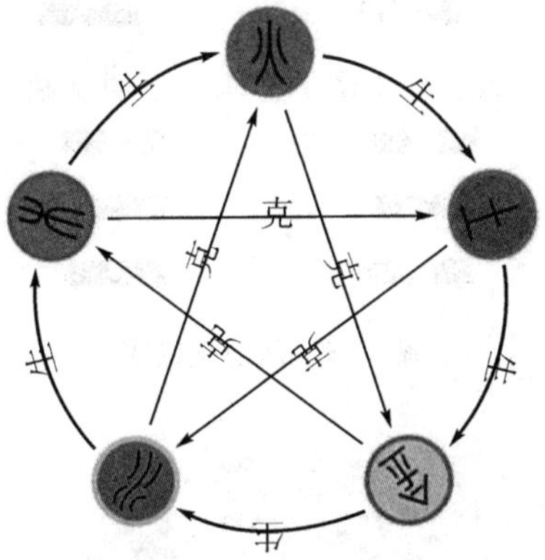

图 1-1 五行相生相克图

2. 生肖八卦

生肖也称属相，是中国和东亚地区的一些民族用来代表年份和人的出生年的十二种动物。生肖的周期为十二年。每人在其出生年都有一种动物作为生肖。十二生肖即鼠、牛、虎、兔、龙、蛇、马、羊、猴、鸡、狗、猪，依次分配于十二地支，是中国民间计算年龄的方法，也是一种古老的纪年法，如图 1-2 所示。

图 1-2 十二生肖图

八卦源于中国古代对基本的宇宙生成、相应日月的地球自转关系、农业社会和人生哲学互相结合的观念，原始资料来源于西周的《易经》，是我国古代的一套有象征意义的符号。八卦在中国古代是社会各阶层广泛运用的一种文化思想理论体系，政治家、统治者、军事家用其运筹帷幄、治国安邦，民众百姓则将其作为养生、预测祸福、经商盈利的工具。八卦用“—”代表阳，用“--”代表阴，用三个这样的符号组成八种形式，每一卦形代表一定的事物：乾代表天，坤代表地，坎代表水，离代表火，震代表雷，艮代表山，巽代表风，兑代表泽。八卦互相搭配又得到六十四卦，用来象征各种自然现象和人事现象，如图 1-3、图 1-4 所示。

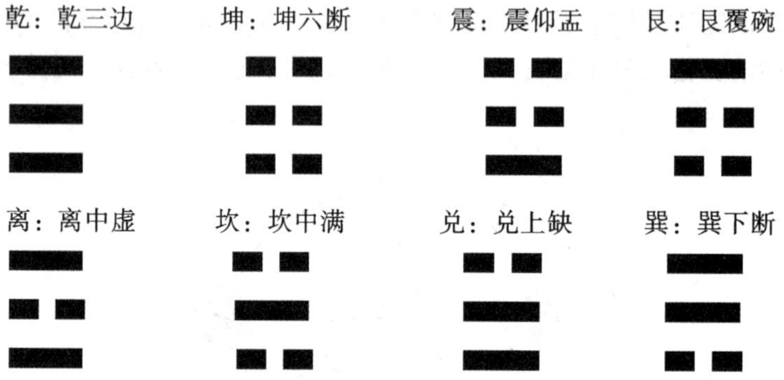

图 1-3　八卦歌诀图

图 1-4　太极八卦图

五、琴棋书画与梅兰竹菊

1. 琴棋书画

琴棋书画，也称“四艺”，本指琴瑟、围棋、书法、绘画四种古代艺术性文物，后引申为中国古代文人，包括一些名门闺秀修身所推崇和必须掌握的四门技艺，常用来表示个人的文化素养。

2. 梅兰竹菊

梅兰竹菊指梅花、兰花、竹、菊花，人称“四君子”，分别代表着傲、幽、坚、淡的品质，共同特点是自强不息，清华其外，淡泊其中，不作媚世之态，成为一种人格品性的文化象征，是传统寓意的纹样。

六、古代姓氏与避讳禁忌

1. 古代姓氏

秦汉以前，姓和氏是有区别的。“姓”是作为区分氏族的特定标志符号，而“氏”的产生则在“姓”之后，是按父系来标识血缘关系的结果。到两汉以后，随着宗法制在政治制度中解体，先秦本有区别的姓与氏开始合流，合称为姓氏。姓者，统其祖考之所自出；氏者，别其子孙之所自分。

至于《百家姓》，系北宋初年钱塘（今杭州）书生所编撰，像一首四言诗，便于诵读和记忆，因此流传至今，影响极深。《百家姓》原收集中文姓氏 411 个，后增补到 504 个，其中单姓 444 个，复姓 60 个。在中华民族大家庭中，姓氏何止 504 个，仅汉族姓氏也不止这个数。在最新出版的《中国姓氏大辞典》中共收录 23 813 个汉字姓氏，其中不仅有单姓、复姓，还有三字姓、四字姓和五字姓。其中最长姓氏有 10 个字，目前仍在使用的姓氏超过 7 000 个。

由于汉字有许多多音字及古音有变等，所以一些姓氏很容易被读错。现将一些姓氏的正确读音列于下：

区念 ōu；黑念 hè；盖念 gě；查念 zhā；教念 jiào；任念 rén；曾念 zēng；缪念 miào；晟念 chéng；单念 shàn；乐念 yuè；员又写成“贠”，念 yùn；仇念 qíu；华念 huà；尉迟，其中的尉应读作 yù；万俟念 mò qí。

2. 族谱宗派

族谱，又称家谱、家乘、祖谱、宗谱等，是一种以表谱形式记载各个以血缘关系为主体的姓氏家族繁衍和重要人物事迹的特殊图书体裁。族谱是以记载父系家族世系、人物为中心，由记载古代帝王诸侯世系、事迹而逐渐演变来的具有区分家族成员血缘关系亲疏远近功用的封建宗法制度产物。族谱是中国特有的文化遗产，是姓氏文化的重要组成部分。

宗派亦称宗支，是由同一家族祖先繁衍产生的支派，泛指宗族内部嫡庶与大小宗支。

3. 避讳禁忌

广义的避讳有很多种意思，这里讨论的避讳禁忌专指中国古代社会特有的现象。帝制时代为了维护等级制度的尊严，说话写文章时遇到君主或尊亲的名字都不能直接说出或写出来，否则就有因犯讳而坐牢甚至掉脑袋的危险。

避讳的对象主要有四类：一是帝王，对当代帝王及本朝历代皇帝之名进行避讳，属于当时的“国讳”或“公讳”。比如：秦始皇的父亲名子楚，于是把楚地改为“荆”；吕后名雉，当时文书上凡遇“雉”字，均用“野鸡”二字代替；汉光武帝名叫刘秀，曾一度把秀才的名称改为“茂才”；唐代宗名豫，薯蓣曾经改名为“薯药”；宋英宗名曙，薯药又改名为“山药”。二是讳长官，即下属要讳长官本人及其父祖的名讳，甚至一些骄横的官员严令手下及百姓要避其名讳。《老学庵笔记》有一故事：一个叫田登的州官不准下属及州中百姓叫他的名字，也不准写他的名字，到了正月十五照例要放灯三天。写布告的小吏不敢写灯字，改为“本州依例放火三日”。由此便有了“只许州官放火，不准百姓点灯”的笑话。三是避圣贤，称“圣讳”，主要指避至圣先师孔子和亚圣孟子的名讳，有的朝代也避中华民族的始祖黄帝之名，有的还避周公之名，甚至有避老子之名的。比如孔夫子名“孔丘”，北宋朝廷下命令，凡是读书读到“丘”字的时候，都应读成“某”字，同时还得用红笔在“丘”字上加一个圈。四是避长辈，即避父母和祖父母之名，是全家的“家讳”或“私讳”。与别人交往时应避对方的长辈之讳，否则极为失礼。唐代诗人李贺之父名晋，“晋”与“进”同音，故李贺一生不能举进士。又如唐朝的诗人杜甫，父亲的名字叫“杜闲”，为了避“闲”字的讳，杜甫写了一辈子的诗都没在诗中用过“闲”字。

可见，古人常需避讳，他们在小心谨慎之中总结了种种避讳方法，主要有三种：一是改字法，用意义相同或相近的别的字来代替要避讳的字；二是缺笔法，用本字而省缺笔画；三是空字法，将本字空而不写，或画以“□”，或书以“某”字，或直书以“讳”字。这样一来，中国历史上就出现了不少把人名、地名或事物名称改头换面的奇怪现象。避讳给古代文献造成了一定的混乱，给今天的阅读造成了诸多的不便。

第三节　中国古代科技成就

一、中国古代农业生产成就

农业生产是人类集体与自然斗争取得的成果。中国农业发生很早，但受到各个历史时期生产力水平的限制，各地区的农业面貌和进程不尽相同。尽管如此，我们的先辈却在长期积累的经验中取得了很多农业生产的突出成就。

1. 农学思想

中国古代的农学思想有许多很有价值的理论与原则，至今仍闪烁着人类智慧的光芒，如农业生产中的“三才”理论。“三才”是讲农业生产中的三大要素天、地、人，而且把人的因素列为首要地位。到汉代，天、地、人演变为“力”　“地”“时”。“力”，即人力，具有重视人工劳动的含义。农业生产中的“时宜”“地宜”“物宜”的“三宜”原则便是“三才”理论的另一衍化。其主要内涵就是农业生产必须根据天时、地利的变化和农业生物生长发育的规律采取相应的措施。

农业生产活动必须按季节，即各地的气候条件适时而耕，适时而种，适时而获，这就叫作“农时”。因此，四时节气与农业生产的关系最为密切。“四时”指春夏秋冬四个季节，农历以正月、二月、三月为春季，分别称作孟春、仲春、季春；以四月、五月、六月为夏季，分别称作孟夏、仲夏、季夏；秋季、冬季以此类推。所谓“节气”就是太阳位置，即气候寒暖的反映。大体太阳在黄经上从春分点起，每移过黄经 15 度，算经过一个节气（15 天）。传至今天的二十四节气名称是立春、雨水、惊蛰、春分、清明、谷雨、立夏、小满、芒种、夏至、小暑、大暑、立秋、处暑、白露、秋分、寒露、霜降、立冬、小雪、大雪、冬至、小寒、大寒。为了便于记忆，人们编了一首“节气歌”：春雨惊春清谷天，夏满芒夏暑相连，秋处露秋寒霜降，冬雪雪冬小大寒。

2. 古代农书

我国古代农书在发展过程中逐渐演变成为三个类型：一是“农家月令书”，创始于东汉崔寔的《四民月令》。它将一年十二个月必须进行的农业生产操作事项，按时令缓急，依次安排。二是以北魏贾思勰的《齐民要术》为代表，着重于各项技术知识的系统记录，叙述了各种作物的耕种和农产品的加工等，可谓是“百科知识”的汇总。另外，《农政全书》也是一部集大成的巨著，作者徐光启是17世纪中国的一位杰出的科学家，在数学、天文、历法和农学方面都取得了不少成绩。第三类是综合上述两种类型的特点的“通书”，现存以唐末韩鄂的《四时纂要》为最早。此外明、清时还出现了救荒和治蝗的专书。

3. 水利工程

在中国，农业生产的发展与水利有着密切的关系，可以说，有些地区农业的盛衰与水利的兴废直接有关。战国时期，列国争霸，为达到富国强兵目的，水利事业倍受重视，大型渠系建设迅速兴起。魏国西门豹在今河北临漳一带主持兴建漳水十二渠，为中国最早的大型渠系。公元前3世纪，蜀守李冰主持修建了举世闻名的都江堰工程，至今历时二千多年而不废，效益有增无减。都江堰建于岷江冲积扇地形上，为无坝引水渠系。渠道工程主要由鱼嘴、宝瓶口和飞沙堰三部分组成。整个工程规划布局合理，设计构思巧妙，管理运用科学，施工维修经济，为中国古代灌溉渠系中不可多得的优秀工程。工程建成后，四川平原遂“旱则引水浸润，雨则杜塞水门……水旱从人，不知饥馑，时无荒年，天下谓之天府也”。除了上述灌溉渠系工程外，陂塘、塘浦圩田、海塘、井灌工程对农业生产的作用也不可低估。

4. 生产工具

农业生产工具自春秋战国以来称为“田器”“农器”和“农具”。制造农具的原料最早是石、骨、蚌、角等。春秋战国之际，先后出现了生铁冶铸、炼钢和生铁柔化三项技术，使铁器成为更富有广阔前途的锐利工具，加快了铁农具代替木、石、青铜制农具的历史进程，使农业生产关系、土地耕作制度和作物栽培技术等也发生一系列的变化。

中国古代的农具按功用来看，耕翻平整土地的工具有耒耜、西汉的耦犁、唐代改进的曲辕犁和宋代发明的踏犁和犁刀；播种最重要的创造发明是西汉时期的耧车；收获工具在新石器时代已有石制或蚌壳制的割取谷物穗子及蒿秆的铚与镰，后来陆续出现了拨镰、艾、𬺈镰、推镰、钩镰等收获农具。取水设备这方面，中国古代有过不少灵巧的发明。比如人们熟悉的水车，也叫“翻车”“龙骨车”“水蜈蚣”。它出现于东汉、三国之际，最初只用来浇灌园地，后来被水田区的农民广泛采用，在生产上一直起着较大的作用。筒车，今天在许多地方还可见到，大约有千年以上的历史。这是把一个大的转轮，周围系上许多竹筒或木筒，安置在水边，转轮一部分没在水中，水流激动转轮，轮上的筒就不断地依次汲水注到岸上的田地里。中国古代这方面的创造发明之巧妙，高效而又实用。

二、中国古代天文历算成就

1. 天文历法

在古代，由于生产和生活的需要，从对星辰出没、日月运动的观测中，人们逐渐形成了与这些需要密切相关的年、月、日等时间长度的概念，进而产生了初始的记录方法，如天干地支、年月日辰。

（1）天干地支

天干地支，简称“干支”。在中国古代的历法中，甲、乙、丙、丁、戊、己、庚、辛、壬、癸被称为“十天干”；子、丑、寅、卯、辰、巳、午、未、申、酉、戌、亥叫作“十二地支”。十干和十二支依次相配，两者按固定的顺序互相配合得到六十年一周期的甲子轮回圈，称为“六十甲子”或“花甲子”，形成干支纪法。我国人民过去就是以六十甲子循环来纪年、纪月、纪日、纪时的（见图 1-5）。

甲子	乙丑	丙寅	丁卯	戊辰	己巳	庚午	辛未	壬申	癸酉
1804	1805	1806	1807	1808	1809	1810	1811	1812	1813
1864	1865	1866	1867	1868	1869	1870	1871	1872	1873
1924	1925	1926	1927	1928	1929	1930	1931	1932	1933
1984	1985	1986	1987	1988	1989	1990	1991	1992	1993
甲戌	乙亥	丙子	丁丑	戊寅	己卯	庚辰	辛巳	壬午	癸未
1814	1815	1816	1817	1818	1819	1820	1821	1822	1823
1874	1875	1876	1877	1878	1879	1880	1881	1882	1883
1934	1935	1936	1937	1938	1939	1940	1941	1942	1943
1994	1995	1996	1997	1998	1999	2000	2001	2002	2003
甲申	乙酉	丙戌	丁亥	戊子	己丑	庚寅	辛卯	壬辰	癸巳
1824	1825	1826	1827	1828	1829	1830	1831	1832	1833
1884	1885	1886	1887	1888	1889	1890	1891	1892	1893
1944	1945	1946	1947	1948	1949	1950	1951	1952	1953
2004	2005	2006	2007	2008	2009	2010	2011	2012	2013
甲午	乙未	丙申	丁酉	戊戌	己亥	庚子	辛丑	壬寅	癸卯
1834	1835	1836	1837	1838	1839	1840	1841	1842	1843
1894	1895	1896	1897	1898	1899	1900	1901	1902	1903
1954	1955	1956	1957	1958	1959	1960	1961	1962	1963
2014	2015	2016	2017	2018	2019	2020	2021	2022	2023
甲辰	乙巳	丙午	丁未	戊申	己酉	庚戌	辛亥	壬子	癸丑
1844	1845	1846	1847	1848	1849	1850	1851	1852	1853
1904	1905	1906	1907	1908	1909	1910	1911	1912	1913
1964	1965	1966	1967	1968	1969	1970	1971	1972	1973
2024	2025	2026	2027	2028	2029	2030	2031	2032	2033
甲寅	乙卯	丙辰	丁巳	戊午	己未	庚申	辛酉	壬戌	癸亥
1854	1855	1856	1857	1858	1859	1860	1861	1862	1863
1914	1915	1916	1917	1918	1919	1920	1921	1922	1923
1974	1975	1976	1977	1978	1979	1980	1981	1982	1983
2034	2035	2036	2037	2038	2039	2040	2041	2042	2043

图 1-5　干支与公历对照表

（2）年月日辰

年的原始意义是庄稼收获一次，以地球绕太阳公转运行一周为一年。古人测得 365. 25 日为一个太阳年。以干支纪年萌芽于西汉，始行于王莽，通行于东汉后期。如黄巾军起义口号为“岁在甲子，天下大吉”。纪年还有用帝号和皇帝年号的方法：帝号纪年如“成王三年”“平王元年”等，皇帝年号纪年如“开元三年”“万历十五年”等。

古代计算月亮绕地球与太阳一个“合朔”周期的时间为29.53日，叫一个月。有30日的大月，也有29日的小月，一年一般12个月，闰年为13个月。古代纪月也用干支。由于12个月与十二地支相等，因此每月的地支是可以固定的。如果以正月为地支寅，则二月为卯，三月为辰，其余依次下推，十一月为子，十二月为丑。其前再配以天干，闰月不设独立的干支纪月，如今所说的“夏历”就是以正月为寅。月又分为三部分：十天为一旬，共三旬，即上、中、下旬。

古代以一昼夜为一日。纪日用干支在商代就实行了。因为两个月加起来是59天，所以用干支纪日可以依次下推，如正月初一是甲子，三月初一就是癸亥。古代将每月的第一日称作“朔”，将最后一日称作“晦”。每月十五日（有时是十六日或十七日）叫“望”（太阳和月亮此升彼落，东西相望），“望”的后一日叫“既望”。

古代分一日为十二个辰，也叫“时辰”。纪辰用十二地支，每日24小时，每2个小时为一个时辰，相传古人根据中国十二生肖中的动物的出没时间来命名各个时辰（见表1-2）。

表1-2　**时辰与属相对应表**

古时	今时	配上的动物及其原因
子时	23：00~1：00	鼠，鼠在这时间最活跃
丑时	1：00~3：00	牛，牛在这时候咀嚼白天没消化的食
寅时	3：00~5：00	虎，老虎在此时最猛
卯时	5：00~7：00	兔，月亮又称玉兔，在这段时间还在天上
辰时	7：00~9：00	龙，相传这是“群龙行雨”的时候
巳时	9：00~11：00	蛇，在这时候隐蔽在草丛中
午时	11：00~13：00	马，此时太阳最烈，阳气达到极限，阴气将会产生，而马是阴类动物
未时	13：00~15：00	羊，羊在这段时间吃草
申时	15：00~17：00	猴，猴子喜欢在这时候啼叫
酉时	17：00~19：00	鸡，鸡于傍晚开始归巢
戌时	19：00~21：00	狗，狗开始守门口
亥时	21：00~23：00	猪，夜深时分猪正在熟睡

（3）古代历法与天文仪器

汉武帝元封七年（公元前104年）诏令改定新历，从18家历法中选出八十一分律历为新定历法，即为太初历。其中，巴郡阆中（今四川阆中）的落下闳便是太初历的主要创立者，亦是浑天说创始人之一，曾制造了观测星象的浑天仪，在天文学上有较大的影响。落下闳因改革了不合理的岁首制度，改定从孟春正月为岁首，从此有了现在的春节，后人尊称他为“春节老人”。太初历经西汉末年天文学家刘歆改造，遂成三统历（公元前7年），是我国现存第一部完整的历法，对后世历法影响深远。东汉时期杰出的科学家张衡在天文学、数学、地震学、地图学以及文学、绘画等领域均成绩卓著，是新型的计时仪器——补偿式漏壶的发明者，还创制了我国古代第一台自动的天文仪器——水运浑象；对圆周率的研究，使刘宋时期的祖冲之名闻遐迩。他在天文历法上亦堪称大家。463 年他撰成大明历，内容多处创新，为我国古代最著名的历法之一。元代著名的科学家郭守敬，在天文仪器制造、天文观测和水利工程等科学技术领域中成绩卓著，他与王恂等人共同编制的授时历则是我国古代历法发展到巅峰状态的标志。

2. 古代数学

中国古代数学的成就同样极其辉煌，对人类文明的发展做出了特殊的贡献。现在人们日常生活中所不可或缺的十进位值制就是中国的一大发明。至迟在商代时，中国已采用了十进位值制。在计算数学方面，中国大约在商周时期已经有了四则运算，到春秋战国时期整数和分数的四则运算已相当完备。其中，出现于春秋时期的正整数乘法歌诀“九九歌”，堪称先进的十进位记数法。与此同时，中国发明了特有的计算工具和方法，即用“算筹”进行计算。“筹”是一些粗细、长短一样的小竹棍，也有用木或骨制成的，后来还有用铁等金属制作的。集战国和秦汉数学成就之大全的著名古算书《九章算术》不仅有一套较为完整的编写体例，形成了具有自己风格的数学体系，而且其数学水平处于当时世界的先进行列，其中一些成就还远远走在世界的前面。南朝的祖冲之在三国曹魏著名数学家刘徽割圆术的基础上，求出了精确到七位有效数字的圆周率（$3.1415926<\pi<3.1415927$），领先西方国家上千年。其他如隋代刘焯创立的“等间距二次内插法”；唐代一行的“不等间距二次内插法”，王孝通的三次方程解法；宋元时期的解三次以上方程的方法，高阶等差级数求和、联立一次同余式等，也都在世界上领先数百年之久。而在明代广泛使用的珠算盘，更是几百年来最先进的一种计算工具，至今仍有一定的生命力。

三、中国古代中医药学成就

1. 中医药学

中医药学体系是用阴阳五行学说来说明人体的生理现象和病理变化，阐明其间的关系，并将生理、病理、诊断、用药、治疗、预防等有机地结合在一起，形成了一个整体的观念和独特的理论。脉诊是中医药学上一项独特的诊断方法，脉诊的应用表明中国古代的医生已掌握了脉象与身体各器官的关系，亦即关于心脏、血液与血管的关系，血流速度与人体健康的关系，呼吸和脉搏频率的关系等解剖生理学的知识。麻醉药物的发明是中医外科的又一重大成就。即使不算华佗的麻沸散，宋、元、明三代所用的麻醉药也是世界最早的发明。针灸是中国独创性的一种治疗方法，简便易行，经济实用，适应症广，治疗效果比较迅速和显著，没有或极少副作用，又可协同其他疗法进行综合治疗，因此深受人们的欢迎。中国古代在免疫学上最突出的贡献，是关于天花的防治，发明了人痘接种法。中国古代关于药物和方剂的专著很多，其中唐代《新修本草》是世界上第一部国家发布的药典，明代李时珍的《本草纲目》更堪称古代世界的药物大全。此外，在妇科、儿科、法医学以及食物医疗保健等方面，中国古代也都有着很多重大的成就。其中，宋代宋慈所著的《洗冤集录》是世界上第一部系统的法医学专著，在法医学史上占有重要的地位。

2. 四大名医

（1）扁鹊

扁鹊，姬姓，秦氏，名越人，又号卢医，春秋战国时期名医。他为什么被称为"扁鹊"呢？这可能与《禽经》中"灵鹊兆喜"的说法有关。医生治病救人，走到哪里就为哪里带去安康，如同喜鹊飞到哪里就给哪里带来喜讯。因此，古人习惯把那些医术高明的医生称为扁鹊。扁鹊少时学医于长桑君，尽传其医术禁方，擅长各科。在赵为妇科，在周为五官科，在秦为儿科，名闻天下。扁鹊奠定了中医学的切脉诊断方法，开启了中医学的先河。相传有名的中医典籍《难经》为扁鹊所著。

（2）张仲景

张仲景，名机，东汉末年著名医学家，被称为医圣。相传曾举孝廉，做过长沙太守，所以有张长沙之称。张仲景是一位博学多才的医师，不仅精通医药，还擅长针灸等。他著有中医学宝库中最有价值的著作《伤寒杂病论》，确立了辨证论治原则，创造了很多剂型，经过千百年临床实践的检验，都被证实有较高的疗效并为中医方剂学提供了发展的依据。其所确立的六经辨证的治疗原则奠定了理、法、方、药的理论基础，受到历代医学家的推崇，对亚洲各国的影响很大。

（3）华佗

华佗，字元化，一名旉，汉族，沛国谯（今安徽省亳州市谯城区）人，东汉末医学家。少时曾在外游学，钻研医术而不求仕途。他医术全面，精通内、妇、儿、针灸各科，尤其擅长外科，精于手术，被后人称为"外科圣手""外科鼻祖"。他善用麻醉、针灸等方法并擅长开胸破腹的手术。他所使用的"麻沸散"是世界是最早的麻醉剂。华佗还十分提倡养生，创编了"五禽戏"，模仿虎、鹿、熊、猿、鸟五种动物的形态、动作和神态来舒展筋骨达到防病祛病的目的。

（4）李时珍

李时珍，字东璧，晚年自号濒湖山人，湖北蕲州（今湖北省黄冈市蕲春县蕲州镇）人，汉族，明代医学家、药物学家。祖上世代业医，李时珍继承家学，尤其重视本草，并富有实践精神，经过长期的实地调查，搞清了药物的许多疑难问题，完成了《本草纲目》编写工作。《本草纲目》是我国药物学的空前巨著，其中纠正了前人的很多错误之处，在动植物分类学等许多方面有突出成就，并对其他有关的学科（生物学、化学、矿物学、地质学、天文学等）也做出了贡献，达尔文称赞它是"中国古代的百科全书"。

四、四大发明与其他技术成就

1. 四大发明

四大发明是指中国古代对世界具有很大影响的四种发明创造，即指南针、造纸术、火药、活字印刷术。

（1）指南针

指南针至迟发明于11世纪初期，是用以判别方位的一种简单仪器，前身是大约出现在战国时期的司南。司南是用天然磁石制成的，样子像一把汤勺，圆底，可以放在平滑的“地盘”上并保持平衡，且可以自由旋转。当它静止的时候，勺柄就会指向南方。后来发展成为指南针，主要组成部分为一根装在轴上可以自由转动的磁针（俗称吸铁石）。磁针在地磁场作用下能保持在磁子午线的切线方向上，磁针的北极指向地理的南极，利用这一性能可以辨别方向，常用于航海、大地测量、旅行及军事等方面。

（2）造纸术

造纸技术的发明是汉民族对世界文明的杰出贡献之一。据考证，公元前2世纪西汉初期我国已经有了纸，东汉和帝元兴元年（公元105年），宦官蔡伦在总结前人制造丝织品经验的基础上，用树皮、破渔网、破布、麻头等作为原料，制造成了适合书写的植物纤维纸，改进了造纸术，使纸成为人们普遍使用的书写材料。这种纸被称为“蔡侯纸”。造纸术在7世纪经朝鲜传到日本，8世纪中叶传到大食国。到12世纪，欧洲才仿效中国的方法开始设厂造纸。

（3）火药

火药的发明发端于炼丹术。炼丹家在炼丹实践中，经常使用硫黄、硝石和含碳的皂角、马兜铃等炼制丹药，丹房失火的事故时有发生。唐代的炼丹家已从中认识到，硫黄、硝石、碳混合在一起遇火后会引起燃烧或爆炸。这三种药物的混合物就是初始的黑火药。大约在晚唐时，军事家从炼丹家手中得到了配制火药的方法，并在军事上加以应用。大约在元时，随着元军的远征以及中外交通贸易的发展，火药和火药武器相继由陆路和海路传到阿拉伯和欧洲。从此，在世界兵器史和军事史上引发了一连串重大的变革。

（4）活字印刷术

中国古代印刷术的发展，可分为两个阶段：一个是雕版印刷术，一个是活字印刷术。雕版印刷是用刀在一块块木板上雕刻成凸出来的反写字，然后再上墨，印到纸上，速度很慢且劳作辛苦。北宋庆历年间平民毕昇用细质且带有黏性的胶泥，做成一个个四方形的长柱体，在上面刻上反写的单字，一个字一个印，放在土窑里用火烧硬，形成活字。然后按文章内容，将字依顺序排好，放在一个个铁框上做成印版，再在火上加热压平，印刷结束后把活字取下，下次还可再用。这种改进之后的印刷术叫作活字印刷术。活字印刷术是人类近代文明的先导，为知识的广泛传播、交流创造了条件。

2. 其他成就

在力学方面，墨子已经得到了力×力臂＝重×重臂的杠杆原理，对力、运动、静止、时空等概念，墨子也都有精辟的论述。在光学方面，墨子提出了光是直线传播的，并进行了小孔成像的实验，用光的直线传播解释了光通过小孔所形成的影像是倒像的道理。在声学方面，中国是首先发现声音共鸣现象的国家。早在春秋战国时期，人们就已发现了声音的共鸣现象并加以利用。中国古代在机械方面的创造发明亦是中国文化史上璀璨光辉的一个组成部分，如司南车、记里鼓车、水转百戏、走马灯等。

第四节　中国古代交通发展

一、中国古代陆上交通

1. 历代道路

在远古尧舜时，道路曾被称作“康衢”。西周时期，人们曾把可通行三辆马车的地方称作“路”，可通行两辆马车的地方称作“道”，可通行一辆马车的地方称作“途”。“畛”是老牛车行的路，“径”是仅能走牛、马的乡间小道。秦始皇统一中国后，“车同轨”，兴路政，最宽敞的道路称为驰道，即天子驰车之道，又有在悬崖峭壁上凿孔，插入木梁，上铺木板或再覆土石而成的“栈道”。这样以国都咸阳为中心，连通全国的道路网络初步形成。唐朝时筑路五万里，称为驿道。后来，元朝将路称作“大道”，清朝称作“大路”“小路”等。清朝末年，我国建成第一条可通行汽车的路，被称作“汽车路”，又称“公路”，由此一直沿用至今。至于“马路”，则是外来语。巷、坊、弄、胡同等，被认为是从唐朝沿用下来的旧称，系指大道以外的路。

2. 陆上丝路

陆上丝绸之路有两条，分别是“西北丝绸之路”和“西南丝绸之路”。

西北丝绸之路最初东以中国长安（今西安）为起点，沿渭水西行，过黄土高原，通过河西走廊到达敦煌。由敦煌西行则分成南北两条道路：南路出阳关，沿今塔里木盆地南沿、昆仑山北麓，经古楼兰（今新疆若羌一带）、且末、民丰、于田、和田、墨玉、皮山、叶城、莎车，到达喀什；北路出玉门关，沿今塔里木盆地北沿、天山南麓，经过吐鲁番、库尔勒、库车、拜城、阿克苏、巴楚到达喀什。南北两路在喀什汇合后，继续往西登上帕米尔高原，然后经过阿富汗、伊朗和中亚诸国，再过地中海，最后到达丝绸之路的终点：古罗马的首都罗马城和威尼斯。后来，又开辟了一条北新道，从敦煌经哈密，沿着天山以北的准噶尔盆地前进，渡伊犁河西行到古罗马帝国。

西南丝绸之路也称蜀身毒道，是一条起于现今中国四川成都，经云南，到达印度的通商孔道，其总长有大约 2 000 千米，是中国最古老的国际通道之一，早在距今两千多年的西汉时期就已开发。它以四川成都为起点，经雅安、芦山、西昌、攀枝花到云南的昭通、曲靖、大理、保山、腾冲，从德宏出境；进入缅甸、泰国，最后到达印度和中东。与西北丝绸之路一样，西南丝绸之路对世界文明也做出了伟大的贡献。

3. 茶马古道

茶马古道是指存在于中国西南地区，以马帮为主要交通工具的民间国际商贸通道，是中国西南民族经济文化交流的走廊。茶马古道是一个非常特殊的地域称谓，是古代西藏和内地联系必不可少的桥梁和纽带。

茶马古道主要分南、北两条，即滇藏道和川藏道。滇藏道起自云南西部洱海一带产茶区，经丽江、中甸（今天的香格里拉市）、德钦、芒康、察雅至昌都，再由昌都通往卫藏地区。川藏道则以今四川雅安一带产茶区为起点，首先进入康定，自康定起，川藏道又分成南、北两条支线：北线是从康定向北，经道孚、炉霍、甘孜、德格、江达，抵达昌都（即今川藏公路的北线），再由昌都通往卫藏地区；南线则是从康定向南，经雅江、理塘、巴塘、芒康、左贡至昌都（即今川藏公路的南线），再由昌都通向卫藏地区。

二、中国古代水上交通

我国古代的水上交通大体可以分为内河航运与海上航运两个部分。内河百舸争流，每当逆水行船或遇上险滩恶浪时，那些专以纤绳帮人拉船为生的纤夫就起着关键性的作用。纤夫背纤和躲避风浪的水上通道叫作纤道，是由一座座架设在水面上的石桥连接而成，因多为官府出资修建，亦有官道、官塘之称。海上航运也有特殊的码头设施，被称作栈桥。栈桥是在桩上或墩柱上设置梁板而组成的连接码头与陆域的排架结构物，用于装卸货物或上下旅客。我国著名的栈桥位于青岛湾中，由海岸前伸入海，素有“长虹远引”之美誉，被视为青岛市的重要标志。

1. 古代运河

春秋时期，最先开凿运河的是陈、蔡、楚等国，其中比较著名的运河有吴国沟通太湖和长江的胥河、沟通长江和淮河的邗沟和沟通淮河和黄河的荷水，以及稍后的魏国沟通黄河和淮河的鸿沟。公元前 219 年，秦始皇为了解决南征部队的粮饷运输问题，在今天广西壮族自治区兴安县城附近湘江和漓江的分水岭上兴修了灵渠，将珠江水系与长江水系直接连接起来。除灵渠外，我国在世界内河航运史上占有重要地位的还有一条著名的运河，就是世界上最长的京杭大运河。这条运河全长 1 700 多千米，北与海河相连，南与钱塘江相接，将海河、黄河、淮河、长江和钱塘江五大水系连成了统一的水运网。

2. 古代海运

至迟在新石器时代晚期，我国就已经有了航海活动。春秋战国时期，吴国、越国和齐国是主要的航海诸侯国，也加强了我国与朝鲜、日本等近邻国家的来往。秦始皇时非常重视航海，统一全国后曾五次巡视各地，其中有四次巡游海上。此外，徐福东渡日本也是当时大规模的航海活动。汉武帝时期，汉朝出动强大的水师征服了东瓯（今浙江东南部）、闽越（今福建部分地区）、南越（两广部分地区）等地方割据势力，巩固了海疆，为沿海航路的畅通创造了条件，并开辟了北起辽宁丹东南至广西北仑河口的南北沿海航线、从山东沿岸经黄海通向朝鲜和日本的航线以及著名的海上丝绸之路。三国时期，东吴组织的几次大规模航海，人数都在一万人以上，最多达三万多人。船队先后到达了辽东、海南、台湾，以及朝鲜和东南亚诸国。最值得一提的是公元 230 年吴王孙权派卫温率万名官兵航海东抵夷州（台湾）的航海活动。南朝刘宋时期，日本曾先后八次遣使者经南道航线来中国，“献方物”，求诏封。来往中除了中国的文化和生产技术大量传入日本外，梁武帝时汉人司马达还把印度的佛教带到日本，从此日本文化又受到佛教的影响。到唐朝，我国的航海技术达到了相当高的水平，中国的水手以航海技术高超而闻名于世。他们不仅掌握了亚洲东南信风和季风的规律，而且也掌握了一定的航海天文知识。唐人除利用秦汉开辟的我国沿海航线外，还历经艰辛，打通了去堪察加半岛的航线，并使往来于日本与我国的海上航线增加到八九条之多。宋元是我国历史上海上交通最繁盛的时期之一，造船和航海业非常发达，造船技术和航海技术也都有重大的突破。元朝统治者对海运给予了更多的重视，开辟了海道运输。到明朝，造船业与航海业都达到中国古代航运史的顶峰：坚固耐用、性能优良的大型战船在戚继光抗倭和郑成功收复台湾的战斗中都大显神威；闻名中外的郑和船队七下西洋途经亚洲、非洲 30 多个国家和地区，最远到达现今非洲东岸的索马里和肯尼亚一带，与亚非许多国家和地区进行了政治、经济、文化交流，谱写了中外人民友好交往的新篇章。他们绘制的《郑和航海图》、总结的航海经验和开拓的远洋航路都是留给后人的丰富而珍贵的文化遗产。郑和以其卓越的才能、英勇无畏的精神所领导的七下西洋的壮举，实为 15—16 世纪世界大规模航海时代之开端，是具有世界意义的伟大历史事件。

3. 海上丝路

汉朝，由于航海技术的进步，远洋航运有了较大的发展。据《汉书 · 地理志》记载，汉武帝时曾派使臣、贸易官员和应募商民，从广东出发行船约五个月到都元国（苏门答腊），再行船四个月到邑卢没国（缅甸太公附近），又经两个多月到黄支国（印度马德拉斯附近），自此往南到已程不国（斯里兰卡）。最后由黄支国返航，约八个月到皮宗（马来半岛），又行八个月返回中国。这是我国航海船舶经南海，穿越马六甲海峡，在印度洋上航行的真实记录。当时，已程不国是交通中转站，中国从此处可购得珍珠、璧琉璃、奇石异物等，中国的丝绸等则由这里转运到罗马等地。东汉桓帝在位时，大秦（罗马帝国）派遣使者航海来到中国，从而开辟了中国和大秦之间的海上通路。这是中国同欧洲国家直接友好往来的最早记录。这种友好往来，把当时世界上两大帝国——东方的汉帝国和西方的罗马帝国联结起来，构成了一条贯通欧洲、非洲、亚洲的海上航线。这是继陆上著名的丝绸之路之后又开辟的一条海上丝绸之路。

三、中国古代交通工具

1. 中国古代的车

在远古时候，人类最早的运输工具是木棒。进入了畜牧时代，某些野兽经过驯化成为家畜，供人役使。驮运物品的驮兽便成了人类的重要运输工具。随着社会生产力的发展，另一种重要的运输工具“橇”诞生了。人们在橇的木板底下安放圆木，以滚动代替滑动。相传“车”就是从橇这种原始运输工具逐渐演变来的。

中国是最早使用车的国家之一。相传古人在黄帝时代就已经创造了车。商代，人们已经懂得用马和牛来驾车了。春秋战国时期，车辆制造业有了更快的发展，特别是车辕开始由单辕改为双辕，车辆就更加牢固，载重量也更大了。到了汉朝，车有了很大的发展和变化，车的种类增多且主要用于载人装货，而不是作战了。唐宋以后，车辆的制造技术也有所进步。南北朝时出现了12头牛驾驶的大型车辆。当时还出现了磨车。磨车上装有石磨，车行磨动，行10里（1里=500米）磨10斛。三轮车在唐末五代时就已出现，但没有得到推广。到了宋朝，官僚们坐轿子的风气渐渐兴盛起来。这时高级车辆的制作和改进得不到重视，制车技术的重点也逐渐由乘人的车转到载货的车。当时的大车叫“太平车”，用五至七头牛拖拉。还有独轮车，前后两人把驾，旁边两人扶拐，前用驴拉，叫作“串车”，明朝称之为“双缱独轮车”。明清时期除了陆续出现许多新型车辆和异型车辆外，还出现了帆车，即在车上加帆，利用风力助车行进。到清朝时又出现了铁甲车和轿车。

2. 中国古代的轿

轿子是我国古代一种特殊的交通工具。据史书记载，轿子的雏形远在夏朝时期就已经存在。如果从地区来看，在南方交通不便的山区中，轿子的普及较北方平原更快。但是直到唐朝，肩舆（轿子）除了帝王乘坐之外，一般还仅仅为妇女和老弱有病的官员所享用。轿子作为一种交通工具得到较大普及是在宋朝。这些轿子虽然同汉唐时期的轿子大同小异，仍两人抬杠，但选材精良，以硬木为主，上雕花纹飞龙，造型美观，样子和近代见到的大致相同。明清时期，轿子发展为四人抬或八人抬。王公贵族之所以越来越宠爱轿子，是因为坐在这种特殊的交通工具上，无车马劳顿之苦，安稳舒适。

古代的轿子，大致有两种形制或类型：一种是不上帷子的凉轿，也叫亮轿或显轿；一种是上帷子的暖轿，又称暗轿。不同的官品，在轿子的形制类型、帷子的用料颜色等方面都有严格的区分。

3. 中国古代的船

我国古代造船起步于遥远的原始社会，我们的祖先在实践过程中对独木舟和筏不断加以改进，开始在独木舟的四周加上木板以增大容量，原来的独木舟就变成船底了。在长期的演变过程中，圆底独木舟逐步变成了船底的中间部分，通连首尾的主要纵向的木材就变成了“龙骨”，这样就变成尖底或圆底的木板船，而原来平底的独木舟也就逐渐演变成平底木板船底中心线上的一块板了。在这过程中，人们对筏也进行了改造，在筏的四周安上木板。由独木舟和筏发展到木板船，这是造船史上的飞跃，它开辟了航海及河运史上的新时期。

秦汉时期，我国造船业的发展出现了第一个高峰。据古书记载，秦始皇在统一中国南方的战争中组织过一支能运输50万石粮食的大船队。到了汉朝，以楼船为主力的水师已经十分强大。据说一次战役，汉朝中央政府就能出动楼船2 000多艘，水军20万人。舰队中配备有各种作战舰只，有在舰队最前列的冲锋船“先登”，有用来冲击敌船的狭长战船“蒙冲”，有快如奔马的快船“赤马”，还有上下都用双层板的重武装船“槛”。三国时期孙吴所据之江东在历史上就是造船业发达之地，吴国造的战船，最大的上下五层，可载3 000名战士。到南朝时，江南已发展到能建造1 000吨的大船。为了提高航行速度，南朝科学家祖冲之创造了装有桨轮的船舶

——车船，这种船利用人力以脚踏车轮的方式推动船的前进，为后来船舶动力的改进提供了新的思路。

唐宋时期，我国古代造船业的发展进入了成熟时期，无论从船舶的数量还是质量上都体现出我国造船事业的高度发展。不仅种类多、体积大，而且还有工艺先进、结构坚固、载量大、航速快、安全可靠等许多优点，在国际上享有很高声誉。从7世纪以后，中国远洋船队就日益频繁地出现在万顷波涛的大洋上。外国商人往来于东南亚和印度洋一带，都乐于乘坐中国大海船，并且用“世界上最先进的造船匠”的语言来称赞中国船工。

据记载，明朝时期造船的工场分布之广、规模之大、配套之全，是历史上空前的，达到了我国古代造船史上的最高水平。主要的造船场有南京龙江船场、淮南清江船场、山东北清河船场等，它们规模都很大。如龙江船场年产就超过200艘，它还以建造大型海船而著称。正是有了这样雄厚的造船业基础，才会有明朝的郑和七次下西洋的远航壮举。明朝造船业的伟大成就，久为世界各国所称道，也是我国各族人民对世界文明的巨大贡献。

4. 中国古代的桥

据史料记载，我国周朝时期已建有梁桥和浮桥。我国古代桥梁大致有梁桥、拱桥和索桥三种基本形式。

梁桥是我国古代最普遍、最早出现的桥梁，古时称作平桥。它的结构简单，外形平直，比较容易建造。把木头或石梁架设在沟谷河流的两岸就成了梁桥。早在原始社会时，我国就有了独木桥和数根圆木排拼而成的木梁桥。战国时期，单跨和多跨的木、石梁桥已普遍在黄河流域及其他地区建造。唐朝时期出现了不少名闻天下的石梁桥。当时天下著名的石梁桥有四座：河南洛阳的天津桥、永济桥、中桥，陕西西安的灞桥。宋朝时人们在福建泉州建成了我国第一座濒临海湾的大石梁桥万安桥，即洛阳桥。此桥建成后轰动一时，有“天下第一桥”的美誉。这个时期新建的石梁石墩桥在长度、跨度、重量、建造速度、施工技术、桥型和桥梁基础等方面都达到了新的水平，在中外建桥史上占有重要地位。

我国的拱桥至迟汉朝已兴造。这种桥是在当时拱式结构坟墓建造技术的启发下，从伸臂木石梁桥和撑架桥逐步演变和发展起来的。由于拱桥的主要承重构件的外形都是弯曲的，所以也称为曲桥。保留到今天的最著名的石拱桥有河北省赵县的安济桥、北京西南郊的卢沟桥和苏州城南的宝带桥。安济桥，即赵州桥，建于公元7世纪初的隋朝，是一座敞肩式单孔圆弧石拱桥，是当时世界上跨度最大的单孔石拱桥，比欧洲19世纪兴建的同类拱桥早了1 200多年。这座桥建造在河北省赵县城南五里的洨河上，由工匠李春设计监造，是我国现存最古老的大跨径石拱桥，在世界桥梁史上占有重要地位。

索桥，即吊桥、悬索桥，首创于我国。古书把索桥称为絙桥、笮桥和绳桥。在我国云贵川的怒江、澜沧江、金沙江上游，在雅砻江、大渡河、乌江、北盘江以及秦岭山区、台湾山区，常常可以看到各类索桥。其中，贵州的盘江桥、四川的泸定桥、云南的霁虹桥在国际桥梁史上都享有盛名。这些地方谷深水急，根本无法筑墩建桥，古代劳动人民就发明了以竹、藤和铁绳等作索为桥的办法。目前已考证出最早的索桥是四川益州（今成都）的笮桥，建于秦朝李冰任蜀守时（公元前251年），距今已2 200多年。

四、中国古代邮政演变

1. 官方邮驿

夏王朝建立后，设立了“牧正”“庖正”和“车正”等与交通有关的官吏进行通信活动；商朝纣王在位时，已有利用音传与烽火作通信的“声光”手段；到西周时候，我国已经有了比较完整的邮驿制度。各种不同的传递方式有不同的名称。比如：以轻车快传称作“传”，急行步传叫作“徒”。边境上传书的机构叫“邮”，邮传驿道上设置的休息站叫作“委”“馆”或“市”。春秋战国时期出现了单骑通信和接力传递，还普及了传统的通信手段“驲”。“驲”是一种高级急行车，一般高级人物办急事时使用。战国时期，邮驿通信事业繁忙的标志之一是简书与符信的风行。简书是把书信或文章刻写在竹木简上。短信一般字面向内，捆上加封。长信则把简片用皮条连系成册，卷成一卷，外面加封。符信是通信的信物，即通行的凭证，有符有节。节是身份证明，供使者在路途中使用。持有此节者，沿途住宿伙食一律由传舍供给。符与节略有不同，大半是军事凭信，也可作为国家治安所规定的通行证件。在开创统一的邮驿制度方面，秦朝也有不世之功。秦朝统一了邮驿的称呼为“邮”，大都采用接力传递文书的办法，由政府规定固定的路线，由负责邮递的人员一站一站接传下去。汉代的邮驿制度比秦朝有了进一步的发展。在中央部一级的九卿官职中，有许多是和邮驿制度直接相关的。而地方上的邮驿管理系统也由州、郡、县三级管理，郡太守府里最受重视的一个官吏便是“督邮”。当时，以骑马为主的信递方式叫作“驿”，短途以步行为主的“递送文书”称“邮”。管理长途传递信件文书的设施叫“驿置”，即后来的“驿站”。管理短途步行投递书信的机构叫“邮亭”。那个时期，在由京城通往边境的千里驿道上，每隔30里设一个驿站，每隔10里设一个邮亭。三国时期，曹魏在邮驿史上最大的建树是制定《邮驿令》。这是我国历史上第一部专门的邮驿法，对后世产生了深远影响。曹魏时期还创造了一种新的通信符号：信幡。信幡是一种用各种不同图案和颜色制成的旗帜。隋唐时期的邮驿盛极一时，空前繁荣，“驿”代替了以往所有的“邮”“亭”“传”。驿的任务包罗万象，既负责国家公文书信的传递，又传达紧急军事情报，还兼管迎送官员，怀柔少数民族，平息叛乱，追捕罪犯，灾区慰抚和押送犯人等。有时还管理贡品运输和其他小件物品的运输。这一时期出现了“邮筒”，但不是今天我们所常见的街道或邮局门前的邮筒。它实际上是指一种水上邮件运输工具，用竹筒装信，浮江而下传递情报，后人称其为“水电报”。此外，当时还有“空中通信”，即用风筝、信鸽等方式传递信息。唐朝还建立了“明驼使”的组织，以骆驼为邮驿工具，专门负担传递公文书信。这种骆驼，“腹不贴地，屈足漏明”，能日行千里。到宋朝，邮驿走向了军事化，以兵卒代替百姓为邮驿人员，由兵部掌管全国的邮驿事务，馆驿演变成政府招待所，而传递政府公文和书信的机构则另有名目，总称为“递”，又分

“急脚递”“马递”和“步递”数种。“步递”用于一般文书的传递，是接力步行传递。“马递”用于传递紧急文书，一般不传送官物，速度较快。在很紧急的情况下，又使用了一种叫作“急脚递”的新的传送文书的形式，是专门递送紧急的军事文书的“特快邮件”。元朝建立了严密的“站赤”制度，即蒙古语“驿传”的译音。元朝在各州县广泛设置“急递铺”，南方设有水驿，东北边远地区更有专门用于冰上的驿狗，构成了一个庞大的全国驿路交通网。明清两朝的邮驿基本上是沿袭旧制。随着近代邮政的建立，古老的邮驿制度逐渐被淘汰。

2. 民间通信

古代早期，我国除了官方通信外，尚没有正式传递私人信件的机构，百姓只能通过熟人捎带书信。到魏晋南北朝时，一种叫“逆旅”的私营客栈发展起来，并且生意兴隆。唐朝时由于交往的增多，有了主要为民间商人服务的“驿驴”。当时还有一种叫作“飞钱”的办法，把钱存入地方官府的驻长安机构，再凭收据到该地方的官府那里如数取钱，这有些类似现代银行的汇兑业务。此外，那时还发行了一种“邸报”，通过邮驿传到各地，好像现在的报刊发行一样。到宋朝时，“私书附递”变得普遍。明朝时期出现了民信局，这是一种由老板出资，雇佣店员经营，专为民间投递信件、汇款和邮包的商业组织。清朝道光、咸丰、同治年间，民信局发展到鼎盛时期，当时全国大小民信局总共有几千家之多。鸦片战争以后，还出现了一种专门办理旅外侨胞通信和汇兑业务的“侨批局”。后来，民信局和侨批局遭到了侵略势力的打击和摧残，很多被迫歇业停办。

复习思考题

一、填空题

1. 战国七雄是指________、________、________、________、________、________、________七个诸侯国。

2. 民盟第一届中央委员会主席是________。

3. 五行是指________、________、________、________、________五种物象表达相生相克的关系。

4. 中国古代文人或闺秀推崇和必须掌握的“四艺”是指________、________、________、________。

5. 中国古代农业生产中的“三才”理论是指________、________、________三大要素。

6. 我国现存第一部完整的历法是《________》。

7. 我国现存最古老的大跨径石拱桥是由工匠________设计监造的________。

8. 我国古代管理长途传递信件文书的设施称为________，管理短途步行投递书信的机构叫________。

二、名词解释

开元盛世　三纲五常　四书五经　天干地支　年月日辰　茶马古道　京杭大运河

三、简答题

1. 简述我国古代皇帝的名号全称。
2. 简述封建社会科举考试的层级。
3. 简述我国古代的四大名医与四大发明。
4. 简述我国古代的丝绸之路。

第二章 中国旅游景观

第一节 中国自然地理特征与景观带分布

一、中国自然地理特征

（一）地理位置和疆域

我国位于欧亚大陆东部，东临太平洋，与韩国、日本等国隔海相望，北邻蒙古、俄罗斯、哈萨克斯坦等国，西与吉尔吉斯斯坦、塔吉克斯坦、阿富汗、巴基斯坦相连，西南以喜马拉雅山脉为界与印度、尼泊尔、不丹等国相邻，南与缅甸、老挝、越南等国毗邻。地理坐标：北纬 3°52′~53°33′，东经 73°40′~135°05′。陆地面积约 960 万平方千米，居世界第三位，海陆疆界达 40 000 千米，陆界 22 000 千米，海域大陆岸线 18 000 多千米，岛屿岸线 14 000 多千米。古丝绸之路、现欧亚大陆桥贯通中国和欧洲。

（二）地形地貌

中国地势西高东低，山地、高原和丘陵约占陆地面积的 67%，盆地和平原约占陆地面积的 33%。地形的主要特征是：

1. 地形多种多样

在中国辽阔的大地上，有雄伟的高原、起伏的山岭、广阔的平原、低缓的丘陵，还有四周群山环抱、中间低平的大小盆地。陆地上的 5 种基本地形类型，中国均有分布，这为中国工农业的发展提供了多种多样的条件。

2. 山区面积广大

通常人们把山地、丘陵和比较崎岖的高原称为山区。中国山区面积约占全国总面积的 2/3，这是中国地形的又一显著特征。山区面积广大，给交通运输和农业发展带来一定困难，但山区可提供林产、矿产、水能和旅游资源，为改变山区面貌、发展山区经济提供了资源保证。

3. 地势西高东低

中国地势西高东低，大致呈阶梯状分布。

地势的第一级阶梯是青藏高原，平均海拔在 4 000 米以上。其北部与东部边缘分布有昆仑山脉、祁连山脉、横断山脉，是地势一、二级阶梯的分界线。

地势的第二级阶梯上分布着大型的盆地和高原，平均海拔 1 000~2 000 米，其东面的大兴安岭、太行山脉、巫山、雪峰山是地势二、三级阶梯的分界线。

地势的第三级阶梯上分布着广阔的平原，间有丘陵和低山，海拔多在 500 米以下。

如果通过北纬 32°线，自西向东作一幅中国地形剖面图，从西部的大高原，到中部的盆地，再到东部平原，西高东低，呈阶梯状逐级下降的地势特点十分明显。

从中国陆地的第三级阶梯继续向海面以下延伸，就是浅海大陆架，这是大陆向海洋自然延伸的部分，一般深度不深，坡度较缓，海洋资源丰富。

（三）河流水系

1. 概述

中国河流湖泊众多，地区分布不均，内外流区域兼备。中国外流区域与内流区域的界线大致是：北段大体沿着大兴安岭—阴山—贺兰山—祁连山（东部）一线，南段比较接近于 200 毫米的年等降水量线（巴颜喀拉山—冈底斯山），这条线的东南部是外流区域，约占全国总面积的 2/3，河流水量占全国河流总水量的 95%以上，内流区域约占全国总面积的 1/3，但是河流水量还不到全国河流总水量的 5%。东部长江中下游地区，分布着中国最大的淡水湖群；西部高原湖泊多为内陆咸水湖。

2. 河流

中国是世界上河流最多的国家之一。中国有许多源远流长的大江大河，其中流域面积超过 1 000 平方千米的河流就有 1 500 多条。

中国的河流，按照河流径流的循环形式，有注入海洋的外流河，也有与海洋不相沟通的内流河。多数河流分布于东部和中部的湿润和半湿润地区；西北干旱和半干旱地区河流数量少，水量小。

3. 湖泊

中国湖泊众多，共有湖泊 24 800 多个，其中面积在 1 平方千米以上的天然湖泊就有 2 800 多个。湖泊数量虽然很多，但在地区分布上很不均匀。总体来说，东部季风区，特别是长江中下游地区，分布着中国最大的淡水湖群；西部以青藏高原湖泊较为集中，多为内陆咸水湖。

外流区域的湖泊都与外流河相通，湖水能流进也能排出，含盐分少，称为淡水湖，也称排水湖。中国著名的淡水湖有鄱阳湖、洞庭湖、太湖、洪泽湖、巢湖等。

内流区域的湖泊大多为内流河的归宿，湖水只能流进，不能流出，又因蒸发旺盛，盐分较多形成咸水湖，也称非排水湖，如中国最大的湖泊青海湖以及海拔较高的纳木错湖等。

中国的湖泊按成因有河迹湖（如湖北境内长江沿岸的湖泊）、海迹湖（如西湖）、溶蚀湖（如云贵高原区石灰岩溶蚀所形成的湖泊）、冰蚀湖（如青藏高原区的一些湖泊）、构造湖（如青海湖、鄱阳湖、洞庭湖、滇池等）、火口湖（如长白山天池）、堰塞湖（如镜泊湖）等。

（四）气象水文

1. 概述

中国自南向北，以温度带划分，分为热带、亚热带、暖温带、中温带、寒温带等温度带以及特殊的青藏高寒区。

中国年降水量空间分布的规律是：从东南沿海向西北内陆递减。各地区差别很大，大致是沿海多于内陆，南方多于北方，山区多于平原，山地中暖湿空气的迎风坡多于背风坡。在淮河—秦岭—青藏高原东南边缘一线东南年降水量大于800毫米等；在大兴安岭—张家口—兰州—拉萨—喜马拉雅山东南端一线西北年降水量小于400毫米，塔里木盆地年降水量少于50毫米，是中国的“旱极”；中国东南部有些地区年降水量在1 600毫米以上，台湾东部山地年降水量可达3 000毫米以上，是中国的“雨极”。

中国各地干湿状况差异很大，共划分为4个干湿地区：湿润区、半湿润区、半干旱区和干旱区。西部和西北部为干旱区，东南部为湿润区。

2. 气候特征

（1）气候复杂多样

我国地形的复杂多样，导致了气候的复杂多样性。从气候类型上看，东部属季风气候（又可分为热带季风气候、亚热带季风气候、温带季风气候），西北部属温带大陆性气候，青藏高原属高寒气候。

（2）季风气候显著

中国的气候具有夏季高温多雨、冬季寒冷少雨、高温期与多雨期一致的季风气候特征。冬季盛行从大陆吹向海洋的偏北风，夏季盛行从海洋吹向陆地的偏南风。夏季风来自东南面的太平洋和西南面的印度洋，性质温暖、湿润，在其影响下，降水普遍增多，雨热同季。中国受冬、夏季风交替影响的地区广，是世界上季风最典型、季风气候最显著的地区。

（3）气候条件的优势

复杂多样的气候，使世界上大多数农作物和动植物都能在中国找到适宜生长的地方，中国农作物与动植物资源都非常丰富。

中国气候虽然有许多方面有利于发展农业生产，但也有不利的方面，中国灾害性天气频繁多发，对中国生产建设和人民生活也常常造成不利的影响，其中旱灾、洪灾、寒潮、台风等是对中国影响较大的主要灾害性天气。北方以旱灾居多，南方则旱涝灾害均有发生。

在夏秋季节，中国东南沿海常常受台风（热带风暴发展到特别强烈时称为台风）的侵袭，以6—9月最为频繁。

在中国的秋冬季节，来自蒙古、西伯利亚的冷空气不断南下，冷空气特别强烈时，气温骤降，出现寒潮。寒潮可造成低温、大风、沙暴、霜冻等灾害。

3. 气温和温度带

（1）冬季气温的分布

南方温暖，北方寒冷，南北气温差别大是中国冬季气温的分布特征。这一特征形成的原因是纬度位置的影响和冬季风的影响。

（2）夏季气温的分布

除青藏高原等地势高的地区外，全国普遍高温，南北气温差别不大，是中国夏季气温分布的特征。其形成原因是各地获得的太阳光热普遍增多。加之北方因纬度较高，白昼又比较长，获得的光热相对增多，缩短了与南方的气温差距，因而全国普遍高温。

（3）中国的温度带

中国自南向北，以温度带划分，分为热带、亚热带、暖温带、中温带、寒温带等温度带以及特殊的青藏高寒区。

4. 水文和湿度

干湿状况是反映气候特征的标志之一，一个地方的干湿程度由降水量和蒸发量的对比关系决定。降水量大于蒸发量，该地区就湿润；降水量小于蒸发量，该地区就干燥。干湿状况与天然植被类型及农业等关系密切。中国各地干湿状况差异很大，共划分为4个干湿地区：湿润区、半湿润区、半干旱区和干旱区（见表2-1）。

表2-1　干湿地区的划分

区域类型	年降水量（毫米）	干湿状况	分布地区	植被	土地利用
湿润区	>800	降水量>蒸发量	秦岭—淮河以南、青藏高原南部、内蒙古东北部、东北三省东部	森林	以水田为主的农业
半湿润区	400~800	降水量>蒸发量	东北平原、华北平原、黄土高原大部、青藏高原东南部	森林—草原	以旱地为主的农业
半干旱区	200~400	降水量<蒸发量	内蒙古高原、黄土高原的一部分、青藏高原大部	草原	草原牧业、灌溉农业
干旱区	<200	降水量<蒸发量	新疆、内蒙古高原西部、青藏高原西北部	荒漠	高山牧业、绿洲灌溉农业

（1）降水和干湿地区

中国年降水量空间分布的规律是：从东南沿海向西北内陆递减。各地区差别很大，大致是沿海多于内陆，南方多于北方，山区多于平原，山地中暖湿空气的迎风坡多于背风坡。

（2）降水量的时间变化

南方雨季开始早，结束晚，雨季长，集中在5—10月；北方雨季开始晚，结束早，雨季短，集中在7—8月。全国大部分地区夏秋多雨，冬春少雨。

（3）季风活动与季风区

中国降水在空间分布与时间变化上的特征，主要是受季风活动影响形成的。发源于西太平洋热带海面的东南季风和赤道附近印度洋上的西南季风把温暖湿润的空气吹送到中国大陆上，成为中国夏季降水的主要水汽来源。

每年4—5月暖湿的夏季风推进到南岭及其以南的地区。广东、广西、海南等省区进入雨季，降水量增多。6月夏季风推进到长江中下游，秦岭—淮河以南的广大地区进入雨季。这时，江淮地区阴雨连绵，由于正是梅子黄熟时节，故称这种天气为梅雨天气。7—8月夏季风推进到秦岭—淮河以北地区，华东、东北等地进入雨季，降水明显增多。9月间，北方冷空气的势力增强，暖湿的夏季风在它的推动下向南后退，北方雨季结束。10月，夏季风从中国大陆上退出，南方的雨季也随之结束。

（五）水资源

人多水少，水资源时空分布不均是我国水资源的主要特点。尽管我国多年平均水资源总量为2.8万亿立方米，居世界第六位，但人均水资源占有量仅为2 185立方米，不足世界平均水平的1/3，其中黄河、淮河、海河等流域人均占有量更低。水资源的时间分布极不均衡，大部分地区每年汛期4个月的降水量占全年的60%~80%，容易形成春旱夏涝。水资源的空间分布也很不均衡，与我国人口、土地、经济布局不相匹配，北方地区人口占47%、耕地占65%、地区生产总值占国内生产总值的45%，但水资源仅占19%。

河流和湖泊是中国主要的淡水资源。因此，河湖的分布、水量的大小，直接影响着各地人民的生活和生产。中国人均径流量为2 200立方米，是世界人均径流量的24.7%。各大河的流域中，以珠江流域人均水资源最多，人均径流量约4 000立方米。长江流域稍高于全国平均数，人均径流量约为2 300~2 500立方米。海滦河流域是全国水资源最紧张的地区，人均径流量不足250立方米。

中国水资源的分布情况是南多北少，而耕地的分布却是南少北多。比如，中国小麦、棉花的集中产区——华北平原，耕地面积约占全国的40%，而水资源只占全国的6%左右。水、土资源配合欠佳的状况，进一步加剧了中国北方地区缺水的程度。

中国水能资源蕴藏量达6.8亿千瓦，居世界第一位。70%分布在西南四省市和西藏自治区，其中以长江水系为最多，其次为雅鲁藏布江水系。黄河水系和珠江水系也有较大的水能蕴藏量。目前，已开发利用的地区，集中在长江、黄河和珠江的上游。

（六）土地资源

中国土地资源有四个基本特点：绝对数量大，人均占有少；类型复杂多样，耕地比重小；利用情况复杂，生产力地区差异明显；地区分布不均，保护和开发问题突出。

1. 绝对数量大，人均占有少

中国国土面积约960万平方千米，海域面积473万平方千米。国土面积居世界第3位，但按人均占有土地资源论，在面积位居世界前12位的国家中，中国居第11位。按利用类型区分的中国各类土地资源也都具有绝对数量大、人均占有量少的特点。

2. 类型复杂多样，耕地比重小

中国地形、气候十分复杂，土地类型复杂多样，为农、林、牧、副、渔业多种经营和全面发展提供了有利条件。但也要看到，有些土地类型难以开发利用。例如，中国沙质荒漠、戈壁合占国土总面积的12%以上，改造、利用的难度很大。而对中国农业生产至关重要的耕地，所占的比重仅10%多。

3. 利用情况复杂，生产力水平地区差异明显

由于中国自然条件的复杂性和各地历史发展过程的特殊性，中国土地资源利用的情况极为复杂。在广阔的东北平原上，汉族多利用耕地种植高粱、玉米等杂粮，而朝鲜族则多种植水稻。山东的农民种植花生经验丰富，产量较高，河南、湖北的农民则种植芝麻且收益较好。在相近的自然条件下，太湖流域、珠江三角洲、四川盆地的部分地区就形成了全国性的桑蚕饲养中心，等等。

不同的利用方式，土地资源开发的程度也会有所不同，土地的生产力水平会有明显差别。例如，在同样的亚热带山区，经营茶园、果园、经济林木会有较高的经济效益和社会效益，而任凭林木自然生长，无计划地加以砍伐，不仅经济效益较低，而且还会使土地资源遭受破坏。

4. 分布不均，保护和开发问题突出

这里所说的分布不均，主要指两个方面：其一，具体土地资源类型分布不均。如有限的耕地主要集中在中国东部季风区的平原地区，草原资源多分布在内蒙古高原的东部等。其二，人均占有土地资源分布不均。

不同地区的土地资源，面临不同的问题。中国林地少，森林资源不足。可是，在东北林区力争采育平衡的同时，西南林区却面临过熟林比重大、林木资源浪费的问题。中国广阔的草原资源利用不充分，畜牧业生产水平不高，然而，在局部草原又面临过度放牧、草场退化的问题。

（七）生物资源

1. 植物资源

中国幅员辽阔，地形复杂，气候多样，植被种类丰富，分布错综复杂。在东部季风区，有热带雨林，热带季雨林，中、南亚热带常绿阔叶林，北亚热带落叶阔叶常绿阔叶混交林，温带落叶阔叶林，寒温带针叶林，以及亚高山针叶林、温带森林草原等植被类型。在西北部和青藏高原地区，有干草原、半荒漠草原灌丛、干荒漠草原灌丛、高原寒漠、高山草原草甸灌丛等植被类型。植物种类多，还有丰富多彩的栽培植物。从用途来说，有用材林木 1 000 多种，药用植物 4 000 多种，果品植物 300 多种，纤维植物 500 多种，淀粉植物 300 多种，油脂植物 600 多种，蔬菜植物 80 余种。我国是世界上植物资源最丰富的国家之一。

2. 动物资源

中国是世界上动物资源最为丰富的国家之一。据统计，全国陆栖脊椎动物约有 2 070 种，占世界陆栖脊椎动物的 9.8%。其中鸟类 1 170 多种、兽类 400 多种、两栖类 184 种，分别占世界同类动物的 13.5%、11.3%和 7.3%。在西起喜马拉雅山—横断山北部—秦岭山脉—伏牛山—淮河与长江间一线以北地区，以温带、寒温带动物群为主，属古北界；线南地区以热带性动物为主，属东洋界。同时，由于东部地区地势平坦，西部横断山南北走向，两界动物相互渗透混杂的现象比较明显。

（八）矿产资源

中国幅员辽阔，地质条件多样，矿产资源丰富，有矿产 171 种。已探明储量的有 158 种。其中钨、锑、稀土、钼、钒和钛等的探明储量居世界首位。煤、铁、铅、

锌、铜、银、汞、锡、镍、磷灰石、石棉等的储量均居世界前列。

中国矿产资源分布的主要特点是地区分布不均匀。如铁主要分布于辽宁、冀东和川西，西北很少；煤主要分布在华北、西北、东北和西南地区，其中山西、内蒙古、新疆等省区最集中，而东南沿海各省则很少。如钨矿，储量主要集中在湘东南、赣南、粤北、闽西和桂东—桂中。为使分布不均的资源在全国范围内有效地调配使用，需要加强交通运输建设。

（九）生态环境

生态环境部最新发布的《2017 年中国生态环境状况公报》显示，生态环境质量“优”和“良”的县域面积占国土面积的 42.0%，主要分布在秦岭—淮河以南及东北的大小兴安岭和长白山地区；“一般”的县域占 24.5%，主要分布在华北平原、黄淮海平原、东北平原中西部和内蒙古中部；“较差”和“差”的县域占 33.5%，主要分布在内蒙古西部、甘肃中西部、西藏西部和新疆大部。

全国森林面积 2.08 亿公顷，森林覆盖率 21.63%，森林蓄积 151.37 亿立方米；草原面积近 4 亿公顷，约占国土面积的 41.7%；全国草原综合植被盖度 55.3%。全国共建立各种类型、不同级别的自然保护区 2 750 个，总面积 147.17 万平方千米。其中自然保护区陆域面积占陆域国土面积的 14.86%。国家级自然保护区 463 个，面积 97.45 万平方千米。

（十）自然区划

在中国辽阔的大地上，由于各地的地理位置、自然条件的差异，人文、经济方面也各有特点，全国可分为东部季风区、西北干旱半干旱区、青藏高寒区三个自然区。其中东部季风区由于南北纬度差别较大，以秦岭—淮河为界，又分为北方地区和南方地区。因此全国可分为北方地区、南方地区、西北地区、青藏地区四大部分。

1. 北方地区

北方地区是指中国东部季风区的北部，主要是秦岭—淮河一线以北，大兴安岭、乌鞘岭以东的地区，东临渤海和黄海。包括东北三省、黄河中下游五省二市的全部或大部分，以及甘肃东南部，内蒙古、江苏、安徽北部。面积约占全国的 20%，人口约占全国的 40%，其中汉族占绝大多数，少数民族中人口较多的，有居住在东北的满族、朝鲜族等。

2. 南方地区

南方地区是指中国东部季风区的南部，主要是秦岭—淮河一线以南的地区，西面为青藏高原，东与南面临东海和南海，大陆海岸线长度约占全国的 2/3 以上。本区的范围包括长江中下游六省一市，南部沿海和西南四省、市大部分地区。面积约占全国的 25%，人口约占全国的 55%，汉族占大多数。区内的少数民族有 30 多个，其人数 5 000 多万，主要分布在桂、云、贵、川、湘、琼等地，人数较多的为壮族、苗族、彝族、土家族、布依族、侗族、白族、傣族、黎族等。

3. 西北地区

西北地区地处内陆，位于大兴安岭以西，昆仑山—阿尔金山—祁连山和长城以北，包括内蒙古自治区、新疆维吾尔自治区、宁夏回族自治区和甘肃省的西北部。

这一地区国境线漫长，与俄罗斯、蒙古、哈萨克斯坦等国相邻。本区面积广大，约占全国面积的30%，人口约占全国的4%，是地广人稀的地区。西北地区是中国少数民族聚居地区之一，少数民族人口约占总人口的1/3，主要有蒙古族、回族、维吾尔族、哈萨克族等。

4. 青藏地区

青藏地区位于中国西南部，横断山脉以西，喜马拉雅山以北，昆仑山和阿尔金山、祁连山以南，包括青海、西藏和四川西部。面积约占全国的25%，人口不足全国的1%。这里是中国藏族聚居的地区。西藏自治区同缅甸、印度、不丹、尼泊尔等国相邻。

二、中国自然景观带分布

中国自然景观的地域分异规律是指，在中国这一特定的地域范围内，其自然地理综合体及其组成成分沿地理坐标确定的方向，从高级单位分化成低级单位的形成过程，或各最终结果中所表现出的空间组合规律。

（一）纬度地带性规律

中国自然景观的纬度地带性分异规律以东部湿润区最为明显，自北而南依次出现下列自然景观地带：

1. 寒温带针叶林漂灰土景观地带

该自然景观地带主要分布在北纬49°以北的大兴安岭北部地区。这里是我国最寒冷区，多年冻土层分布广泛。代表性的植被类型是耐寒的兴安落叶松，群落外貌是冬季落叶，结构简单。此外，有小片的樟子松林。落叶松林经采伐后，大部分为桦木、山杨等阔叶树次生林代替。针叶林下发育的土壤是漂灰土，凋落物灰粉中硅的含量丰富而盐基较贫乏，土壤溶液呈酸性至强酸性反应。

2. 温带针阔叶混交林暗棕壤景观地带

该自然景观地带主要分布在长白山地与小兴安岭。这里距海较近，气候湿润，分布着以海洋性针叶林为主的针阔叶混交林，例如红松。阔叶树种有枫桦、紫椴、槭、水曲柳、花曲柳等。原始林经采伐后，生长山杨、白桦林。如果再经破坏则成为杂木林，在山麓南坡尚有蒙古栎纯林。暗棕壤是针阔叶混交林下的地带性土壤，凋落物盐基较多，土壤溶液呈弱酸性至中性反应，肥力较高。

3. 暖温带落叶阔叶林棕壤景观地带

该自然景观地带主要分布于辽东半岛及华北的山地丘陵。这里夏热多雨，冬季干冷，阔叶林冬季落叶，故又称夏绿林带。其建群种主要是由包括辽东栎、槲栎、栓皮栎、麻栎等各种落叶栎类与其他落叶阔叶树组成的地带性森林植被。此外，还有温性针叶林，例如赤松、油松等。棕壤土层深厚，自然肥力较高，呈中性至微酸性反应，适于发展暖温带果木林。

4. 亚热带常绿阔叶林红壤、黄壤景观地带

该自然景观地带包括秦岭—淮河以南，南岭以北，横断山脉以东广大地区，依植被、土壤的分布又可分为北、中、南三个景观地带：

（1）北亚热带落叶、常绿阔叶混交林黄棕壤景观地带。该自然景观地带分布于长江以北，秦岭—淮河以南的低山丘陵区。以含有青冈栎等常绿阔叶树的落叶林（麻栎、栓皮栎、白栎等）为主；针叶树以马尾松林为主。在现状植被中，由于群落的次生性较强，因而外貌近似落叶阔叶林。黄棕壤的性质具有黄壤与棕壤的某些特征，呈微酸性反应，自然肥力较高。

（2）中亚热带常绿阔叶林红壤、黄壤景观地带。它是亚热带的典型部分，主要分布于江南丘陵及云贵高原东部等地。植被由常绿青冈、栲、栎和茶科、樟科、木兰科、金缕梅科等种为主组成，叶面多革质、光滑发亮，亦称“照叶林”。针叶树有马尾松、云南松、杉树、柏树等。毛竹林分布也很广。地带性红壤分布范围较广，东部约自长江以南至南岭山地，西部包括云贵高原中北部及四川盆地南缘地区，多发育在较深厚的红色风化壳黏土层上。黄壤主要分布在海拔较高、多云雾、干湿季节不明显的地方，以贵州高原分布最广。本地带适宜发展茶、油桐等亚热带经济林。

（3）南亚热带季风常绿阔叶林赤红壤景观地带。该自然景观地带分布于滇、粤、桂三省区南部，闽东南及台湾中南部。天然植被为偏湿性的季风常绿阔叶林，森林上层以樟科、壳斗科为主，中下层种类繁多，以大戟科和芸香科最多，并有藤本、附生、寄生植物。赤红壤兼有砖红壤与红壤特点。

5. 热带雨林、季雨林砖红壤景观地带

该自然景观地带包括广东、广西、云南、台湾诸省区的南部，西至西藏南部的亚东附近，地带性土壤为砖红壤。本地带的典型植被类型为热带季雨林、热带雨林、珊瑚岛热带常绿林和红树林。

（1）热带常绿阔叶雨林。主要分布于台湾南端、海南岛东南部、云南和西藏南部局部湿热的山谷或低地。雨林的乔林层结构复杂，一般可以分为三层或四层，乔木高大，通常在 30 米以上，甚至达 50 米，分枝很高，树皮光滑而薄，具有板状根。树叶多为大、中型，常形成显著的滴水叶尖。林内藤本植物丰富，树上密生附生植物，有老茎生花现象。在种类组成上有龙脑香科的龙脑香和坡垒、青皮、望天树、娑罗树。此外有梧桐科、肉豆蔻科、橄榄科、棕榈科、茜草科、楝科、无患子科、山龙眼科、藤黄科等植物，种类十分丰富。

（2）热带季雨林。分布于热带周期性干湿季节交替的地区，包括滇南谷地、海南岛、雷州半岛、台湾等地。我国热带季雨林面积比热带雨林广阔。季雨林的群落结构和雨林相比，上层乔木层较矮，一般在 30 米以下。树干尚直，但分枝较低。树皮较厚而粗糙，除榕属外，板根多不发达，藤本植物及附生植物的数量与种类都比雨林少。群落外貌的一个重要特点是，上层乔木层以落叶或半落叶树为主。所以，林冠有旱季稀疏、雨季郁闭的季相变化，这与雨林终年郁郁葱葱的景象迥异。构成季雨林的树种很多，其中以无患子科和楝科的属种特别丰富。柿科的种属也不少。而雨林中常见的龙脑香科、肉豆蔻科等则较为少见。滨海地带是我国红树林分布的地区，种类丰富。这里由于常年高温多雨，化学风化及淋溶作用强烈，富铝风化壳深厚。砖红壤全剖面均为红棕色，呈酸性反应。此外，在海南岛西南部及云南南部红河河谷等地，由于山地的阻隔和焚风作用，形成干热稀树草原的生物气候环境，而分布有燥红土。本地带是我国发展热带作物的重要基地。

（二）干湿度地带性规律

中国自然景观的干湿度地带性分异规律取决于东西方向上水分条件的差异，呈与经线斜交、近东西更替的分布图式。主要出现在温带与暖温带的广大地区。

1. 温带森林草原、草甸草原黑土景观地带

温带森林草原、草甸草原分布在大兴安岭西麓的低山丘陵以及东北平原的黑土、黑钙土区，主要由禾本科草类和杂类草组成，如贝加尔针茅与羊草等。这类草原外貌华丽，季相变化显著，草层较高，最高可达100厘米。常见乔木有蒙古栎、白桦、山杨、柳、榆等。黑土系列是森林草原下地带性土壤，包括黑土、白浆土、黑钙土、灰黑土。以东北地区分布面积最大。它们的共同特点是具有明显的腐殖质累积过程，形成了深厚的腐殖质层，具有发展农牧业和林业的良好条件，尤其是黑土、白浆土和黑钙土是发展农业的重要土壤，生产潜力很大。黑土主要分布在长白山地和小兴安岭的山前波状台地平原上。黑土区较低湿的地方还发育一种白浆土，常与黑土呈复域分布。黑钙土分布于松嫩平原中西部半干旱草原地区以及大兴安岭两侧的丘陵山麓。在大兴安岭中段的西坡，常与黑钙土呈复域分布的灰黑土，是半湿润森林类型下发育的土壤。

2. 暖温带森林草原褐土景观地带

暖温带森林草原褐土景观地带主要分布在黄土高原。乔木以辽东栎、杨、桦为代表，亦有油松、侧柏。土壤系列包括褐土、黑垆土、塿土、绵土、灰褐土。它们共同的特点是：在中性或碱性环境中进行腐殖质积累，石灰的淋溶和淀积作用明显，残积黏化、淀积黏化现象都有不同程度的表现。褐土主要分布在暖温带东部半湿润地区，例如燕山、太行山、吕梁山、秦岭等地和关中、晋南、冀西、豫西等地的丘陵盆地中。黑垆土是古老的耕作土壤，以具有深厚的黑色垆土层而得名。它处在褐土带的北面，主要分布在陕北、晋西北、陇东、陇中等地。以地形平缓侵蚀轻微的黄土源区或河流高阶地上为多见。塿土是黄土高原东南部的一种古老的旱作土壤。它主要分布在关中和晋南，是在褐土类型土壤基础上长期施用农家肥堆积覆盖，并在长期耕作影响下形成的。绵土是没有明显土壤剖面发育、母质特征明显的黄土性土壤的总称，因其土质疏松、绵软、色浅而得名。主要分布在黄土高原水土流失严重地区，以陕北分布面积最大。灰褐土是半干旱和干旱地区山地森林下的土壤。主要分布于大青山、贺兰山、祁连山、天山、西昆仑山等山地。

3. 典型草原栗钙土景观地带

典型草原栗钙土景观地带主要分布于内蒙古高原东部、鄂尔多斯高原东部与黄土高原的西北部。建群植物主要是乔本科草类，地带性植被是几种针茅，例如大针茅、克氏针茅（阿尔泰针茅）、本氏针茅（长芒草）、短花针茅等。这类草原草层一般高30~50厘米。栗钙土是典型干草原下的土壤类型。与黑钙土相比，其腐殖质积累过程较弱，而钙化过程增加，土壤的黏化过程微弱。

4. 荒漠草原棕钙土景观地带

荒漠草原分布于内蒙古高原的西部以及荒漠区的山地下部。在极端干旱的昆仑

山、阿尔金山可分布到很高的高度。典型植被为旱生性较强的小针茅，例如沙生针茅、戈壁针茅、石生针茅、短花针茅等。超旱生半灌木与灌木也比较多，如冷蒿、旱蒿、灌木亚菊等。荒漠草原草层矮，高仅 10~20 厘米，生长稀疏，总覆盖度不超过 15%~30%。棕钙土主要分布在内蒙古高原中西部、鄂尔多斯高原的西部和准噶尔盆地北部等地，是温带荒漠草原地带性土壤。从腐殖质和碳酸钙的聚积过程看，棕钙土仍属草原土壤形成过程，但从盐分和石膏的累积过程看，其土壤性状又反映出荒漠区土壤过程的某些特征。

灰钙土主要发育在黄土母质或较细的洪积物上，水分条件稍好。与棕钙土相比，其腐殖质的累积过程稍有增强，而钙化过程则有所减弱。它主要分布在黄土高原西北部、银川平原、湟水中下游平原、伊犁河谷等地。

5. 荒漠漠土景观地带

荒漠漠土景观地带包括阿拉善高平原、河西走廊、准噶尔盆地、塔里木盆地等温带和暖温带荒漠带以及柴达木盆地。在气候干旱条件下，土壤盐分较大，植物种类非常贫乏，具有适应干旱生境的生态特征，并以灌木或半灌木为主。其中以藜科的属种最多，蒺藜科、柽柳科、菊科、豆科、麻黄科、蓼科也占相当比重。漠土系列包括灰漠土、灰棕漠土、棕漠土等。这些土壤的共同特点是沙性强，大多含砾石，表层为浅灰色多孔状结皮，腐殖质含量低，石灰的表聚作用和石膏与易溶盐的聚积作用都较强烈。聚积程度一般由灰漠土、灰棕漠土到棕漠土逐渐增强。棕漠土不仅出现很厚的石膏层，而且形成盐盘，腐殖质含量甚低。灰棕漠土和棕漠土为温带与暖温带典型的漠境土壤，灰漠土为温带漠境边缘的过渡性土壤。

总结我国自然景观的水平分布特点，可以看出我国自然景观的地域分异结构图式是由湿润环境下的海洋性地带谱和干旱环境下的大陆性地带谱构成的。需要指出的是，在干湿度带分布中，仍有纬度地带性差异。例如，同样半湿润的水分条件，在温带为森林草原黑土景观，在暖温带则为荒漠棕漠土景观。青藏高原是一系列具有垂直结构的高大山原。在广阔的高原面上又有一系列山脉耸立，高原面上的山地又有景观的垂直带谱；同时高原还有一系列深陷的河谷，形成反向的垂直带谱。从整体上看，在广阔的高原面上，有其自然景观的水平分布规律。可见，青藏高原的景观分布具有垂直与水平的复合形式。

高原面上的水平分布，以高原中部的冈底斯山、念青唐古拉山为界分南北两带。北带自东向西，从高原边缘到高原内部，依次出现森林草原灰褐土及亚高山草原土景观、高山草甸—高山草甸土景观、高山草原—高山草原土景观、高山寒漠—高山寒漠土景观。南带自东而西分布着沟谷森林丛—山地暗棕壤景观、亚高山草甸—亚高山草甸土景观、亚高山草原—山地草原土景观。

（三）垂直地带性分异规律

我国山地面积广阔，山地自然景观类型多。山地垂直带谱，一方面受山地所在水平地带的制约，另一方面又受山岭本身的高度、走向、坡向、坡度等影响。同一水平地带中的山地，其垂直带结构相近似，可列入同一类型。

我国自然景观垂直带谱也可分为东南湿润海洋型与西北干旱内陆型，两者之间为一些过渡类型。

在西北干旱内陆的山地，从山麓至山顶，气温降低，而湿润程度在一定高度内则逐渐增高。影响自然景观分布的主要因素是湿润状况。常见的植被垂直带有：荒漠、荒漠草原、山地灌木草原或草甸草原、森林、亚高山草甸，土壤则从山地灰漠土依次递变为山地棕钙土、栗钙土、山地黑钙土、山地森林土、山地草甸土。西北干旱区山地垂直带谱可分为半湿润和半干旱森林草原和草原、半干旱荒漠草原、干旱温带荒漠、极端干旱荒漠等类型。

东部湿润地区的山地，自山麓至山顶，湿润程度虽有一定增加，但其变化不甚显著，这里热量条件的改变是影响自然景观变化的主要因素。垂直带谱中以各种类型的森林植被、土壤为主。自下而上逐渐从暖热地区的类型过渡到寒冷地区的类型。如在亚热带地区，常见下列垂直带：山地常绿阔叶林—红黄壤、山地常绿阔叶与落叶阔叶混交林—黄棕壤、山地落叶阔叶林—棕壤、山地灌丛草甸—草甸土。

（1）山地自然景观垂直带谱的特点，取决于山地所处的纬度（水平）地带的位置。一般以其所在的纬度（水平）地带为山地垂直带谱的基带。如海南岛五指山，海拔 400 米以下的基带是热带季雨林，基带以上依次出现：雨林与季雨林—砖红壤带、季风常绿阔叶林—黄壤带、常绿针阔混交林—山地黄棕壤带、山地灌丛草甸土带。

（2）东部湿润山地自然景观垂直带谱的结构，从南向北由繁变简层次减少，垂直带的分布高度有由高而低的趋势。例如具有完整垂直带系列的南亚热带高山（台湾玉山）的垂直带谱多达 6~7 个带，温带山地（长白山）则减少到 4~5 个带，寒温带（大兴安岭）则只有 2~3 个带。随着纬度的增高温度下降，植被土壤带的上限也必然越来越低。南方山地的上部垂直带，到了北方就成为山地中、下部的垂直带，甚至成为基带。如针阔叶混交林带，在南亚热带（玉山）可达海拔 2 800 米的高度，到了暖温带（小五台山）就只能到达 2 000 米的高度，而到了温带（长白山）则仅及 1 200 米。其他森林土壤带分布也有类似的规律性。

（3）从东部湿润区到西部干旱区，随干旱程度加大，自然景观分布带的高度逐渐升高，带谱的结构趋于简化。如针阔叶混交林山地暗棕壤，其分布上限，在长白山山地为 1 200 米，河北雾灵山上升到 2 000 米，至西部贺兰山则达 3 000 米。又如草原栗钙土带的位置，在草原带是基带，到荒漠区则上升为第二垂直带，并由东向西升高。干旱程度愈强，山地垂直带谱的结构愈趋简化。在新疆，天山北坡包括 5 个带，天山南坡为 4 个带，到了昆仑山和阿尔金山，北坡只有 2~3 个带，极端干旱山坡则全被荒漠占据。干旱山地植被土壤的坡向差异十分显著，例如，祁连山地基带均为灰钙土，而其建谱植被、土壤，阳坡为山地草原栗钙土，阴坡则为山地森林灰褐土。

总之，由于温度和水分的地区差异，在不同纬度地带和经度地带，山地垂直带谱的结构是不同的。植被、土壤的垂直分布虽然干扰甚至破坏了水平地带分布规律，但是每一山地垂直带谱，总是在该山地所处的水平地带基础上发展起来的，因而深深打上了水平地带性的烙印。可以说，垂直地带性从另一侧面反映了植被、土壤及其他自然地理特征的水平分异规律。

第二节　中国的旅游资源及其特点

旅游资源是指自然界和人类社会，凡能对旅游者有吸引力、能激发旅游者的旅游动机，具备一定观赏价值，可以为旅游业开发利用，并能产生经济效益、社会效益和环境效益的事物和因素。

中国旅游资源丰富，拥有壮丽的山岳河流、丰富多彩的民俗民风、奇特的动植物和数不尽的名胜古迹，加之独具特色的戏曲、音乐、舞蹈和享誉世界的美食，每年都吸引着大批的国内外旅游者。

按传统旅游资源观分类，我国旅游资源包括自然景观资源、人文景观资源、民俗风情资源、传统饮食资源、文化资源、工艺品资源以及都市和田园风光资源等。

按现代旅游产业资源观分类，我国旅游资源包括观光型旅游资源、度假型旅游资源、生态旅游资源和滑雪、登山、探险、狩猎等特种旅游资源，以及美食、修学、医疗保健等专项旅游资源。

学术界按旅游资源的成因或其属性分类，将旅游资源分为自然旅游资源和人文旅游资源两大类型。前者是指地貌、水体、气候、动植物等自然地理要素所构成的、吸引人们前往进行旅游活动的天然景观，具有明显的天赋性质；后者内容广泛、类型多样，包括各种历史古迹、古今伟大建筑、民族风俗等，是人类活动的艺术结晶和文化成就。除上述两大类型外，有的旅游资源既包含优美的自然风光，又有丰富的人文积淀，这种旅游资源称为复合型旅游资源。

一、自然旅游资源

自然旅游资源又称自然风景旅游资源，指凡能使人们产生美感或兴趣的、由各种地理环境或生物构成的自然景观。它们通常在某种主导因素的作用和其他因素的参与下，经长期的发育演变而形成。

自然旅游资源按其形态特征和成因归纳为以下几类：①地貌景观旅游资源，如山地景观、喀斯特景观、丹霞景观、砂岩峰林景观、风成地貌景观、火山景观、冰川景观、海岸景观等。②水体景观旅游资源，包括海洋、河流、湖泊、瀑布和各类泉水。③生物景观旅游资源，包括森林、草原和各种野生动植物、海洋生物。④自然地带性景观旅游资源，如热带景观等。⑤气候旅游资源，如避暑、避寒胜地和四季宜人的温带与副热带游览地。⑥天气气象类，如极光、云海等。⑦其他自然旅游资源，如特殊自然现象等。在众多的自然风景旅游资源中，那些分别以水光山色、奇石异洞、流泉飞瀑、阳光海滩、宜人气候和珍禽异兽、琼花瑶草为特色的景象组合，往往形成不同风格的著名风景区，成为人们观光览胜、避暑消夏、度假疗养和开展各种体育活动的旅游胜地。

中国广袤的土地上有不胜枚举的奇山异水：高山、湖泊、峡谷、溶洞、瀑布。泰山、衡山、华山、恒山和嵩山自古以来被合称为“五岳”，乃中国名山。其中绵亘于山东省中部的泰山气势磅礴、拔地通天，素有“五岳之首”之称。位于安徽省南部的黄山则以奇松、怪石、云海和温泉组成奇幻的自然景观。

九寨沟、黄果树瀑布和桂林山水均位于中国西南部。四川西北部的九寨沟，是一条纵深40余千米的山沟谷地，总面积约620平方千米，兼有湖泊、瀑布、雪山和森林之美，被称为“童话世界”。贵州省的黄果树瀑布为一大瀑布群，由18个地面瀑布和4个地下瀑布组成，5千米之外就能听到轰鸣声。在广西境内，漓江从桂林至阳朔一段，长82千米，蜿蜒于岩溶峰林之间，江水清澈，风景如画，是著名的桂林山水所在地。

在中国北部的高原上，众多的高山平湖蔚为壮观。新疆境内的天山天池，海拔1 980米，最深处约105米，湖水清澈晶莹，四周群山环抱、绿草如茵、野花似锦。

长江三峡景色久负盛名，两岸众多的名胜古迹和优美动人的传说令人神往。瞿塘峡雄伟险峻；巫峡秀丽深幽；西陵峡滩多水急，礁石林立，更有小三峡葱郁苍翠，水清见底。修筑在此处的三峡大坝，为中国最大的水利枢纽工程，蓄水之后又惊现三峡平湖新景观。

二、人文旅游资源

人文旅游资源又称人文景观旅游资源，指由各种社会环境、人类生活、历史文物、文化艺术、民族风情和物质生产构成的人文景观，由于各具传统特色，而成为旅游者游览观赏的对象。

人文旅游资源大致分为以下几类：①人文景物，包括古代建筑、历史文化名城、历史遗迹和遗址、名人墓葬、博物馆、现代建筑和近代纪念地与纪念物。②文化传统，包括民族节日、民族艺术、手工艺、风土人情、语言、宗教、政治和科学技术。③体育与娱乐，包括以运动健身为目的的旅行、参加或观看体育比赛、游览主题公园和游乐园、参加世界性文化活动以及以康复保健为目的的疗养旅游。④饮食与购物。

中国漫长的历史为今天的旅游者留下了无数文化古迹。长城作为中华民族精神的象征，已经成为中国最著名的人文旅游景观。这个人类文明史上最伟大的建筑工程始建于2 000多年前的春秋战国时期，其工程之浩繁，气势之雄伟，堪称世界奇迹。目前向游人开放的有八达岭、居庸关、古北口、老龙头、嘉峪关等数十处地段及其所属的关隘、墩台和烽堡。

石窟、岩画和雕塑艺术也是中国旅游资源中绚丽的瑰宝。石窟比较集中地分布在甘肃境内的丝绸之路古道上，其中莫高窟被称为“东方艺术宝库”。莫高窟现存的492个石窟分布在崖壁上三、四层不等，壁画总面积约45 000平方米，彩塑像2 100多身，其艺术造诣精深，想象丰富，蔚为大观。石窟艺术在中国南方的杰作以四川的乐山大佛为代表。这座依山凿成的大佛，高71米，肩宽28米，乃中国最大的一尊石雕坐佛。它不仅体形巨大，而且结构匀称，显示出古代工匠高超的雕刻技艺。

宗教文化圣地从南到北星罗棋布。中国佛教禅宗的发源地少林寺建于公元495年，以少林功夫而闻名于世。寺内有著名的明代五百罗汉壁画300多平方米，还藏有清代少林寺拳谱。武当山风景区位于湖北省，方圆30千米之内有72个山峰，峰奇谷险，风景秀丽，是中国著名的道教圣地，也是中国现存最完整、规模最大、等级最高的道教古建筑群。群峰叠翠、苍翠欲滴、有“峨眉天下秀”之誉的峨眉山地处四川西部，是中国四大佛教名山之一，山上有不少佛教古建筑遗迹。

中国有100余座历史文化名城，大多已达上千年历史。长江以南的苏州、杭州两座城市，河湖交错、水网纵横、小桥流水、田园村舍、如诗如画，自古就有“人间天堂”的美誉。建于明代、迄今仍保护完好的平遥古城位于山西省中部，这里陆续发现的新石器时期的仰韶文化和龙山文化类型遗址，证明五六千年前人类就已在此繁衍生息。云南丽江古城既是纳西族东巴文化的中心，又是汉、藏、白等各族文化的交汇地，拥有丰富的历史人文景观。该城始建于宋代，城内有许多明、清时期的石桥、石牌坊和民居，为研究中国民居建筑史提供了宝贵的资料，堪称“活的古民居博物馆”。

中国56个民族的不同文化和生活方式异彩纷呈，民族节日各具特色。藏族最大也最有趣的节日之一雪顿节（即酸奶节），又被定为藏戏节，每年藏历6月30日开始的五天中，西藏各地的藏戏主要流派会聚在拉萨罗布林卡进行表演比赛，热闹非凡。

农历七月在草原举行的那达慕（娱乐、游艺）大会，乃蒙古族一年一度的盛大节日。蒙古族人在节日里唱歌跳舞，进行摔跤、赛马和射箭比赛，还有祭敖包和物资交流活动。

聚居在云南大理的白族人每年农历三月举行“三月街”，大理古城西的点苍山成为此节日的天然舞台。相传很早以前，观音菩萨为白族制服了危害百姓的魔王，人们感其功德，年年相聚焚香祭祀，后来逐渐演变为传统节日，现已成为白族人一年一度的物资交流和文化体育活动盛会。

云南西双版纳傣族人的泼水节在农历清明节后。水被傣族视为吉祥、美满、幸福的象征。在节日的首日，人们以花枝蘸水互致祝福礼；翌日为泼水日，场面隆重热烈，众人以瓢、盆、桶盛水，互相追逐、泼洒。节日期间还举行赛龙舟、跳孔雀舞等活动。

云南与四川交界处的高原湖泊泸沽湖周围数百平方千米范围内居住着古老而神秘的3万摩梭人，至今仍保留着母系社会特点和“男不娶，女不嫁”的婚姻习俗，被称为地球上最后的女儿国。摩梭少女的风姿、独木轻舟的典雅和此起彼伏的渔歌被旅游者称为“湖上三绝”。

三、复合型旅游资源

复合型旅游资源是指既有优美的自然风光，又有深厚的人文积淀的旅游资源类型。这类旅游资源由于优越的自然环境吸引人们集聚，在长期的生产生活或宗教活动中，形成建筑、文化、节庆等人文景观，优美的自然景观与丰富的人文景观巧妙融合，浑然一体，进一步增强了旅游资源的吸引力。例如，我国四大佛教名山之一的峨眉山，地势陡峭，气候多样，植被丰富，风景秀丽，有“秀甲天下”之美誉。同时，它也是普贤菩萨道场，现有寺庙26座，重要的有八大寺庙，佛事活动频繁，佛教文化积淀丰厚。正是因其优美自然风光和深厚宗教文化积淀的巧妙融合，峨眉山才被联合国教科文组织列入世界自然与文化遗产名录，成为我国著名的旅游胜地之一。我国著名的5A级风景区九寨沟，沟内分布108个湖泊，有“童话世界”和“人间天堂”之美誉。九寨沟之所以享誉全球，并被列入世界遗产名录，不仅因为其有独步天下的水景之美，雪山、彩林、叠瀑、藏情也是构成其旅游吸引力的重要元素，多种高品质旅游要素的组合，共同构成了九寨沟旅游资源难以抗拒的吸引力。

四、旅游资源的特点

1. 综合性

旅游资源的综合性首先表现为旅游资源多是由不同的要素组成的综合体。如山岳景观由高耸挺拔的山体与林地、云雾等组成；峡谷景观由谷地、河水及林地组成；一些气象、天象景观更是多种因素共同作用的结果，如彩虹、夕阳、佛光等，都是阳光与一定质量的大气作用的结果。由于这些景观形成因素都有相对不确定性，因此对其开发利用应注意不同因素作用条件的满足。人文旅游资源也具有综合性的特点。如古村落作为一种旅游资源，它是在多种物质或非物质要素共同作用下形成的。这些要素概括起来可称为生态、物态、文态、情态要素。生态要素是指影响村落与环境的关系的要素，如风水、地貌、水文条件等；物态要素指村落的建筑物和构筑物体系，如牌楼、民居、宗祠等；文态要素指形成古村落的文化艺术及思想内容，如牌匾、绘画、雕刻等；情态要素指村落社会生活的各个方面。以上四方面在古村落整体景观的形成上缺一不可，某一方面的破坏都可能导致整个景观的破坏。

旅游资源的综合性还表现在旅游资源开发上。由于单一资源的开发往往对旅游者的吸引力有限，在实践过程中，常将不同类型的旅游资源结合起来共同开发，以形成互补优势。如西湖风景区虽然以湖泊为主，但还包括山丘、林地、古建筑等一系列资源类型。这些资源类型上虽有所不同，但开发中都应服从于一致的主题，资源类型间达到协调统一。

综合性要求旅游资源的开发与保护中都应具备整体的眼光，用联系的方法来看待问题。开发中不能只见树木不见森林，进行破坏式开发建设；保护方面不能头痛医头，脚痛医脚，而应从联系中寻找解决问题的方法。

2. 地域性

地域性是指旅游资源分布具有一定的地域范围，存在地域差异，带有地方色彩。旅游资源的地域性是由以下方面引起的：首先，由于地域分异因素（纬度、地貌、海陆位置等）的影响，自然环境因素如气候、地貌、水文、动植物出现地域分异，从而导致自然旅游资源出现地域性。如赤道雨林景观、温带大陆内部的荒漠景观、南极的冰原景观等分别出现于不同的地表区域。其次，由于人文景观与自然环境有紧密的联系性，这种联系性在农业社会及其以前的历史时期，甚至表现为强烈的依赖性，自然景观的地域性也导致了人文景观的地域性。如不同民族具有风格各异的文化活动、风俗习惯、村镇民宅等。

地域性是旅游流产生的根本因素。不同地方有不同的自然与文化环境，而旅游者天生有求新、求异的心理需求，这使得旅游者在一定的条件下跨越空间限制前往异地游览。现代旅游开发中，要求充分挖掘资源特色，开发独特的旅游产品，因为在旅游市场竞争越来越激烈的今天，特色就是旅游产品拥有市场的法宝。可见，正确认识和评价区域旅游资源条件，突出自身地域特色，是资源开发中的重要内容。

旅游资源地域性也受到挑战，尤其是人文景观的地域性正在削弱。科学技术的发展，使得大工业生产中的标准化、规范化受到重视，而地方知识、地方技能、地方价值观遭到忽视。从全球范围来看，随着经济全球化、一体化浪潮的掀起，人文景观正在经历景观趋同、特色消失的过程，因此，保护现有富含人类历史信息和地方信息的特色景观资源迫在眉睫。

3. 不可移动性

其他资源经过开发，或以其自身，或以其产品，可以输往其他地方以供利用。但旅游资源一般在地域上是固定的、不可移动的，这样便形成了旅游资源的地域垄断性。旅游资源的不可移动性可以从以下方面来理解：第一，自然旅游资源是大自然的杰作，它们都是在一定自然地理环境下形成的，由于其规模往往巨大或与地理环境的紧密联系性，其难以发生空间位移。如长江三峡、壶口瀑布、桂林山水等资源产生于特定的地理环境，无法用人工力量来搬迁或异地再现。第二，人文旅游资源是在特定的地域环境和特定的历史条件下的人类社会产物，它们的价值主要体现在包含人类社会、历史信息的丰富性上。由于这类资源与其生成环境紧密联系，人为割裂其环境联系，势必会影响到旅游资源所承载信息的完整性、原生性和真实性，使资源的价值降低。如中国巍巍群山中蜿蜒不断的万里长城是与其自然和人文环境紧密联系的。第三，在现代经济和技术条件下，在其他地方仿制有名的旅游资源是可能的，如微缩景观、园林建筑等，但由于脱离了历史和环境，仿制品往往失去了原有的魅力和意义，其生命力非常有限。

旅游资源的不可移动性使得旅游资源的开发一般应在当地进行，对于搬迁、移动资源，建设仿制景观应审慎对待。由于当地开发，旅游者必须离开常住地前往资源地才能完成旅游活动，因此旅游地的一些服务设施、行业必须纳入旅游业之中，成为旅游业的重要组成部分。旅游地或旅游产品的质量除受旅游资源质量影响外，还受到交通、住宿、接待等服务行业的影响。

4. 可重复开发性

其他资源多数不能重复利用，在人们消费产品的同时，资源也随之消耗掉。而旅游资源相反，在妥善保护的情况下多可长期反复利用。旅游者通常不能带走旅游资源本身（一些旅游商品除外），所带走的只是关于用旅游资源所开发出的或所利用产品的意念和印象。因此，旅游资源可重复利用。开发过的旅游资源在新一轮的开发中，或更深层次的开发中，仍可作为资源来对待。如在原有的观光旅游地，原来用于观赏的悬崖，在配套一些相应的设施以后，可用于开展旅游攀岩活动；一些河道，在水深、地形允许的条件下，可开展漂流。

导致旅游资源重复开发主要有以下因素：首先，任何旅游资源开发出的旅游产品都有生命周期，即存在起步、发展、平稳、衰退的发展规律，因此，当旅游产品处于平稳或衰退期时，应积极开发新的适销对路的产品；其次，由于旅游业的发展，人们的旅游需求会发生变化。因此，同一旅游资源或旅游地必须针对市场需求不断地进行深度开发，才能适应市场需要。从为观光旅游而进行的旅游资源的开发，到为特色旅游、专题旅游而进行的旅游资源开发，开发活动不断深化、不断发展。今后一段时间，高科技在旅游资源开发中的作用和地位显得越来越重要。增加科技含量成为深化旅游开发及旅游开发创新的重要内容，高科技的应用可提高旅游产品质量，并能使旅游资源的潜能得到充分发挥。

5. 观赏性

旅游资源同一般资源的最主要区别，就是它的美学特征，即具有观赏性。虽然旅游动机因人而异、旅游内容丰富多彩，但观赏活动几乎是一切旅游过程都不可缺少的内容，有时更是全部旅游活动的核心内容。无论是“水光潋滟晴方好，山色崆朦雨亦奇”的西湖美景，“大漠孤烟直，长河落日圆”的塞外风光，还是多姿多彩的文物古迹、民族风情以及美食佳肴，无不具有观赏价值。观赏性构成旅游资源吸引力的最基本要素。观赏性影响旅游资源的品质。一般来说，旅游资源的观赏性越强，对旅游者的吸引力就越大。如我国的万里长城、秦兵马俑、桂林山水等，都因观赏性较强，成为世界著名的旅游资源。

由于观赏性的基础地位，美学价值一般作为重要的开发内容。从一定意义上说，旅游资源的开发就是将资源中蕴含的美充分体现出来，使游人能够察觉、享受，并在这一过程中发现美、提高美、创造美，从而产生愉悦感。美学效果成为衡量旅游资源开发利用程度及效果的主要标准之一。合理的开发应使旅游者在旅游过程中获得生理、心理两方面美的享受，起到陶冶性情、锻炼意志、树立理想、提高素质、培养情趣的作用。

由于旅游者性格、气质及审美能力、水平的差异以及自然旅游资源和人文旅游资源的美感、丰度、价值、结构和布局因时因地的不同，旅游资源欣赏也是多层次和多样性的，旅游开发应注意满足不同类型、不同阶段旅游市场的需求。旅游审美涉及主体与客体两个方面，因此，要取得好的旅游效果，除了要对旅游景观进行美化外，还必须加强美育工作，提高全民的审美能力和鉴赏水平，这样才能使旅游活动更加富有意义。

第三节　中国的自然景观

一、世界自然遗产

世界自然遗产指从审美或科学角度看具有突出的普遍价值的由物质和生物结构

或该结构群组成的自然面貌、地质和自然地理结构、天然名胜或明确划分的自然区域以及明确划为受威胁的动物和植物的生境区。

《保护世界文化与自然遗产公约》（以下简称《公约》）规定，属于下列各类内容之一者，可列为自然遗产：①从美学或科学角度看，具有突出的普遍价值的由物质和生物结构或这类结构群组成的自然面貌；②从科学或保护角度看，具有突出的普遍价值的地质和自然地理结构以及明确划为受到威胁的动物和植物生境区；③从科学、保护或自然美角度看，具有突出的普遍价值的天然名胜或明确划定的自然区域。

截至 2018 年 7 月 2 日，中国世界遗产已达 53 项，其中世界文化遗产 36 项、世界自然遗产 13 项、世界文化与自然双重遗产 4 项，在世界遗产史录国家中位列第二。

我国目前列入世界遗产名录的世界自然遗产有 13 项：九寨沟风景名胜区（1992 年）、黄龙风景名胜区（1992 年）、武陵源风景名胜区（1992 年）、云南三江并流保护区（2003 年）、四川大熊猫栖息地（2006 年）、中国南方喀斯特（2007）、三清山世界地质公园（2008 年）、中国丹霞（2010 年）、澄江化石遗址（2012 年）、新疆天山（2013 年）、湖北神农架（2016 年）、青海可可西里（2017 年）和梵净山（2018 年）。

二、中国自然保护区

自然保护区是指对有代表性的自然生态系统、珍稀濒危野生动植物物种的天然集中分布区、有特殊意义的自然遗迹等保护对象所在的陆地、陆地水体或者海域，依法划出一定面积予以特殊保护和管理的区域。

截至 2018 年 6 月，我国各类自然保护区总数达到 2 700 多处，其中国家级自然保护区 474 处。从类型上来看，以森林生态系统、野生动植物保护和内陆湿地为主。四川的国家级自然保护区有：平武王朗、汶川卧龙、马边大风顶、九寨沟、美姑大风顶、攀枝花苏铁、青川唐家河、平武雪宝顶、若尔盖湿地、小金四姑娘山、泸定贡嘎山、稻城亚丁、长宁竹海、旺苍米仓山等 32 处。

三、中国国家级风景（名胜）40 佳

1991 年，经国家旅游局批准，由中国旅游报社同国家旅游局资源开发司共同主办，评选出了全国 40 处最佳旅游胜地。它们是：

（一）*以自然景观为主的旅游胜地*

长江三峡风景区、黄山风景区、黄果树瀑布风景区、泰山风景区、秦皇岛北戴河海滨、华山风景区。

（二）*以人文景观为主的旅游胜地*

八达岭长城、乐山大佛、苏州园林、北京故宫、敦煌莫高窟、曲阜三孔、颐和园、明十三陵、中山陵、避暑山庄—外八庙。

（三）新开发的以自然景观为主的旅游胜地

九寨沟黄龙寺风景区、桐庐瑶琳仙境、贵州织金洞、巫山小三峡、井冈山风景区、蜀南竹海风景区、大东海—亚龙湾风景区、武陵源风景区、五大连池风景区、黄河壶口瀑布风景区。

（四）新开发的以人文景观为主的旅游胜地

秦始皇陵兵马俑博物馆、自贡恐龙博物馆、黄鹤楼、北京大观园、山海关及老龙头长城、成吉思汗陵、珠海旅游城、锦绣中华、夫子庙及其秦淮河风景带、葛洲坝。

四、各类自然景观

（一）奇山异石

1. 花岗岩名山

当花岗岩出露地表并处于强烈上升时，流水沿垂直节理裂隙下切，形成石柱或孤峰，石柱、孤峰丛集成为峰林，如黄山的妙笔生花。花岗岩峰林显得极为雄伟壮观。如黄山切割深达500~1 000米，形成高度在千米以上的山峰就有70多座。华山则是东西南北中五峰对峙局面。另外，天柱山的天柱峰和九华山的观普峰也都是非常典型的峰林地貌。

我国的花岗岩地貌大多出现在雨水充沛的东部地区，所以在花岗岩峰林地貌发育或较为发育的山岳地区，一般都有瀑布出现。如黄山的人字瀑、百丈泉、九龙瀑，崂山的靛缸瀑布、龙潭瀑布，九华山的桃崖瀑布、织锦瀑布和龙池瀑布，罗浮山的白石漓瀑布、白水门瀑布和黄龙洞瀑布等。

当流水沿花岗岩体中近于直立的剪切裂隙冲刷下切时，形成近于直立的沟壑，沟壑越来越深，形成两壁夹峙，向上看蓝天如一线，这就是一线天。我国花岗岩山岳，如黄山、九华山、华山、福建太姥山、天柱山、嵖岈山、千山和平潭岛的将军山等，都有一线天景观。

2. 岩溶山水风景

岩溶地貌指可溶性的碳酸盐岩类，在含有二氧化碳的水的溶蚀、侵蚀作用下形成的各种地形。我国的碳酸岩类分布很广，但发育程度因气候和岩性条件的不同，各地差异很大。其中尤以广西、贵州、云南与湘西、鄂西等少数民族聚居地区发育最完善，形成了这些地区以石林、峰林和溶洞三种类型最有观赏意义的岩溶风景区。其景色之优美在世界天然造型的岩溶景观中都是少有的。我国著名的岩溶风景区有桂林山水、贵州织金洞、云南路南石林等。

3. 丹霞风光

丹霞地貌属于红层地貌。所谓“红层”，是指在中生代侏罗纪至新生代第三纪沉积形成的红色岩系，一般称为“红色砂砾岩”。其最主要的特点是赤壁丹崖。形成原因是红色岩层被水切割侵蚀，形成了红色山块群。

世界上丹霞地貌主要分布在中国、美国西部、中欧和澳大利亚等地，以我国分布最广，其中又以丹霞山面积最大，发育最典型、类型最齐全、形态最丰富、风景最优美。

丹霞山位于湘、赣、粤三省交界处的仁化县境内，距广东省韶关市45千米。方圆290平方千米的红色山群“色如渥丹，灿若明霞”，故称丹霞山。丹霞山由红色沙砾岩构成，以赤壁丹崖为特色，地质学上以丹霞山为名，将同类地貌命名为“丹霞地貌”。丹霞山是国家级重点风景名胜区、国家地质地貌自然保护区，被誉为“中国红石公园”。

4. 石林

石林是由密集林立的锥柱状、锥状、塔状石灰岩体组合成的景观。其间多为溶蚀裂隙。隙坡直立，坡壁上部有平行的溶沟。以云南的路南石林最为典型。石林相对高度一般20米左右，高者可达50米。一般认为是海底石灰岩抬升、挤压并受水的溶蚀而成。

路南石林位于昆明市东，在路南广达400平方千米的区域内，遍布着上百个黑色大森林一般的巨石群。有的独立成景，有的纵横交错，连成一片，占地数十亩到上千亩不等。只见奇石拔地而起，参差峥嵘，千姿百态，巧夺天工，被人们誉为“天下第一奇观”。

（二）河网湖光

水体对游人具有很大的吸引功能，因为水是自然地理环境的重要组成要素，是天然景观的基本造景条件。水具有形、影、声、色、甘、奇六个方面的美学特色，更重要的是还表现在水与山体、水与生物、水与气候、水与建筑物等，通过相互结合、交融渗透，会形成许多奇妙的、雅致的胜景。特别是水与山的结合会形成许多优美的山水景色。

1. 江河景观

长江是我国的“黄金旅游线”，从河源至河口形成一条风光明媚的河川游览走廊。这条走廊的上段，即金沙江以上被称为神秘人的江源风光，全部位于青海、西藏、云南和川西的甘孜、凉山自治州境内。黄河是中华民族的母亲河，黄河旅游线上的河源探险、高原风光、沙漠风情、草原旅行等地段的旅游资源均在青海、甘肃的甘南与临夏两自治州和宁夏、内蒙古境内。珠江是中国境内第三长河流，全长2 320千米。其干流西江发源于云南省东北部沾益区的马雄山，流经云南、贵州、广西、广东四省（自治区）及香港、澳门特别行政区。黑龙江在中国境内长3 420千米，流域面积90万平方千米，流经森林茂密、水草丛生的东北平原，江水腐殖质含量丰富，成黝黑色，是我国著名的江河之一。富春江位于浙江省中部，为钱塘江桐庐至萧山闻家堰段的别称，长110千米，流经浙江省桐庐县、富阳区，形成长达24千米的著名七里泷峡谷。两岸岩石陡立，层峦叠嶂，山水相映，景色秀丽。广西桂林、阳朔间的漓江是我国最著名的江河风光旅游线。

2. 湖泊景观

湖泊旅游资源因湖盆的形态、分布状况、湖水的透明度、颜色以及湖中发生的奇异现象等产生强烈的旅游吸引力。我国湖泊的数量很多，其中不少湖泊因风光迤逦、景致迷人，已经开发为旅游胜地。

（1）鄱阳湖。鄱阳湖位于江西省北部。其湖面因季节变化伸缩性很大，枯水期湖水面积约为500平方千米，洪水期为3 960平方千米，最大水位时则可达5 050平方千米，是我国第一大淡水湖。湖西北部有我国著名的世界级文化景观庐山。

（2）洞庭湖。洞庭湖位于湖南省北部。平时湖面为2 820平方千米，为我国第二大淡水湖。洞庭湖衔远山，吞长江，浩浩荡荡，横无际涯，气象万千，素以宏伟、富饶、美丽著称于世。洞庭湖自古风光卓绝，胜迹无数，有荡漾湖中的君山和耸立湖畔的岳阳楼等旅游景观。

（3）洪泽湖。洪泽湖位于江苏省淮安市洪泽区西部，面积为2 069平方千米，为我国第四大淡水湖。游览洪泽湖既可享受湖光山色之美，又可观赏古代文化之胜。洪泽湖是我国最大的“悬湖”。

（4）太湖。太湖位于江苏省和浙江省交界处、长江三角洲南部，湖水面积为2 200平方千米，从蓄水量上看次于洪泽湖，是我国第三大淡水湖。太湖是典型的江南水乡泽国。

（5）滇池。滇池位于云南省昆明市南部，系地层断裂下陷而形成，面积为330平方千米，是云贵高原上最大的湖泊。湖区风景优美、土地肥沃。

（6）镜泊湖。镜泊湖位于黑龙江省牡丹江市宁安市境内，系火山喷溢的熔岩堵塞牡丹江上游河道而成的湖泊。湖水面积为90平方千米，湖面露出不少石头小岛。

（7）青海湖。青海湖位于青海省东北部，古称“西海”，面积达4 427平方千米（一说4 635平方千米），是我国最大的咸水湖，也是我国面积最大的湖泊。该湖以靠近湖南岸的海心山（鸟岛）最为著名。滨湖平原水草肥美。

（8）纳木错。纳木错系藏语译音，面积为1 993平方千米，位于西藏中部，是我国也是世界上海拔最高（4 718米）的大湖。湖水碧清，雪峰倒映，景色十分秀丽。湖中有岛，东南面的半岛上有石校、天生桥、溶洞等胜景。

（9）西湖。杭州西湖位于浙江省杭州市的西边，它以其秀丽的湖光山色和众多的名胜古迹而闻名中外，是中国著名的旅游胜地，也被誉为“人间天堂”。2011年6月24日，杭州西湖正式列入世界遗产名录。

（10）千岛湖。千岛湖，位于浙江省淳安县境内，是1959年我国建造的第一座自行设计、自制设备的大型水力发电站——新安江水力发电站而拦坝蓄水形成的人工湖，是国家一级水体。千岛湖景区总面积982平方千米，其中湖区面积约580平方千米，因湖内拥有星罗棋布的1 078个岛屿而得名。

（11）日月潭。日月潭位于台湾南投县鱼池乡水社村，是台湾唯一的天然湖，由玉山和阿里山之间的断裂盆地积水而成。湖面海拔760米，面积约9平方千米，平均水深30米，湖周长约35千米。日月潭四周群山环抱，重峦叠嶂，潭水碧波晶莹，湖面辽阔，群峰倒映湖中，优美如画。

（三）飞瀑冰川

瀑布以形、声、色三态之美先声夺人，如果再与山石峰洞、林木花草、白云蓝天等环境要素协调结合，就会形成效益很好的旅游功能。

我国地形复杂、河流众多，是一个多瀑布的国家。我国的瀑布主要集中在三个地区：云贵高原地区、喜马拉雅山一带、江南丘陵。

（1）壶口瀑布。黄河流经晋陕峡谷到达吉县境内，水面一下子从400多米宽收缩为50余米，《书·禹贡》中只用八个字“盖河漩涡，如一壶然”，壶口瀑布的形象跃然纸上。

（2）庐山瀑布。庐山瀑布群的主要瀑布有：三叠泉瀑布、开先瀑布、石门涧瀑布、黄龙潭和乌龙潭瀑布、王家坡双瀑和玉帘泉瀑布等。因李白《望庐山瀑布》“日照香炉生紫烟，遥看瀑布挂前川”的名句为人熟知。

（3）九寨沟瀑布。九寨沟瀑布包括树正瀑布、诺日朗瀑布、珍珠滩瀑布，是最洁净的瀑布群。在九寨沟里，从箭竹海、熊猫海、五花海、孔雀河到珍珠滩，从皑皑的积雪到淙淙的溪水，从纷乱的瀑布到静守的湖泊，无论多么清纯的溪流走的也是如大江大河一样坎坷的生命之路，水的幸运和悲壮都裸露在大地。

（4）镜泊湖瀑布。牡丹江一直是一条很温顺的河流，一万年前的火山爆发，改写了牡丹江的生命流程。第四纪玄武岩流在吊水楼附近形成了天然堰塞堤，拦截了牡丹江出口，提高水位而形成了90多平方千米的镜泊湖。呼啸奔腾的湖水漫过平滑的熔岩床面，从断层峭壁上飞泻而下，在丰水期时形成宽40米、落差20多米的大瀑布，它是中国最大的火山瀑布。

（5）黄果树瀑布。黄果树瀑布位于贵州省，是白水河上最雄浑瑰丽的乐章。它将河水的缓游漫吟和欢跃奔腾奇妙地糅合在一起。从68米高的悬崖之巅跌落的是整整一条河的热忱，它既有水量丰沛、气韵万千的恢宏，又有柔细飘逸、楚楚依人的温柔，81米宽的瀑面上水汽飘然，若逢适当的阳光照射还可形成迷人的彩虹。

（6）海螺沟冰川。海螺沟冰川位于四川省甘孜藏族自治州泸定县内，是世界上仅存的低海拔冰川之一。在这冰天雪地的冰川世界里，有温泉点数十处，游人可在冰川上洗温泉浴。水温40~80℃，其中更有一股水温高达90℃的沸泉。冷热集于一地，甚为神奇。

（7）天山冰川。天山是我国最大的现代冰川区，它那奇特的冰川景观，早就为学者和探险家所注目。据科考表明，新疆天山冰川共有6 890多条，总面积达9 500多平方千米，约占全国冰川面积的16%。

（四）银滩大海

（1）北戴河。北戴河海滨地处河北省秦皇岛市中心的西部，受海洋气候的影响，夏无酷暑，冬无严寒，常年保持一级大气质量，没有污染，没有噪音，城市绿化覆盖率57.4%。这里气候宜人，10千米长、曲折平坦的沙质海滩，沙软潮平，背靠树木葱郁的联峰山，自然环境优美。

（2）昌黎黄金海岸。昌黎黄金海岸位于河北省昌黎县东南面的渤海岸边，海岸线全长52.1千米，具有沙细、滩软、水清、潮平的特点，是进行海水浴、阳光浴、沙浴、森林浴、空气浴的理想地点。

（3）北海银滩。北海银滩位于广西风景秀丽的北海银滩国家旅游度假区内。北海银滩西起侨港镇渔港，东至大冠沙，由西区、东区和海域沙滩区组成，东西绵延约24千米，海滩宽度30~3 000米，而平均坡度仅为0.05。沙滩均由高品位的石英砂堆积而成，在阳光的照射下，洁白、细腻的沙滩会泛出银光，故称银滩。北海银滩以其“滩长平、沙细白、水温净、浪柔软、无鲨鱼”的特点，被誉为“天下第一滩”。

（4）亚龙湾。亚龙湾位于中国热带滨海旅游城市三亚市东南28千米处，是海南最南端的一个半月形海湾，全长约7.5千米。沙粒洁白细软，海水澄澈蔚蓝。

（五）森林花草

植物景观，主要指由自然界的植被、植物群落、植物个体所表现的形象，通过人们的感观传到大脑皮层，产生一种实在的美的感受和联想。森林生态旅游是一种正在迅速发展的新兴的旅游形式，已成为世界旅游业的重要组成部分和现代林业必不可少的重要内容。森林生态旅游是指在被保护的森林生态系统内，以自然景观为主体，融合区域内人文、社会景观为对象的郊野性旅游，旅游者通过与自然的接近，了解自然、享受自然，产生回归自然的意境，从而自觉保护自然、保护环境的一种科学、高雅、文明的旅游方式。

我国珍稀植物和特有植物多，它们不仅具有旅游功能，还具有科学研究、药用价值等。目前我国列入国家一级保护植物名录的物种包括：珙桐、桫椤、银杉、水杉、人参、秃杉、望天树、金花茶等。

花卉通过其特有的花色、花形、花姿和花香向人们传递着美的享受。我国花卉品种繁多，花卉种植面积世界第一。花卉不仅具有审美功能，还能入药或作茶饮，早已进入人们的日常生活。原产我国的著名花卉有：月季、玫瑰、茶花、百合、榆叶梅、金露梅、二月兰、报春花、藏报春、蜀葵、荷包牡丹、米兰、珍珠菜、石菖蒲、委陵菜等。

（六）珍禽异兽

珍禽异兽作为一种旅游资源，虽不像植物那样可以构筑一个区域的景观特色，但可以活化环境，给周围景观增添勃勃的生机。我国动物种类繁多，大熊猫、白唇鹿、扬子鳄、金丝猴、丹顶鹤和海豚等是我国特有的珍稀动物。国家一级保护动物约97种，包括：大熊猫、金丝猴、云豹等兽类，四爪陆龟、鼋、鳄蜥、巨蜥、蟒、扬子鳄等爬行动物，丹顶鹤、白鹤、赤颈鹤、金雕等珍禽。

（七）冷热矿泉

泉是地下水天然出露至地表的地点，或者地下含水层出露地表的地点。泉水也是一项引人注目的旅游资源。它不仅有造景、育景的独特功能，而且还有疗养、饮用等价值，自古以来都是人们观赏、利用的对象。我国的泉类繁多、分布广泛，各种名泉、矿泉数以千计。

（1）冷泉。冷泉一般以水质清醇甘甜而供饮用或作为酿酒的水源。历代文人名士均将济南趵突泉奉为天下第一泉。此外，镇江金山泉、杭州虎跑泉等也在名泉之列。济南市号称有72泉，故有泉城美誉。

（2）矿泉。矿泉指含有一定数量的化学成分、有机物或气体，或具有较高的水温，能影响人体生理作用的泉水，如北京小汤山温泉、辽宁鞍山汤岗子温泉、西安骊山温泉、云南安宁温泉、广东从化温泉、广西陆川温泉、重庆南温泉、重庆北温泉，以及台湾北投温泉和阳明山温泉等。五大连池药泉以其独特的理疗效用成为我国著名的矿泉理疗康复旅游区。

（3）观赏泉。观赏泉是指有观赏价值的泉。如济南百脉泉，位于才女李清照的故居内，景观典雅。此外，济南珍珠泉、广西桂平乳泉、四川广元含羞泉以及西藏爆炸泉等都是著名的观赏泉。

（八）奇特气候

气象气候旅游资源包括因天气变化形成的各种景色，以及不同气候条件下形成的各类旅游胜地。前者称为气象旅游资源，后者称为气候旅游资源。

（1）云海。云海是山岳风景的重要景观之一。所谓云海，是指在一定的条件下形成的云层，并且云顶高度低于山顶高度，当人们在高山之巅俯视云层时，看到的是漫无边际的云，如临于大海之滨，波起峰涌，浪花飞溅，惊涛拍岸，故称这一现象为“云海”。其日出和日落的时候所形成的云海五彩斑斓，称为“彩色云海”，最为壮观。

（2）日出。日出一般是指太阳由东方的地平线徐徐升起的时间，而确实的定义为日面刚从地平线出现的一刹那，而非整个日面离开地平线。日出时太阳光因为受到地球大气层灰尘的影响而产生锐利散射，所以这时的天空会弥漫着霞气，然而日出的霞气较日落时更淡雅，这是因为日出时大气层里的灰尘较日落时少。

（3）晚霞。在日落前后的天边，时常会出现五彩缤纷的彩霞。朝霞和晚霞的形成都是由于空气对光线的散射作用。当太阳光射入大气层后，遇到大气分子和悬浮在大气中的微粒，就会发生散射。这些大气分子和微粒本身是不会发光的，但由于它们散射了太阳光，所以每一个大气分子都形成了一个散射光源。

（4）海市蜃楼。海市蜃楼是一种因光的折射而形成的自然现象，简称蜃景，是地球上物体反射的光经大气折射而形成的虚像。2011 年 5 月 9 日下午 4 时左右，海口市沿海出现海市蜃楼奇观，持续一个小时左右。2011 年 5 月 10 日，广州塔又现“空中皇冠”奇景，专家称是海市蜃楼。

（5）树挂。树挂即雾凇，是北方冬季可以见到的一种类似霜降的自然现象，是一种冰雪美景，是由于雾中无数零摄氏度以下而尚未结冰的雾滴随附在树枝等物体上不断积聚冻粘的结果，表现为白色不透明的粒状结构沉积物，因此雾凇现象在我国北方是很普遍的，在南方高山地区也很常见，只要雾中有过冷却水滴，并达到一定温度就可形成。

第四节　中国的人文景观

人文景观是指具有一定历史性、文化性，一定的实物和精神等表现形式的旅游吸引物。人文景观大致可以分为历史文物古迹、民族民俗、建筑、宗教圣地及遗存、文化艺术等。人文景观具有很强的历史性、时代性、民族风格和地方特色。

一、中国的世界文化遗产

世界文化遗产是指从历史、艺术或科学角度看，具有普遍价值的建筑物、雕刻、绘画、遗物、铭文等文物；在景观、建筑样式结合等方面具有突出价值的建筑或建筑群体；从历史、美学和人种角度看，具有突出普遍价值的人工物品或人与自然共同创造的物品和工程。

我国历史悠久，文化灿烂，在漫长的历史长河中，铸就了辉煌的历史文化遗产。我国被列入世界文化遗产的项目有36处：明清皇宫（北京故宫、沈阳故宫），颐和园，长城，天坛，承德避暑山庄及周围寺庙，平遥古城，周口店北京人遗址，庐山国家地质公园，丽江古城，苏州古典园林，秦始皇陵及兵马俑坑，大足石刻，武当山古建筑群，莫高窟，布达拉宫，龙门石窟，曲阜孔庙孔林孔府，明清皇家陵寝（明显陵、清东陵、清西陵、明孝陵、十三陵、盛京三陵），青城山—都江堰，皖南古村落，云冈石窟，中国高句丽王城、王陵及贵族墓葬，澳门历史城区，安阳殷墟，开平碉楼与村落，福建土楼，五台山，登封“天地之中”历史古迹，杭州西湖文化景观，元上都遗址，红河哈尼梯田文化景观，大运河，丝绸之路，土司遗址，左江花山岩画文化景观，鼓浪屿。

二、历史文化名城

我国历史悠久，现保存下来的历史文化名城都是不同历史时期政治、经济、文化中心，是不少重大历史事件的发生地，在地面和地下保存着大量光辉灿烂的历史文化古迹及革命文物，也成为旅游者向往的地方。

我国已将134座城市列为国家历史文化名城，并对它们进行了重点保护。这些城市，有的曾被各朝帝王选作都城，有的曾是当时的政治、经济重镇，有的曾是重大历史事件的发生地，有的因拥有珍贵的文物遗迹而享有盛名，有的则因出产精美的工艺品而著称于世。它们的留存，为今天的人们回顾中国历史打开了一个窗口。

三、中国的非物质文化遗产

非物质文化遗产指被各群体、团体、有时为个人所视为其文化遗产的各种实践、表演、表现形式、知识体系和技能及其有关的工具、实物、工艺品和文化场所。

我国确定的非物质文化遗产主要包括民间传说、民间音乐、民间舞蹈、传统戏剧、曲艺、杂技与竞技、民间美术、传统手工技艺、传统医药和民俗共10大类500项，其中有39项列入联合国教科文组织非物质文化遗产代表作名录。

四、国家级风景（名胜）区

国家级风景名胜区，原称国家重点风景名胜区，由国务院批准公布。根据中华人民共和国国务院于2006年9月19日公布并自2006年12月1日起施行的《风景名胜区条例》，风景名胜区是指具有观赏、文化或者科学价值，自然景观、人文景观比较集中，环境优美，可供人们游览或者进行科学、文化活动的区域。风景名胜区划分为国家级风景名胜区和省级风景名胜区，其中自然景观和人文景观能够反映重要自然变化过程和重大历史文化发展过程，基本处于自然状态或者保持历史原貌，具有国家代表性的，可以申请设立国家级风景名胜区，报国务院批准公布。截至2017年3月，国务院公布的国家级风景名胜区共9批次、244处。

五、各类人文景观

（一）博物展览

博物馆是征集、典藏、陈列和研究代表自然和人类文化遗产的实物的场所，并对那些有科学性、历史性或者艺术价值的物品进行分类，为公众提供知识、教育和欣赏的文化教育的机构、建筑物、地点或者社会公共机构。博物馆是非营利的永久性机构，对公众开放，为社会发展提供服务，以学习、教育、娱乐为目的。

（1）历史类博物馆。历史类博物馆以历史的观点来展示藏品，如中国国家博物馆（由原中国历史博物馆与原中国革命博物馆合并）、西安半坡遗址博物馆、秦始皇兵马俑博物馆、泉州海外交通史博物馆、景德镇陶瓷历史博物馆、北京鲁迅博物馆、韶山毛泽东同志纪念馆、中国共产党第一次全国代表大会会址纪念馆等。

（2）艺术类博物馆。艺术类博物馆主要展示藏品的艺术和美学价值，如故宫博物院、南阳汉画馆、广东民间工艺馆、北京大钟寺古钟博物馆、徐悲鸿纪念馆、天津戏剧博物馆、聚通源刺绣博物馆等。

（3）自然、科学类博物馆。这类博物馆以分类、发展或生态的方法展示自然界，以立体的方法从宏观或微观方面展示科学成果，如中国地质博物馆、北京自然博物馆、自贡恐龙博物馆、台湾昆虫科学博物馆、中国科学技术馆、柳州白莲洞洞穴科学博物馆等。

（4）综合类博物馆。综合类博物馆综合展示地方自然、历史、革命史、艺术方面的藏品，如南通博物苑、山东省博物馆、湖南省博物馆、内蒙古自治区博物馆、黑龙江省博物馆、甘肃省博物馆、青铜器博物馆等。

（二）名人故居

名人故居是往昔岁月的印痕，是灿烂文化的遗存，是人文精神的延续，是名城文化和时代精神的一种物化。我国历代名人辈出，许多名人旧居成为人们追忆前人精神和功绩的重要载体。

邓小平故居位于四川省广安市广安区协兴镇牌坊村，是一座普通农家三合院。院子坐东朝西，占地800余平方米，大小房屋17间，穿斗式平房，青瓦粉壁，古朴典雅。建筑具有典型的川东民居特色，充满浓郁的蜀乡风情。庭院绿树成荫，翠竹掩映。院前梯田层层，夏日荷叶青青，稻花飘香。邓小平祖上三代人都居住在这里。1904年8月22日，邓小平诞生于故居的北厢房，并在这里度过了他青少年时期的15个春秋。

绍兴鲁迅故居位于浙江省绍兴市东昌坊口（今鲁迅路208号），在鲁迅纪念馆的西侧。1881年9月25日鲁迅就出生在这里，一直生活到18岁去南京求学，以后回故乡任教也基本上居住在此地。鲁迅是中国文化革命的主将，是近代中国最伟大的文学家、思想家和革命家。在纪念馆西侧是鲁迅故居，纪念馆东侧是三味书屋，鲁迅曾在这里学习了五年。

梅兰芳是京剧“梅派”艺术的创始人。其故居位于北京西城区护国寺街 9 号，原为庆亲王府的一部分，1950 年梅兰芳迁至此处居住。这是一座典型的四合院，有两进院落，两院之间是绿色的屏门和木影壁，正院的三间北房与东西厢房间有彩绘游廊相连。

（三）古代园林

中国古典园林是指以江南私家园林和北方皇家园林为代表的中国山水园林形式，我国的园林源于自然，利用自然，高于自然，取得了高度的艺术成就，创造出在世界上独树一帜的园林建筑艺术，成为我国人文旅游资源的重要组成部分。古典园林，既具有艺术观赏价值，又有历史文化和科学研究价值，对游人有极大的吸引力。

我国的古典园林，按所在地的自然环境以及所形成的布局风格、造型艺术可分为三大流派：北方园林、江南园林、岭南园林。

江南园林地域范围小，又因河湖、园石、常绿树较多，所以园林景致较细腻精美。因上述条件，其特点为明媚秀丽、淡雅朴素、曲折幽深，但面积小，略感局促。南方园林的代表大多集中于南京、上海、无锡、苏州、杭州、扬州等地，其中尤以苏州为代表。苏州素有“园林之城”美誉。苏州园林源远流长，明清全盛时 200 多处园林遍布古城内外，至今保存完好的尚存数十处，分别代表了我国宋、元、明、清江南园林风格。苏州古典园林以其古、秀、精、雅，享有“江南园林甲天下，苏州园林甲江南”之誉，是苏州独有的旅游资源。

北方园林，因地域宽广，大多为国都所在，所以建筑富丽堂皇。因自然气象条件所局限，河川湖泊、园石和常绿树木都较少。由于风格粗犷，所以秀丽媚美则显得不足。北方园林的代表大多集中于北京、西安、洛阳、开封，其中尤以北京为代表。

岭南因为其地处亚热带，终年常绿，又多河川，所以造园条件比北方、南方都好。岭南园林明显的特点是具有热带风光，建筑物都较高而宽敞。现存岭南园林有广东顺德的清晖园、东莞的可园、番禺的余荫山房等。

（四）工程奇观

在漫长的历史长河中，为了军事或生产目的，人们修建了规模浩大的工程奇观。这些古代工程不仅凝聚了当时的建筑艺术成就，而且饱含地方特色和民族特征，成为一种重要的旅游资源。

（1）长城。长城是我国古代劳动人民创造的奇迹。自战国时开始，修筑长城一直是一项巨大工程。据记载，秦始皇使用了近百万劳动力修筑长城，占全国人口的 1/20。当时没有任何机械，全部劳动都得靠人力，而工作环境又是崇山峻岭、峭壁深壑。可以想象，没有大量的人群进行艰苦的劳动，是无法完成这项巨大工程的。

（2）都江堰。都江堰坐落于四川省成都市都江堰市城西，位于成都平原西部的岷江上。都江堰水利工程建于公元前 256 年，是全世界迄今为止年代最久、唯一留存的以无坝引水为特征的宏大水利工程，属全国重点文物保护单位。都江堰附近景色秀丽，文物古迹众多，主要有伏龙观、二王庙、安澜索桥、玉垒关、离堆公园、玉垒山公园和灵岩寺等。

（3）灵渠。灵渠又称湘桂运河，也称兴安运河，位于广西壮族自治区兴安县境内。灵渠属全国重点文物保护单位，其修建沟通了长江和珠江两大水系，是世界上现存最完整的古代水利工程，与四川都江堰、陕西郑国渠齐名，并称为“秦朝三大水利工程”。郭沫若先生称：“与长城南北相呼应，同为世界之奇观。”

（4）京杭大运河。举世闻名的京杭大运河，是世界上开凿最早、最长的一条人工河道。大运河北起北京，南达杭州，流经北京、河北、天建、山东、江苏、浙江六个省市，沟通了海河、黄河、淮河、长江、钱塘江五大水系，全长 1 794 千米。在中华民族的发展史上，其为发展南北交通，沟通南北之间经济、文化等方面的联系做出了巨大的贡献。

（五）人造景观

现代人造旅游景观是为了满足现代旅游者的消费需求而建造的经营性旅游吸引物。它是现代市场经济的产物，有明显的市场文化的特点。

锦绣中华是深圳华侨城的一个旅游区，坐落在风光绮丽的深圳湾畔。它是目前世界上面积最大、内容最丰富的实景微缩景区，占地 450 亩，分为主点区和综合服务区两部分。82 个景点均按中国版图位置分布，比例大部分按 1∶15 建造。全园平面如一幅巨大的中国地图。这些景点可以分为三大类：古建筑类、山水名胜类、民居民俗类。

（六）购物天堂

香港购物点林立，商品种类包罗万象，价格公道；拥有各式各样的露天市集、充满奇趣的夜市和琳琅满目的豪华大型商场，货品林林总总、应有尽有，令人目不暇接，堪称亚洲一流的购物天堂。

铜锣湾位于香港岛的核心区域，该区有多间大型购物商场：时代广场、SOGO崇光百货、皇室堡……百德新街、罗素街、霎东街林立着一间间时尚服饰专门店，本地新一代时装设计师的心血杰作也尽在于此。另有物超所值的大型化妆品超级市场，即使是最新最流行的货品，也是以批发价发售，让您一次买个够。香港的化妆品是免税的，是旅游的最佳纪念品。此外，旺角先达广场、潮流特区，赤柱的特色店铺，庙街的平民夜总会等都是香港旅游必去之地。

许多大城市的步行街、百货大楼、品牌店铺等集中地也构成区域的购物天堂，是人们进行旅游购物的重要场所。

（七）民俗风情

从遥远的古代起，中华各民族人民的祖先就劳动、生息、繁衍在我们祖国的土地上，共同为中华文明和建立统一的多民族国家而贡献自己的才智。各民族由于不同的文化、传统和习俗，形成了各具特色的民族风情。这些民族风情通过语言、文字、艺术、服饰、饮食、节庆、婚丧习俗等形式表现出来，具有独特的地域特色和文化内涵，对游客有极强的吸引力。具体内容详见本书第三章。

（八）名菜佳肴

我国的菜系是指，在一定区域内，由于气候、地理、历史、物产及饮食风俗的不同，经过漫长历史演变而形成的一整套自成体系的烹饪技艺和风味，并被全国各地所承认的地方菜肴。

鲁、川、粤、淮扬四大菜系形成历史较早，后来，浙、闽、湘、徽等地方菜也逐渐出名，就形成了我国的八大菜系。具体内容详见本书第七章。

（九）工艺精品

手工艺品，俗称“民间手工艺品”，是指民间的劳动人民为适应生活需要和审美要求，就地取材，以手工生产为主的一种工艺美术品。手工艺品的品种繁多，如宋锦、竹编、草编、手工刺绣、蓝印花布、蜡染、手工木雕、泥塑、剪纸、民间玩具等。由于各地区、各民族的社会历史、风俗习惯、地理环境、审美观点的不同，各地的手工艺品具有不同的风格特色，充分地展示了中国手工艺术的风采。

宋代有崇尚刺绣服装的风气。明代刺绣已成为一种极具表现力的艺术品，先后产生号称“四大名绣”的苏绣、粤绣、湘绣、蜀绣。其中苏州的苏绣和缂丝久负盛名。

铁画，也称铁花，安徽芜湖特产，为中国独具风格的工艺品之一。铁画是以低碳钢为原料，将铁片和铁线锻打焊接成的各种装饰画。它将民间剪纸、雕刻、镶嵌等各种艺术的技法融为一体，采用中国画章法，黑白对比，虚实结合，另有一番情趣。

布艺，即布上的艺术，是中国民间工艺中一朵瑰丽的奇葩。中国古代的布艺主要有绣花、挑花、贴花等。绣花的针法很多，有铺针、平针、散针、打子、套扣、盘金、辫绣、锁绣等。挑花又称十字绣，要求严格地按照面料经纬纹路，挑绣等距离、等长度的十字，排列成各种花纹图案的刺绣形式，有独特的变形吉祥几何纹装饰风格。布贴花是用小块的不同颜色布料拼接而成各种图案的刺绣手法，又称“补花”。我们古代民间有给小孩穿“百家衣”的习俗，即向乡邻收集各种颜色布料拼制童衣，取百家保护、护佑平安之意。

此外，牙雕、木雕、漆器等工艺品在中国古代也达到很高的艺术水平。

（十）宗教石刻

石刻艺术是我国古代灿烂文化中的一个重要组成部分，尤其是汉唐盛世，造型艺术因反映时代精神而大放异彩。我国的石刻艺术大多以宗教人物或教义为主题，具有深厚的宗教文化积淀。

我国最著名的四大佛教石窟分别是龙门石窟、云冈石窟、敦煌莫高窟和麦积山石窟，均属国家重点文物保护单位。

龙门石窟位于河南省洛阳市南 13 千米处，凿于北魏孝文帝迁都洛阳（公元 494 年），直至北宋，现存佛像十万余尊，窟龛 2 300 多个。

云冈石窟位于山西省大同市，有窟龛 252 个，造像 51 000 余尊，代表了公元 5 世纪至 6 世纪时中国杰出的佛教石窟艺术。其中的昙曜五窟，布局设计严谨统一，是中国佛教艺术第一个巅峰时期的经典杰作。

莫高窟，俗称千佛洞，坐落在河西走廊西端的敦煌，以精美的壁画和塑像闻名于世。它始建于十六国的前秦时期，历经十六国、北朝、隋、唐、五代、西夏、元等历代的兴建，形成巨大的规模，现有洞窟735个，壁画4.5万平方米、泥质彩塑2 415尊，是世界上现存规模最大、内容最丰富的佛教艺术圣地。近代以来又发现了藏经洞，内有5万多件古代文物，并衍生出了一门专门研究藏经洞典籍和敦煌艺术的学科——敦煌学。

麦积山石窟，建于公元384年，后来经过十多个朝代的不断开凿、重修而成。麦积山石质皆为紫褐色之水成岩，现存洞窟221个，其中有从4世纪到19世纪以来的历代泥塑、石雕10 632件，壁画1 300多平方米。

四川安岳石刻始于南北朝（公元521年前后），盛于唐、五代和宋。距今已有近1500年历史。经近年文物普查，安岳县有摩崖石刻造像105处，造像10万尊左右，高3米以上的上百尊，5米以上的40多尊，15米以上的2尊。至今保存较完好并具有一定规模和文物价值的石刻有45处。

重庆大足石刻以佛教题材为主，尤以北山摩崖造像和宝顶山摩崖造像最为著名。大足石刻造像最初开凿于晚唐景福元年（公元892年），历经后梁、后唐、后晋、后汉、后周五代至南宋（公元1162年）完成，历时250多年。现存雕刻造像4 600多尊，是中国晚期（宋代）石窟艺术中的优秀代表。

广元千佛崖位于四川省广元市城北5千米的嘉陵江东岸，与皇泽寺隔江相望。在高45米，南北长200多米的峭壁上，布满千佛崖摩崖造像，重重叠叠13层，密如蜂房，是四川境内规模最大的石窟群。

第五节 中国人文与自然景观

一、世界文化与自然遗产

中国被列入世界文化与自然双重遗产的项目有：山东泰山（1987年12月）、安徽黄山（1990年12月）、四川峨眉山—乐山大佛（1996年12月）、福建武夷山（1999年12月）。

二、佛教名山

五台山位于山西省忻州市，南距山西省太原市230千米。五台山由东西南北中五峰组成。寺院分为青庙和黄庙两种，青庙住和尚，黄庙（藏传佛教寺院）住喇嘛。五台山现存寺庙四十余处。

五台山是文殊菩萨的道场，台怀镇是寺庙最集中的地方，寺院一个挨着一个，显通寺、塔院寺、菩萨顶、殊像寺和罗侯寺并称为五台山五大禅林。

普陀山系观音菩萨道场，位于浙江省杭州湾以东约100海里，是舟山群岛中的一个小岛，全岛面积12.5平方千米，呈狭长形，南北最长处为4.3千米，东西最宽外3.5千米。最高处佛顶山，海拔约300米。普陀山的海天景色，不论在哪一个景区、景点，都使人感到海阔天空。虽有海风怒号，浊浪排空，却并不使人有惊涛骇浪之感，只觉得这些奇异景观使人振奋。

峨眉山，位于四川省乐山市峨眉山市境内，距成都约160千米。高出五岳，秀甲天下。最高峰万佛顶海拔3 099米。山体南北方向延伸，绵延23千米，面积115平方千米。长久以来，峨眉山以其秀丽的自然风光和神话般的佛教胜迹而闻名于世。它古雅神奇，巍峨媚丽。其山脉绵亘曲折、千岩万壑、瀑布溪流、奇秀清雅，故有“峨眉天下秀”之美称。峨眉山相传是释迦牟尼身旁的普贤大菩萨显灵说法的道场。它与山西五台山、浙江普陀山、安徽九华山并称为中国佛教的“四大菩萨”道场。峨眉山原为佛道两教并存的宗教重地，东汉之初，山间便有了第一座以药农舍宅为寺庙的“初殿”。后来历经晋、唐、宋续建和明、清两代发展，连绵百里的山峦，先后兴建佛寺200多处，僧众达数千人。随着佛教的兴盛和道教的衰微与绝迹，峨眉山遂成为以“菩萨信仰”为中心的佛教圣地。由于历史变迁，现在峨眉山景区内尚存十余处古寺，如报国寺、万年寺、仙峰寺、洗象池、金顶等，寺院内的佛教徒依然保持着正常的宗教生活。

九华山位于安徽西部青阳县城西南，方圆约百千米，号称九十九峰、十八景，风光旖旎，气候宜人，是旅游避暑的胜境。在中国佛教四大名山中，九华山独领风骚。鼎盛时期，九华山有寺庵一百五、僧尼三四千。九华山群峰争峙，却玲珑秀丽，以“香火甲天下”“东南第一山”的双重桂冠而闻名于海内外。李白应邀游山，远眺九峰如天赐九莲，触景生情，诗赞“妙有分二气，灵山开九华”，引来了历代文人雅士，于是“九华名遂闻于天下”。稍后，朝鲜半岛新罗国高僧金乔觉渡海来九华修行，传说他是地藏菩萨的化身，普度众生量，远近焚香者，日以千计。

三、道教名山

武当山，又名太和山，位于湖北西北部十堰市丹江口市境内，列中国“四大道教名山”之首，又是武当武术的发源地。主峰紫霄峰海拔1 612米。武当山山势奇特，雄浑壮阔，有七十二峰、三十六岩、二十四涧、三潭、九泉、构成了“七十二峰朝大顶，二十四涧水长流”的秀丽画境。山间道观总数达2万余间，其规模宏大、建筑考究、文物丰富的道观建筑群已被列入世界遗产名录。山间主要景点有金殿、紫霄宫、遇真宫、复真观、天乙真庆宫等近百处。

青城山，古称丈人山，又名赤城山，位于四川省成都市都江堰市西南15千米处，海拔1 600米，其36座山峰，如苍翠四合的城郭，故名青城山。这里林木青翠，峰峦多姿，享有“青城天下幽”之誉。青城山为我国道教发祥地之一，相传东汉张道陵（张天师）曾在此创立五斗米道，因此，历代宫观林立，至今尚存38处。著名的有建福宫、天师洞、上清宫等，并有经雨亭、天然阁、凝翠桥等胜景。

龙虎山位于江西省鹰潭市西南郊20千米处，为国家级风景名胜区。源远流传的道教文化，独具特色的碧水丹山，以及现今所知历史最悠久、规模最大、出土文物最多的崖墓群，构成了这里自然、人文景观的“三绝”。龙虎山的著名景点有天师府、上清宫、龙虎山、悬棺遗址和仙水岩等。

齐云山又称白岳，位于安徽省黄山市休宁县城西 15 千米处，因其“一石插天，与云并齐”，故名齐云山。它是一处以道教文化和丹霞地貌为特色的山岳风景名胜区，历史上有“黄山白岳甲江南”之称，为国家级风景名胜区。齐云山海拔高度为 585 米，有三十六奇峰、七十二怪崖、二十四飞涧，加之境内河、湖、泉、潭、瀑，构成了一幅山清水秀的自然图画。白岳的特点是峰峦怪谲，且多为圆锥体，远远望去，一个个面目各异的圆丘，自成一格。主要景观有：洞天福地、真仙洞府、月华街、太素宫、香炉峰、小壶天、玄天太素宫、玉虚宫、方腊寨、五青峰、云岩湖等。齐云山碑铭石刻星罗棋布，素有“江南第一名山”之誉。该山道教始于唐乾元年间（公元 758—760 年），至明代道教盛行，香火旺盛，成为我国四大道教名山之一。

此外，霍童山、崂山、武夷山、衡山、泰山、华山和恒山等都是道教名山。

四、四川 5A 级旅游景区

5A 是一套规范性标准化的质量等级评定体系，是目前全国旅游景区（点）最高评定标准。标准较 4A 级旅游景区更加注重人性化和细节化，更能反映出游客对旅游景区的普遍心理需求，突出以游客为中心，强调以人为本。

2007 年 5 月 22 日国家旅游局在其官方网站发布通知公告，经全国旅游景区质量等级评定委员会委派的评定小组现场验收，全国旅游景区质量等级评定委员会审核批准，决定批准北京市故宫博物院等 66 家景区为国家 5A 级旅游景区。截至 2017 年 9 月，国家 5A 级旅游景区扩展至 249 家。

其中，四川省成都市都江堰市青城山—都江堰旅游景区、乐山市峨眉山市峨眉山景区、阿坝藏族羌族自治州九寨沟县九寨沟景区、乐山市市中区乐山大佛景区、阿坝藏族羌族自治州松潘县黄龙风景名胜区、绵阳市北川羌族自治县羌城旅游区、阿坝藏族羌族自治州汶川县汶川特别旅游区、南充市阆中市阆中古城旅游景区、广安市广安区邓小平故里旅游区、广元市剑阁县剑门蜀道剑门关旅游景区、南充市仪陇县朱德故里景区、甘孜藏族自治州泸定县海螺沟景区被认定为 5A 级风景区。

复习思考题

一、填空题

1. 中国热带雨林、季雨林砖红壤景观带主要分布在________、________、________、________等省份的南部，其植被类型包括________、________、________、________。

2. 中国荒漠漠土景观带分布在________、________、________、________、________、________地区。

3. 中国山地垂直带分布的成因主要是受________、________影响。

4. 中国四大石窟分别是：________、________、________、________。

5. 中国佛教名山五台山、峨眉山、普陀山、九华山分别是________、________、________、________的道场。

6. 中国道教名山有湖北省的________、江西省的________、四川省的________、安徽省的________、山东省的________。

二、名词解释

自然旅游资源　人文旅游资源　丹霞地貌　大足石刻

三、简答题

1. 简述中国地形地貌的基本特征。
2. 简述中国的基本气候特征。
3. 简述中国动植物资源的基本特征。
4. 简述旅游资源的特点。
5. 四川省世界遗产景观、国家级自然保护区有哪些？

第三章　中国民族民俗

第一节　概论

中国自古就是一个统一的多民族国家。数千年来，曾有许多民族活跃在各个时期的历史舞台上。经过长期的分化、融合和发展变化，最终形成今天汉族和55个少数民族并存的局面。由于客观环境的差异和社会发展的不平衡，汉族和其他少数民族在人口分布、语言文字、民风民俗和宗教信仰等方面，既有共同性也有差异性，呈现出万紫千红、百花争艳、和谐发展的繁荣景象。

一、民族

广义的民族泛指人们在历史上形成的、处于不同历史阶段的各种共同体，如原始民族、古代民族、近代民族、现代民族、土著民族等，甚至氏族、部落也可以包括在内；或用以指一个国家或一个地区的各民族，如中华民族、阿拉伯民族等。狭义的民族则是指在历史上形成的一种具有共同语言、共同地域、共同经济生活以及表现在共同文化上的共同心理素质的稳定的共同体。目前，全世界约有大小民族2 000多个，其中中国有56个，包括汉族和55个少数民族。

民族不是在人类社会一开始就有的，而是当人类历史发展到一定时期才产生的。人类最早的社会集团是原始群，随着生产力的发展和生产的需要，才结成稳定的集体——氏族。当时，最现实、最方便的纽带是血缘关系。几个亲属氏族又结合成部落。二次社会大分工破坏了氏族部落内部的血缘关系，在更大规模上以地缘关系结合成规模更大的共同体——民族。氏族→胞族→部落→部落联盟→民族，这是民族形成的一般规律。

民族形成的过程，实际上就是民族语言、民族心理、民族精神、民族经济和生活，即民族文化、民族特征形成的过程。民族文化是各民族在其历史发展过程中创造和发展起来的具有本民族特点的文化，包括物质文化和精神文化。饮食、衣着、住宅、生产工具属于物质文化的内容；语言、文字、文学、科学、艺术、哲学、宗教、风俗、节日和传统等属于精神文化的内容。民族文化反映该民族历史发展的水平。民族特征则是指构成一个民族所应具备的共同语言、共同地域、共同经济生活、共同心理素质这四个基本特征。每一个基本特征都具有特定的内容，它们之间是相互联系、相互依赖、相互制约的。由于历史的、现实的和民族自身形成发展中的原因，各种特征具体在每个民族中的表现程度是不同的。

二、民俗

（一）民俗的概念和内容

民俗，即民间风俗。民俗是人类民间社会的精神生活和物质生活中，经文化传承形成的相对稳定的习尚风俗。民俗学家钟敬文在《民俗学概论》一书中指出：民俗是指一个国家或民族中广大民众在长期的历史生活过程中所创造、享用并传承的物质生活与精神生活。民俗文化的发展与人类社会进程紧密相连，在人类史和民族史上，它反映出社会文明发展深化的历程。

民俗起源于人类社会群体生活的需要，在特定的民族、时代和地域中形成，并不断循环往复，进而沿袭、传播和演变，服务于特定的民众的日常生活。民俗产生于人类改造自然的活动中，并普遍地存在于人类社会生活中。

民俗的范围，简单来说，它包括了所有的民俗事象。大致可以分为四个部分：一是物质民俗，以民间传统的经济生产习俗、交易习俗及消费生活习俗为主。二是社会民俗，以家族、亲族、乡里村镇的传承关系、习俗惯制为主要内容，其中社会往来、组织、生活仪礼等习惯都是重点。三是信仰民俗，以传统的俗信等事象为主要内容。四是游艺民俗，以民间传统文化娱乐活动（其中也包括口头文艺活动）的习俗为主要内容，也包括竞技等事象在内。

（二）民俗的特征

从民俗的内涵思考，我们可以把民俗的特征概括社会性、民族性、传统文化性、历史性、地方性、传承性、变异性。

社会性是民俗在产生和传承过程中所体现出的基本特征。民俗的创造首先是社会群体共同活动的结果。同时，民俗的发展、流传也是集体加工的结果。民俗形成后，就成为集体行为习惯，在广泛的时空范围内流动，并在流动过程中得到不断补充、完善和创新。事实上，社会性体现了民俗的整体意识，也决定了民俗的价值取向，这也是民俗充满生命力的根本所在。

民族性一方面是指同一类民俗事象在不同民族中有不同的特点和不同的表现形式，另一方面则是指不同民族生活中有不同的民俗事象在世代传承。民俗的民族性，是在各民族物质文化生活和精神文化生活的发展中逐渐形成的。

传统文化性是指民俗在形成和发展过程中，必然要受到各自国家和民族的传统文化影响，每一个民俗现象都会深深地烙上本族传统文化的印记。重视民俗的传统文化特征，就能更好地帮助我们认识民俗事象，并能更有效地去移风易俗。

历史性是指民俗在特定的历史发展阶段中形成，显示出特定时代的痕迹。同时，民俗的形成与发展不仅显示了各个历史阶段的特点，也反映了历史的变化。

地方性是指人们在特定的生存空间，特定的生产环境、生活条件和地缘关系的影响下，不同程度地染上地方色彩，显示出地理特征和乡土气息。俗话说“十里不同风，百里不同俗”，就充分地体现了民俗的地方性。民俗的地方性具有普遍的意义，研究民俗的地方特色，不仅有助于我们对地方历史文化发展的认识，同时也有助于推动地方经济和文化的发展。

传承性是指民俗在时间上传衍的连续性，同时也指民俗的一种传递方式。传承性是民俗发展过程中显示出的具有运动规律性的特征。民俗作为世代相传的一种文化现象，在发展中有相对稳定性。

变异性是指民俗在发展过程中表现出的与传承性密切相联系、相适应的特征，它表明在不同的历史发展时期、不同的地区，民俗的传承在形式和内容会出现或多或少的甚至是剧烈的变化。变异性是民俗文化机能的自我调适，也是民俗文化生命力之所在。

（三）民俗的社会功能

我国各族人民积千百年的文明创造所缔结的民俗文化，以其丰富灿烂的资料宝库，为民俗学的研究提供了广阔的天地，也为我国社会主义现代化建设提供了直接或间接的服务。

1. 历史功能

民俗从特征上来讲就具有历史性，民俗的形成是一种历史的文化创造和积累，而且这种积累往往呈现出十分明显的层次。如果把众多的各具独立性的民俗事象编排在一起，并将纵向的排列和横向的排列加以细致的比较，我们就会发现，每个民俗事象，不仅和周围其他民俗事象发生内容和形式上的交叉，而且都有历史发展的轨迹可寻。民俗可以说是活的社会“化石”。

民俗事象本身是历史创造和传承的，人类社会发展的每一个历史阶段上，都曾产生和形成过许许多多的民俗事象。这些民俗事象随着社会的发展，有的消失了，有的在变异中传承下来。而所有的这些民俗事象，都对每个历史阶段的人们的生活产生过影响。就民俗的具体传承者来讲，他们总是把民俗事象作为“历史教材”，并通过某种方式或仪式传给后代，使后世人牢记祖先的创造和功德。

民俗的历史功能还体现在有的民俗事象本身就是历史。比如，我国古代从陈胜、吴广起义开始的历代农民结社聚义，正是我国农民战争史上最值得探讨的社会习俗。从古代的黄巾军起义、白莲教起义，到近代的义和团运动等，无不包含着我国民俗中信仰民俗的内容。总之，民俗具有传承历史的功能。

2. 教化功能

民俗的教化功能，是指民俗在人类个体的社会化过程中所起的教育和模塑作用。民俗是社会的、集体的创造，它的产生，起初总是含有一定的功利目的，即和教育的功能联系在一起。民俗形成并成为一种文化现象，在个人社会化的过程中起着重要影响。如从周围人群学会自己的语言，在游戏中模仿成人生活，从称谓中与交际礼节中了解人际关系等。每个人都生活在民俗环境中，人的一言一行始终处于民俗教化的状态之中。

民俗的教育功能，从来都是寓于具体的民俗事象中的。比如人的一生中有诞生礼、成年礼、婚礼、丧葬礼等仪式，这些仪式都寓有教育的意义。如在婚礼仪式中，老人对新郎、新娘的祝福，就在于教育他们如何建立美满幸福的家庭和尊敬父母长辈。在葬礼仪式中，就在于教育后人如何去尽自己的孝心，缅怀自己的先人。民俗的教育功能，主要在于培养人们的道德情操，增强人们对生活的勇气和热爱，以及民族感和爱国心。比如在我国各民族中，都有尊老爱幼、热情好客、大公无私、乐于助人的美德，这些都是在具体的民俗活动中形成的。民俗的教育功能是多方面的，它时时渗透到各类民俗活动之中，在潜移默化中进行，甚至一些生产知识和生活知识的传授，也往往通过民俗活动来进行。

3. 审美功能

民俗的审美功能是指民俗对社会成员心理产生的悦耳悦目、悦心悦意、悦志悦神的审美作用。比如，我国各民族的民居建筑及其风格、服饰的色彩和图案、民间工艺、民间文学、民间美术、民间音乐舞蹈等，都是以其审美标准创造出来的，反映着人们的审美意识。

同时，某种民俗文化事象之所以能够传承和发展，是因为它附载的审美观念长期在影响或感染着人们。或者是其纯真质朴，或者是其魅力独特，使人们感到它的美的价值所在。比如划龙船、赛马、斗牛等民间竞技活动，这些活动考验年轻人的机智、顽强和勇敢；又如，传统优美民间文艺（唱山歌、唱花灯、对歌等），都具有崇高的精神美。民俗的审美功能，常体现出各族劳动人民对已有民俗的美学价值的肯定。

4. 规范功能

民俗的规范功能就是民俗对社会群体里的每个成员的行为方式所具有的约束作用。社会规范大致可以分为四个层面：第一层是法律，第二层是纪律，第三层是道德，第四层是民俗。其中，民俗是产生最早、约束面最广的一种深层次的行为规范。从原始社会生产和生活习惯、神判法到人们生活的方方面面的行为准则，民俗都在无形中支配着人们的行为。

当然，民俗的规范功能不像法律、纪律是有形的，它的约束作用具有无形性，它对人们的约束往往在不知不觉中进行。比如，在禁忌民俗中，对长辈不能直呼其名、祭祖上香要净手、产妇坐月子、婚礼中跪拜父母等，这些都没有法律或纪律的规定，但却通过民俗传承规范下来，为人们所遵循。

第二节　中国民族概况

一、中国民族的族称和人口

民族的名称，简称族称。中国的汉族因汉朝而得名。其他民族的族称，则主要来源于以下几种情况：一是以本族的自称为族称，如蒙古族、傣族等。二是以他称为本民族族称，如黎族。三是以地名作为族称，如东乡族、柯尔克孜族、怒族、独龙族等。四是以与经济生产生活有密切关系而定族称，畲族、拉祜族、羌族等。五是以族源而定族称，如布朗族、德昂族、佤族、裕固族等。

根据 2010 年 11 月 1 日第六次人口普查公布的资料，按各民族人口多少依次顺序排列为汉族、壮族、回族、满族、维吾尔族、苗族、彝族、土家族、藏族、蒙古族、侗族、布依族、瑶族、白族、朝鲜族、哈尼族、黎族、哈萨克族、傣族、畲族、傈僳族、东乡族、仡佬族、拉祜族、佤族、水族、纳西族、羌族、土族、仫佬族、锡伯族、柯尔克孜族、景颇族、达斡尔族、撒拉族、布朗族、毛南族、塔吉克族、普米族、阿昌族、怒族、鄂温克族、京族、基诺族、德昂族、保安族、俄罗斯族、裕固族、乌孜别克族、门巴族、鄂伦春族、独龙族、赫哲族、高山族、珞巴族、塔塔尔族。

根据2010年全国第六次人口普查的结果，中国不包含港澳台的31个省、自治区、直辖市共有约13.40亿人。其中汉族12.259亿人，占91.51%；少数民族1.137 9亿人占8.49%。在55个少数民族中，人口在百万以上的有18个民族，它们是：蒙古族、回族、藏族、维吾尔族、苗族、彝族、壮族、布依族、朝鲜族、满族、侗族、瑶族、白族、土家族、哈尼族、哈萨克族、傣族、黎族。其中壮族人口最多，为1 692万多人。人口在1万人以下的有6个民族，它们是鄂伦春族、独龙族、塔塔尔族、赫哲族、高山族、珞巴族。其中塔塔尔族是我国人口最少的民族，只有3 556人。另外，还有未被确定的民族成分的人口，共64万多人。

由于我国民族众多，下面是一首易读易记的民族韵律诗歌：

汉满傈僳景颇壮，高山普米锡伯藏。
毛南布依维吾尔，仡佬仫佬蒙古羌。
乌孜毛克俄罗斯，保安独龙京东乡。
哈尼彝苗鄂伦春，裕固朝鲜傣阿昌。
鄂温克水德昂怒，基诺赫哲土布朗。
塔塔尔白回土家，达斡尔畲黎珞巴。
拉祜纳西塔吉克，哈萨克佤瑶撒拉。
我国民族五十六，柯尔克孜侗门巴。

二、中国民族的分布状况

中国是世界人口活动过程历史记载最古老的国家。由于各地经济、历史发展的不平衡性和地理环境的特殊限制，我国人口分布很不平衡。总体来说，我国人口分布的特点是：东部多、西部少；平原盆地地区多，山地、高原地区少；农业地区多，林牧业地区少；沿江、临海公路及铁路沿线地区多，交通不便的地区少。

一般来说，汉族多聚居在人口稠密的东南部，少数民族多住在人口稀少的边疆地区，但两者并没有明显的界线。在少数民族聚居区，一般都有一定数量的汉族居民，从而形成了以汉族为主体的大杂居、小聚居、交错居住的格局。如在内蒙古、广西、宁夏三个自治区中，汉族人口都超过了少数民族人口；在新疆，汉族人口占比超过40%。同样，在各汉族地区也杂居着许多少数民族。近20年来，少数民族杂散居人口增长快，民族杂散居的县市越来越多。

我国少数民族人口仅占全国人口的8.49%左右，但分布的地区却很广，约占全国总面积的60%以上。2010年人口普查数据表明，有29个民族分布在全国所有的省市区中。全国拥有 56 个民族的省市区有 11 个，占 31 个省市区的 35.5%。少数民族在中国县级行政区域都有居住。这种居住格局决定了中国各民族之间，尤其是汉族与少数民族之间，在政治、经济、文化等方面相互依赖的密切关系。

我国少数民族中分布地域最广的是回族，少数民族聚居最多的省份是云南省，有彝族、白族、哈尼族、壮族、傣族、苗族、傈僳族、回族、拉祜族、佤族、纳西族、瑶族、藏族、景颇族、布依族、普米族、怒族、阿昌族、德昂族、基诺族、水族、蒙古族、布朗族、独龙族、满族 25 个民族。

三、中国民族的语言文字

语言是人类最重要的交际工具，是人们进行沟通交流的各种表达符号。人们借助语言保存和传递人类文明的成果。语言是民族的重要特征之一，是民族文化的重要组成部分，同时也是民族文化的表现形式。

我国 55 个少数民族中，除回族、满族已全部转用汉语外，其他 53 个民族都有自己的语言。我国少数民族的语言，大致分属于五大语系：汉藏语系、阿尔泰语系、南岛语系、南亚语系和印欧语系。共有 10 个语族、16 个语支、72 种语言。

文字是书写语言的符号，它产生以后，克服了语言的时空限制，扩大了信息传播，增加了文化积累，对社会的发展产生了巨大的推动作用。在我国，汉字不但是汉族的文字，而且是全国各个少数民族通用的文字，还是在国际活动中代表中国的法定文字。现在中国 55 个少数民族中，除回族、满族已不使用自己民族的文字而直接使用汉字外，有 29 个民族有与自己的语言相一致的文字，由于有的民族使用 1 种以上的文字，如傣族使用 4 种文字，景颇族使用 2 种文字，所以 29 个民族共使用 54 种文字。这 29 个民族分别是：蒙古族、藏族、维吾尔族、苗族、彝族、壮族、布依族、朝鲜族、侗族、瑶族、白族、土家族、哈尼族、哈萨克族、傣族、黎族、傈僳族、佤族、拉祜族、水族、纳西族、景颇族、柯尔克孜族、土族、羌族、锡伯族、俄罗斯族、独龙族、基诺族。

第三节　汉族

一、汉族概况

汉族是世界上最大的一个古老民族。目前，汉族人口约为 13 亿人，占世界总人口的 19%，分布于世界各地。

汉族是一个历史从未中断过的民族。汉族的起源是多元的，既有主源又有支源。汉族的主流有二：一是生活在黄河两岸中原地区的炎黄集团，二是活动在华东地区的东夷部落。其支流有三个：一是生活在华南、中南地区的苗蛮集团，二是生活在西南的百越集团，三是生活在西部和北部的戎狄集团。汉族先民经过夏、商、周三代，至春秋战国时已形成了以“华”“夏”的单称或“华夏”连称的族体，以便与周边各民族相区别。其后秦始皇灭六国又使分为秦、楚、赵、燕四大支系的华夏民族完成了统一。汉朝以后，华夏民族在稳定和发展中完成了向汉民族的转化，周边各族也以“汉人”称呼中原人，汉民族逐渐地成为中国主体民族百世不易的族称。

汉族的语言为汉语，使用汉字书写。汉语属汉藏语系，按学术界较常见的划分方法，可分北方方言（官话方言）、吴语、湘语、赣语、客家话、闽语、粤语七大方言。

汉族有五千多年文字可考的历史，文化典籍极其丰富。几千年间，无论政治、军事、哲学、经济、史学、自然科学、文学、艺术等各个领域，都产生了众多的具有深远影响的代表人物和作品。在文化信仰方面，汉民族传统中信仰儒家思想、道教、佛教，在儒家文化的社会基础中对道家、佛家诸说多有崇敬。

二、汉族的风俗习惯

（一）饮食习俗

汉族主食以稻米、小麦为主，辅以蔬菜、肉食和豆制品。汉族讲究并善于烹饪，不同地区的汉族以炒、烧、煎、煮、蒸、烤和凉拌等烹饪方式，形成了不同的地方风味。汉族菜一般被分为的川、粤、闽、皖、鲁、湘、浙、苏八大菜系。在日常饮食方面，汉族实行三餐、二餐并行的餐制，并以聚餐制为主要形式。在岁时节日中，民间还有相互馈赠食品的习惯。此外，酒和茶是汉族主要的两大饮料。酒文化和茶文化在中国源远流长，数千年来，构成汉族饮食习俗不可缺少的部分，在世界上也产生了广泛影响。

（二）服饰习俗

中国汉族的传统服饰为汉服，又称为汉装、华服。其由来可追溯到三皇五帝时期一直到明代，连绵几千年。自炎黄时代黄帝垂衣裳而天下治，汉服已具基本形式，历经周朝代的规范制式，到了汉朝已全面完善并普及，汉人汉服由此得名。汉服的主要特点是交领、右衽、束腰，用绳带系结，也兼用带钩等，给人洒脱飘逸的印象。这些特点都明显有别于其他民族的服饰。在服制上汉服有礼服和常服之分。从形制上看，主要有“上衣下裳”制（裳在古代指下裙）、“深衣”制（把上衣下裳缝连起来）、“襦裙”制（襦，即短衣）等类型。汉服是汉民族传承了数千年的传统民族服装，是最能体现汉族特色的服装。博大精深、体系完备、悠久美丽的汉服，是中国不可多得的一大财富，是非常值得每一个炎黄子孙引以为豪的。客观上的汉族人的某些过渡历史阶段的穿着服饰，例如汉化旗装、旗袍、马褂等绝对不可以被称作“汉服”，因为它们与真正的汉服没有正常的演变衔接过程。汉服以其强大的生命力一直没有灭绝，直到现代，汉族人和国内许多少数民族都还保持着汉服的特征，现代社会的一些重要祭祀、纪念活动、民俗节日等仍能看到汉服的身影。汉服的影响十分深远，亚洲的日本、朝鲜、越南、蒙古、不丹等国对汉族服饰均有借鉴。

（三）婚礼习俗

婚礼，在中国原为“昏礼”，属于汉族传统文化精粹之一，是华夏文化的重要组成部分。婚礼在汉族人一生中是一个重要的里程碑。汉族传统的婚礼主要体现在

“三书六礼”之中。“三书”，按照中国传统的礼法，指的是礼聘过程中来往的文书，分别是：“聘书”——定亲之书，在订婚时交换；“礼书”——礼物清单，当中详列礼物种类及数量，过大礼时交换；“迎书”—— 迎娶新娘之书，结婚当日接新娘过门时用。“六礼”是指由求亲到说媒到迎娶、完婚的手续，分别为：“纳采”——俗称说媒，即男方家请媒人去女方家提亲，女方家应允后，男方家备礼前去求婚；“问名”——俗称合八字，托媒人请问女方出生年月日和姓名，准备合婚的仪式；“纳吉”——男方家卜得吉兆后，备礼通知女方家，婚事初步议定；“纳征”——又称过大礼，男方选定吉日到女方家举行订婚大礼；“请期”——择吉日完婚，旧时选择吉日一般多为双月双日，或所谓“黄道吉日”；“亲迎”——婚礼当天，男方带迎书亲自到女方家迎娶新娘。此外，婚礼中还有过火盆、跨马鞍、拜堂、掀盖头、喝交杯酒、进洞房等习俗。

（四）尊祖敬老习俗

尊祖敬老是汉族的千古遗风。尊祖即对祖先的崇拜。汉族的祖先崇拜主要是祭有功绩的远祖和血缘关系密切的近祖。直到近现代，民间尊祖的祭祀活动仍十分隆重，有时祭、堂祭、节祭、岁祭、房祭、祠祭等，逢年过节有的还要瞻仰历代祖宗遗容，以表不忘祖宗，并与祖宗共享喜庆或求祖宗赐福保佑。汉族供奉祖先的地方叫祖庙或宗庙，祖庙、宗庙遍布各地。从尊祖延伸而来的敬老习俗在汉族中根深蒂固。《诗经》说：“孝不匮，永赐尔类。”意即孝子敬老的孝意无穷无尽，势必经常感化影响整个家庭，乃至整个民族。这是值得发扬光大的优良传统。

（五）节日习俗

汉族的节日很多，主要有春节、元宵节、清明节、端午节、中秋节、重阳节等。

1. 春节

春节，是农历正月初一，又叫阴历年，俗称“过年”。这是汉族民间最隆重、最热闹的传统节日。春节起源于殷商时期年头岁尾的祭神祭祖活动。按照我国农历，正月初一古称元日、元辰、元正、元朔、元旦等，俗称年初一。到了民国时期，改用公历，公历的 1 月 1 日称为元旦，把农历的一月一日叫作春节。春节的主要民俗活动有：

扫尘：“腊月二十四，掸尘扫房子。”其用意是要把一切穷运、晦气统统扫出门。

贴春联：春联也叫门对、春贴、对联、对子、桃符等，每逢春节，无论城市还是乡村，家家户户都要精选一幅大红春联贴于门上，为节日增加喜庆气氛。

贴窗花：窗花不仅烘托了喜庆的节日气氛，也集装饰性、欣赏性和实用性于一体。

倒贴“福”字：在贴春联的同时，一些人家要在屋门上、墙壁上、门楣上贴上大大小小的“福”字。“福”字指福气、福运，寄托了人们对幸福生活的向往和对美好未来的祝愿。为了更充分地体现这种向往和祝愿，有的人干脆将“福”字倒过来贴，表示“幸福已到”“福气已到”。

贴年画：年画是我国的一种古老的民间艺术，反映了人民朴素的风俗和信仰，寄托着他们对未来的希望。

吃年夜饭：除夕之夜，合家团聚，吃年夜饭（也叫团圆饭）。若有亲人无法回家团聚，也要空出一个席位，以表思念。

守岁：除夕守岁是最重要的年俗活动之一。除夕之夜，全家团聚在一起，吃过年夜饭，点起蜡烛或油灯，围坐炉旁闲聊，等着辞旧迎新的时刻。通宵守夜，象征着把一切邪瘟病疫照跑驱走，期待着新的一年吉祥如意。

放爆竹：爆竹是中国特产，亦称“爆仗”“炮仗”“鞭炮”。新的一年到来之际，家家户户开门的第一件事就是燃放爆竹，以爆竹声除旧迎新。放爆竹可以营造出喜庆热闹的气氛，是节日的一种娱乐活动，可以给人们带来欢愉和吉利。

拜年：新年的初一，人们走亲访友，相互拜年，恭祝来年大吉大利。

压岁钱：春节拜年时，长辈常常要给晚辈发压岁钱，据说压岁钱可以压住邪祟，因为“岁”与“祟”谐音，晚辈得到压岁钱就可以平平安安度过一岁。

此外，春节期间民间还有耍龙灯、舞狮子、踩高跷等各种民间娱乐活动。

2. 元宵节

农历正月十五元宵节，又称为上元日、上元节，春灯节，是中国汉族民俗传统节日。正月是农历的元月，古人称其为“宵”，而十五日又是一年中第一个月圆之夜，所以称正月十五为元宵节。按中国民间的传统，在这天的夜晚，人们要点起彩灯万盏，以示庆贺。出门赏月、燃灯放焰、喜猜灯谜、共吃元宵，合家团聚、同庆佳节，其乐融融。此外，各种民间戏曲和杂耍也云集在一起，更增添了节日的气氛。

3. 清明节

清明既是农历二十四节气之一，又是汉族的传统节日之一，时间在每年公历4月5日。这一节日大约始于周代，距今已有2 500多年的历史。清明节是一个祭祀祖先的节日，传统活动为扫墓。扫墓俗称上坟，是祭祀死者的一种活动。按照旧的习俗，扫墓时，人们要携带酒食果品、纸钱等物品到墓地，将食物供祭在亲人墓前，再将纸钱焚化，为坟墓培上新土，折几枝嫩绿的新枝插在坟上，然后叩头行礼祭拜，最后吃掉酒食回家。清明节的习俗是丰富的，除了讲究祭祀扫墓外，还有踏青、荡秋千、蹴鞠、打马球、插柳等一系列风俗体育活动。2006年5月20日，该民俗节日经国务院批准列入第一批国家级非物质文化遗产名录。

4. 端午节

端午节为每年农历五月初五，又称端阳、端五、重午、午日、夏节等，是我国汉族人民的传统节日。这一节日始于中国的春秋战国时期，至今已有2 000多年的历史。端午节本来是夏季的一个驱除瘟疫的节日，后逐渐演变成为一个综合性的节日。其活动内容包括吃粽子，赛龙舟，挂菖蒲、艾草以及喝雄黄酒等。据说，吃粽子和赛龙舟，是为了纪念屈原，所以民国时期曾把端午节定名为“诗人节”，以纪念屈原。至于挂菖蒲、艾草以及喝雄黄酒，则据说是为了避邪。2006年5月20日，该民俗经国务院批准列入第一批国家级非物质文化遗产名录。2009年9月30日在阿联酋首都阿布扎比召开的联合国教科文组织保护非物质文化遗产政府间委员会会议决定：中国端午节成功入选世界人类非物质文化遗产代表作名录。

5. 中秋节

中秋节，农历八月十五，又称秋夕、八月节、八月半、月夕、月节。八月为秋季的第二个月，古时称为仲秋，因此民间称为中秋。中秋时节，秋风送爽，皓月当空，澄如玉宇，家家户户阖家欢聚，品尝各式月饼，以取团圆之意，所以人们又将这一天称为团圆节。中秋节的盛行始于宋朝，至明清时，已与元旦齐名，成为我国汉族的主要节日之一。人们把酒问月，庆贺美好的生活，或祝远方的亲人健康快乐，和家人“千里共婵娟”。2006 年 5 月 20 日，该民俗经国务院批准列入第一批国家级非物质文化遗产名录。

6. 重阳节

重阳节，农历九月九日，又称“老人节”。因为《易经》中把“六”定为阴数，把“九”定为阳数，九月九日，日月并阳，两九相重，故而叫重阳，也叫重九。同时，由于九月初九“九九”谐音是“久久”，有长久之意，所以人们常在此日祭祖与推行敬老活动。重阳节早在战国时期就已经形成，到了唐代，重阳被正式定为民间的节日，此后历朝历代沿袭至今。重阳的主要活动除祭祖敬老之外，还要登高、插茱萸、赏菊花、放纸鹞、吃重阳糕、饮菊花酒等。2006 年 5 月 20 日，该民俗经国务院批准列入第一批国家级非物质文化遗产名录。

第四节　满族、蒙古族、维吾尔族、回族、朝鲜族

一、满族

（一）概况

满族，全称满洲族，辛亥革命后被称为满人、满族。满族散居中国各地，以居住在辽宁的为最多，其他散居在吉林、黑龙江、河北、内蒙古、新疆、甘肃、山东等省区和北京、天津、成都、西安、广州、银川等大中城市，形成大分散之中有小聚居的特点。2010 年统计的满族人口数约为 1 039 万人。

满族历史悠久，可追溯到 2 000 多年前的肃慎人。辽、宋、元、明几个朝代则称“女真”。长期生活在长白山以东，黑龙江、乌苏里江流域的广阔地区。16 世纪后期，努尔哈赤崛起，以女真人为主体融合了部分汉人、蒙古人和朝鲜人，形成了一个新的共同体——满族。1636 年，皇太极将国号改为“清”，同时也改元“崇德”。1644 年入关灭李自成，建立了覆盖满洲、前明关内领土及西北新领地的清朝。辛亥革命推翻清朝后，因满洲族大部分定居在关内，故官方改称为“满族”，中华人民共和国成立以后沿用满族称谓至今。

清代以来，由于满汉长期杂居，满汉两族的差异缩小。满族有自己的语言、文字，满语来源于古代女真语，属阿尔泰语系的满-通古斯语族的满语支。满族人在入主中原之后，在经济、文化、生活上与汉族交往密切，逐渐适应了汉族的语言、文字。到现在，只有少数人会说满语，大部分人则使用汉语和汉字。

（二）民俗

满族人孝敬长辈，注重礼节，在路上遇见长辈，要侧身微躬，垂手致敬，等长辈走过再行；不但晚辈见了长辈要施礼，在同辈人中年轻的见了年长的也要施礼问候。有一个时期，小辈对老辈是三天一小礼，五天一大礼；三天见长辈要请安，五天见长辈要“打千”。男人打千要哈腰，右手下伸，左手扶膝，像拾东西一样；女人打千要扶膝下蹲。亲友相见，除握手互敬问候外，有的还行抱腰接面礼。

满族民间农忙时日食三餐，农闲时日食两餐。主食多是小米和高粱米、粳米、干饭，喜在饭中加小豆或粑豆，如高粱米豆干饭。满族人喜食饽饽，是用黏高粱、黏玉米、黄米等磨成面制作的，有豆面饽饽、搓条饽饽、苏叶饽饽、菠萝叶饽饽、牛舌饽饽、年糕饽饽、水煮饽饽（汉语的饺子）等。此外，满族点心萨其玛也成为全国著名糕点。满族人的代表性的食品主要有：白肉血肠、火锅、酸汤子、清东陵糕点等。

满族男子喜穿青蓝色的长袍马褂，头顶后部留发梳辫留于脑后，戴圆顶帽，下穿套裤。妇女则喜欢穿旗袍，梳京头或“盘髻儿”，戴耳环，腰间挂手帕。满族入关后，其服装与汉族服装趋于一致，但旗袍却以其独特的魅力流传下来，成为中国妇女的传统服装，并风靡全球。

满族传统住房一般为西、中、东三间，大门朝南开，西间称西上屋，中间称堂屋，东间称东下屋。西上屋设南、西、北三面炕，西炕为贵，北炕为大，南炕为小，来客住西炕，长辈多住北炕，晚辈住南炕。此外，满族人还喜欢睡火炕。家家户户都是南北大炕，屋子西面沿着山墙还有一溜儿窄炕，把南北炕联了起来，俗称“万字炕”。满族房舍的南北西三面，“皆辟大窗户”，且分上下两层，窗棂以万字或工字为格，窗外糊纸，开关朝外。居室内没有地桌，只有炕桌，吃饭、写字都用它。此外，房梁上常悬着悠车，用桦木皮（木威）制成长方形或椭圆形，出生的婴儿就放在里面睡觉，母亲边摇悠车边哼着摇篮曲。

满族许多节日均与汉族相同，如春节、元宵节、二月二、端午节和中秋节等。不过，这些节日的风俗内容与汉族有些差异。此外，满族还有一些特别的节日，如颁金节、添仓节和开山节。其中，颁金节是满族“族庆”之日。1635 年农历十月十三日，皇太极发布谕旨，正式改族名“女真”为“满洲”，这标志着一个新的民族共同体的形成。各地满族同胞在农历十月十三日满族命名日自发地举行纪念活动，以示纪念满族的诞生。

满族生活中有许多忌讳，犯忌则被视为不礼貌。满族将西墙作为供奉祖先的神圣部位，不准在此挂衣物，张贴年画；西炕俗称“佛爷炕”，供有“祖宗板子”。忌讳人们尤其是女人随便坐卧。通常客人也不得在西炕休息，更不许将狗皮帽子或鞭子放在这里。忌打狗、杀狗和忌食狗肉；不戴狗皮帽、不铺狗皮褥。不许从锅灶、火塘的三脚架上越过，不能用脚蹬踏或者随便坐在锅灶上或火塘边；不准在锅灶口或塘上烤脚、袜子、鞋靴；禁止将吃剩下的食物、骨头、鱼刺等扔进锅灶或火塘里。

二、蒙古族

（一）概况

蒙古族在我国是主要的少数民族之一。第六次人口普查时（2010 年），中国的蒙古族人口近 600 万人，在我国少数民族人口里排名第九。其主要分布在内蒙古自治区、东北三省、新疆、河北、青海，其余散布于河南、四川、贵州、北京和云南等地。蒙古族历史悠久，13 世纪初，成吉思汗统一了蒙古地区诸部落，建立了统一的蒙古贵族政权。1219 年西征，版图扩大到中亚地区和南俄。1271 年，改蒙古国号为元。1279 年，灭南宋，统一全中国。1368 年元朝灭亡。自元代以来，蒙古族人民在中国的政治、军事、经济、科学技术、天文历算、文化艺术、医学等各个方面都做出了重大贡献。1947 年 5 月 1 日在中国共产党领导下建立内蒙古自治区，成为中国建立最早的一个自治区。蒙古族古老的原始宗教是萨满教，但自明、清以后，藏传佛教（又称喇嘛教）在蒙古地区兴盛起来。畜牧业是蒙古族人民长期赖以生存发展的主要经济。

蒙古族拥有自己的语言文字。蒙古语属阿尔泰语系蒙古语族，有内蒙古、卫拉特、巴尔虎布利亚特、科尔沁四种方言。现在通用的文字是 13 世纪初用回鹘字母创制，14 世纪初，经蒙古学者却吉·斡斯尔对原有文字进行改革，成为至今通用范化的蒙古文。

（二）民俗

蒙古族人民世居草原，以畜牧为主要生产方式。以奶和肉类食品为主，马奶酒、手扒肉、烤羊肉和茶是他们日常生活最喜欢的饮料食品和待客佳肴。一般日食三餐，每餐都离不开奶与肉。以奶为原料制成的食品，蒙古语称“查干伊得”，意为圣洁、纯净的食品，即“白食”；以肉类为原料制成的食品，蒙古语称“乌兰伊得”，意为“红食”。“全羊席”是蒙古宫廷筵中一种最丰盛的民族宴席，又称“全羊大筵”（蒙语为“布禾勒”）。这种有独特风味的宴席是蒙古族在古代就逐渐形成的一种最丰盛的带有北方游牧民族特色的宴席，是蒙古人招待贵宾的传统佳肴，也是蒙古民族最古老、最隆重的一种宴席，一般只在盛大宴会、隆重集会、举行婚礼或接待高级贵宾时摆设。

蒙古族服饰具有浓厚的草原风格。首饰、长袍、腰带、靴子是蒙古族服饰的四个主要部分。蒙古族长期生活在塞北草原，蒙古族人不论男女都爱穿长袍。蒙古袍两袖长而宽大，下端左右不分衩，领子较高，大襟右钉扣；领口、袖口、衣边常用花边镶饰。男袍多为蓝色、棕色，女袍多为红色、绿色、紫色。穿蒙古袍必备腰带和马靴，这样的装束使男子显得强悍潇洒，女子则显得身材苗条、矫健。男子多戴蓝、黑褐色帽，也有的用绸子缠头。女子多用红、蓝色头帕缠头，冬季和男子一样戴圆锥形帽。未婚女子把头发从前方中间分开，扎上两个发根，发根上面戴两个大圆珠，发梢下垂，并用玛瑙、珊瑚、碧玉等装饰。蒙古靴有布靴、皮靴之分。布靴，美观别致、柔软轻便；皮靴，挺括光洁，结实耐穿。骑马时靴子可以保护踝部、御寒；坠马时自然脱靴，可以保证人身安全。

蒙古族牧民的住房称为“蒙古包”。“包”是“家”“屋”的意思。古时候称蒙古包为“穹庐”“毡帐”或“毡房”等。蒙古包呈圆形，有大有小，大者可容纳二十多人休息；小者，也能容纳十几个人。蒙古包结构简单，拆装方便，搬运轻便，十分适合蒙古族游牧生活。蒙古包外形虽小，但包内使用面积却很大；而且空气流通，采光条件好，冬暖夏凉，不怕风吹雨打，非常适合于转场放牧的牧民居住和使用。在定居地区、部分牧区和半牧区建有外形与蒙古包相似的土木结构住房；农区多住砖瓦平房，并且聚为村落。男女老幼都善乘骑，出行都以马代步。

蒙古人长幼有序，敬老爱幼。到蒙古包牧民家做客，见到老人要问安。未经允许不要与老人并排而坐。称呼老人要称“您”，不许以“你”相称或直呼其名。见面要互致问候，即便是陌生人也要问好。蒙古族人民非常好客，坦率诚恳。款待行路人（不论认识与否），是蒙古族的传统美德，但到蒙古族人家里做客必须敬重主人。进入蒙古包后，要盘腿围着炉灶坐在地毡上，但炉西面是主人的居处，主人不上坐时不得随便坐。主人敬上的奶茶，客人通常是要喝的，不喝有失礼貌；主人请吃奶制品，客人不要拒绝，否则会伤主人的心。如不便多吃，吃一点也行。客人告辞时，应从门的左侧离开包房，出包房后跟主人握手致谢，并说“再见”，不应一出门就骑马、上车。

蒙古族各地婚仪不一，共同点是新郎佩戴火镰、蒙古刀和弓箭，致颂词、祝词和对歌等，体现了古老民族勤劳勇敢和能歌善舞的独特风格。此外，蒙古族有同姓不婚、转房婚习俗。家庭财产多由幼子继承。

蒙古族的丧葬大体有野葬（天葬）、火葬和土葬（无坟丘）三种形式。一般人行土葬，僧侣行火葬，牧区居民行野葬。

蒙古族的传统节日主要有“过大年”、那达慕、马奶节、祭敖包等。其中，那达慕是蒙古族历史悠久的传统节日，每年七八月间举行。那达慕在蒙古语中是娱乐、游戏的意思。每到这时，牧民们不分男女老幼，都穿上节日的盛装，骑马坐车从四面八方赶来。大会上，要进行被称为“男儿三艺”的射箭、摔跤、赛马等传统体育比赛。此外，还有各种棋艺比赛和各式各样的歌舞表演。那达慕一般进行五至七天。那达慕起源于13世纪初，当时，“那达慕”的主要项目就是进行射箭、摔跤、赛马比赛。如今的那达慕已增加了物资交流、文艺演出等许多新内容，使这一传统的民族盛会，更加喜庆、吉祥、欢乐而富于实效。

三、维吾尔族

（一）概况

维吾尔族是我国主要少数民族之一。“维吾尔”是维吾尔族的自称，意为“团结”或“联合”。2010年第六次人口普查资料显示，维吾尔族总人口为1 000余万人，在31个省、自治区、直辖市中均有分布，主要集中聚居在新疆维吾尔自治区。

维吾尔族族源可追溯到公元前3世纪游牧于我国北方和西北贝加尔湖以南、额尔齐斯河和巴尔喀什湖之间的“丁零”人。9世纪中叶，迁到西域的“回鹘”，融合了分布在天山以北和西部草原游牧的突厥各部以及两汉以来移居这里的汉人，同原来就居住在南疆广大地区操焉耆、龟兹、于田语的人民，以及后来迁来的吐蕃人、契丹人、蒙古人长期相处，繁衍发展而形成了维吾尔族。

维吾尔语属于阿尔泰语系、突厥语族。历史上维吾尔族人民曾先后使用过古突厥文、回鹘文、古维吾尔文等。10世纪伊斯兰教传入后，逐步使用以阿拉伯字母为基础的维吾尔文。中华人民共和国成立后，曾经创制以拉丁字母为基础的新文字，20世纪80年代初，又恢复使用以阿拉伯字母为基础的维吾尔文。

维吾尔族以农业为主，种植棉花、小麦、玉米、水稻、瓜果等农作物。

（二）民俗

维吾尔族日常饮食为一日食三餐，早饭吃馕和各种瓜果酱、甜酱，喝奶茶、油茶等，午饭是各类主食，晚饭多是馕、茶或汤面等。以面食为主，喜食牛肉、羊肉。主食的种类有数十种。维吾尔族最爱吃馕、抓饭、烤包子、拌面等食品，有很多著名的风味菜肴和小吃，如烤全羊、手抓羊肉、帕尔木丁、薄皮包子、烤羊肉串等。

维吾尔族待人接物很讲礼貌，在路上遇到尊长和朋友时，习惯于把右手掌放在左胸上，然后把身体向前倾30度，并连说："您好"。如果来客，要请客人坐在上席，摆上馕、各种糕点、冰糖等，夏天还要摆上一些瓜果，先给客人倒茶水或奶茶。维吾尔族有尊老敬老的习俗，走路让长者走在前面，谈话让长者先谈，入座让长者坐在上座，吃饭先端给长者；小辈在长者面前不喝酒、吸烟；老人无论到哪里去做客，他骑的马不论是卸鞍子，还是饮马、喂马，都由年轻人去做；离开时，年轻人给老人备鞍，扶老人上马。

维吾尔族在服饰方面一般都穿棉布衣，男子穿"袷袢"长袍，右衽斜领，无纽扣，用长方丝巾或布巾扎束腰间；农村妇女多在宽袖连衣裙外面套对襟背心；城市妇女现在已多穿西装上衣和裙子。维吾尔族男女都喜欢穿皮鞋和皮靴，皮靴外加胶质套鞋。最具特色的是维吾尔族男女老少都戴四楞小花帽，花帽是维吾尔族服饰的组成部分，也是维吾尔族美丽的标志之一。维吾尔族花帽有用黑白两色或彩色丝线绣成的民族风格图案，有些还缀有彩色珠片。维吾尔族姑娘以长发为美，婚前梳十几条细发辫，婚后一般改梳两条长辫，辫梢散开，头上别新月形梳子为饰品，也有人将发辫盘系成发结。

维吾尔族的住房一般由泥土建筑，多为长方形、开天窗，屋顶平坦，可以晾晒瓜果和粮食。房屋的四面墙壁是由红柳条或白杨树的枝条绑扎而成后，用焦土和泥涂匀晾干而成。住在这样的房子里，冬暖夏凉，非常惬意。室内砌土炕，墙上开壁龛，放置食物和用具。墙上喜挂壁毡，地上铺地毯或花毡。冬天以火墙或火炉取暖。维吾尔族人喜欢自己有个院落，住房前有较深的前廊，庭院内喜栽花木、果树，打扫得十分整洁。此外，住房忌朝西开。

维吾尔族婚俗，包括订婚、结婚两个阶段。订婚时男方母亲在媒人"艾勒其"陪同下带衣料、砖茶和方块糖拜访女方家长，赠送礼品。关系正式确定后，男方父母根据女方要求送去彩礼，商量吉日，举行结婚仪式。男女青年正式举行婚礼前，由阿訇或伊玛目（均为宗教职业者）诵经，将两块干馕沾上盐水，让新郎、新娘当场吃下，表示从此就像馕和盐水一样，同甘共苦，白头到老。婚宴要在地毯上铺上洁白的饭单，最先摆上馕、喜糖、葡萄干、枣、糕点、油炸馓子等，然后再上手抓羊肉、抓饭等。婚后三天“回门”。这天男女双方要设宴款待双方的直系亲属和四邻好友。

维吾尔族盛行土葬、速葬。人死后净身并用白布裹身，用移尸木匣抬到墓地入葬。

维吾尔族普遍信仰伊斯兰教，传统节日主要是伊斯兰教的宗教节日，其中最著名的是“开斋节”“古尔邦节”。

开斋节，又称肉孜节，时间在回历 10 月 1 日。在此之前的一个月，即从回历 9 月1 日开始，信仰伊斯兰教的人按《古兰经》规定，应封斋一个月。直到回历9 月29 日或 9 月 30 日，由有声望、有学识的阿訇于傍晚时望夜空，若能望到新月，第二天便为肉孜节，可开斋。肉孜节这天，亲戚朋友之间相互走动，招待丰盛的食品和瓜果。同时还要举行各种游艺活动，尽情地唱歌跳舞，到处洋溢着欢乐的气氛。

古尔邦节，即宰牲节，是维吾尔族人的最盛大的传统节日。时间是伊斯兰教历12 月10 日，即朝觐期的最后一天。过节前，穆斯林们家家户户干干净净，炸馓子，烤制各种馕，制作各种糕点。节日这天，人们会礼、诵经、访亲问友、宴请宾朋，清真寺里吹唢呐，唱歌跳舞。节日一般要欢度 3 天。古尔邦节是维吾尔族人增强社会联系、严守礼尚往来这一准则的重要组成部分。

四、回族

（一）概况

回族是回回民族的简称。回族是中国分布最广的少数民族，据 2010 年第六次全国人口普查，人口超过 1 000 万人，是中国少数民族中人口较多的民族之一。主要聚居于宁夏回族自治区，在新疆、青海、甘肃、陕西、山西、河北、天津、北京、上海、江苏、云南、河南、山东、内蒙古、辽宁、吉林、黑龙江也有不少聚居区。

7 世纪中叶，大批波斯和阿拉伯商人经海路和陆路来到中国的广州、泉州等沿海城市以及内陆的长安、开封等地定居。13 世纪，蒙古军队西征，中亚的穆斯林（伊斯兰教徒的特称）大批迁入中国，以这些信仰伊斯兰教的中亚移民（波斯人、阿拉伯人）为主，后吸收汉族、蒙古族、维吾尔族等民族成分，逐渐形成了一个统一的民族——回族。

回族的通用语为汉语，第二语言为阿拉伯语。在日常交往及宗教活动中，回族保留了大量的阿拉伯语和波斯语的词汇，在边疆民族地区，回族人民还通晓并使用当地民族的语言。

回族主要从事农业，有的兼营牧业、手工业。回族还擅经商，尤以经营饮食业突出。

回族普遍信仰伊斯兰教，在聚居的地方建有清真寺。

（二）民俗

婚姻方面，回族实行一夫一妻制。回族的婚姻必须遵循伊斯兰教的规定。回族婚礼很隆重，要请阿訇念“尼卡哈”，即用阿拉伯经文进行证婚和祝贺。

在饮食上，回族人以米、面为主食，普遍吃牛、羊、驼等反刍类偶蹄食草动物，不吃马、驴、骡、猪、狗肉，不吃动物血液和自死动物，尤其禁食猪肉。回族很讲究饮食卫生，注意淋浴和洗涤。

回族服饰受汉民族影响较大，衣着已与汉族相近，其最大的差别在头部。回族男子们都喜爱戴白色圆帽。圆帽分两种：一种是平顶的，另一种是六棱形的。讲究的人，还在圆帽上绣上精美的图案。回族妇女常戴盖头。盖头也有讲究，老年妇女戴白色的，显得洁白大方；中年妇女戴黑色的，显得庄重高雅；未婚女子戴绿色的，显得清新秀丽。

回族的住房没有统一的定式，回族自形成之日起，即多杂居于全国各地各民族之中，居住形式大多因地而异。如在内陆或平坦地带的回族居住的是平房和楼房，在黄土高原上的居住的是窑洞，在云南一些地方还有竹楼，等等。

回族忌讳别人在自己家里吸烟、喝酒；禁用食物开玩笑，也不能用禁食的东西做比喻，如不得形容辣椒的颜色像血一样红等；凡供人饮用的水井、泉眼，一律不许牲畜饮水，也不许任何人在附近洗脸或洗衣服。取水前一定要洗手，盛水容器中的剩水不能倒回井里。就餐时，长辈要坐正席，晚辈不能同长辈同坐在炕上，须坐在炕沿或地上的凳子上。

回族普遍实行土葬、速葬、简葬（或称薄葬）。回族称死亡为“归真”。一般在三日内即行埋葬。要请阿訇主持殡葬，将死者净身后用白布包身土葬，用移尸匣运入墓地。

回族的传统节日是与伊斯兰教分不开的。中华人民共和国成立以后，人民政府规定开斋节、宰牲节、圣纪节为信仰伊斯兰教各少数民族共同的民族节日，并规定节日放假 1~3 天。其中，圣纪节是伊斯兰教创始人穆罕默德的诞生纪念日，时间是伊斯兰教历 3 月 12 日。这一天又正好是穆罕默德逝世的日子，又称“圣忌”。中国的穆斯林习惯将圣忌和圣纪合并纪念，称为办圣会。在清真寺诵经纪念，然后会餐宴客。

五、朝鲜族

（一）概况

中国朝鲜族总人口约为 183 万人（2010 年），主要分布在黑龙江、吉林、辽宁三省，其余则散居在北京、上海、杭州、广州、成都、济南、西安、武汉等大中城市。

朝鲜族主要从事农业，以擅长在寒冷的北方种植水稻著称，生产的大米洁白、油性大，营养丰富，延边朝鲜族自治州被称誉为“北方水稻之乡”。

朝鲜族通用语言为朝鲜语，语系尚未确定。少数杂居的朝鲜族居民通用朝鲜语和汉语双语。

朝鲜族人民具有悠久而优美的民族文化艺术传统，能歌善舞，节日或劳动之余，都喜欢用歌舞来表达自己的感情。其中顶水舞、扇子舞、长鼓舞、农乐舞等都是受人喜爱的传统歌舞节目。此外，朝鲜族人酷爱体育，讲究卫生。

朝鲜族信仰宗教的人较少，信教者主要信仰佛教、基督教。

（二）民俗

朝鲜族待人友好热情，彬彬有礼，有良好的尊老敬老的习俗。晚辈对长辈说话必须用敬语；平辈之间初次见面也要用敬语；与长者同路时，年轻者必须走在长者后面；路遇认识的长者，要问安让路；就餐时给老人摆单人桌，父子不同席，儿媳恭顺地侍候，待老人吃完，全家才能就餐；晚辈不能在长辈面前喝酒，席间若无法回避时，年轻人应举杯背席而饮；年轻人不能在老人面前吸烟，不能借火，更不能和老人对火。

朝鲜族过去有一日四餐的习惯。除早、中、晚餐外，在农村普遍还要在晚上劳动之后，加一顿夜餐。朝鲜族的主食以米饭为主。朝鲜族日常菜肴常见的是“八珍菜”和“酱木儿”（系汉语译音，意为大酱菜汤）等。咸菜是日常不可缺少的菜肴。朝鲜族泡菜做工精细，享有盛誉。除了传统节日外，小儿周岁、结婚、老人六十大寿，都要大摆筵席，宴请宾客。所有礼仪筵席，以祝贺老人六十大寿的“花甲”席最为讲究和隆重。

朝鲜族住房多建于近水源方便之处，房屋以木搭架，用拉哈辫抹泥为墙，屋顶四面坡，用稻草覆盖。近年朝鲜族已发生变化，砖瓦结构的住宅日益增多，民族风格的室内设计日渐减少，一切向现代化发展。

朝鲜族喜穿素白衣服，有“白衣民族”之称。现在除节日或民族集会外，朝鲜族基本不穿民族服装，和汉族已无甚差别。

朝鲜族婚礼的仪式很复杂，要分别在女方和男方家两次举行。朝鲜族结婚后一般都不离婚，他们在婚礼中举行献木雁的仪式，象征夫妻白头到老的愿望。

朝鲜族节日与汉族基本相同，另有三个家庭节日，即婴儿周岁、回甲节（六十大寿）、回婚节（结婚六十周年纪念）。此外，朝鲜族为老年人专门还设立了“老人节”。自古以来，朝鲜族把尊重老人看成家庭乃至整个社会生活中的极为重要的礼节。在日常生活中，他们对老人关怀备至。1982 年以来，在朝鲜族聚居的延边地区，各地都成立了老人协会。1984 年，将 8 月 15 日定为“老人节”。

第四节 壮族、土家族、苗族、黎族、羌族

一、壮族

（一）概况

壮族，是中国人口最多的少数民族，到 2010 年达 1 600 多万人，主要分布在广西、云南、广东和贵州等省区。其中 90%以上的壮族聚集于广西的南宁、百色、河池、柳州四个地区。

壮族有本民族的语言文字。壮语属汉藏语系壮侗语族壮傣语支，分南北两大方言。1955 年创制了以拉丁字母为基础的壮文。

壮族的宗教信仰多为自然崇拜和祖先崇拜，部分壮族人民信仰佛教和道教。

壮族具有灿烂的民族文化，左江沿岸的花山崖壁画是壮族古代文化艺术的精华。壮族人民在集中本民族民间文学、音乐、舞蹈、技艺的基础上，创造了壮戏。铜鼓是壮族最有代表性的民间乐器。壮锦是壮族民间流传下来的一种独特的织锦艺术，已有一千余年的发展史，与南京的云锦、成都的蜀锦、苏州的宋锦并称“中国四大名锦”。

（二）民俗

壮族有敬老传统，待人热情，讲究礼节，凡有客人到家，必在力所能及的情况下给客人以最好的食宿，对客人中的长者和新客尤其热情。

壮族的日常饮食以大米为主食，辅以玉米、小米、旱禾、木薯、红薯、芋头等。多数地区的壮族习惯于日食三餐，有少数地区的壮族也吃四餐，即在中、晚餐之间加一小餐。早、中餐比较简单，一般吃稀饭。晚餐为正餐，多吃干饭，菜肴也较为丰富。壮族喜食糯米饭，节日还要做成五色花饭，用大米做成各种粉糕。甜食也是壮族食俗中的一大特色。有些地区还酷爱吃狗肉。壮族自家还酿制米酒、红薯酒和木薯酒，度数都不太高，其中米酒是过节和待客的主要饮料。

壮族住房以“干栏”式建筑最具民族特色。“干栏”，俗称吊脚楼，多为两层结构：上层一般为3开间或5开间，住人；下层为木楼柱脚，多用竹片、木板镶拼为墙，可作畜厩，或堆放农具、柴火、杂物。一般干栏都依山傍水，面向田野。一个寨子一个群落，既雄伟又壮观。

壮族服饰主要有蓝、黑、棕三种颜色，不同性别和年龄的服饰都不尽相同，各具特色。而且他们多用自织的土布做衣料，款式多种多样。壮族妇女穿右衽绲边衣，大裆裤。中青年妇女喜挂围裙，以银链为裙带系在腰际。喜戴银镯，耳挂银环或玉环，脚穿绣花布鞋。男子穿唐装便服（对襟上衣），腰间系一条腰带。不论男女老少，裤子都是蓝色和黑色。此外，壮族女子有带银手镯辟邪的传统，多见小女孩、少女佩戴。小儿戴漏顶的绣有“长命富贵”字样的花边帽。现在壮族男女青年服饰已与城镇的汉族无异。

壮族婚姻旧时多数由父母包办，媒人介绍，即使男女双方在歌会上结识，情投意合，亦须征得双方父母同意。现在大多数地区实行恋爱自由，婚姻自主。壮族结婚一般人家不讲究嫁妆，有钱人家才有嫁妆陪嫁。新娘不坐花轿，新婚夫妇不用拜堂及拜见翁姑，不兴闹洞房。

壮族婚姻有的地方还保持着“不落夫家”的习俗，即行婚礼后，新娘一两年内不落夫家，待有了生育方长住夫家。

壮族的丧葬习俗也有民族特色。葬法实行木棺土葬，按传统习惯，人死后，尸陈屋内，男的要剃头，女的要梳头。死者年过36岁，方允许使用黑漆棺材；36岁以下，只用白色棺材。

壮族的传统节日，以三月三对歌节最为隆重。农历三月初三，为壮族对歌节。壮族男女青年拥着龙亭对歌，通宵彻夜。大浪一带壮族男女青年则在这天汇聚双河庙对歌。气氛十分热烈。这一节日一般要持续三天。如今的歌节不仅是民族文化的盛会，亦是民族经济交流的盛会。1985年，广西壮族自治区人民政府把“三月三”

定为文化艺术节。

二、土家族

（一）概况

土家族主要分布于湘鄂渝黔毗连的武陵山地区。土家族人口数为 835 万多人。

土家族自称“毕兹卡”（意为本地人），有自己的语言。土家语属汉藏语系藏缅语族，接近彝语支。大多数人通汉语，目前只有为数不多的几个聚居区还保留着土家语。没有本民族文字，通用汉文。

土家族从事农业生产，善于渔猎。

土家族的文化丰富多彩，土家族的傩戏，可以称为“中国戏剧的活化石”。传统的摆手舞、八宝铜铃舞、跳丧舞，古朴刚健，有鲜明的民族特点和浓厚的生活气息。“西兰卡普”（土家铺盖）是土家姑娘精织的特有手工艺品，织工精巧，色彩绚丽，是中国名锦之一。

土家族崇拜祖先，信仰多神。

（二）民俗

土家族热情好客，过去贵客到来，要放铁炮欢迎。

土家族平时每日三餐，闲时一般吃两餐；春夏农忙、劳动强度较大时吃四餐。土家族以玉米、稻米为主食，喜好喝酒，其最普及的风味食品是糯米粑粑、火炕腊肉和糖馓。土家族菜肴以酸辣为其主要特点。

在服饰方面，女装为短衣大袖，右衽开襟，下装为镶边筒裤；男装为对襟短衫，头缠 2~3 米长的青丝帕。

土家族爱群居，爱住吊脚楼。土家吊脚楼多为木质结构，根据地形，分半截吊、半边吊等。富足人家雕梁画栋，檐角高翘，石级盘绕，大有空中楼阁的诗画之意境。

土家族婚姻习俗不论是旧婚还是新婚都要经过求婚、认亲、拜年、送日子、娶亲五个阶段。其婚姻习俗中最具民族特色的，一是以“山歌为媒”的自由择偶方式，二是“哭嫁”。“哭嫁”是土家婚俗的重要特色，因哭声文辞巧妙，有腔有调，悦耳动听，所以人们又称为“哭嫁歌”。

土家族的丧葬过去多实行火葬，后受汉族影响实行土葬。

土家族的传统节日较多，其传统节日主要有赶年节、牛王节等。

赶年节是土家族最为隆重的传统节日。土家人过大年时间比汉族提前一天，小月为腊月二十八，大月为二十九。过赶年节要做糯米粑粑，杀猪祭祖、煮酒。除夕之夜还要“守年”“抢年”，即吃过团年饭后，手执吹火筒在房前屋后转一圈，名曰“出征”，有的手持猎枪上山走一趟曰“模营”，以纪念先人。虽提前一天“赶年”，大年三十晚上还照样过除夕。有的地方是“初一拜家神，初二拜丈人，初三初四拜友邻”。还有各种文娱活动，如玩龙灯、荡秋千、踩高跷、唱傩戏等。

牛王节，是各地土家族的一个重要节日。牛王节选择四月初七、四月初八、四月十七日、四月十八日等不同的日子，因地区而异。这一天定要杀猪，做大坨肉祭祖先，摆筵席招待出嫁的姑娘和至亲好友。

三、苗族

（一）概况

苗族是我国古老的少数民族之一，总人口为940余万人（2010年），主要分布在贵州、湖南、云南、湖北、海南、广西、四川等省（区）。相传，苗族起源于5 000多年前居住于黄河中下游的“黎”部落，后迁徙至长江中下游，形成“三苗”部落。在漫长的岁月中，苗族迁徙的足迹不仅遍布南中国的山山水水，而且漂洋过境，走向异域。如今越南、泰国、老挝以及欧洲、美洲等国家和地区，都有苗族人在生活。

苗族有自己的语言，属汉藏语系苗瑶语族苗语支。原先无民族文字，20世纪50年代后期创制了拉丁化拼音文字。现今大部分人通用汉文。

苗族主要从事农业，兼营油茶、油桐、漆树等经济林木业。

苗族古代的科技文化发达，苗族古历法丰富了中国与世界历法体系。苗族的音乐舞蹈历史悠久，群众喜爱的芦笙舞，技艺很高超。苗族的挑花、刺绣、织锦、蜡染、首饰制作等工艺美术，瑰丽多彩，在国际上享有盛名。

苗族的主要信仰有自然崇拜、图腾崇拜、祖先崇拜等原始宗教形式。苗族传统社会迷信鬼神、盛行巫术。也有一些苗族信仰基督教、天主教。

（二）民俗

苗族十分注重礼仪，尊重长者和同辈。客人来访，必杀鸡宰鸭盛情款待，先请客人饮牛角酒，凡有宾客到来，主人即以自酿米酒斟满牛角，双手捧着相敬。如果来者是贵客，必须持酒捧案于路口迎候，主人双手将牛角敬奉贵宾唇边，客人须双手相接，将酒饮尽。敬酒后主人将几根筷子捆成一束，蘸上朱红，在客人额上点一个红印，表示为客人祝福之意。

苗族服饰式样繁多，色彩艳丽。苗族妇女的服装有一百多种样式，堪称中国民族服装之最。较有代表性的传统“盛装”，仅插在发髻上的头饰就有几十种。苗族妇女上身一般穿窄袖、大领、对襟短衣，下身穿百褶裙。衣裙或长可抵足，飘逸多姿，或短不及膝，婀娜动人。便装时则多在头上包头帕，上身大襟短衣，下身长裤，镶绣花边，系一绣花围腰，再加少许精致银饰衬托。苗族男子的装束比较简单，上装多为对襟短衣或右衽长衫，肩披织有几何图案的羊毛毡，头缠青色包头，小腿上缠裹绑腿。

苗族分布区域广阔，各地自然环境差异较大，因此农作物品种和人们的饮食习惯有所差别，但总体来说，大部分地区的苗族一日三餐，以大米、小麦、玉米为主食。苗族喜食酸味，制作的酸食有酸辣椒、酸菜、酸汤、酸汤鱼等。苗族以辣椒为主要调味品，有的地区甚至有“无辣不成菜”之说。大部分苗族都善制作豆制品。苗族人饮酒的嗜好十分普遍，凡遇婚丧、节日或亲友来访，都用酒招待宾客。

苗族人喜欢在依山傍水处建寨，聚族而居。苗族地区盛产木材，因此，过去的房屋多为木结构，主要有木制平房和楼房。其中楼房多为吊脚楼，一般分为两层，上层住人，下层圈养牲畜或堆放杂物。

苗族青年男女婚姻比较自由，恋爱方式独特，男女青年通过“游方”（黔东南）、“坐寨”（广西融水）、“踩月亮”（云南文山、楚雄）、“跳花”（黔中、黔西）、“会姑娘”（湘西）等社交活动，自由对歌，恋爱成婚。苗族一般是一夫一妻的小家庭，财产由男子继承，主妇在家庭中享有较多的权力和地位。年老父母一般由幼子供养。苗族妇女有婚后“不落夫家”的习俗，特别是在黔东南至今仍有保留。有的地区苗族还有“还姑娘”“转房”“妻姊妹婚”等习俗。

苗族的传统节日很多，有苗年、四月八、龙舟节、姐妹节、吃新节、赶秋节、芦笙节、踩花山等。

苗年是苗族民间最隆重的节日。过苗年的日期，各地不尽相同，但都是在收谷子进仓以后，即分别为农历的九月、十月或十一月的辰（龙）日或卯（兔）日或丑（牛）日举行。过苗年的头几天，家家户户都要把房子打扫干净，积极准备年货。在苗年三十的晚上，全家都要在家吃年饭，守岁到午夜才打开大门放鞭炮，表示迎接龙进家。在天刚拂晓时，每家都由长辈在家主持祭祖。从第四天开始。一些老年男女也纷纷挑着酒、肉、糯米粑等走亲访友，或者在家忙于接待来宾；一些年轻男女或在各自的村子里吹笙跳舞，或跳铜鼓舞、斗牛；或者小伙子去别的村子游方场“游方”，男女相互对歌，倾吐爱慕之情。前后活动，历时 9 天左右才能结束。

踩花山是苗族传统节日。云、贵、川等省苗族群众在农历正月、二月间盛行踩山。节日期间，青年男女对歌、跳芦笙舞、寻求配偶；老农们则来到花场地交流生产经验，传授生产技术，祝愿五谷丰登。居于山区的苗民在节日内还要进行斗牛比赛。屏边县的苗族还举办跳狮子和爬花杆的比赛。

赶秋节，也是苗族人的“情人节”，流行于湖南湘西和贵州松桃一带的苗族地区，于每年的立秋之日举行，青年男女聚集村寨、山场，唱歌跳舞，寻求伴侣。此后，逐渐演变成为庆祝丰收的传统节日。

苗族的禁忌很多。苗族人民忌讳其他民族称他们为“苗子”。黔东南等一带的苗族在立春第一次春雷响后三天之内不能出工。湘西苗族在阴历每月初一、十五忌讳挑粪。苗族人不喜欢吃羊肉，忌讳吃狗肉，禁止杀狗、打狗。在苗族吃糍粑，不能拍了灰再吃。和苗族人嬉闹时，不能用绳子或布带捆他们。苗族人在门口悬挂草帽或插青树叶，或者苗族人在举行婚丧祭祀等仪式时，客人不要进屋。路上遇到新婚夫妇，不能从他们中间穿过。苗族人忌戊日，正月立春后，凡遇戊日忌动土挑水。有些苗族地区，忌男性死于白天、女性死于夜晚；有些苗族地区，村寨死人当天，村人忌挑柴回家，否则挑柴者会有灾难。停柩期间，家属忌吃蔬菜。入葬后 1 月内，家中任何东西不得出卖或借人。

四、黎族

（一）概况

黎族主要分部在海南省中南部地区，人口数为 146 万余人（2010 年）。黎族源于古代百越，“黎”这一族称始于唐末，到宋代才固定下来，沿用至今。

黎族的民族语言为黎语，属于汉藏语系壮侗语族黎语支，不同地区方言不同。

在接近汉族的地区和各民族杂居的地方，黎族群众一般都能讲汉语（指海南方言）、苗语等。黎族没有本民族文字，通用汉文。

黎族主要从事农业生产，并善于狩猎，黎族妇女则精于纺织，“黎锦”“黎单”闻名于世。

黎族是能歌善舞的民族，他们的音乐和舞蹈具有鲜明的民族风格。

黎族没有形成统一的宗教，各地均以祖先崇拜为主，也有自然崇拜，个别地区还残留着氏族图腾崇拜的痕迹。

（二）民俗

黎族人勤劳俭朴，敬老爱幼是他们的传统美德，黎族好客，对来访客人，都热情地以烟酒款待。

黎族人的饮食比较简朴，习惯一日三餐，主食大米，有时也吃一些杂粮。黎族同胞大多嗜酒，节日、婚娶、丧葬、入新屋、生育、社交和举行宗教仪式等活动，都要摆席设宴饮酒，敬酒对歌常通宵达旦。

黎族服饰多以棉、麻为原料。黎族男子一般上身穿无领对胸无纽扣麻衣，腰间前后各挂一块麻织长条布，头上缠红布或黑布，形状有角状和盘状。妇女一般穿对襟或偏襟，直领或圆领上衣，上衣边沿绣花，并缀以贝壳、铜钱、穿珠等饰品，下身穿筒裙，头发扎成球形，插上银簪或者骨簪。妇女大都喜爱戴耳环、项圈、手镯，有的一直保持文面和文身的习惯。

黎族多同姓聚居。住的房屋，有的地区是“船形屋”，有的则是“金字塔形”。船形住宅是黎族人民的传统住房，它是古代遗留下来的“干栏”。由于这类房多呈斜向半架空或水平低架空状，故又可称之为干栏建筑的派生类型，是黎族富有民族特色和地方特色的传统住宅类型。金字塔形是黎族人民借鉴汉族住房修建的，其特点是整个屋子呈长方形，屋顶用金字顶代替圆拱形的船形顶，屋檐较高，正门在屋前方，有单间、双间、三间、四间和庭院式等多种。

黎族实行一夫一妻制的父系小家庭，儿女成年后即住在屋外的“寮房”里。婚后妻子一经在夫家定居，夫妻便与父母分居别炊。婚前是自由恋爱，盛行婚后不落夫家（婚后新娘返回娘家居住一两年乃至七八年后，才定居夫家）的风俗。非婚生子女不受歧视。离婚和寡妇再嫁比较自由。

丧葬以木棺土葬为主，不筑坟立碑，葬后不再祭扫。有的地区实行速葬，不停棺，当天埋葬。

黎族有许多禁忌，如春节期间禁忌讲粗话、不吉利的话；大年初一禁忌洗衣、扫地；在三月八日的牛节里，禁忌杀牛。忌睡觉时头朝门口；忌跨过炉灶或脚踩、刀砍炉灶等；妇女文身忌男人参与或偷看。忌在3月、5月、9月结婚；敬神之物，忌乱翻动。

黎族过得最隆重和最普遍的节日是春节和三月三。

三月三节（农历三月初三）是海南省黎族人民最盛大的民间传统节日，也是黎族青年的美好日子，又称爱情节、谈爱日，黎语称“孚念孚”，是海南黎族人民悼念勤劳勇敢的祖先、表达对爱情幸福向往之情的传统节日。2006年5月20日，该民俗经国务院批准列入第一批国家级非物质文化遗产名录。

五、羌族

（一）概况

羌族是我国历史最为悠久的民族之一。羌族自称“尔玛”（意为本地人）。羌族主要聚居地在四川省，另外，贵州省、甘肃、云南部分地区也有散居。羌族的总人口数为30余万人。在2008年“5·12”特大地震灾难中，羌族人口损失将近10%。

羌族无本民族文字，通用汉文，但有自己的语言。羌语属汉藏语系藏缅语族，分南北两大方言。

羌族以农业生产为主，并兼营畜牧业和林业。

羌族地区至今仍保留原始宗教，盛行万物有灵，并以白色石头为崇拜对象。

（二）民俗

羌族人喜欢着传统的民族服装。羌族男子的服装一般是蓝布长衫，外套羊皮褂子，包青色头帕。羌族妇女的服饰比较鲜艳，多穿蓝色或绿色的花边长衫，腰系绣花围裙和飘带，戴黑色头帕。有的地区（如四川茂汶地区黑虎乡一带）妇女们则戴白色头帕。

羌族民间大都一日两餐，即吃早饭后出去劳动，要带上馍馍（玉米面馍），中午就在地里吃，称为“打尖”。下午收工回家吃晚餐。玉米是羌族地区最主要的粮食作物，小麦、青稞、土豆、荞麦、油菜等农作物的种植也较为普遍。羌族人有把猪肉吊在房梁上风干做成“猪膘”的习惯。陈年的猪膘，肉色嫩黄、晶莹剔透，吃起来油而不腻，十分可口。在喜庆而隆重的节日里，羌族人还要端出自家用玉米或青稞酿造的酒与众人共饮。羌族一般饮用的酒称为咂酒，茂县羌语称“日麦希”，意为羌人酒。

羌族民居为石片砌成的平顶庄房，呈方形，多数为3层。房顶平台的最下面是木板或石板，伸出墙外成屋檐。房顶平台是脱粒、晒粮、做针线活及孩子老人游戏休息的场地。有些楼间修有过街楼（骑楼），以便往来。羌族村寨中最有特色的建筑是碉楼。碉楼用石头和泥土砌成，高高耸峙于村头，气势雄伟，颇有民族特色。碉楼高10~30米，用以御敌和贮存粮食柴草。碉楼有四角、六角、八角几种形式。

羌族的婚姻形式，基本是一夫一妻制。订婚时需经三道程序，即“开口酒”“小订酒”“大订酒”。在整个订婚过程中，姑娘不得露面，藏于房内或亲友家中。结婚又有“女花夜”“正宴”及“谢客”三道仪式。婚礼仪式完成后，设在露天坝子的盛大宴会便开始了。人们一直歌舞到深夜，甚至天明。第二天，主人再备两席“谢客”，整个仪式才结束。婚后第三天，新郎同弟兄背酒肉送新娘回娘家，新郎住一两日，新娘得住数日甚至数月，也有的住1~3年后，才由丈夫接回。此外，羌族地区还有抢婚的习俗。

羌族传统节日主要是羌历年和转山会。羌历年的时间是农历十月初一。年节的宴会又称“收成酒”。一般为3~5天，有的村寨要过到十月初十。按民间习俗，年节这天全寨人到“神树林”还愿，焚柏香孝敬祖先和天神，要用荞麦粉做成一种馅为肉丁豆腐的荞面饺，有的还要用面粉做成牛、羊、马、鸡等形状不同的动物作为祭品。次日，设家宴，请出嫁的女儿回娘家，进行各项节日活动。转山会也称敬山节、祭天会。以寨为单位进行，从农历三月至六月日期各不相同，亦有每年举行1次或2~3次不等，祭山程序极为复杂，所献牺牲因各地传说不同、图腾不同而有差异，大致可分“神羊祭山”“神牛祭山”和“吊狗祭山”三种。较普遍为农历四月十二。一般在村寨附近神山的神树林举行，男子和未婚妇女参加，他们身着盛装，携各类精美节日盛宴酒食，牵牛、羊、鸡等活畜上山。祭礼由年长威重者主持。最后盟誓村规民约、祖宗传统后，集体呼号，欢宴唱歌跳舞直至尽欢而归。所余食物平均分配给全体人员。

羌族禁忌较多，如：妇女分娩时在门外挂枷单或背篼，忌外人入内；家有病人时在门上挂红纸条，忌外人来访；不能跨火塘或用脚踩三脚架，也不能在三脚架上烘烤鞋袜衣物；忌坐门槛和楼梯；饭后不把筷子横在碗上，也不能倒扣酒杯。

第五节　藏族、彝族、白族、纳西族、傣族

一、藏族

（一）概况

藏族是中国古老的民族之一。中国境内现有藏族人口600余万人（2010年）。主要聚居在西藏自治区以及青海、甘肃、四川、云南等省。据史书记载：早在秦汉以前，藏族先民就聚居在雅鲁藏布江中游两岸。7世纪赞普松赞干布建立王朝，唐宋称其为“吐蕃”，元明称“西蕃”，明代称西藏为“乌斯藏”，清康熙年间始称“西藏”，藏族称谓亦由此而来。

藏族有自己的语言和文字。藏语属汉藏语系藏缅语族藏语支，分卫藏、康方、安多三种方言。现行藏文是7世纪初根据古梵文和西域文字制定的拼音文字。

藏族普遍信仰大乘佛教。大乘佛教吸收了藏族土著信仰本教的某些仪式和内容，形成具有藏族色彩的“藏传佛教”。藏族将活佛高僧尊为上人，藏语称为喇嘛，故藏传佛教又被称为喇嘛教。从7世纪佛教从印度传入西藏，至今已有1 300多年的历史。藏传佛教教派众多，影响最大的是宗喀巴在15世纪初创立的格鲁派（俗称“黄教”）。

藏族经济以农业和畜牧业为主。

藏族文化丰富多彩。世界最长史诗《格萨尔王》，多少世纪以来，就一直在西藏以及青海、甘肃、四川、云南的藏族地区广为流传。藏戏独具特色，歌曲和舞蹈充分体现了民族风格。藏族雕刻技艺高超。此外，在佛学、史地、天文、历算、医药等研究方面，藏族人民做出了极大的贡献。

（二）民俗

藏族人注重礼仪，热情好客。见到长者或尊敬的人，要脱帽鞠躬。藏族在迎接

客人时除用手蘸酒弹三下外，还要在五谷斗里抓一点青稞，向空中抛撒三次。酒席上，主人端起酒杯先饮一口，然后一饮而尽，主人饮完头杯酒后，大家才能自由饮用。用羊肉待客，以羊脊骨下部带尾巴的一块肉为贵，要敬给最尊敬的客人。制作时还要在尾巴肉上留一绺白毛，表示吉祥。藏族待客规格最高的一种礼仪是献哈达，它表示对客人热烈的欢迎和诚挚的敬意。哈达是藏语，即纱巾或绸巾。它以白色为主，亦有浅蓝色或淡黄色的，一般长 1.5～2 米，宽约 20 厘米。最好的是蓝、黄、白、绿、红五彩哈达。五彩哈达用于规格最高、最隆重的仪式，如佛事等。

大部分藏族日食三餐，但在农忙或劳动强度较大时有日食四餐、五餐、六餐的习惯。藏族农牧民以青稞等制作的糌粑、酥油茶、青稞酒为主要食品。其中，酥油茶是把砖茶的茶叶倒入 1 米长的木质长筒内，加上盐巴和酥油，用长轴上下冲击，使其各种成分均匀融合而成。藏族同胞宁可三月无肉，不可一天无酥油茶。

藏族服饰多姿多彩：男装雄健豪放；女装典雅潇洒，尤以珠宝金玉作为佩饰，形成高原妇女特有的风格。藏族服饰在不同的地域有不同的样式，总的特点是长袖、宽腰、大襟。藏袍是藏族的主要服装款式，种类很多，从衣服质地上可分锦缎、皮面、氆氇、素布等，藏袍花纹装饰很讲究。藏袍较长，一般都比身高还长，穿时要把下部上提，下摆离脚面有三四十厘米高，扎上腰带。男女穿的衬衫有大襟和对襟两种，男衬衫高领，女式多翻领，女衫的袖子要比其他衣袖长 40 厘米左右。跳舞时放下袖子，袖子在空中翩翩起舞，非常优美。围裙也是藏族特有的装束，是已婚妇女必备的装饰品，或艳丽热烈，或素雅娴静。藏帽式样繁多，质地不一。藏靴是藏族服饰的重要特征之一，常见的有“松巴拉木”花靴，靴底是棉线皮革做的。此外，头饰佩饰在藏装中占有重要位置，佩饰以腰部的佩褂最有特色，饰品多与古代生息生产有关，讲究的还镶以金银珠宝。头饰的质地有铜、银、金质雕镂器物和玉、珊瑚、珍珠等珍宝。

藏族的传统民居大体可分为帐篷型、碉房式、干栏式、上栋下宇式几种。帐篷是西藏牧区的传统民居，其中最主要、最常见的是牛毛帐篷。碉房多为平顶式楼房建筑，中间是天井，四周为房间，沿边有走廊连通；外观下宽上窄，呈梯形。屋顶是平台，人们常在楼顶敬神、娱乐、散步和眺望风景。干栏结构住房主要在一些潮湿多雨的地区，楼板离地面距离一米以上。格局为正方形，门朝东，窗向西，门外有一阳台。上栋下宇式民居是藏族许多地区都采用的一种建筑形式，一般均为平顶。此外，随着人们生活水平的提高，以拉萨为代表，西藏东部、南部城镇及其近郊农村开始时兴一种有独立院落、房屋四周栽植花草的新式民居建筑，游人称之为园林别墅式建筑。

在婚姻习俗方面，以前的藏族家庭形式有三种形式，即一夫一妻、一夫多妻、一妻多夫，其中以一夫一妻制为主。婚前男女社交比较自由，婚后由男子支配继承财产，女子即便招婿也要从属于男方。夫妻离异或再娶、再嫁和私生子女均不受社会歧视。僧人除黄教严禁娶妻外，其余各教派允许结婚；僧人结婚要在本派寺院举行宗教仪式，婚后在寺外安家。藏族的婚姻礼仪各地差别较大，奢简有别。求婚时男方要先向女方家长献哈达等礼品，女方接受哈达即表示同意。择吉日写婚约，向女方父母献“奶钱”（哺育费）及礼物，是为订婚。结婚前，男方要向女家送服装、头饰、手镯等。迎亲之日，男方的迎亲队要以有地位和名望的人为首，女方则要举行送亲仪式。新娘到达男家后，除举行一系列仪式外，还要举行热烈隆重的庆宴。

丧葬习俗中最隆重的是塔葬，只有极少数大活佛死后才能实行这种葬礼。活佛和一些领主死后，享受火葬。小孩死了，或因疾病死亡的人，则把尸体丢进河里喂鱼，这叫水葬。生前做过坏事的人，即用土葬。藏族认为，被埋的人是永远不会转世的。天葬仪式一般都是在清晨举行的。死者家属在天亮前，要把尸体送到天葬台，太阳徐徐升起，天葬仪式开始。不经允许一般是不欢迎人们去观看的。

藏族禁忌很多，如见面称呼时，忌直呼其名。忌在别人后背吐唾沫，拍手掌。吃饭时要食不满口，咬不出声，喝不出响，拣食不越盘。喝酥油茶时，主人倒茶，客人要待主人双手捧到面前时，才能接过来喝。藏族禁食驴肉、马肉和狗肉。行路遇到寺院、玛尼堆、佛塔等宗教设施，必须从左往右绕行；不得跨越法器、火盆；经筒、经轮不得逆转。寺院经堂、佛殿内不能吸烟，不许揭佛像上的哈达，不准讲秽言污语。忌讳别人用手触摸其头。

藏族的主要传统节日有：藏历新年、酥油灯节、沐浴节、雪顿节等。

藏历新年相当于汉族的春节，是一年最大的节庆。藏民族过年是从藏历十二月二十九日开始的。晚上，家家户户要团聚在一起吃“古突”（面团肉粥），以此辞旧迎新，求得太平康乐。藏历初一，一般家人闭门欢聚，互不走访。但信奉佛教的农牧民往往去寺庙朝拜，祈求新年平安、健康。初二，走亲访友活动开始，人们相互祝福，互赠哈达。藏历新年里，在城乡一般演唱藏戏，举行新马驮鞍仪式、赛马、拔河、投掷等丰富多彩的娱乐活动。藏历新年的欢庆活动将一直持续到藏历正月十五。

沐浴节，藏语叫“嘎玛日吉”（洗澡），是藏族人民特有的节日，在西藏至少有七八百年的历史。在藏历七月六日至十二日举行，历时七天。节日期间，藏族人民携带帐篷和酥油茶、青稞酒、糌粑等食品，纷纷来到拉萨河畔、雅鲁藏布江边，来到青藏高原千江万湖旁争相下水，尽情在水中嬉戏、游泳。沐浴节这七天中，人们不仅天天来到河边沐浴，还要把家里所有的被褥统统清洗干净，所以沐浴节既是藏族人民所喜爱的传统节日，又是一年一度最彻底的、群众性的卫生活动。

二、彝族

（一）概况

彝族是中国具有悠久历史和古老文化的民族之一，早在 2 000 多年前，彝族的祖先就生息繁衍在云贵高原和金沙江、澜沧江一代。彝族总人口为 870 余万人，彝族在全国均有分布，主要集中主要分布在云南、四川、贵州三省和广西壮族自治区的西北部。

彝族语言属汉藏语系藏缅语族彝语支，有六种方言。彝族有自己的文字，是中国最早的音节文字。1957 年通过了彝文规范方案，确定 819 个规范彝字，并开始试行。

彝族以农业生产为主，并从事牧养、狩猎、采集药材和木耳、捕鱼等。

彝族宗教具有浓厚的原始信仰色彩，崇奉多神，主要是自然崇拜和祖先崇拜。

彝族文化艺术源远流长，用彝文记载的历史、文学、医学、历法等著作中，不乏价值极高的珍贵文献。传统工艺美术有漆绘、刺绣、银饰、雕刻、绘画等。

（二）民俗

彝族人重礼仪，见面要互致问候。如果是晚辈，见面时要主动报上自己及上辈人的姓名；如果遇上亲戚，还要记背家谱，弄清彼此间的辈分。彝族人性格耿直、豪爽，喜以酒待客。每逢过年过节，彝家的阿妹子（姑娘、妇女）就抱着一坛酒，插上几支锦竹竿或麦秆，站在家门口的路边上。凡是来往行人都要劝你从罐里吸饮过酒后才让你走路。此外，彝族人接待客人，还有用兰花烟敬客的习俗。彝人说：姻亲客人来了，一杆烟；亲戚朋友来了，一杆烟；见面问候，一杆烟；吉祥如意，一杆烟。如果自己不抽烟，向主人说明即可。

彝族服饰形式众多、风格独特，且美丽大方。男子喜穿黑色窄袖左斜襟上衣和多褶宽大长裤，缠包头，并在包头右前方扎一细长锥形的“英雄结”。女子喜穿镶边或绣花大襟右衽上衣和多褶长裙，有的系围裙和腰带，缠包头。男女外出时，喜披“擦尔瓦”。“擦尔瓦”形如斗篷，长可及膝，下端缀以长穗，用羊毛织成，多为黑色。

彝族住房各地情况有所不同，四川凉山地区多为土木结构，俗称“瓦板屋”。云南则平顶土房较多，俗称“土掌房”。广西是形似“干栏”式的住宅。

大多数彝族习惯于日食三餐，以玉米、荞麦、大小麦、土豆等为主食。肉食以猪肉、羊肉、牛肉为主。主要是做成“坨坨肉”、牛汤锅、羊汤锅，或烤羊、烤小猪等。彝族日常饮料有酒、有茶，以酒待客，喜欢喝“转转酒”，且有饮酒不用菜之习。

彝族的婚礼颇有特色。男女青年相识和相恋后，双方都情投意合，称心如意，男方父母请毕摩选取一吉日，并征得女方父母同意后，就为他们举行婚礼。婚礼举行前几天，姑娘要减饭减水，临出嫁前更是不准吃喝，以免在迎娶的路上解大小便——彝族认为那样是不吉利的。男方家聚亲的队伍来到女方家门前时，要接受女方的兄弟姐妹和同辈青年男女的泼水，以示欢迎和庆贺。男女双方都要展示带来的礼物，如衣服、鞋子、包头、钱币等。展示完毕后，女方家招待娶亲的喝茶、喝糖水，称为“先苦后甜”。接着女方家盛宴招待娶亲的人，等所有的客人都吃完饭后，才能娶新娘动身回家。娶亲队伍回到新郎家门口，要燃放大火炮和鞭炮，请毕摩念进亲经。随后男方家大宴宾客，喜宴过后，宾客们在家围着火堆弹弦子、唱调子、跳左脚舞，这时，新郎和新娘也参与到跳舞的行列中，大家围成圆圈，尽情地唱和跳，且往往跳到天亮。新婚后第三天，新娘要回娘家，俗称回门。回门的时间短则几天，长则达几年，视各地风俗而定。

彝族的节日众多，其中最为隆重的是每年农历六月二十四日的火把节。火把节一般欢度三天，头一天全家欢聚，后两天举办摔跤、赛马、斗牛、竞舟、拔河等丰富多彩的活动，然后举行盛大的篝火晚会，彻夜狂欢。

三、白族

（一）概况

白族主要分布在云南、贵州、四川、湖南、湖北等地。白族总人口数为190余万人（2010年）。白族先民很早就生息在洱海区域。白族人自称“白子”“白伙”“白尼”，汉意为白人。1956年，根据白族人民的意愿，正式定名为白族。

白族使用白语，属汉藏语系藏缅语族，有南部、中部和北部3种方言。绝大部分白族人使用本民族语言，并通晓汉语。

白族90%以上的人从事农业生产，农业发展水平较高。

白族是一个历史悠久、文化发达的民族。白族在天文、气象、医学、建筑、雕刻、绘画、史学和文学艺术诸方面，均有相当辉煌的创造和成就，大理古城、石钟山石窟具有鲜明的白族民族特点。

白族人民大多信仰佛教，也有少数人信仰道教，对相当于村社神的“本主”非常崇拜。

（二）民俗

白族人讲究礼仪，尊重长者，热情好客。凡客人光临，必以“三道茶”待之。三道茶是白族最讲究的茶礼，即斟茶三道：第一道为纯烤茶，第二道加入核桃片、乳扇和红糖，第三道加入蜂蜜和几粒花椒。因而三道茶具有一苦二甜三回味的特点。

白族住屋形式因地区差异而有所不同，在坝区多为瓦房，布局一般采用“一正两耳”“三方一照壁”“四合五天井”等形式，卧室、厨房、畜厩俱各自分开；山区多为上楼下厩的茅草房、“闪片”房；在高寒地区则是单间或两间相连的“垛木房”，用横木面垛成，食宿地方常连在一起。

白族通常习惯于日食三餐。农忙季节或节庆期间，则多加早餐和午餐。平坝地区的白族多以大米、小麦为主食；山区的白族则多以玉米、土豆、荞麦为主食。主食都以蒸制为主，常吃干饭，外出干活随身携带盒饭，就地冷餐。白族日常饮食品种丰富，鲜菜长年不断，每餐都有鲜菜和各种腌菜。白族大都喜饮酒。

白族普遍崇尚白色，男女服饰均以白色为重。男子喜缠白色或蓝色包头，多穿白色对襟上衣，外套黑领褂；妇女多穿白上衣、红坎肩或是浅蓝色上衣配丝绒黑坎肩，右衽结纽处挂“三须”“五须”的银饰，腰间系有绣花飘带，上面多用黑软线绣上蝴蝶、蜜蜂等图案，下着蓝色宽裤，脚穿绣花的“白节鞋”。已婚妇女梳发髻，未婚少女则垂辫或盘辫于顶，有的则用红头绳缠绕着发辫下的花头巾，露出侧边飘动的雪白缨穗，点染出白族少女头饰和发型所特有的风韵。白族服饰的总体特征是：用色大胆，浅色为主，深色相衬，对比强烈，明快而又协调；挑绣精美，一般都有镶边花饰，装饰繁而不杂。

白族实行一夫一妻婚姻制，同姓同族不通婚，可与其他民族通婚。子女结婚后即可独立建立自己的家庭。过去白族人家招赘男子要改随妻姓。男女婚前自由，通过交往或节庆对歌等活动相互结识，自由恋爱。白族的婚姻共有三种形式：一是嫁女儿到男方家；二是招姑爷上门；三是“卷帐回门”的形式，即男女双方结婚后七日，妻子带着丈夫携帐子、被褥回女方家居住。因为女方家虽有兄弟，但年龄太小，父母年迈，只好“卷帐回门”来赡养老人和照顾年幼的弟妹。等弟弟长大结婚后，男方这才带着妻子回到男方家生活。这三种婚姻形式由来已久，至今沿用。

白族的传统节日中最具特色的是三月街。三月街又名“观音街”“观音市”，是白族人民的盛大街期和传统盛会。每年夏历三月十五至二十日在大理城西的苍山脚下举行。最初它带有宗教色彩，后来逐渐变为一个盛大的物资交流会。明清时期，川、藏及江南各省都有商人到此贸易。中华人民共和国成立后，三月街已发展成为一年一度的物资交流和民族体育文艺大会。

白族的禁忌很多，如白族人家的火塘是个神圣的地方，忌讳向火塘内吐口水，禁止从火塘上跨过。白族人家的门槛也忌讳坐人。男人所用的工具，忌妇女从上面跨过。家庭内忌讳戴着孝帕的人进入，认为这样会给家庭带不洁。七月十五日接送祖先亡灵时，忌出门；火把节的晚上，岳父家不能接女婿来家中过节；怀孕妇女忌入新郎、新娘的洞房。

四、纳西族

（一）概况

纳西族主要聚居在云南、四川和西藏三省区。纳西族总人口数为 300 余万人（2010 年）。据史学家考证，纳西族原是中国西北古羌人的一个支系，大约在 3 世纪迁徙到丽江地区定居下来。

纳西语，属汉藏语系藏缅语族彝语支。纳西语分为西部、东部两大方言。由于与汉族交往密切，因此大多数人会讲汉语。过去纳西族有两种文字：一种是表意的象形文字，叫东巴文；一种是表音的音节文字，叫哥巴文。1957 年设计了一种以拉丁字母形式为基础的纳西拼音文字方案。

早在几千年前，纳西族创造出一种古老的象形文字，即东巴文或东巴书。用象形文字写下的书，因多在东巴教做道场时念诵，故称东巴经。东巴经的藏书国内外约有 2 万多册，是中华民族的优秀文化遗产之一。纳西族人民创造的东巴文化，除东巴经外，还包括了东巴文字、东巴绘画、东巴音乐、东巴舞蹈、东巴法器和各种祭祀仪式等。

纳西族人以从事农业生产为主，种植水稻、玉米、土豆、麦、豆类和棉、麻等。

纳西族人普遍信仰多神的东巴教。少数人信仰喇嘛教、道教或基督教。

（二）民俗

纳西族热情好客，每当猎获归来，凡路遇的行人都可分得一份猎物。贵客临门，主人要做六样或八样菜进行款待。客人告辞，则要送客人至大门外。

纳西民居大多为土木瓦结构，比较常见的形式有三房一照壁、四合五天井、前后院、一进两院等几种形式。山区民居多系木楞房，上盖石片。

纳西族一日三餐。早餐一般吃馒头或水焖粑粑，中餐和晚餐较为丰富，一般都有一两样炒菜和咸菜、汤等。肉食以猪肉为主，大部分猪肉都做成腌肉。就餐时围桌而坐，冬天喜移至向阳地方就餐。特色食品有火腿粑粑、酸鱼、鱼干、酿松茸、丽春铜火锅等。

纳西族男子的服装大体与汉族相同，纳西族妇女的服饰因地区而异。丽江纳西族妇女身穿大褂，宽腰大袖，外加坎肩，系百褶围腰，穿长裤，披羊皮披肩，缀有刺绣精美的七星，旁缀日、月，表示勤劳之意。宁蒗纳西族妇女着长可及地的多褶裙、短上衣、青布大包头，佩大银耳环。

中华人民共和国成立前，纳西族的婚姻家庭风俗因地区不同而差异明显。在丽江等地的纳西族，普遍盛行一夫一妻制，夫权极大。妇女社会地位低下，无财产继承权。而在永宁和四川盐源境内的部分纳西族中，直到民主革命前夕，还残留着以女性为中心的家庭制度。家庭世系按母系计算，子女从母居。妇女为家庭的主要人物，担任家长，财产制度是母系继承制。这类地区的婚姻有“阿注”异居、“阿注”同居、结婚三种形式。缔结“阿注”关系的双方通常是男子晚间到女家过偶居生活，次日清晨返回自己家中。这种婚姻关系没有共同的经济基础，因而建立和解除相当容易。由这种“阿注”关系所生的子女，属于母方，男子对这些子女没有抚养的义务。此外，姊妹共夫、兄弟共妻的群婚遗风，在个别村落还有发现。中华人民共和国成立后，随着婚姻法的贯彻，旧有风俗等已有改变。

丧葬方面，丽江地区以土葬为主；中甸三坝一带火葬、土葬并行；泸沽湖地区仍保留火葬，并且保留有以母系氏族为单位的公共墓地。

三朵节是纳西族最大的传统节日，主要盛行于云南丽江一带，于农历二月初八举行。相传这是纳西族保护神三朵的生日。节日期间，纳西族男女老少踏青、游春、赏花。小伙子骑上骏马，进行拔旗、拾银圆、赛马活动，胜者倍受姑娘们的青睐。晚饭后，人们围坐在篝火旁，能歌善舞的纳西姑娘跳起欢快的“阿哩哩”。

五、傣族

（一）概况

傣族总人口为126余万人，在全国均有分布，主要集中聚居在云南省。傣族历史悠久，是古代“百越”“骆越”民族的后裔。

傣族有自己的语言文字，语言属汉藏语系壮傣语支，有德宏、西双版纳、金平三种方言。现通行的西双版纳和德宏两种傣文，系拼音文字，由印度南部巴利文演化而来。

傣族信仰小乘佛教，它渗透到傣族人民的经济、文化、社会生活等各个方面。特别是40岁以上的人几乎都要受戒修行，参加每年三个月的入夏安居，诵经念佛。

傣族人不仅能歌善舞，而且创造了灿烂的文化，其中尤以傣历、傣医药和叙事长诗最为出名。傣历年为阳历年，而月为阴历月，一年分寒、热、雨三季，每隔三年的九月为闰月，这种历法现仍通用于泰缅等地。傣医药和蒙医药、藏医药、维吾尔医药一起，成为中国最为著名的四大民族医药体系。傣族地区流传着许多叙事长诗，如《召树屯与南木诺娜》《兰戛西贺》《阿銮的故事》等。

（二）民俗

尊老爱幼、团结互助是傣族的传统美德。在傣族心目中，家庭以能奉养老人尤其高寿老人为幸事，其子孙在村中、族中都将获得极高的评价。

傣族实行一夫一妻制的个体家庭，父母大多与幼子或幼女同住，家庭财产由幼子女继承，幼子女负责赡养父母。家庭中男女平等，经济独立。傣族的婚礼，民间称为“金欠”，含结婚宴请之意。婚期只能定在每年的“开门节”至“关门节”（傣历十二月十五日以后，至次年九月十五日以前）这段时间，婚礼以为新郎、新娘祝福、拴线为主要内容。

傣族男子一般都穿无领对襟或大襟小袖衫，下穿长管裤，用白布、青布或蓝布包头，有的戴礼帽，有文身习俗。傣族妇女的穿着打扮，则是五彩缤纷，美不胜收。傣族女子上身着各色紧身内衣，外套浅色大襟或对襟窄袖衫，下身着花色筒裙，裙上织有各种图纹。傣族女子喜将长发挽髻，在发髻上斜插梳、簪或鲜花作装饰。傣族妇女都喜戴首饰，并喜欢在腰部上系一根精致银腰带。傣族无论男女，出门总喜欢在肩上挎一个用织锦做成的挎包（筒帕）。挎包色彩鲜艳，风格淳朴，具有浓厚的生活色彩和民族特色。图案有珍禽异兽、树木花卉或几何图形，形象逼真，栩栩如生。每一种图案都含有具体的内容，如：红色、绿色是为了纪念祖先，孔雀图案表示吉祥如意，大象图案象征着五谷丰登、生活美好，充分表现了傣族人民对美好生活的向往和追求。男女老幼均喜欢赤脚穿拖鞋。

傣族大多有日食两餐的习惯，以大米和糯米为主食，最具特色的是竹筒饭。佐餐菜肴及小吃均以酸味为主，如酸笋、酸豌豆粉、酸肉及野生的酸果。日常肉食有猪、牛、鸡、鸭，不食或少食羊肉，善作烤鸡、烧鸡，极喜鱼、虾、蟹、螺蛳、青苔等水产品。傣族地区潮湿炎热，昆虫种类繁多，用昆虫为原料制作各种风味菜肴和小吃，是傣族食物构成的一个重要部分。此外，傣族人嗜酒，但酒的度数不高，是自家酿制的，味香甜。

“干栏式”竹楼是傣族住房的特点。西双版纳的傣族竹楼近似方形，以数十根大竹子支撑，悬空铺楼板；房顶用茅草排覆盖，竹墙缝隙很大，既通风又透光，楼顶两面的坡度很大，呈“A”字形。竹楼分两层，楼上住人，楼下饲养牲畜，堆放杂物，也是舂米、织布的地方。在德宏等地的傣族则多住平房，土墙茅顶。

傣族的丧葬方式有火葬、土葬、水葬和天葬四种。火葬是西双版纳很早就有的丧葬习俗。寺庙里的僧侣和德高望重的人死后，多用火葬。土葬是西双版纳傣家人的主要丧葬方式。

傣族的节日丰富，其中重大节日是傣历新年——泼水节、入夏安居节（关门节）、出夏安居节（开门节）。

泼水节（傣历新年）是傣族最富民族特色的节日。节期在傣历六月，相当于公历4月。泼水节这一天人们要拜佛，姑娘们用漂着鲜花的清水为佛洗尘，然后彼此泼水嬉戏，相互祝愿。起初用手和碗泼水，后来便用盆和桶，边泼边歌，越泼越激烈，鼓声、锣声、泼水声、欢呼声响成一片。泼水节期间，还要举行赛龙船、放高升、放飞灯等传统娱乐活动和各种歌舞晚会。

傣族人禁忌很多，忌讳外人骑马、赶牛、挑担和蓬乱着头发进寨子；进入傣家竹楼，要把鞋脱在门外，而且在屋内走路要轻；不能坐在火塘上方或跨过火塘，不能进入主人内室，不能坐门槛；不能移动火塘上的三脚架，也不能用脚踏火塘；忌讳在家里吹口哨、剪指甲；不准用衣服当枕头或坐枕头；晒衣服时，上衣要晒在高处，裤子和裙子要晒在低处；进佛寺要脱鞋，忌讳摸小和尚的头、佛像、戈矛、旗幡等一系列佛家圣物。

复习思考题

一、填空题

1. 中国55个少数民族人口占全国总人口13.40亿中的________%，分布于全国________%的国土上。其中以________族分布最广，并使用汉语。

2. 中国少数民族聚居最多的省是________省，有25个少数民族与汉族杂居于此。

3. 汉民族语言分为七大方言：________、________、________、________、________、________、________。

4. 汉族传统节日中被列入世界人类非物质文化遗产代表名录的节日是________。

5. 满族族庆日颁金节农历十月十三日，起源于1635年皇太极颁布谕旨，改________为满洲，它标志着满族诞生。满族女性的传统服装是________。

6. 那达慕节日是________族的传统节日，每年七八月间举行，主要内容为“男儿三艺”即________、________和________。

7. 维吾尔族普遍信仰伊斯兰教，其传统节日为开斋节和________。

8. ________族衣着颜色尚白，有“白衣民族”之称。

9. 中国人口最多的少数民族是________族。三月三日的________节是其最隆重的民歌盛会。

10. 土家族主要居住在________的武陵山区，土家婚俗中姑娘出嫁需唱________歌。

11. 黎族主要聚居在________省，三月三是黎族最盛大的民间传统节日，又称________节。

12 羌族主要聚居在________省，最具民族特色的建筑是________。

13. 藏族主要信仰________（又称喇嘛教）。其支派格鲁派（黄教）的创始人是明代的________。

14. 藏族特有的民间节日有________和________，彝族最盛大的民间节日是________，傣族最盛大的民间节日是________。

15. 中国四大民族医药是傣医药、维吾尔医药、________和________。

二、名词解释

民族　民俗

三、简答题

1. 中国56个民族的族称分别是什么?
2. 简述民俗的社会功能。

第四章　中国四大宗教

第一节　中国各民族宗教信仰概述

我国是一个多宗教的国家，主要有从国外传入的佛教、基督教、伊斯兰教以及产生于我国本土的道教，这四教合称为我国的四大宗教。此外，在我国的一些少数民族中，还流传着其他的宗教，有 30 多个少数民族至今还保留着原始宗教。在我国，佛教传入已有 2 000 多年的历史。基督教自唐初传入我国，鸦片战争以后获得较快的发展。伊斯兰教传入我国也已有 1 300 多年的历史。道教产生于我国东汉初期，已有 1 700 多年的历史。

一、汉族宗教信仰的特点

（一）采取兼容并蓄的态度

历史上，汉族人对于宗教采取了广阔的接纳心态，兼容并蓄。道教属于本土宗教，部分汉人信仰它；而佛教、基督教、伊斯兰教等先后从国外传入，为外来宗教，都被部分汉族人接受而信仰，在中国扎根。

（二）任何外来宗教都必须地方化、民族化，才能扎根和发展

外来宗教在中国的传播的过程中，不断地被中国文化不同程度地同化，或者说汲取了中国文化的精华，所以，才得以在中国存在和发展。

二、55 个少数民族宗教信仰状况

在中国，总体来说，少数民族的宗教信仰主要表现出明显的地域性。

信仰伊斯兰教的少数民族，大多聚居于西北地区，如回族、维吾尔族、哈萨克族、柯尔克孜族、塔吉克族、乌孜别克族、塔塔尔族、东乡族、撒拉族、保安族等。

信仰大乘佛教的少数民族，主要居住在西南和东北等省份的一些地区，如白族、壮族、布依族、侗族、纳西族、彝族、羌族、满族、朝鲜族等。浙江的畲族也信仰大乘佛教。

信仰藏传佛教的少数民族主要聚居在西藏自治区、青海省、内蒙古自治区、四川省、甘肃省等地，如藏族、蒙古族、裕固族、土族等。

信仰上座部佛教的主要是云南省的一些少数民族，有傣族、德昂族、阿昌族、布朗族、佤族等。

信仰东正教的少数民族主要是居住在东北地区的俄罗斯族、鄂温克族等。

第二节　佛教

一、印度佛教的创立与派别

佛教创立于公元前6世纪的古印度。在印度，佛教的发展历史大致可分为原始佛教、部派佛教、大乘佛教三大阶段。原始佛教阶段是释迦牟尼创教和他涅槃后的100年间。这一时期由于佛涅槃的时间不长，不少弟子亲耳聆听过佛的教导，因此无论是在教义上，还是在日常的修行方面或是教团的共同生活习惯上，都遵循了佛在世时的惯例，没有什么大的争论，佛教史也称其为“和合一味”时期。

大约在释迦牟尼涅槃100年后，佛教内部由于对戒律和教义的理解不同，发生了分裂，形成了两大派系：其中较为传统的一派称为上座部佛教，较为改革的一派称为大众部佛教。这两派以后又各自分出许多派别。这个阶段是部派佛教阶段。

随着佛教的进一步发展，大约在公元1世纪，在印度佛教内部又形成了一些具有新思想、新教义的派别，他们宣称能普度众生，就好像一艘巨大的船，能够运载众生从生死的此岸到达涅槃解脱的彼岸，成就佛果。他们自称为“大乘”，而把原始佛教和部派佛教贬称为“小乘”。这时，印度佛教就进入了大乘佛教时期。

大乘佛教和小乘佛教的区别，主要表现在以下几个方面：第一，大乘佛教主张“一切众生，皆有佛性。有佛性者，皆得成佛”；小乘佛教只承认一个佛，即教主释迦牟尼佛。第二，大乘佛教强调自觉、觉他、普度众生；小乘佛教主张自觉，以求自身解脱为满足。第三，大乘佛教修行的最高果位是佛；小乘佛教修行的最高果位是罗汉。

印度佛教逐步走向衰落是在7世纪以后。13世纪，由于印度社会内部的分化和外来宗教（伊斯兰教）的传入，佛教在印度彻底消亡。直到19世纪，又从缅甸、斯里兰卡重新传入，印度佛教再获新生。

二、佛教在中国的传播与发展

（一）佛教的传入

佛教最早传入我国的具体时间已很难考证。一般说法有两种：一说是汉哀帝元寿元年（公元前2年），大月氏王使臣伊存向中国博士弟子景卢口授《浮屠经》，佛教开始传入中国，史称这一佛教事件为“伊存授经”。另一说即源于“白马驮经”故事：东汉永平年间（58—75年），汉明帝夜梦有神人全身金色，顶上有光，在殿前绕梁飞行。翌日问询群臣，学识渊博的大臣傅毅告知为佛。于是汉明帝派遣使者西行求法，永平十年（67年）在大月氏遇见西域僧人摄摩腾、竺法兰，便邀请他们来汉地传授佛教。他们用白马驮着佛像和经卷，回到洛阳。明帝为了表示欢迎，在洛阳建起了我国首座佛教寺院“白马寺”。总之，佛教传入我国的时间在1世纪前后。

（二）佛教的发展

两汉之际，佛教传入我国的时间不长，流传的地区也有限，佛教信徒较少，多为社会上层人物。魏晋南北朝时期，由于社会矛盾激化，再加上统治者有意识地提倡，佛教得到迅速发展。这表现在两个方面：一是大量的佛经被翻译，佛教的传播越来越广；二是众多寺院的兴建和石窟的开凿，则是对佛教的又一种有力的宣传。“南朝四百八十寺，多少楼台烟雨中”正是这一时期佛教发展的真实写照。

（三）佛教的鼎盛

如果说南北朝时期对佛教这种外来宗教文化主要还是吸收消化的话，那么隋唐已进入全面繁荣和鼎盛时期。

在唐朝，儒、佛、道三者一方面鼎足而立，另一方面又在统治者的有意协调下表现得和谐一致。这一时期佛教繁荣的最主要标志就是众多佛教宗派的形成。隋唐时期汉传佛教主要有天台宗、三论宗、法相宗、华严宗、律宗、禅宗、净土宗、密宗八宗。

（四）佛教发展的转折

晚唐、五代至宋代，由于历次法难，尤其是会昌法难（唐武宗废佛），加之社会的动荡不安，佛教发展发生转折。在这过程中禅宗逐渐取代了其他各宗，成为中国佛教史上流传最为久远、对中国文化思想影响最为广泛的宗派。

在元代，虽然以藏传佛教——喇嘛教为国教，但汉地佛教、道教、伊斯兰教等也允许存在。在元代佛教诸派中，禅宗最为繁荣。

（五）佛教的衰落

明清之后，佛教渐趋衰落。太平天国时期，对佛教和道教都采取排斥态度。清末民国以后，新思想、新文化的兴起以及科学、民主的提倡，加之国民革命的爆发，佛教日趋衰落。

三、佛教的教义

“四谛”是佛教各派共同承认的基础教义。所谓“谛”即“真理”的意思。“四谛”亦称“四圣谛”，即苦、集、灭、道。苦、集二谛说明人生的本质及其形成的原因；灭、道二谛指明人生解脱的归宿和解脱之路。

（一）苦谛

人生即“苦”，全无幸福欢乐可言。人生有“生”“老”“病”“死”等多种苦（佛典有四苦、五苦、八苦、九苦等多种分类法），还有贪、瞋、痴、疑等108种烦恼。

（二）集谛

集谛是对人生之“苦”原因的分析，一切痛苦皆由烦恼、迷惑集聚及所造恶业引起，集是苦因，苦是结果，大体可概括为“五阴聚合说”“十二因缘说”“业报轮回说”。

关于“五阴聚合说”，佛陀认为，宇宙间一切事物和现象，都不是孤立的存在，而是由多种因素集合而成，“有情”（包括人类在内的一切有情识生物，即众生）则是由色、受、想、行、识等五阴（或五蕴）组成。既然有情只是“五阴”的聚合，是多种因素的集合体，那么有情自身不是独立永存的实体，没有单独的“自性”（即“诸法无我”）；且有情和世上万事万物处在无休止的变迁之中（即“诸行无常”）。“五阴聚合说”构成了佛教空观的主要内容。

“十二因缘说”，涉及过去、现在、未来三世的因果链条。现世的果必然有过去世的因，现世的因必将引出未来世的果。过去的一生行为，决定今世一生的状况；今世一生的行为，决定未来世一生的状况：这就是因果报应。作为能够导致果报之因的行为，叫作“业”。“业”分身业（行动）、口业（言语）、意业（思想）三类，也就是人的一切身心活动，任何思想行为都会给行为者本人带来一定的后果（报应或业报）。

关于“业报轮回说”，按照善恶罪福的业报法则，有情（众生）流传在“六道”之中，即天道、人道、阿修罗道、畜生道、地狱道、饿鬼道，形成六道轮回。

（三）灭谛

灭谛提出了佛教出世间的最高理想——涅槃。“涅槃”是梵文的音译，意译作“灭度”“圆寂”等。涅槃的根本特点是达到熄灭一切“烦恼”、超越时空、超越生死轮回的境界。

（四）道谛

道谛即解脱之路，即通向涅槃之路，被总结为“八正道”，从身、口、意三个方面规范佛教徒的日常思想行为，又被归纳为戒、定、慧“三学”。

“戒”，是约束佛教徒日常生活的纪律，如三皈、五戒、八戒、具足戒、菩萨戒等，后发展成复杂的“律学”。

“定”（即“修定”），是指通过精神集中、静思冥想、观察特定对象而获得悟解义理或功德的一种思维修习活动。定的种类很多，在中国佛教中，往往把定和禅连称“禅定”。禅定的主要目的是发慧（由定生慧）。

“慧”（即“般若”），是指由修习佛理所引生的辨别现象、判定是非善恶的认识能力和境界，是证悟出世间法的明察力。有了“慧”才能得“度”（波罗蜜多），获得解脱，永离苦海。解脱后所得之境为涅槃。“慧”的发生，主要依靠经文和师长的教导，通过禅定沉思而获得。

但由于后世佛教世俗化的结果，佛教徒大都倾向用简便的方法求解脱（如净土宗）。“诸法无我”“诸行无常”及“涅槃寂静”被称为“三法印”（即佛法之特征）。当代中国佛教界将佛教的宗旨归纳为“诸恶莫作，众善奉行，庄严国土，利乐有情”。

四、佛教的经典和标志

大乘和小乘佛教的经典，包括经藏（释迦牟尼说法的言论汇集）、律藏（佛教戒律和规章制度的汇集）、论藏（释迦牟尼后来大弟子对其理论、思想的阐述汇集），故称三藏经。三藏皆分大小乘，即有大乘经、小乘经，大乘律、小乘律，大乘论、小乘论。藏传佛教大藏经称为《甘珠尔》（佛语部）和《丹珠尔》（论部）。

佛教的旗帜或佛像的胸前，往往有“卐”（或“卍”）的标志，意为太阳光芒四射或燃烧的火。这个标志后来作为佛教吉祥的标志，以表示吉祥万德。

佛教的标志也往往以法轮表示。法轮原为古印度一种无坚不摧的战车，佛教用以比喻佛法。有两种说法：一说佛法能摧破众生烦恼邪恶，如法轮摧破山岳岩石一样；另一说是佛法如车轮一般辗转不停。

五、佛教供奉的对象

佛教供奉的对象较多，都是修行取得成果的人，可分为四等：佛、菩萨、罗汉和护法天神。

（一）佛

佛指自觉、觉他、觉行圆满者，是佛教的最高尊神。佛不仅能够自我解脱、教化他人，而且法力无边。大乘佛教宣称三世十方处处有佛。佛教经典和佛寺中主要有三身佛、三方佛、三世佛、华严三圣等

（1）三身佛，即法身佛、报身佛、应身佛，源于天台宗。中尊为“法身佛”，名毗卢遮那，即大日如来。左尊为“报身佛”，名卢舍那。右尊为“应身佛”，名释迦牟尼。三身分别代表佛的本性、德业和肉身。

（2）三方佛又称横三佛，是指按地域空间分布而同时存在的三尊佛，即中尊娑婆界的释迦牟尼、左尊东方净琉璃界的药师佛、右尊西方极乐世界的阿弥陀佛。释迦牟尼的左胁侍为文殊菩萨，右胁侍为普贤菩萨，三者合称“释家三尊”。药师佛的左胁侍为日光菩萨，右胁为月光菩萨，

（3）三世佛，是时间轮回流转而相继存在的三世佛，即中尊现在世释迦牟尼佛、左尊过去世燃灯佛、右尊未来世弥勒佛。

（4）华严三圣，是毗卢遮那佛及其两个亲密的助手文殊菩萨和普贤菩萨的合称。华严宗认为无限的宇宙是华藏世界，法身佛毗卢遮那是该世界的教主，它无所不在，整个华藏世界不过是毗卢遮那的显现而已，一切佛、菩萨都是毗卢遮那佛的应化身。

（二）菩萨

菩萨是候补佛，观音、文殊、普贤、地藏合称为“四大菩萨”。

（1）观世音菩萨，简称观音。它是汉化佛教中信仰最为广泛、化身最多、最为著名的菩萨。观音常见的形象是左手持净瓶，右手持杨柳枝，人称“大悲菩萨”。浙江普陀山为观音菩萨讲经说法的道场。

（2）文殊菩萨，代表“大智”。文殊菩萨最为显著的特征是手持宝剑（象征智慧锐利）、坐莲花宝座、骑狮子（象征智慧威猛），人称“大智菩萨”。其道场在今山西五台山。

（3）普贤菩萨，又译为“遍吉”菩萨。其显著特征是手持如意棒，身骑六牙白象，人称“大行菩萨”。其道场在四川峨眉山。

（4）地藏菩萨，人称“大愿菩萨”。地藏菩萨的特征是一手持宝珠、锡杖，剃

发，圆顶，身着袈裟的比丘形象。其道场在安徽九华山。

（三）罗汉

罗汉全称为“阿罗汉”，是指自觉者，为小乘佛教最高果位，在大乘佛教中低于佛和菩萨，居第三等。达到这一果位者，没有任何烦恼，受天人供养，他们永远进入涅槃，不再生死轮回，并弘扬佛法。寺院中有十六罗汉、十八罗汉、五百罗汉、济公罗汉等。

（1）十六罗汉。在佛教中，十六罗汉是指受释迦牟尼的嘱托，常驻世间守护佛法、普济众生的大弟子。最初是四大罗汉，因世间广大，任务艰巨，便增加为十六罗汉。

（2）十八罗汉。十八罗汉由十六罗汉发展而来。元朝以后，寺院中十八罗汉的塑像取代了十六罗汉，成为常见的形式。

（3）五百罗汉。佛教史上大规模的结集（即高僧们集中在一起合诵、编纂佛教经典）已有七次。五百罗汉，一般指参加释迦牟尼涅槃后第一次结集的五百比丘，包括迦叶和阿难两位大弟子，但大多数已不知姓名。在我国，五百罗汉都有名号，这是宋代人附会的结果。

（4）济公。济公，法名道济，南宋僧人，俗名李修远，出生于浙江台州。济公于杭州灵隐寺出家，因不守佛门戒律，而被赶至净慈寺，圆寂后葬于杭州虎跑寺。民间传说中，济公是个其貌不扬，举止痴狂，言语诙谐，劫富济贫，爱打抱不平而深受下层百姓欢迎的人物。相传他还是降龙罗汉转世，但去罗汉堂报到时已晚，因此，只被安排站在过道上，有的寺院甚至让其蹲在梁上，一张苦笑脸，似嗔似喜。

（四）护法天神

天神本是古印度神话中惩恶护善的人物，佛教称之为“天”，是护持佛法的天神。著名的护法天神有四大天王、韦驮、密迹金刚、伽蓝神关羽等。

（1）四大天王。佛经称世界的中心为须弥山，须弥山四方有四大部洲，即东胜神洲、南赡部洲、西牛贺洲、北俱卢洲。四大天王居住在须弥山山腰的犍陀罗山，其任务是各护持一方天下，故又称“护世四天王”。四大天王是：东方持国天王，手持琵琶（他原为古印度乐神，表明用音乐来使众生皈依佛教）；南方增长天王，手持宝剑（保护佛法不受侵犯）；西方广目天王，手持龙或蛇（他原为“天龙八部”中群龙的领袖）或绢索（用索捉住不信佛的人，使其皈依佛教）；北方多闻天王，右手持宝伞，左手握银鼠（他用宝伞制服魔众，保护众生财富，他原为印度的财神）。民间按其所持兵器的功能，将其职能理解为风调雨顺。

（2）韦驮。韦驮是佛教护法神，又称韦天将军。韦驮像武士装扮，仪表端庄，威武雄壮，手持金刚杵，面朝大雄宝殿的释迦牟尼。他面如童子，表示对佛的一颗赤子之心。我国佛教寺院中一般以韦驮手中金刚杵的拿法表示该寺院是否为接待寺：如韦驮双手合十，将杵搁于肘间或举起，则表示该寺为接待寺；如韦驮以杵拄地，则该寺为非接待寺。云游僧来寺，得先看杵，而后决定去留。我国佛教寺院中供奉韦驮始于宋朝。

（3）密迹金刚。密迹金刚为释迦牟尼五百执金刚（即金刚杵）卫队的卫队长。

在中国因小说《封神演义》的影响，他被汉化成两个金刚力士，并命名为“哼哈二将”，这种称呼在佛教经典中是没有的。

（4）伽蓝神关羽。伽蓝神相当于寺院的土地神。在古印度伽蓝神有 18 位之多。关羽是最著名的汉化伽蓝神。

六、汉地佛教寺院的主要殿堂和佛塔

寺院文化是中国佛教文化的重要组成部分，也是我国人文旅游资源的重要表现形态之一。科学地看待佛教、正确地讲解寺院，是对博大精深的中国文化的有力宣传。

寺，原本是中国古代的官署名，如大理寺、太常寺等。汉代设有鸿胪寺，是招待宾客的机构，类似礼宾司、交际处。佛教传入中国之际，在洛阳建的白马寺，就是专供西域来的僧人居住、译经的场所。后把佛教僧侣居住修行的场所统称为寺，与“伽蓝”意思相同。院，也用作僧侣修行处所的名称，但规模比寺要小。庵，则是专指佛教出家的女众（比丘尼）所居住、修行的处所。

就佛教寺院建筑的构成而言，中国汉地的一般寺院主要的殿堂由三门殿、天王殿、钟楼、鼓楼、大雄宝殿、伽蓝殿、祖师殿、观音殿、罗汉堂、方丈室、藏经楼、佛塔等组成。

（一）三门殿

汉地佛教寺院的大门，一般都是三门并立，中间一大门（即空门），两旁各一小门，故称三门殿。山门是进山入寺的大门。最早佛教寺院多在山林中修建，故有此称。山门通常是一座有三个洞门的牌楼式建筑，它象征佛教的“三解脱门”，故也称三门。佛寺的山门即便只有一门，也称为三门。山门是僧俗的分界。中间为空门，东西两边分别为无相门和无作门，象征三解脱。因寺院大多位于山林之中，所以又称为山门殿。

（二）钟楼

钟楼位于天王殿东侧，有的寺院还供奉有地藏王菩萨，左胁侍道明、右胁侍闵公。

（三）鼓楼

鼓楼位于天王殿西侧，有的寺院还供奉伽蓝神关羽，左胁侍关平、右胁侍周仓。寺院什么时候敲钟和击鼓，是按照佛教的仪式和日常行事来定的。如有重大佛事活动和节日时，钟、鼓都要齐鸣。

（四）天王殿

天王殿为三门内的第二重殿，其正中供奉弥勒菩萨，两侧供奉四大天王，弥勒背后为韦驮。

（五）大雄宝殿

大雄宝殿为寺院主体建筑，正殿，或称“大殿”，大雄即为“大无畏”，是称赞释迦牟尼威德高尚的意思。有供奉一佛、三佛、五佛、七佛等情况。以三佛同殿居多。

（1）释迦牟尼的各种塑像。大雄宝殿中的释迦牟尼佛像有多种不同的姿势，主要有三种：坐像、立像、卧像。坐像又由于手印（手的姿势）不同，分为“成道像”和“说法像”。

（2）释迦牟尼和弟子的塑像。若佛像两旁有两位站立的比丘像，一位年老，一位年轻，则年老的一位是迦叶，年轻的是阿难。据佛经记载，佛陀涅槃后迦叶继领徒众，第一次结集（五百罗汉相会）就是迦叶领导的。迦叶涅槃后，阿难继领教徒。

（3）释迦牟尼佛与其他佛组成的群像。中国汉地佛教寺院的大雄宝殿中常见的有“三方佛”“三世佛”“三身佛”。供五佛（密宗的五方五佛）和七佛（释迦牟尼佛以前的六佛加上释迦牟尼）的较少，多为历史久远的寺院。

（4）两侧的塑像。大雄宝殿左右两侧，一般供奉十六或十八罗汉像。也有寺院供奉二十诸天或十二圆觉。

（5）海天佛国塑像。不少寺院的大雄宝殿的释迦牟尼佛像背后有一组群塑，即海天佛国（或“海岛观音”）壁塑，如上海玉佛寺、杭州灵隐寺等。以灵隐寺为例，“海天佛国”群塑的内容由三部分组成：最下面的是“海岛观音”，讲的是十八罗汉南海参拜观音。塑像中间为大慈大悲的观音菩萨站立在鳌头之上，手持净瓶，不断倾泻出甘露遍洒人间，解除众生的痛苦。左右两边分别是两胁侍善财和龙女。观音的上方为地藏菩萨。地藏的上方是释迦牟尼像，讲的是释迦牟尼出家后在山中苦修的故事。除此之外，上下左右饰以“五十三参”故事。

（六）东西配殿

中轴线东西两侧还有对称建造的体形较小的配殿和附属设施，属配殿。这里只介绍伽蓝殿和祖师殿。

（1）伽蓝殿设在大雄宝殿右侧，是纪念赠送祇园精舍给佛陀的须达多和舍卫国祇陀太子的，以表他们护持佛教的功德。

（2）祖师殿设在大雄宝殿左侧。此殿主要供奉该寺院本宗祖师的像。如果该寺院是禅宗的，祖师殿就供奉禅宗初祖达摩。

在整个寺庙建筑群中，寺院的东侧（左侧）为僧人生活区，西侧（右侧）为云水堂，即接待四海云游的僧侣的客房。

（七）法堂

法堂，亦称讲堂，是僧众举行受戒、传法、集会等活动的场所，在寺院中是仅次于大殿的建筑，是寺院重大佛事活动的场所。法堂一般设在大殿之后，堂内正中是高台法座，供讲经说法用。法座背后的木板屏上常常绘有狮子吼图。因为佛教常把说法喻为狮子吼。台下设香案，两侧是听法席。

（八）罗汉堂

中国汉族地区寺院如果专门设一殿堂供奉阿罗汉，大多是五百罗汉堂。五百罗汉的名号与形象已无经典依据可循，多为后人附会和艺术家创作的结果。我国现存五百罗汉堂的寺院中较著名的有北京碧云寺、成都宝光寺、苏州西园、武汉归元寺、昆明筇竹寺等。

（九）方丈室

佛寺住持（方丈）居住、说法与待客之处，有的叫华林丈室（净土宗佛寺），有的叫般若丈室（禅宗寺院）。

（十）藏经楼

一般在寺院供佛（菩萨）大殿之后，都建有宽大、明亮的藏经楼（或阁），殿内主要收藏佛教经典书籍，本寺的文物、珍宝也都收藏于此。

（十一）佛塔

中国最早的寺院建筑，原本是以佛塔为主体的，佛塔建在中轴线上，而僧房散建在塔的四周。因为最初建塔是为了供奉佛舍利，有佛塔才有了寺院。中国的第一座寺院——洛阳白马寺，据《后汉书》记载，原本是一座多层木结构的高楼，这正是中国后来木塔的样式，可惜现在已不存在了。后来的寺院，中轴线上都以建殿堂为主体，塔就多建在寺院的附近了。

七、常用的称谓

（1）佛教徒一般有“四众弟子”“出家四众”“出家五众”“七众”之称。比丘、比丘尼为出家男女二众，优婆塞、优婆夷为在家男女二众，此为“四众弟子”。比丘、比丘尼、沙弥、沙弥尼即为“出家四众”，如加上式叉摩那（学戒尼），则称作“出家五众”，出家五众加在家二众则称为“七众”。

（2）对较高水平的僧人，则根据具体情况称“法师”（通晓佛法的僧人）、“经师”（通晓经藏或善于诵读经文的僧人）、“论师”（精通论藏的僧人）、律师（通晓律藏的僧人）、三藏法师（精通经、律、论三藏的僧人）、“大师”（一般用以尊称著名僧人）、“高僧”（对德行高的僧人的尊称）。

（3）还有以职务相称的，如住持（方丈）、监院（当家和尚）等。现在一般称和尚为师父。

八、常用的礼仪

佛教表示礼敬的方法很多，《大唐西域记》中说，致敬式有九等，称为九仪。分别是：发言慰问、俯首示敬、举手高揖、合掌平拱、屈膝、长跪、手膝踞地、五轮俱屈、五体投地。这里主要介绍合掌、绕佛、五体投地三种。

（一）合掌

这是佛教徒最常用的礼节，亦称合十，即左右合掌，十指并拢，置于胸前，表示由衷的敬意。

（二）绕佛

绕佛，即围绕佛像，按顺时针的方向行走，一周、三周或百周、千周地走，表示对佛的尊敬。参观寺院或进入寺院礼佛、礼拜经塔时，均应按顺时针方向行进，否则被视为倒行逆施，会令僧人或信徒们反感。

（三）五体投地

五体投地为佛教最高礼节。“五体”指头、两肘和两膝。按佛教规矩，在行顶礼时，要五体投地。其具体做法是：立正合掌，先以右手撩衣，屈两膝并着地，尔后两肘着地，接着头着地，最后两手掌翻上承尊者之足。礼毕，收顶头，收两肘，收两膝，起立。藏传佛教的五体投地礼则幅度很大。传说五体投地礼为阿难所创。

九、常见的佛事

佛事，指在佛前举行的佛教的各种仪式，或称法事。佛教内部用以维护佛教传统的佛事最主要的是：皈依、剃度、受戒、羯磨、安居、传法、讲经、灌顶等。为信众、施主等修福荐亡的主要法事有水陆法会、忏法、盂兰盆会、普佛、供天、打七等。

（一）水陆法会

水陆法会，全称法界圣凡水陆普度大斋胜会道场，是中国佛教中非常隆重的活动，时间少则七天，多则四十九天。水陆法会是极为隆重的大型佛事。

（二）众姓道场

众姓道场，主要是追荐亡灵的道场。

（三）增福延寿道场

增福延寿道场是为活着的人做道场，用红纸表示（追荐亡灵道场用黄纸）。

（四）焰口施食

焰口施食本为密宗僧人为免遭饿鬼之运向鬼神施舍食物的仪式，有一套经咒和仪式，一般在黄昏举行，俗称“放焰口”。现在多在重大法会结束之日或丧事期间举行，是超度饿鬼和追念死者的佛事之一。

第三节　藏传佛教

一、藏传佛教的历史沿革

佛教传入西藏以前，当地本土宗教名为“本教”。佛教正式传入西藏是在7世纪吐蕃赞普松赞干布时期。松赞干布为了加强与周边民族的经济文化交流，吸收其他民族的先进文化，积极发展与邻近地区的友好关系，先后与尼泊尔尺尊公主和唐朝文成公主联姻。尺尊公主和文成公主各自带了一尊佛像到西藏，尺尊公主带的是释迦牟尼8岁等身像，文成公主带到拉萨的是释迦牟尼12岁等身像，修建起拉萨著名的小昭寺、大昭寺。此后开始在西藏陆续修建其他佛殿庙宇，翻译佛经，佛教正式从尼泊尔和汉地传入西藏。

7—9世纪是佛教在西藏的第一次全面传播，史称前弘期。然而王室利用佛教巩固王权的做法，激化了与本教大臣的矛盾。842年，赤祖德赞被害，其兄朗达玛为赞普。朗达玛大力压制佛教，并加以摧毁，掀起了一场大规模的灭佛运动。不久朗达玛遭佛教徒暗杀。随后一场平民大起义又席卷吐蕃，吐蕃陷入各个势力割据一方的分裂状态，藏传佛教“前弘期”至此结束。

在9世纪中叶，西藏佛教曾一度遭到破坏，即所谓朗达玛灭佛，使这一段时间（842—978年）佛教沉寂了。西藏宗教史籍把朗达玛以后的近百年间称为“灭法期”或“黑暗时代”。

朗达玛灭佛一百年之后，佛教后来由原西康地区和卫藏地区再度传入，西藏佛教又得以复苏。朗达玛灭佛之前佛教在西藏的传播称为藏传佛教的“前弘期”，之后称为“后弘期”。藏传佛教后弘期根据佛教传入路线的不同，分为上路弘传（从卫藏地区传入）和下路弘传（从阿里地区传入）。

这样，佛教逐渐在吐蕃复兴，并发展成独具高原民族特色的藏传佛教，而且从11世纪开始陆续形成各种支派（宁玛派、噶当派、萨迦派、噶举派前期四大派），到15世纪初格鲁派的形成，藏传佛教的派别分支才最终定型。格鲁派兴起后，噶当派则并入格鲁派而不单独存在。藏传佛教的派别差异既不像印度的小乘十八派是由于其遵行的戒律不同而分派，也有异于印度的大乘因其主张的教义不同而分派。其派别差异是因不同师承、不同修持教授、所据不同经典和对经典的不同理解等佛教内部因素和不同地域、不同施主等教外因素而形成众多派别。这是藏传佛教的又一特点。

二、黄教的兴起

格鲁派中的“格鲁”一词汉语意译为善规，指该派倡导黄教传世僧人应严守戒律。又因该派认为其教理源于噶当派，故称新噶当派。由于此派戴黄色僧帽，故又称为黄教。格鲁派既具有鲜明的特点，又有严密的管理制度，因而很快后来居上，成为藏传佛教的重要派别之一。

该派奉宗喀巴大师（1357—1419年）为祖师。宗喀巴于1402年和1406年分别写成《菩提道次第广论》和《密宗道次第广论》，为创立格鲁派奠定了理论基础。1409年正月，宗喀巴在拉萨大昭寺首次举行祈愿大法会，同年又在拉萨东北兴建甘丹寺，并自任住持，这是格鲁派正式形成的标志。后来，该派势力逐步扩大，修建了以哲蚌寺、色拉寺、扎什伦布寺等为代表的寺院。清代以来，格鲁派寺院有了很大发展，除拉萨三大寺外，扎什伦布寺、昌都寺，青海塔尔寺、隆务寺、佑宁寺，甘肃拉卜楞寺、卓尼寺，四川格尔底寺、甘孜寺，云南中甸的格丹松赞林寺，北京雍和宫等也都是格鲁派的著名大寺院。

活佛转世制度的采用是格鲁派走向兴盛的转折点。清代格鲁派形成达赖、班禅、章嘉活佛（内蒙古）、哲布尊丹巴（蒙古）四大活佛转世系统。

格鲁派主张缘起性空，他们认为戒律为佛教之本，因此重视一切微细教法，要僧人以身作则，依律而行。在显密两宗的关系上，格鲁派则强调先显后密的修习次第和显密兼修的方法。

格鲁派寺院组织严密。较大的寺院一般分寺院、札仓、康村三级，而且各有管理组织，执事人员实行任期制，各司其职，重要事务则会商决定。学经制度健全。有系统的佛教教育体系和学位制度，规定显密并重，先显后密，注重戒、定、慧三学并习的学经程序。同时格鲁派寺院还重视文法、修辞、工巧、医药、历算等学科，对藏族思想文化的发展起过重要的作用。

三、藏传佛教的特点

（一）教义

藏传佛教教义特征为：大小乘兼学，显密双修，见行并重，并吸收了本教的某些特点。传承各异、仪轨复杂、像设繁多，是藏传佛教有别于汉地佛教的一个显著特点。

（二）传承方式

藏传佛教的传承方式既有师徒传承方式，如宁玛派、噶举派、噶当派，也有家族传承方式，如萨迦派，基本上采用以昆氏家族为基础的家族传承方式。但最具特色的还是活佛转世制度。“政教合一”是喇嘛教的另一大特点。历史上，藏传佛教的多数派别都和一定的政治势力（包括地方实力集团或家族势力）结合在一起，形成政教合一制度，教依政而行，政持教而立，彼此依存。这一制度在吐蕃赤祖德赞赞普时初见雏形，至萨迦派时正式确立，其后不断完善，待格鲁派掌西藏地方政教大权后而达鼎盛。1959 年西藏民主改革时废除。

（三）学制

藏传佛教传习和修证的处所分为讲道院和修道院两种，也有综合者。较大的寺院都有规定学制。各派各寺的规定不完全相同。如格鲁派哲蚌寺郭莽札仓规定：因明五年，般若四年，中观两年，俱舍四年，戒律一年，必须循序而进。戒律学完之后统称噶然巴（经学士）。藏传佛教的学位有多种名目，如格西（四论士）、饶绛巴（博学士）等，原仅为尊称，后学制逐渐严密，须经过考试才能取得诸如拉然巴、多然巴、林赛、曼然巴（医药士）等各种称号，统称为格西。

（四）寺院

寺院规模大小不一，小者只有数人，大者多至七八千人。寺院在旧西藏往往是一个地区的宗教、文化乃至经济、政治中心。中华人民共和国成立后，重要的寺院依其重要的程度分别规定为国家级、省级、县级的文物重点保护单位。藏传佛教的著名寺院有：

（1）桑耶寺。它是藏传佛教的第一座寺院，建于 799 年。

（2）大昭寺、小昭寺。释迦牟尼在世时，弟子们为使他的真容传之后世，特请工匠替他造了 4 尊 8 岁等身像和 4 尊 12 岁等身像。因有释迦牟尼的奶母等人从旁指导，故造像与其本人酷肖。据藏文古籍《松赞干布遗教》记载，印度国王达尔玛巴拉为感谢中国皇帝资助他击溃入侵者，使佛法重放光明，特将其中一尊释迦牟尼 12 岁等身像奉送给中国皇帝。松赞干布迎娶文成公主时，唐太宗将这尊像作为嫁妆，由都城长安送抵拉萨，此后，这尊佛像便与藏传佛教共荣辱，现供奉在大昭寺内。时至今日，每天仍有数以千计的信徒在这尊像前顶礼膜拜，像前的石板被信徒的身躯摩擦得像镜子一样光滑。邻国尼泊尔的尺尊公主带去的一尊释迦牟尼 8 岁等身像现供奉于拉萨小昭寺。

（3）布达拉宫。西藏最著名的喇嘛教建筑布达拉宫，源于 7 世纪文成公主入藏时为公主建的宫室，到17世纪才建成现在的规模。

（五）藏文《大藏经》

藏传佛教的文献极为丰富。藏文《大藏经》分《甘珠尔》和《丹珠尔》两大部分。其中《甘珠尔》包括显密经藏，主要为佛教的原始经典；《丹珠尔》为论藏，系释迦牟尼弟子对佛语的阐释和论述的译文集成。

（六）藏传佛教六字真言

六字真言、六字真经或六字大明咒，是藏传佛教诵咒“唵、嘛、呢、叭、咪、吽”六个字。对“六字真言”的诠释颇多，其中，比较权威的说法是，六字真言原是在印度的一句祷祝词，被婆罗门教和印度教继承下来，更为密教所吸取，作为密教的诵咒，辗转流播，其古意渐渐为人淡忘。“六字真言”的首尾两字是虚词，中间两字是实词。梵文原意读为“唵！嘛呢、叭咪，吽！”“唵”“吽”为虚词，在印度古文化中具有“神圣”和“吉祥”意思。“嘛呢”汉译“摩尼”，梵文原意为“宝珠”；“叭咪”意为“红莲花”。由此，我们将“六字真言”按梵文原意汉译为“神圣啊，红莲花上的宝珠！吉祥！”

在藏族地区“六字真言”成为藏传佛教使用率最高的诵咒，几乎到了无人不知、无人不念的地步。千百年来，藏族僧俗用此简短的真言，祈求幸福，驱逐烦恼，净化心灵。若说六字真言是藏传佛教经典的根基，那么六字真言也是藏传佛教的徽章。

四、僧职称谓

藏传佛教的僧职，在教内已形成一整套既严格又分门别类的选拔制度，它是维系藏传佛教寺院及僧团秩序、开展各类宗教活动的重要组织保障。其称谓众多，概括来说，大体上可分为封号性僧职称谓、学位性僧职称谓、戒律性僧职称谓和寺院中的僧职称谓。

（一）封号性僧职称谓

封号性僧职称谓，是由历代中央王朝授封的一种僧职称谓，在藏传佛教诸多僧职称谓中最具声望。这类僧职起始于元朝。1260年，忽必烈即帝位后，封萨迦派第五代祖师八思巴·洛哲坚赞为国师，授予玉印，领总制院事，统领天下释教。1269年，忽必烈又晋封八思巴为帝师，从而促使了西藏政教合一制度的正式形成，并对藏族地区的社会产生了深远的影响。

大宝法王，是明朝对藏传佛教噶举派高僧活佛授予的僧职称谓。

大慈法王，是明朝对藏传佛教格鲁派高僧授予的僧职称谓。

大乘法王，是明朝对藏传佛教萨迦派高僧授予的僧职称谓。

大智法王，是明朝对藏东地区的藏传佛教高僧授予的僧职称谓。

阐化王，是明朝对藏传佛教帕主噶举派高僧授予的僧职称谓。

清朝时期，清政府继续对藏传佛教高僧，特别是对格鲁派大活佛授予至高无上的僧职头衔，比如达赖、班禅、章嘉和哲布尊丹巴等。

（二）学位性僧职称谓

学位性僧职称谓，在藏传佛教界具有很高的地位和威望。因为这一僧职称谓是极少数僧侣经过长期的清苦修学而获得的一种宗教学衔，它能够显示各自在佛学知识领域具有颇高的专业水准和身份。这一宗教学衔在藏语中总称为“格西”（汉文意译为“善知识”）。“格西”中又有不同级别的具体称谓，诸“拉然巴”“措然巴”“林赛”“多然巴”“阿然巴”“曼然巴”“噶然巴”等。

拉然巴格西，是藏传佛教格西中级别最高的学衔，也是藏传佛教显宗中最高的学位。每位申请拉然巴格西学位的考僧，必须在拉萨大昭寺举行的祈愿大法会期间，通过三大寺（甘丹寺、哲蚌寺和色拉寺）高僧提出的佛学疑难问题的答辩，并得到认可才能获取这一宗教学衔。

措然巴格西，是仅次于“拉然巴”的一种格西学位。每位考僧只有通过拉萨小昭寺举行的大法会，并在拉萨三大寺众高僧前答辩佛教经律论取胜，才能获得这一宗教学衔。

（三）戒律性称谓

关于戒律性称谓，藏传佛教同其他佛教流派基本相一致。比如，藏传佛教中的戒律性称谓，大体上可分为七类：格聂（居士）、格聂玛（女居士）、格策（沙弥）、格策玛（沙弥尼）、格隆（比丘）、格隆玛（比丘尼）和格罗玛（正学尼僧）。

（四）寺院中的僧职称谓

寺院中的僧职称谓，是在藏传佛教寺院组织机构中任职的各类僧官的称谓。格鲁派大型寺院中的僧职主要有“赤巴”“措钦夏奥”“措钦翁则”“措钦吉瓦”“堪布”“格贵”“翁则”“郭聂”等。

赤巴，即“法台”或“总法台”，其宝座设在各大寺院的大经堂内。“赤巴”就是掌管全寺一切宗教活动或事务的负责人，往往由具有渊博佛学知识、德高望重的高僧来担任。著名的甘巴赤巴是藏传佛教“第一赤巴”。

措钦夏奥，这一僧职在各大寺院中扮演司法官的角色，负责全寺僧纪纠察工作，也就是执行寺院里规定的各项清规戒律的高级僧官。

措钦翁则，这一僧职可以说是寺院里的教务长，主要负责管理各大寺院大经堂内举行的各类宗教活动。由于措钦翁则时常在大经堂内领诵经文，故又俗称“领诵师”“举腔师”等。

措钦吉瓦，任这一僧职的僧侣在各大寺院内充当大管家的角色，主要负责管理全寺的财物或后勤工作，堪称寺院中的后勤部长。

堪布，又名师傅、大师、亲教师等。担任这一僧职的高僧是藏传佛教各个寺院或大型寺院中各个札仓（学院）的权威主持人，相当于汉传佛教寺院中的方丈。担任堪布这一僧职的僧人大都是获得格西学位的高僧大德。

格贵，主要掌管各个寺院或札仓僧众的名册和纪律，所以又名纠察僧官、掌堂师。历史上藏传佛教各大寺院的纠察僧官巡视僧纪时，常随身携带铁杖，故有“铁棒喇嘛”之俗称。

翁则，是掌管寺院大经堂或札仓经堂内的诵经功课和宗教仪轨的僧官称谓。由于翁则常要在法会上指导僧众诵经或亲自领诵经文，一般由熟悉各类经文且声音洪亮的僧人来担任。

郭聂，是掌管各个寺院或札仓中一切财物的僧官称谓，因而又被称为寺院管理员、札仓管家。

总之，藏传佛教的僧职称谓真可谓五花八门、丰富多彩。了解这类称谓，有助于正确认识藏传佛教深厚的文化内涵和健全的组织制度，以及这些僧职在藏传佛教中发挥的重要作用，方便各界人士与藏传佛教界的交往。

五、活佛及转世制度

（一）活佛

活佛，是藏传佛教发展到一定社会历史阶段的产物，也是青藏高原这块神奇的雪域之地培育出的一种独特的宗教文化现象，在世界宗教舞台上独树一帜。时至今日，各宗派的“活佛”依然是藏传佛教中最重要的宗教神职人员，扮演着不可替代的重要角色，在广大信教群众中享有至高无上的宗教地位。

汉族人习称“活佛”，其实是不大准确的，应译称“转世尊者”。在藏语中，“活佛”则有多种不同的尊称，其中最为常用的有“珠古”“喇嘛”“阿拉”“仁波切”等。

“珠古”是藏文的音译，意为“化身”，这是根据大乘佛教法身、报身、化身三身之说而命名的。藏传佛教认为，法身不显，报身时隐时显，而化身则随机显现。所以，一个有成就的正觉者，在他活着的时候，在各地“利济众生”；当他圆寂后，可以有若干个“化身”，并最终在人间找到依托之物，即“转生或转世之活佛”。故“珠古”（即化身）是多种称谓中最能表达“活佛”所蕴含的深奥义理和精神境界的唯一准确、全面的称谓，因而是“活佛”的正统称谓。

“喇嘛”是藏文的音译，该词最初是从梵文意译过来的，其本意为“上师”，在藏文中还含有“至高无上者或至尊导师”的意义。因此，后来随着活佛制度的形成，“喇嘛”这一尊称又逐渐成为“活佛”的另一重要称谓，以表示活佛是引导信徒走向成佛之道的“导师”或“上师”。

“阿拉”是藏文的音译，在安多藏区以“阿拉”一词来尊称活佛，并成为活佛的专用名称，从而完全代替了活佛的另外两种重要称谓，即“珠古”和“喇嘛”。因此，“阿拉”一词已蕴含一种引导信众从黑暗走向光明的特殊意义。

“仁波切”是藏文的音译，意指“珍宝”或“宝贝”。这是广大藏族信教群众对活佛敬赠的最亲切、最为推崇的一种尊称。

（二）转世制度

1193 年，藏传佛教噶玛噶举派的创始人都松钦巴（意指圣识三时，三时即过去、现在和将来）大师，临终时口嘱他将转世，后人遵循大师遗言寻找并认定转世灵童，从而开了藏传佛教活佛转世之先河。此后，活佛转世这一新生的宗教制度相继被藏传佛教各宗派所普遍采纳，并在长期的发展过程中，逐步形成了对于活佛转世灵童的寻找、认定、教育等一整套严格而系统的制度。

达赖喇嘛、班禅额尔德尼是格鲁派活佛系统的称谓，是历代中央王朝授封的。

1578 年，蒙古土默特部阿拉坦汗赠索南嘉措以“圣识一切瓦齐尔达喇达赖喇嘛”，后报明朝经册封得以确立。其中“瓦齐尔达喇”是梵文的音译，意为执金刚；“达赖”是蒙古文音译，意为“大海”；喇嘛是藏文音译，意为“上师”。这就是达赖喇嘛活佛系统称谓的最初由来。1653 年，清朝顺治帝又册封第五世达赖喇嘛。从此达赖喇嘛这一活佛系统的称谓才被确定下来，成为藏传佛教格鲁派两大活佛系统之一的尊号。达赖喇嘛被藏传佛教认定为观世音菩萨的化身。

1645 年，蒙古和硕特部固始汗向第四世班禅罗桑确吉坚赞赠以“班禅博克多”尊号。尊号中的“班”字是梵文“班智达”的缩写，意为通晓“五明学”的学者；“禅”字是藏文“禅波”的缩写，意为“大”或“大师”；“博克多”是蒙古语，意为“睿智英武的人物”。从此班禅成为这一活佛系统的称谓。1713 年，清朝康熙帝又授封第五世班禅罗桑益西为“班禅额尔德尼”。 “额尔德尼”是满文，意为“宝”。之后，班禅额尔德尼这一称谓被确定下来，有时仍简称“班禅”。班禅额尔德尼被认为是无量光佛的化身。现班禅额尔德尼活佛系统已转世至第 11 世。其驻锡地为西藏日喀则扎什伦布寺。

此外，还有其他许多活佛系统，诸如帕巴拉活佛系统、嘉木样活佛系统、贡唐活佛系统、章嘉活佛、哲布尊丹巴活佛、夏茸尕布活佛、热振活佛、多杰札活佛、夏日东活佛、策墨林活佛、第穆活佛、司徒活佛、降阳钦则活佛、土观活佛等。

六、天葬

藏传佛教教义认为，行天葬是最高境界的施舍。

按照佛教教义，人死以后，灵魂便离开肉体进入新的轮回，而肉体只像一件衣服一样再无用处。但死后将尸体喂鹰，又算是人生的最后一次善事，作为“布施”施舍给其他生物也算是发挥了其最后的价值。天葬就是一种最彻底的施舍，天葬并不是死者要借鹰的翅膀把灵魂带上天界。在藏族的丧葬文化中，灵魂和躯体是两个各自独立存在的概念，无论是藏族原始宗教（本教）对死亡的认识或者藏传佛教信徒对死亡的解释，都是把灵魂和躯体截然分开，天葬这种丧葬方式，只不过是死者的最后一次施舍，灵魂已经离开了的躯壳，让它喂鹰，就是发最后的一次慈悲。将自己的肉体奉献给天葬台上的秃鹫和那些无形的生灵，从而在此生的最后做了一件有功德的事情。正因为佛教的慈悲之心在天葬得到充分的体现，所以绝大多数的藏族人选择这一葬仪。

第四节　道教

一、道教的创立和派系

道教是土生土长的中国宗教。道教的正式形成在东汉顺帝以后，到南北朝时盛行起来。东汉末年，在蜀中鹤鸣山，张道陵倡导五斗米道，人称张天师，被尊为道教的创始者。早期道教宗教团体，除五斗米道外，东汉灵帝时巨鹿人张角也创立了另一派别太平道，但随着他领导的黄巾起义的失败，太平道便销声匿迹了。道教奉老子李耳为教祖，尊称他为“太上老君”。

魏晋南北朝时期，道教经过近四百年的改造发展，其经典教义、修持方术、科戒仪范等渐趋完备，新兴道派滋生繁衍，并得到统治者的承认，从早期民间宗教演变为成熟的正统宗教，成为足以与儒释并论的宗教。葛洪、陆修静、寇谦之、陶弘景等都是这一时期的重要人物。

在道教发展史上，各种道派的不断涌现是从唐代开始的。至北宋，最有影响的道教派别有龙虎山正一派、茅山上清派、合皂山灵宝派。由于这一时期道教多被统治者利用来祈福消灾、降神驱邪，因此，这三派都非常重视符箓道法。到了金元时期，在北方大地则又出现了具有新的哲学宗教思想的太一道和全真道。尤其是全真道，不但在金元时期盛极一时，而且也是明清时代的道教领袖集团。这一时期，南北天师道与旧有的上清、灵宝等道派逐渐融合，至元代正式形成正一道。此后，中国道教占主导地位的基本上为全真道和正一道两派。

（一）全真道

全真道为金初创立的道教宗派。主要创派人为王重阳。全真道以道经《道德经》、佛经《般若波罗蜜多心经》、儒经《孝经》为主要经典，主张道、佛、儒三教合一。在修行方法上，重内丹修炼，不尚符箓，不事黄白之术（冶炼金银之术），以修身养性为正道。全真道士必须出家住宫观，不蓄妻室，不茹荤腥，断除酒色财气，有一套严格的清规戒律。全真道参照佛教建立了丛林制度，各地全真道士仙游至全真十方丛林，均可栖息学道。在元代，王重阳的七大弟子又分别开创全真道七个支派，其中以长春子丘处机开创的龙门派势力最大，至今全真道仍以龙门派人数最多。

（二）正一道

正一道是元代形成的道教宗派。元成宗大德八年（1304年）授江西龙虎山三十八代天师张与材“正一教主，主领三山符箓”。三山符箓，指江南的龙虎山（正一派本山）、合皂山（灵宝派本山）和茅山（上清派本山）以符箓为主的道教三大宗。正一道的形成，事实上就是江南道教的统一命名，并统归龙虎山天师府的领导。正一道集符箓派之大成，以行符箓为主要特征（画符念咒、驱鬼降妖、祈福消灾），奉持的主要经典为《正一经》。道士可以有家室，可不出家，不住宫观，清规戒律也不如全真道严格。

目前全国道教宫观大多属全真派，正一派主要流行在江南地区和台湾地区。

二、道教的教义

（一）宣扬“道”是“万物之母”

道教尊先秦道家学派创始人李耳（亦名老聃）为教祖，将其《老子》一书改名为《道德真经》，作为宗教的主要经典。

《道德真经》提出“道”是“万物之母”，“德”是道的显现；“道”是宇宙的本源和主宰者，“德”是道的行动。崇“道”。“大道无形，生育天地；大道无情，运行日月；大道无名，长养万物”。认为道是“虚无之系，造化之根，神明之本，天地之元”，道是“万物之母”，宇宙、阴阳、万物都是由它化生的。崇奉“三清”。“三清”是由“道”人格化的尊神，是道教的最高层神团。他们统御诸天神灵，为神王之宗、飞仙之祖，宇宙万物皆为其所创。所以道教的基本教义，即宣扬道是“万物之母”，是宇宙万物之中最核心的东西。

（二）追求长生不老、肉身成仙

道教主张以生为乐，重生恶死，追求长生不老。道教认为通过修炼，可以成仙。道教认为人活着是一种快乐，死亡才是最可怕的，因而主张乐生、重生，认为“我命在我不在天”，鼓励人们尽可能颐养天年，最高境界就是长生不死、得道成仙。达到这一目的的方法就是修炼。道教有一整套修炼的办法，分为内养、外养、房中术，修炼的具体方法有服饵、导引、胎息、内丹、外丹、符箓、房中、辟谷等。

内养是指对精、气、神进行修炼，基本方法有内观守静，抱一存神、吐纳行气、炼内丹等。外养指服食药物，使身体健康、长生不老。房中术是道教修炼之术，其实可看作中国古老的性科学。

“符”是帝王下达指令的凭证，有无上的权威。“箓”即记录之意。方术之士认为，天神都有符，或为图形，或为篆文，在天空以云彩的方式出现。方士录之，制作神符。符箓是天师道、正一道的主要道术。道教初期的五斗米道和太平道都大量制作和使用神符。

守庚申也是常见的道术。道教认为人体内有三虫，三虫在体内专记人的罪过，每到庚申日就到阴曹地府去状告，人会因此而减寿。修炼者每到庚申日通宵静坐不眠，使三虫不能去言己之过，被称为守庚申。唐宋时代守庚申在修道人乃至平民百姓中都很盛行。

三、道教的经典和标志

（一）道教的经典

道教的主要经典是老子的道德五千言，即《道德经》。这是道教的根本经典。《道藏》是道教经藏的总集，这是道教经书的汇编，是道教经典的精华。《道藏》之名始见于唐代，我国现存最早的《道藏》是明英宗正统十年（1445 年）刊成的《正统道藏》。《道藏》内容十分庞杂，除与道教有关的经、论、戒律、符诀、法术、威仪与斋醮等内容外，还涉及中国古代的医学、化学、生物、体育、天文、地理等。《道藏》是中国古代文化遗产的重要组成部分。

（二）道教的标志

道教的标志为太极八卦图。太极图在八卦之中，红色为阳，青色为阴，阴阳左右盘绕，具有镇妖降魔之功能。它鲜明地反映了道教追求吉祥如意、长生不老、羽化登仙等思想。

四、供奉的主要对象

（一）尊神

道教奉祀的神灵极多，较常见或较有代表性的有“三清”“四御”“三官”、日月五星、四方之神等，另外还有许多流行于民间的神也被道教供奉。

1. 三清

三清是道教宫观内供奉的三位“天尊”，为他们专门建造的祭祀场所，称为三清殿或三清宫。他们的排列顺序为：正中间的是原始天尊，他左手虚拈，右手虚捧，象征着世界的原始状态；他的右边是灵宝天尊，手中捧着一个阴阳镜，象征着世界刚刚走出混沌时的状态；左边是道德天尊，手里拿着一把画有阴阳镜的扇子，象征着世界被创造最初的状态。

（1）玉清境清微天原始天尊，住清微天之玉清宫。

（2）上清境禹馀天灵宝天尊，住禹馀天之上清宫。

（3）太清境大赤天道德天尊，住大赤天之太清宫。

2. 四御

“御”指帝王，四御是四位天帝的合称，这四御分别是玉皇大帝、北极大帝、南极大帝、后土皇地祇。四御的地位仅次于三清。

（1）玉皇大帝，在《西游记》中被称为万神之王。全称则为昊天金阙无上至尊自然妙有弥罗至真玉皇大帝，总执天道诸神，在四御中地位最高。他管辖一切天神、地祇、人鬼，他手下许多文武仙卿。武神有托塔天王、哪吒太子、巨灵神、四大天王、千里眼、顺风耳等。文神有太白金星、文曲星、丘弘济真人、许旌阳真人等。他还管辖四海龙王、雷部诸神以及地藏菩萨、十殿阎罗等。

（2）北极大帝，全称为中天紫微北极太皇大帝，协助玉皇大帝掌管天经地纬、日月星辰、四时气候。

（3）南极大帝，全称为勾陈上官南极天皇大帝，其职能是协助玉皇大帝掌管南北极、天地人三才，统御诸星，主持人间兵革之事。

（4）后土皇地祇（女神），全称承天效法厚德光大后土皇地祇，她执掌地道，掌阴阳生育、万物之美与大地山河之秀（故有人称之为“大地母亲”），与执掌天道的玉皇大帝相配套，正所谓“天公地母”。

天为阳，地为阴，后土由最初的男神，到隋朝以后逐渐演变为女神，以皇帝配享，民间俗称其为“后土娘娘”。

3. 三官（三元大帝）

道教认为：天官赐福，地官赦罪，水官解厄。因道教将三官的诞辰日编在三元日，即上元正月十五、中元七月十五、下元十月十五，故三官大帝又称“三元大帝”。由于三官职能与民众利害密切相关，因此知名度很高，其中最负盛名的是广州的三元宫。

道士有三元斋，俗称三元节，是忏罪的日子。

4. 日月五星

道教视日月星辰为崇拜的神明。太阳是大明之神，男像，以金色太阳为饰。月是夜明之神，女像，以白色月光为饰。五星指木、火、土、金、水，又叫五曜，合日月为七曜。二十八宿和北斗也是道教崇拜的星神。朝星拜斗可以消灾增福。诸星神中最受尊崇的是斗姆。斗姆生诸天众星之明，为北斗众星之母。许多道观都供斗姆。

5. 四方之神

道教把东方青龙、南方朱雀、西方白虎、北方玄武称为四方之神，又叫四灵。二十八宿中东方七宿呈龙形，为青龙；南方七宿呈鸟形，为朱雀；西方七宿呈虎形，为白虎；北方七宿呈龟蛇形，为玄武。

（二）神仙

"老而不死曰仙"，仙又有人仙、地仙、天仙和神仙之分。道教神仙的队伍十分庞大。最常见的神仙有：真武大帝、文昌帝君、魁星、八仙、天妃娘娘（妈祖）等。

1. 真武大帝

真武大帝道教大神，又名玄武，即灵龟，本为北方之神。西汉末，其形象除龟外又加上蛇。北宋更玄武为真武。朱熹说："玄，龟也。武，蛇也。此本虚，危星形似之，故因而名（二十八宿中）北方七星。"明以后，民间信奉极广，南北各地均有真武庙、真武殿。其神像为一武将，一足踩龟，一足踩蛇，或旁塑龟蛇二将。

相传真武大帝是西方净乐国王子，父亲是国王，母亲是善胜皇后。他出生后就与凡人不一样，生得非常勇猛，并且不愿意坐王位，反而喜欢学道。

后来，他得到太上老君的点化，到武当山中修炼。历经42年的磨难，真武终成正果，修成了一位有威力的正义之神。真武原指黄道圈上二十八星宿的北方七宿玄武，为星宿神，因北方属水，所以真武又是水神。中国现存最大的真武庙在湖北武当山。

2. 文昌帝君

文昌原是星官名，即魁星之上六星的总称（民间俗称文曲星）。宋元间道士称，天上文曲星曾于西晋末降生四川梓潼七曲山为张亚子，以后历代转世，玉皇大帝命他掌管人世功名利禄，遂成为道教大神文昌帝君，备受读书人崇拜。自元代起全国各地均兴建文昌庙、文昌祠、文昌阁等供奉文昌帝君。七曲山文昌宫（梓潼大庙）是全国文昌庙的祖庙。

3. 魁星

魁星是指北斗七星中组成斗形的前四颗星。道教称其主文运（"魁"有"首"之意），故与文昌帝君一样，备受读书人崇拜。旧时魁星阁、魁星楼亦遍布各地。魁星的塑像为一赤发蓝面鬼，一足立于鳌头之上，一手捧斗，一手执笔（"魁"字由"鬼""斗"组成）。"魁星点斗，独占鳌头"被视为读书人应试获中之征。

4. 八仙

道教八仙是民间最熟悉的神仙群体。八仙传说故事先后见于唐代文人记载，至明代最后定型。八仙指李铁拐（也称铁拐李）、汉钟离（也称钟离汉）、张果老、何仙姑、蓝采和、吕洞宾、韩湘子、曹国舅。“八仙过海，各显神通”的故事流传极广。山东蓬莱传为八仙过海故事发生地，当地建有蓬莱阁。

5. 天妃娘娘（妈祖）

中国民间信仰诸神之一。妈祖又称天妃、天后。据传妈祖原名林默，祖籍福建莆田湄洲屿，生于宋建隆元年（960 年），卒于宋雍熙四年（987 年）。林默以拯危救难为乐，经常在海上巡游，多次救护遇难渔民及商人，被人们称为神女、龙女。民间还传说神女还有防御水旱疫疠之灾等“法力”，每有祈祷，皆应验。后来，妈祖的影响越来越大，祠庙香火由莆田地区，向南向北，扩展到广大沿海区域。妈祖成为海上女神，受到人民群众，尤其是渔民船户的虔诚崇拜。神女的“灵迹”得到从宋至清历代帝王的褒奖，清代时，台湾妈祖信仰日渐隆盛，妈祖庙也由 10 多座发展到 220 座，遍及全岛。

（三）护法神将

1. 关圣帝君（即关帝）

关羽，“忠、孝、节、义”的楷模。儒家尊其为“武圣人”，佛家尊其为伽蓝神，道教尊其为关圣帝君。

宋初封真君，宣和年间封“义勇武安王”。明代封“三界伏魔大帝，神威远镇天尊，关圣帝君”。清代封武圣，立武庙，与供奉孔子的文庙并列。最大的关帝庙在关羽家乡山西解州。其坟在洛阳，称为关林。关帝庙以关羽为主尊，赤面长髯，或立或坐，或作观《春秋》状，关平、周仓旁侍。关帝的职能包括：驱妖降魔、诛除暴逆、扶助忠义、祛病消灾、延年益寿、升官发财等。其影响远及南洋、日本。

2. 王灵官

王灵官名王善，是宋朝萨真人（萨守坚）的弟子，后成为道教主要护法神将，专门镇守道观山门，镇妖压魔。其地位相当于佛教的韦驮。从明代起王灵官地位开始显赫，许多地方建灵官庙。

五、道观的主要殿堂

道观的名称有宫、观、庙、道院等。称“宫”的为有特殊地位的道观。道观主要殿堂有：

（一）山门殿

山门殿一般供奉青龙神和白虎神，相当于佛教的哼哈二将。由山门殿及幡杆、华表等组成，供奉门神及土地爷。门神形象有多种，且因地域不同而异；土地爷形象为一慈眉善目的老翁。

（二）灵官殿

灵官殿供奉王灵官，镇守宫观。其形象通常是赤面、三目、披甲执鞭、足踏风火轮。

（三）三清殿

三清殿供奉道教最高尊神——三天尊，为道教宫观的主殿。三清是指原始天尊、灵宝天尊、道德天尊。

（四）玉皇殿

玉皇殿供奉玉皇大帝，有的道观供奉“四御”。内供奉辅佐三清的四位天帝。他们是：玉皇大帝、北极太皇大帝、南极天皇大帝、后土皇地祇（女神）。

（五）三官殿

三官殿供奉天官、地官、水官。道教认为，世间一切众生，都由天、地、水三官统摄，他们是主宰人间祸福之神。向三官祈祷，就可以祛病、消灾、避祸、降福。在民间，三官有时是福、禄、寿三星，分别象征幸福、官禄和长寿。因此三官殿往往是香火最旺盛的一个殿。

六、道教主要称谓

（1）男教徒称道士，可称方士、道人、羽人、黄冠等，也可尊称为天师、炼师等。

（2）女教徒称道姑，也可称女冠。

（3）宫观的负责人可称为监院或住持，俗称当家的。

（4）教外人士对道士、道姑一般都可统称为道长。

七、斋醮

斋醮是道教设坛祭祷的一种法事，即供斋醮神，借以求福免灾，有日常的持诵和忏法。所谓持诵，即受持而咏读之，俗称念经。所谓忏法，即拜忏的方法与仪式，用以忏悔。斋醮仪式的时间长短不一，一般要进行三五天，长的达十余天。斋醮的基本程序有：设坛、摆供、焚香、化符、念咒、上章、诵经、赞颂。常配以音乐、烛灯、禹步，以祭告神灵，祈求消灾免难，添福增寿。斋醮既是道教信众的基本修行方式，也是与大众结缘的常见法事仪范。斋醮活动时颂赞辞章，唱念音乐，乐器伴奏，内容丰富，保存了大量文学、音乐史料，是我国宝贵的文化遗产。

第五节　伊斯兰教

一、伊斯兰教的创立和主要宗派

“伊斯兰”为阿拉伯语的音译，本意为“顺服”，即顺服唯一的安拉。其教徒称穆斯林。“穆斯林”为阿拉伯语的音译，本意为“顺服者”，即顺服安拉意志的人。伊斯兰教创建于7世纪初，与佛教、基督教并称为世界三大宗教。

610年，古莱氏部落的穆罕默德开始创教活动，他宣布安拉（真主）是宇宙万物的创造者，是唯一的神，自称是安拉派到人间的“使者”。他号召本族人士反对当时流行的多神和偶像崇拜，皈依正道，避免末日的惩罚。

伊斯兰教的创始人穆罕默德是一位宗教家、思想家、政治家和军事家。他生于麦加，40岁时开始传教。622年他迁往麦地那，建立政教合一的宗教公社。630年，他亲自率领万人组成的穆斯林大军攻克麦加城，并以麦地那为中心，统一了阿拉伯半岛，建立了政教合一的国家。632年6月8日，穆罕默德于麦地那归真（即逝世），葬于该城清真寺。

伊斯兰教主要宗派：

（1）逊尼派，伊斯兰教中人数最多的一派。中国穆斯林大多属于逊尼派。

（2）什叶派，人数较少的一派，主要分布在伊朗、伊拉克、巴基斯坦、印度、也门等地。中国有些少数民族，如新疆塔吉克族信仰什叶派。

二、伊斯兰教在中国的传播

唐、宋、元三代是伊斯兰教在中国传播的主要时期。《旧唐书·西域记》载，唐永徽二年（651年），阿拉伯帝国第三任哈里发奥斯曼派使者到中国，在长安朝见唐高宗，向中国介绍了伊斯兰教的情况。这被看作伊斯兰教传入中国之始。从永徽二年到南宋末六百余年间，阿拉伯帝国派使者赴华多达47次。

伊斯兰教在中国的传播主要路线有两条：陆路沿丝绸之路从大食（今阿拉伯）经波斯（今伊朗）、阿富汗到新疆天山南北，再经青海、甘肃穿河西走廊到达长安；海路沿香料之路从大食由波斯湾到阿拉伯海出发经印度洋、孟加拉湾、马六甲海峡到广州、泉州等沿海城市。宋代中国政府指定广州、泉州、杭州、扬州为国际贸易港口，设有专门销售阿拉伯商品的市场，并设“蕃长司”管理在华居留的阿拉伯侨民。一些侨民在长期居留过程中同中国人通婚，生养后代，逐渐成为中国穆斯林。13世纪成吉思汗西征，大批中亚人、波斯人、阿拉伯人也被迁入中国，他们的信仰也随之传到中国各地。

三、伊斯兰教的教义

伊斯兰教的基本信条为“万物非主，唯有真主；穆罕默德是主的使者”，这在我国穆斯林中被视为“清真言”，突出了伊斯兰教信仰的核心内容。

伊斯兰教的信仰包括理论和实践两个部分。理论部分包括信仰（伊玛尼），即信安拉、信天使、信经典、信先知、信后世、信前定（简称“六大信仰”）。实践部分包括伊斯兰教徒必须遵行的善功和五项宗教功课（简称“五功”），即念“清真言”、礼拜、斋戒、天课、朝觐，简称“念、礼、斋、课、朝”。

其中礼功是指一日五次礼拜。礼拜必须面向沙特阿拉伯境内的圣城麦加，在中国即朝西方。礼拜是一项重要的宗教仪式，是每一位成人穆斯林的天职。礼拜有一定的朝向、时间、仪式和要求。

斋功，即斋戒。伊斯兰历的9月（阿拉伯语的音译为“莱麦丹”）是斋月，伊斯兰教认为9月是古兰经颁降之月，是最吉祥、高贵之月。白天（从日出前一个半小时到日落）应不吃不喝，戒房事，叫作“封斋”或“把斋”。斋戒的意义在于修炼人的意志、思想、身体，以达到虔诚地服从“真主之命”。按伊斯兰教规，未成年人、病人、孕妇、出门旅行者等，可免除斋戒。

朝功是指凡有条件的男女穆斯林一生中必须去沙特麦加城内的“克尔白”朝觐一次。正式朝觐的时间为伊斯兰历的12月8日至10日。除此之外，一年之中任何时间都可前去朝觐，但它称为“小朝”或“副朝”。朝觐的主要仪式有：受戒、游转天房、进驻“米那”、站阿拉法特山、在萨法和麦尔卧两山之间奔跑、射石（投打石鬼）等。朝觐的条件是成年、身体健康、有足够的旅费而无债务缠身等。

四、伊斯兰教的经典和标志

（一）伊斯兰教的经典

《古兰经》是穆罕默德宣布的“安拉启示”的汇集。“古兰”或译为“可兰”，为阿拉伯语的译音，意思是诵读、读物、课本等。中国称之为“天经”“保命真经”等。《古兰经》共30卷114章，记叙穆罕默德传教期间同阿拉伯半岛多神教、犹太教斗争的故事和先知的故事，阐发以信仰安拉为中心的宗教哲理、宗教制度、礼仪以及对阿拉伯社会现状的改革主张等。《古兰经》是阐发伊斯兰教义和立法的首要依据，也是伊斯兰教信仰学、法学、伦理学、历史学等建立与发展的基础。

《圣训》是穆罕默德言行的记录，是对《古兰经》的补充和注释。

（二）伊斯兰教的标志

伊斯兰教的标志是新月。许多伊斯兰教建筑的屋顶都有这个标志。

五、信奉的主要对象

（一）安拉

伊斯兰教认为安拉是独一无二的主宰。安拉之外别无神灵。安拉没有任何形体特征。他“无色相可观，无声臭可求，无方所可指”，没有年龄，没有形体。他看不见，摸不着，但他无处不在，无所不能，无所不有，永恒自在。因为他没有形体，所以伊斯兰教不设偶像。

（二）使者

伊斯兰教认为穆罕默德是主的最后一位使者，也是最伟大的使者。

（三）天使

伊斯兰教认为天使是安拉创造的，奉安拉差遣，传达安拉旨意。《古兰经》记载有四大天使。

六、主要节日和习俗

（一）三个最盛大的宗教节日

1. 开斋节

开斋节是穆斯林最隆重的节日。在新疆，称为“肉孜节”。时间为伊斯兰教历10月1日。9月的全月，穆斯林封斋。在斋月，每天从日出至日落要禁食，并禁房事。斋月最后一天寻看新月，见月的次日即行开斋，为开斋节。这一天，世界各地的穆斯林均举行庆祝活动。

2. 宰牲节

宰牲节，新疆穆斯林称为“古尔邦节”。时间为伊斯兰教历12月10日。举行会礼，庆祝活动以宰牲为主要内容。哈萨克、柯尔克孜和塔吉克等民族举行叼羊、赛马、摔跤等传统体育活动。

3. 圣纪节

圣纪节的时间为伊斯兰教历3月12日。这一天是穆罕默德的诞生日。据说穆罕默德归真也在这一天，故又称“圣忌日”。中国穆斯林习惯将“圣纪”与“圣忌”合并纪念，俗称办“圣会”。这一天要举行集会，在清真寺集体诵经，讲述“圣训”和穆罕默德生平，盛赞穆罕默德功绩。

（二）主要习俗

伊斯兰教的宗教习俗，最突出的是讲究卫生和注意饮食。伊斯兰教规定穆斯林礼拜前必须大净（从头到脚洗干净）或小净（洗手、洗脸），穿洁净的衣服，保持处所洁净。穆斯林一般都有良好的卫生习惯，他们勤沐浴，常冲洗。这已成为他们的风俗和优良传统。

伊斯兰教的饮食方面有许多规定。《古兰经》说：“允许他们吃佳美的食物，禁戒他们吃污秽的食物。”明文禁止食用的有：自死物、血液、猪肉、未诵真主之名而宰杀之物。禁止饮酒。驴、骡、狗等形象丑陋之物，凶猛禽兽等亦禁食。牛羊等必须先经诵安拉之名，宰后才能食用。

伊斯兰教的礼拜、斋戒和朝觐都有复杂的宗教仪式。礼拜要求对准麦加克尔白的方向，认准时间，诚心举意。礼拜顺序为：站立举意、抬手入拜、站立抄手、鞠躬、叩头、跪坐、念作证词。每日凌晨，伊斯兰教的宣礼员要在清真寺宣礼楼上朝克尔白方向高声呼喊，这被称为“唤拜”“宣礼”“喊邦克”。

伊斯兰教禁止拜像、赌博、抽签。以妇女头发为羞体，妇女必须戴面纱、盖头。敬茶、端饭、握手均以右手为尊。

七、伊斯兰教主要称谓

（1）伊玛目，即教长，逊尼派用以称穆斯林的领袖，什叶派用以称所拥戴的政教领袖。

（2）阿訇，指主持清真寺教务者，一般有数名。其中担任教坊最高首领和经文大师的分别称为“教长阿訇”和“开学阿訇”。

（3）毛拉，对伊斯兰教学者的尊称。新疆地区有些穆斯林对阿訇也称毛拉。

八、清真寺建筑

清真寺在中国又被称为礼拜寺，是伊斯兰教聚众礼拜的场所，在穆斯林的生活中占据重要地位，有穆斯林聚居的地方，就有清真寺。清真寺一般由大殿、望月楼、宣礼塔、讲经堂和沐浴室组成。礼拜大殿是清真寺的主体建筑，一律背朝麦加，在中国即坐西朝东。大殿内通常设置较为简洁，建筑内部不得设偶像，也不以动物形象做装饰，多以阿拉伯文经文和花草为装饰，大殿正面的后墙（背靠麦加一侧的墙，在中国即大殿西墙）正中有以看似拱门形小窗的凹壁，即壁龛，也称“窑殿”，用以指示朝拜方向。参加礼拜的人必须先盥洗、脱鞋，才能进大殿。

中国的清真寺有两种建筑风格：一种是阿拉伯或中亚式，另一种是中国传统的殿宇四合院式。

阿拉伯或中亚式：大殿上有圆形拱顶，有的还单独建有尖塔式邦克楼，供观月和呼唤礼拜用。这种风格的清真寺大多在新疆或沿海地区。较著名的有新疆喀什的艾提卡尔大寺、吐鲁番的苏公塔大寺、广州的怀圣寺、泉州的圣友寺、杭州的真教寺。

中国传统的殿宇四合院式：门前左龙右虎，中间有山门殿，进门有照壁，院内除大殿外还有楼阁碑亭，到处画栋雕梁，悬匾挂联。较著名的有西安化觉巷清真大寺、西宁东关清真寺、宁夏同心清真大寺、北京牛街礼拜寺、北京东四清真大寺、新疆乌鲁木齐大寺等。

第六节　基督教

一、基督教的创立与派别

基督教产生于1世纪罗马帝国统治下的巴勒斯坦地区，创始人为耶稣。相传耶稣是上帝的独生子，为圣灵降孕童贞女玛利亚生养成人。传说耶稣掌握许多神术，因而得罪当权者而被钉死在十字架上。据传其死后第三天复活，显现于门徒，复活后第四十天升天。

基督教有三个大教派：罗马公教、东正教、新教。中国人把罗马公教称为天主教，把新教称为基督教。

在基督教的发展史上，经历了两次大的分裂：11世纪中叶，由争夺教权引发，分裂为西部的天主教和东部的东正教；16世纪，由宗教改革引发，从天主教中分离出新的宗派——抗罗宗，我国称为新教。

（一）天主教

天主教的最高领袖为教宗。天主教执行七件圣事，即洗礼、坚振、圣体、告解、终傅、神品、婚配。宗教活动仪式隆重庄严，教堂内装饰豪华壮观。神职人员不结婚，礼仪语言是拉丁语。

（二）东正教

东正教信奉上帝、基督和圣母玛利亚，但不承认罗马教皇有高出其他主教的地位和权力。该教允许除主教以外的其他教士婚娶。东部教会即东正教，以君士坦丁堡为中心。“正教”有正统教义和正宗教会之意。他们不接受罗马教皇的领导，实行牧首制。

东正教有保守性，对基督教传统教义和礼仪不做任何改变；有神秘性，强调隐修、禁欲，与世隔绝；有依附性，依附于世俗政权，受制于皇帝；有多中心，各教区各自发展势力形成多中心。东正教教堂华丽，庄严隆重，气氛浓郁，圣乐团演奏仪式复杂。东正教执行七件圣事，画十字时用拇指、食指、中指三个指头。神职人员分黑品、白品两种：黑品不能结婚；白品可结婚，不能升教主。其教阶为：牧首—都主教—大主教—主教—修士修女。

（三）基督新教

基督新教不承认罗马教皇的权威，不信奉圣母玛利亚，其教义、礼仪及教会管理已做改革，不同于天主教和东正教。该教会也允许教士婚娶。1517 年，维登堡大学神学教授马丁·路德在同事支持下，按大学里神学辩论会传统，在维登堡大教堂门前贴出《关于赎罪券效能的辩论》95 条纲论，引发一场宗教革命。支持路德的形成新的派别，就是新教。新教废除天主教的教阶制度和烦琐的宗教仪式，对教义、礼仪、组织形式都做了不同程度的改革，使基督教适应了西欧新兴资产阶级的需要。其主要特点是：组织自由化；教堂简朴，只以十字架作标志；实行两件圣事（受洗和圣餐）；神职人员只有牧师，牧师可以结婚。

二、基督教在中国的传播

基督教在中国的传播几经起落，经历了唐、元、明末清初等几次反复，直至 19 世纪中叶才在中国社会扎下根。

（一）一传中国

基督教最早传入中国是在唐朝。635 年，流行于中亚的基督教聂斯脱利派由波斯传入长安，时逢贞观盛世，人们谓之“大秦景教”。景教传入中国 210 年后，在唐武宗灭佛时，景教也被斥为“胡教”，受到牵连，教士 2 000 余人被逐。此后，景教在中原地区绝迹，仅存 781 年所立的高约 2. 36 米的“秦景教流行中国碑”，现存于陕西历史博物馆。

（二）二传中国

13 世纪，随着成吉思汗大规模的军事远征，欧洲的基督教与我国边疆少数民族的聂斯脱利派建立了联系。元朝建立以后，元世祖忽必烈托马可·波罗致书罗马教皇，要求派传教士来华传教。当时基督教在中国被称为“也里可温教”或“十字教”。元朝还设立了专门负责宗教事务的机构。随着元朝的灭亡，该教亦随之衰亡。

（三）三传中国

1582 年，明朝后期，意大利天主教耶稣会士利玛窦来华传教。利玛窦重点利用先进的科学知识争取士大夫阶层，很快获得了极大的成功。到清康熙年间，我国基督教教徒已达 10 万余人，在全国 28 个城市建有教堂。后来由于基督教内部在“尊孔祭祖”的问题上爆发了中国礼仪之争，罗马教皇和康熙皇帝均出面干预，导致冲突升级。康熙态度十分强硬，宣布禁止在中国传播基督教，并驱逐了在华的传教士。

（四）四传中国

鸦片战争以后，特别是《中法黄埔条约》的签订，使基督教各派再次获得了在华传教的特权。在不平等条约的保护下，传教取得成功。

三、基督教的教义

（一）上帝创世说

基督教认为，在宇宙造出之前，没有任何物质存在，包括时间和空间都没有，只存在上帝及其“道”。上帝就是通过“道”来创造一切，包括创造地球和人。故上帝是全能的，是真善美的最高体现者，是人类的赏赐者。人们必须无条件地敬奉和顺从上帝，否则就要受到上帝的惩罚。

（二）原罪救赎说

基督教宣称，上帝创造人类的始祖亚当和夏娃，并将其安置在伊甸园过着无忧无虑的生活。但夏娃和亚当经不起蛇的诱惑，偷吃伊甸园里的善恶树上的禁果，因而被驱逐出园。亚当和夏娃的罪世世代代相传，成为整个人类的原始罪，也是人类一切罪恶和灾难的根源。即使刚生下即死去的婴儿也有原始罪。这种原始罪，人类无法自救，只有忏悔，基督才可为之赎罪。

（三）天堂地狱说

天堂是个极乐世界，在天堂里总是阳光灿烂、鲜花盛开，它是人人向往的福地，信仰上帝而灵魂得救，都能升入天堂。不信仰上帝，不思悔改的罪人，死后灵魂受惩罚下地狱。地狱则是恶鬼和受惩罚的灵魂的所在地，阴森可怕，寒冷黑暗，或烈火融融、高热难熬，或鲜血淋漓、残酷无比。

天主教和一部分东正教会还为既不能升天堂，又不能下地狱者设立炼狱，暂时受苦，炼净灵魂，罪恶赎完，可再升入天堂。

四、基督教的经典和标志

（一）基督教的经典

《圣经》包括《旧约全书》和《新约全书》。

《旧约全书》成书于公元前 6 世纪至公元 2 世纪之间，原是犹太教经典。用古希伯来文写成，共有 39 卷。基督教承续犹太教发展时，其经文也被奉为圣经，故称《旧约全书》，分为律法书、历史、文苑和预言四部分。书中记载了上帝和以色列民族订有永远尊奉上帝的盟约，故称“旧约”。内容主要是关于宇宙和人类的起源、有关的道德准则和宗教法典等，也有反映社会生活的寓言、格言、抒情诗等。

《新约全书》是随着基督教的传播而产生的。基督教宣称耶稣降世后，上帝和人类又重新订立了盟约，增编了《新约全书》。用希腊文写成，共计 27 卷，包括福音书、使徒行传、使徒书信和启示录四部分。主要讲述基督耶稣的生活、传教、受难及其弟子传播福音的故事，还有部分书信。

（二）基督教的标志

十字架本为古罗马刑具，基督教相信耶稣是为世人赎罪而被钉在十字架上受难而死，从此视十字架为上帝对世人的爱与救赎，作为信仰标志。十字架的样式很多，一般说天主教多用纵长方形十字架，而东正教多用正长方形十字架。

五、基督教信奉的对象

基督教信奉上帝或神、耶稣基督、圣母玛利亚、圣徒、天使等。

（一）上帝

上帝是“耶和华”的汉语音译，基督教继承了犹太教对上帝的信仰，把上帝视为世界万物的创始者和主宰者，也视为圣父。

（二）耶稣基督

耶稣基督被视为上帝之子，因人类有罪无法自救而被派到世上拯救人类。

（三）圣母玛利亚

圣母玛利亚因受圣灵孕而生耶稣，被称为圣母。

（四）基督的门徒

传说耶稣有十二个门徒，除犹大外，均受到信徒的普遍敬仰，被称为圣徒。

（五）天使

天使被看作上帝创造出来并派往人世间传达贯彻上帝旨意的天神。

六、基督教主要节日

（一）复活节

复活节是纪念耶稣复活的节日。据《新约全书》记载，耶稣被钉死在十字架是星期五，死后第三天（星期日）复活。复活节在欧美各国是仅次于圣诞节的重大节日。公元 325 年尼西亚会议规定，每年春分月圆后，第一个星期日（一般为公历 3 月21 日至 25 日）为复活节。

（二）圣诞节

圣诞节是西方各国最重大的传统节日，在每年的 12 月 25 日时纪念基督教的创始人耶稣的诞生日。

在西方，圣诞节这一天，机关、学校都放假，人们或亲友团聚，或聚集在教堂唱圣歌，观看圣诞剧，举行宗教仪式；孩子们则急切地等待着圣诞老人送来的礼物。节期从 12 月 24 日到次年 1 月 6 日，是全世界持续时间最长、流传最广、庆祝最隆重的节日。

复习思考题

一、填空题

1. 中国境内传播的四大宗教指的是________、________、________、________。

2. 佛教创立于公元前________的古印度，创始人是________。

3. 中国境内第一座佛教寺院是东汉明帝时代修建于洛阳的________。

4. 在佛教寺院中供奉佛的殿堂是________。

5. 黄教即藏传佛教的格鲁派，其创始人是明朝人________。

6. 藏传佛教的六字真言是________，意思是________。

7. 萨迦派第五代祖师________被元世祖忽必烈封为“帝师”，标志着西藏政教合一制度正式形成。

8. 中国本土宗教是________，其创始人是东汉末的________；尊奉老子李耳为教祖即道德天尊，住大赤天之太清宫。

9. 金初创立的全真道的创始人是________；流行于江南的正一道形成于元代，正一道的本山在江西________。

10. 沿海民间信仰之神妈祖，被尊为________。

11. 伊斯兰教创立于公元________世纪，创始人是________。

12. 伊斯兰教的主要经典是《________》，穆斯林聚众礼拜的场所是________。

13. 基督教创立于公元 1 世纪古罗马帝国时代，创始人是________。他的生日被奉为________节，即每年 12 月 25 日。

14. 基督教分为三大教派，即________、________、________。天主教的教廷设在罗马城西的________。基督教的标志是________。

二、名词解释

佛教四谛　三藏经　五体投地　《大藏经》　符箓　《圣经》

三、简答题

1. 大小乘佛教的主要区别是什么？

2. 简述藏传佛教达赖、班禅活佛转世系统形成的历史沿革。

第五章 中国古代建筑

第一节 中国古代建筑概述

我国疆域辽阔，历史悠久。在漫长的历史长河中，逐步形成了独具特色的中国古代建筑体系，并对周边国家建筑形式产生了深远影响，是影响最大的世界三大建筑体系（另两个分别是伊斯兰建筑体系和欧洲建筑体系）之一，在世界建筑史上具有十分重要的地位。

一、中国古代建筑的历史

由于技术水平的提高、社会政权的更替、审美意识的改变等原因，中国古代建筑在整个发展过程中呈现出明显的阶段性。

（一）萌芽时期——史前

史前时期木构架、榫卯等极具中国特色的建筑因素已经产生，可谓中国传统建筑的萌芽时期。从考古发现看，人工建造的建筑物至少在 1 万年前的新石器时代初期就产生了。距今七八千年前，地穴式、半地穴式房屋已经在中原大地流行。五六千年前的仰韶时代出现了较多地面式建筑，甚至有了连间建筑。南方地区由于气候温暖潮湿，流行干栏式建筑。在河姆渡遗址，发现了一座距今约 7 000 年的大型干栏式建筑。新石器时代中晚期出现了较多城堡，用于防敌、防洪、防野兽等，反映了当时生产力发展、阶层分化和社会动荡的现实。

（二）初步发展时期——夏商周

夏代建筑在史前基础上有了较大发展，主要体现在宫殿建筑方面。河南偃师二里头遗址发现一处夏代晚期的宫殿群。1 号宫殿由大型的夯土台基、殿堂、廊庑、庭院、大门组成。东西长 108 米，南北宽 100 米，总面积达 1 万平方米以上。殿堂、庭院、廊庑、大门组成一组布局严谨、主次分明的宫殿建筑群，有学者称为“廊院式”建筑布局。这种布局，不但可以加强宫殿的防卫，也可以显示宫殿的庄严、雄伟。其平面设计开创了我国宫殿建筑的先河，以后的宫殿建筑大多延续了这种设计理念。

商代后期不仅能建造宫室、宗庙及陵墓，能修建大规模的木构架建筑，同时还出现了院落群体组合。据《竹书纪年》记载：“纣时稍大其邑，南距朝歌，北距邯郸及沙丘，皆为离宫别馆。”这已为殷墟考古发现所证实。在殷墟发现了规模宏大的宫殿区，有超过100处的建筑基址，包括祭祀祖先的宗庙、高台式祭坛以及王室成员居住的地面建筑等。商代宫殿建筑与夏代相比，在空间划分上更加复杂。

西周的宫殿建筑发展为布局规整、分区明确的院落，其“三朝五门”制度成为后代宫廷建筑的渊源和准则。西周后期出现了瓦和斗拱，版筑技术也有所提高。瓦的出现是建筑史上的一项突出成就，它不仅解决了屋顶防水的问题，而且使各种形态屋顶的出现成为现实。

东周时期各国统治者不遗余力地追求“高台榭，美宫室”，修建了许多城市和宫殿。宫殿多建在高大的夯土台上，出现了砖和彩画。我国第一部工程技术专著《考工记》在此时成书。该书记载了战国及其以前的许多建筑制度，如王城的规划思想以及版筑、道路、门墙和主要宫室的标准尺度，并记录了一些宫城测量的技术，对后代都城规划有很大的影响。

（三）初步成熟期——秦汉

秦汉时期建筑的规模和水平超越了前代，达到了中国建筑史上的第一个高峰。木架构建筑渐趋成熟，主要的木架构形式——抬梁式、穿斗式、井干式都已出现，斗拱已普遍使用，能建造独立的大型多层木构楼阁。砖石建筑和拱券结构也有了很大发展。

秦代修建了规模空前的宫殿、陵墓、长城、驰道以及水利工程。秦灭六国以后，仿建各国宫殿于咸阳，又在渭水南岸修建新宫，还建了大量离宫别馆。现存的阿房宫前殿遗址，长达1 000余米，宽500米，规模惊人。秦始皇陵是我国历史上最大的陵墓，整个陵园面积达56.25平方千米。西汉长安城是当时世界上最大的都城，面积36平方千米，有大量规模宏大的宫殿。西汉的帝陵分布在渭河北面的高地上，高大的封土堆十分显眼。

汉代的建筑遗物以石阙和石祠为代表。阙是一种用于陵墓、宫殿前的建筑物，留存至今的都是石阙。在石阙身上，仿木结构建筑雕出柱子、阑额、斗栱、椽、屋顶等，有的形体高大，风格雄健，有的高挑纤细，形态优美，具有极高的艺术和科学价值。我国现存东汉至三国时期的石阙30余处，绝大部分在川渝地区。

（四）转型期——魏晋南北朝

三国南北朝时期建筑风格发生了变化，外观由汉式的端庄雄伟向活泼遒劲发展，为隋唐时期建筑的新发展准备了条件。

三国时期建筑风格继承汉代，由于战乱频繁，建筑成果不多。

汉魏邺城是我国历史上第一座轮廓方正、有明显中轴线的都城，对后代都城的规划建设有较大影响。魏晋南北朝时期最突出的建筑成就是佛寺、佛塔和石窟的大量兴建。佛教建筑与中国传统建筑相结合，出现了中国特色的佛教建筑。516年所建的洛阳永宁寺塔，高九层，总高约147米，很可能是我国历史上最高的木塔。遗留至今的河南登封嵩岳寺塔，十二面十五层，高38米，外轮廓作抛物线形，表现出很高的艺术和技术水平。

（五）成熟期——隋唐

隋唐时期在城市建设、木架建筑、砖石建筑、建筑装饰、设计和施工等方面都有巨大发展，是我国古代建筑的成熟时期。

隋代兴修大兴城（唐代改称长安）和开大运河都是人类历史上的壮举。大兴城的面积达到84平方千米，是人类进入现代社会之前所建的最大城市。由宇文恺规划建设，建设周期仅一年。605年，宇文恺又主持兴建东都洛阳，面积47平方千米，也是一年即基本建成。大兴城和洛阳城的规划建设充分显示了当时高超的设计和施工水平。唐代在隋朝的基础上继续修建长安城，修正城墙，建立城楼，又兴修了大明宫、兴庆宫等宫殿。这些宫殿规模宏大，以后各朝均未超过，可以说已经接近古代木构建筑尺度的极限。这一时期还开凿了南北大运河，修建了世界上最早的敞肩拱桥安济桥。

目前留存至今的最早木构建筑属于唐代，共有4座，均在山西境内。以建于782年的五台山南禅寺大殿和建于857年的五台山佛光寺大殿最为重要，从这些建筑看，唐代运用模数（指建筑设计中选定的标准尺寸单位）进行设计也达到了成熟地步。

（六）变革期——宋元

中国传统建筑从秦汉以迄隋唐，最重要的特点是磅礴大气。从宋朝开始，建筑风格逐步转向精致细腻，城市的商业气息渐浓，而住宅和园林则呈现出浓厚的人文气息。宋元是中国古代建筑史上的变革时期。

随着商品经济的发展，北宋都城汴梁突破了长期以来的里坊制束缚，成为我国第一个开放型的街巷制城市，是古代都城制度的巨大变革。宋代建筑比唐代增加了很多细腻的处理手法和装饰雕刻，建筑风格向精巧绮丽方向发展，室内装修和彩画的品种也比唐代大为增加。

《营造法式》的编撰是中国建筑史上的大事。该书编于北宋崇元二年（1103年），全书34卷，作者是将作少监李诫。它把唐代已经形成的以材为模数的大木构设计方法、其他工种的规范化做法和工料定额作为官定制度确定下来，并附以图样，是现存中国古代最早的建筑法规和正式的建筑图样。

元大都是中国最后一座按完善规划平地兴建的都城，也是唯一按街巷制创建的新都城，城市面积达49平方千米，城市规划明显受《考工记》中王城制度的影响，为明清北京城奠定了基础。元代的官式建筑继承北宋、金的传统，而用材变小，风格秀雅。此外，西藏、新疆、中亚等地的建筑纷纷传入中原，内地的建筑风格也影响到少数民族地区。不同民族、不同国家建筑风格的争奇斗艳是元代建筑的一大亮点。

（七）最后的辉煌——明清

由于商品经济的发展及各地方、各民族文化的进一步交融，至清代，中国古代建筑艺术走向最成熟的阶段，铸就了中国古代建筑史上最后的辉煌。

明清时期城市和宫殿建筑成就突出。明清北京城的宫殿、坛庙建筑是现存最完整、宏伟的古建筑群。另外，明清时期对地方城市也大力修整，如用砖、石包砌城墙、修建钟鼓楼等。

明清时期造园之风盛行，皇家园林数量多，规模大，南北私家园林也蔚为大观，达到了古代造园艺术的最高水平。同时还出现了造园理论和技术的名著《园冶》。《园冶》的作者是明末造园家计成，全书共3卷，附图235幅。由“园说”和“兴造论”两部分构成，分别论述了宅园、别墅营建的原理和具体手法，反映了中国古代造园的成就，总结了造园经验，是一部研究古代园林的重要著作，为后世的园林建造提供了理论框架以及可供模仿的范本。

明朝制定了一系列建筑制度，对王府、各级官署、官民住宅的布局、间数、屋顶形式、色彩等都有严格规定。1733年，清工部颁布的《工程做法则例》是当时各类官式建筑的工料和做法规范，与《营造法式》同为我国古代建筑史上最重要的两种历史文献。

（八）蜕变阶段——近现代

随着封建制度的解体、西方文化的东渐、现代科技的发展以及审美情趣的变迁，中国传统建筑在近现代受到极大冲击，逐步向现代化建筑转变。19世纪后期到20世纪上半叶，仿效西方建筑一度成为时尚。而西方人则直接在租界等洋人集中的地方修建西式建筑，如哈尔滨的俄式建筑、青岛的德式建筑等。北京、上海、天津等大都会则荟萃了各国建筑风格。与此同时，一些建筑师结合中、西传统，创造了一些中西合璧的建筑。

中华人民共和国成立以后，尤其是最近30年，我国建筑变革更加迅速，城乡建筑发生了很大变化。传统建筑在受到现代化冲击而濒危的同时，文化遗产保护意识日渐强烈，现有古建筑遗产的保护与可持续利用越来越受到重视。

二、中国古代建筑的基本构件

中国古建筑造型多样，富于变化，但大都由以下基本构件构成：

（一）台基

台基是高出地面的建筑物底座，又称基座。台基的四周边称“台帮”，上平面为室内地平。其主要作用为承托建筑物，增加单体建筑的高度，同时可以对房屋起到防潮、防腐的作用。依据形态和等级，台基可分为普通台基和须弥座台基两类，后者级别高于前者。

1. 普通台基

普通台基用素土或灰土或碎砖三合土夯制而成，一般用于小式建筑。上建汉白玉栏杆的台基级别较高，常用于大式建筑和宫殿建筑中的次要建筑。

2. 须弥座台基

须弥座又称金刚座，源自佛教，是常见的佛座之一。具体做法是：用多层砖石构件叠涩而成，中部束腰。等级较高，一般用于宫殿和著名寺院中的主要殿堂建筑。最高级台基由多个须弥座叠置而成，多重折角多重栏杆，从而使建筑物显得更为宏伟高大，用于最高级建筑，如故宫三大殿和山东曲阜孔庙大成殿。

（二）开间

在古建筑中，“间”的概念跟我们日常所说的“间”有一定区别，它指四根柱而不是四堵墙合围而成的空间。木构建筑正面两檐柱间的水平距离称为“开间”，或称“面阔”，各开间宽度的总和称为“通面阔”。中国古代建筑的开间数大部分是单数，而且开间越多表明等级越高。北京故宫太和殿、北京太庙大殿开间为十一间，曲阜孔庙大成殿为九开间。与开间相对应的是进深，指建筑的纵深间数。

（三）梁架

中国古代建筑的承重部分为梁架结构，主要包括柱、梁、檩、枋、椽等。关于中国古代建筑各承重部分的名称，不同时期不同地区有所不同。如果以横向的屋脊作为 x 轴，以房屋进深方向为 y 轴，以垂直的立柱方向为 z 轴的话，z 轴方向的圆木为柱；y 轴方向的圆木或方木为梁，梁由下至上层层重叠，逐渐缩短，最下方的长梁落在柱头上或通过斗拱落在柱头上，每层梁之间由短柱支撑形成梁架；x 轴方向的圆木为檩，最上方为脊檩。沿屋顶向下，在相邻两个梁架之间的每根梁端架檩。在檩架形成的斜面上，在檩上排列椽，形成屋顶的两个坡面的骨架。在骨架上加置望板，盖上瓦就形成了屋顶。抬梁式建筑的梁架结构各部位名称见图 5-1。

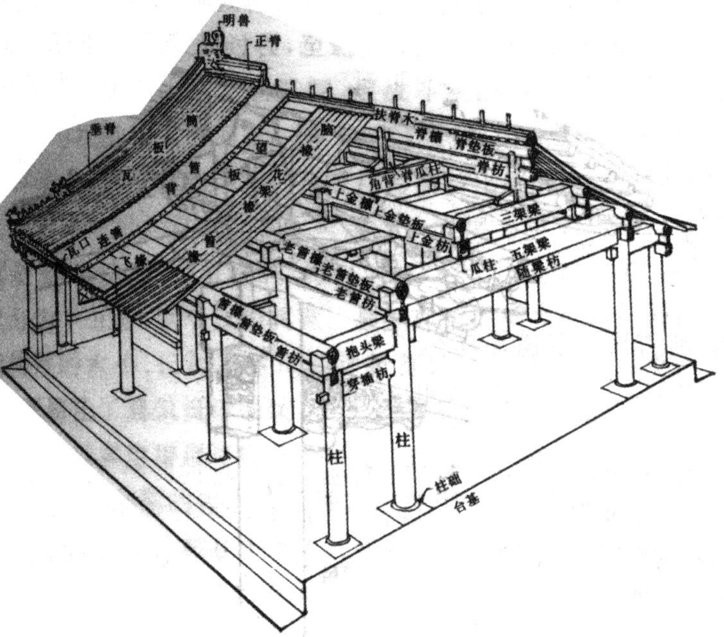

图 5-1　梁架结构各部位名称（以抬梁式建筑为例）

（四）斗拱

斗拱是我国木构架建筑特有的结构构件，由斗形木块和弓形的肘木纵横交错层叠构成。方形木块叫斗，弓形短木叫拱，斜置长木叫昂，总称斗拱。一般置于柱头或额枋与屋面之间，在结构上挑出屋檐，并将屋面的大面积荷载经斗拱传递到柱上。

（五）彩画

宋代以来彩画流行。北方官式彩画富丽鲜明，南方民间彩画素雅含蓄。彩画在用色上的最大特点是巧妙地使用退晕、对晕和间色手法，使很少的颜色却能给人绚烂多彩的感觉。我国古代建筑的彩画可分为和玺、旋子、苏式三大类。

1. 和玺彩画

和玺彩画是最高级彩画，仅用于宫殿、坛庙的主殿、堂、门。其主要特点是画面由各种不同的龙凤图案组成，间补以花卉图案，其中主要线条及龙等用沥粉贴金。著名的如北京故宫太和殿，彩画金碧辉煌，壮丽异常。

2. 旋子彩画

旋子彩画级别仅次于和玺彩画，常用于宫殿、坛庙的次要殿堂和寺庙中。其主要特点是在藻头内使用旋涡纹的花瓣，即所谓的旋子。此种彩画有的贴金粉，有的不贴金粉。

3. 苏式彩画

苏式彩画俗称“苏州片”，等级最低，源于江南苏杭地区民间传统做法，故名。一般用于住宅和园林的小型建筑，如亭、台、廊、榭以及四合院住宅额枋上。常绘以山水风景、人物故事、花鸟虫鱼、博古器物等，基本上不用金粉，所以显得较为素雅。

（六）藻井

中国传统建筑中室内顶棚中央一般做成向上隆起的井状，称为藻井。藻井有方形、多边形或圆形等形状，周围饰以各种花纹、雕刻和彩绘。多用在宫殿、寺庙、石窟寺中的宝座、佛坛上方等重要位置以及仿木结构墓葬顶部中央。

（七）山墙

山墙是建筑两侧上部呈山形的墙面，除硬山建筑外，均止于檐下。山墙超出屋面的部分为封火墙，起着装饰和减少风势、延缓火情蔓延的作用。有的封火墙随屋顶的斜坡面而呈阶梯形，犹如许多马头一般，俗称“马头墙”。

（八）屋顶

屋顶是中国古代建筑最有特色的部分，被称为“中国式大屋顶”。通过梁架层叠的方法，以及角梁、翼角、椽、飞椽、脊吻等的应用，屋顶中直线和曲线巧妙结合，形成向上微翘的飞檐，不但增加了出檐，扩大了采光面，而且增添了建筑的美感，远观犹如雉鸟展翅，因此中国传统建筑又被誉为“翚飞式建筑”。

中国古建筑屋顶形式种类丰富，主要有硬山顶、悬山顶（挑山顶）、歇山顶、庑殿顶、攒尖顶、穹隆顶、平顶、单坡、毡包式、盝顶、盔顶、卷棚顶、囤顶等（见图 5-2）。

1. 庑殿顶

前后左右四面都有坡度的屋顶叫庑殿顶。有一条正脊和四条斜脊，且四个面都是曲面，又称四阿顶。重檐庑殿顶是古代建筑中最高级的屋顶式样，一般用于皇宫、庙宇中最主要的大殿，可用单檐，特别隆重的用重檐，著名的如北京故宫的太和殿。

2. 歇山顶

歇山顶的等级仅次于庑殿顶。它由一条正脊、四条垂脊和四条斜脊组成，故俗称九脊顶。其特点是把庑殿式屋顶两侧侧面的上半部直立，形成一个悬山式的墙面。歇山顶常用于宫殿中的次要建筑和住宅园林中，也有单檐、重檐的形式。如北京故宫的保和殿就是重檐歇山顶。

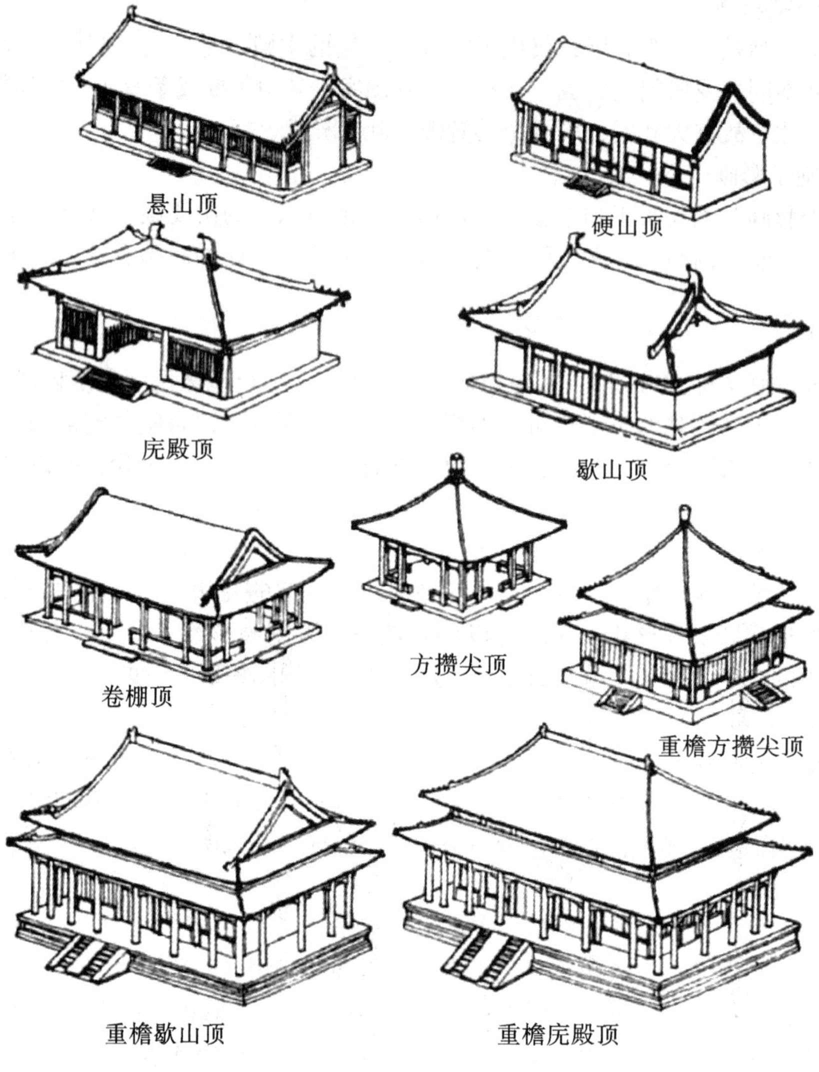

图 5-2　中国古建筑各式屋顶

3. 悬山顶

悬山顶又称挑山顶。悬山顶是两坡顶的一种，等级次于庑殿顶和歇山顶，是我国一般建筑（如民居）中最常见的形式。其特点是屋面有一条正脊和四条垂脊，瓦顶两端延伸到山墙以外五六椽甚至七八椽。

4. 硬山顶

硬山顶的做法是屋顶到山墙处停止不外出覆盖山墙，常见于民居建筑。这种建筑形式是明清时期砖石较多用于民居建筑之后才盛行起来的。

5. 攒尖顶

攒尖顶的特点是屋面无正脊，数条垂脊交合于顶部。建筑平面大多为正方形、圆形和正多边形。可分为四角攒尖顶（又名方攒尖顶）、六角或八角攒尖顶、圆攒尖顶。多用于面积不太大的建筑屋顶，如塔、亭、阁等。

三、中国古代建筑特点

中国古建筑在世界建筑之林中独树一帜，在建材、结构、形态、装饰、组合方式、建筑理念等很多方面都有自己的鲜明特点。

（一）使用木材作为主要材料，采用框架式结构

与西方建筑多使用石材不同，我国建筑材料以木材为主，辅之以砖石和土坯。

中国传统木结构建筑由立柱、横梁、顺檩等主要构件通过榫卯连接而成，各个构件构成富有弹性的框架结构。就具体架构方式而言，中国古代木构架主要有抬梁、穿斗、井干三种不同的结构方式（见图 5-3）。

抬梁式是在立柱上架梁，梁上又抬梁，所以称为“抬梁式”。因为柱子和梁一起构成承重系统，故又称“柱梁式”。北方地区以及宫殿、坛庙、寺院等大型建筑物中常采用这种结构方式。穿斗式是用穿枋把一排排的柱子穿连起来成为排架，然后用枋、檩连接而成，故称作“穿斗式”。这种结构多用于南方民居和较小的建筑物。井干式是用木材交叉堆叠而成的，因其所围成的空间似井而得名。这种结构比较原始简单，常见于东北地区，现在除少数森林地区外已很少使用。

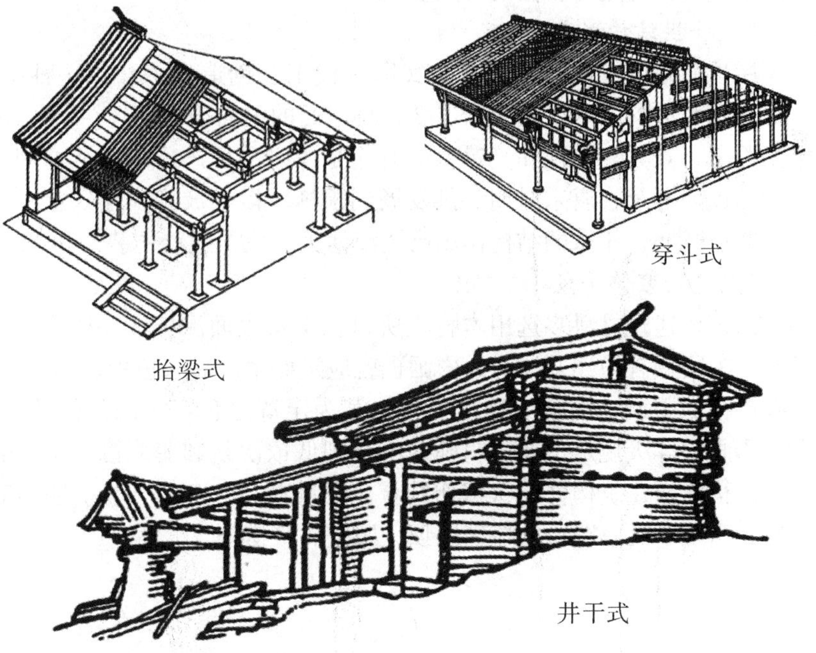

图 5-3　中国古建筑三种主要的木架构形式

（二）灵活安排空间布局

由于特殊的木架构形式，我国古建筑的承重与围护结构分工明确，屋顶重量由木构架来承担，外墙起遮挡阳光、隔热防寒的作用，内墙起分割室内空间的作用。由于墙壁不承重，建筑物的内部空间布局有极大的灵活性。

（三）实行单体建筑标准化

我国古代建筑重视单体建筑的标准化。从现存的 4 座唐代木结构建筑看，当时已使用模数制的设计方法，用料尺度规格化，标志着中国古建筑在唐代进入了成熟时代。北宋《营造法式》和清代工部《工程做法则例》把唐代已经形成的以材为模数的大木构设计方法、其他工种的规范化做法和工料定额作为官定制度确定下来，并附以图样，成为建筑的范式，促进了建筑标准化的进一步发展。由于重视标准化，所以我国古代建筑施工速度很快，隋大兴城和隋洛阳城都只用了一年时间即基本建成。但标准化的严格实施也抹杀了设计师和工匠的创造力，导致我国的古建筑形式风格较单一。

（四）重视建筑组群平面布局

我国古建筑最小的单位是“间”，数量不等的“间”构成单座建筑，再以单座建筑组成庭院，庭院扩而大之连成一条巷子，若干巷子纵横排列形成小街区，若干小街区可组成一个里坊，若干里坊构成方格网状街道系统的城市。这种中轴对称的平面布局方式显得内向含蓄，稳重大方。园林则采用了因地制宜的灵活布局方式，追求“虽由人作，宛自天开”的艺术效果。总之，中国古建筑群具有一种简明的组织规律，是绝对对称与绝对自由的对立统一。

（五）创造斗拱结构形式

为解决屋顶荷载以及出檐的问题，我国古代工匠创造出了斗拱这种结构形式。它由斗形木块和弓形的肘木纵横交错层叠，将屋面的大面积荷载经斗拱传递到柱上，并加大出檐距离，兼具实用性和美感，同时还是等级的标志。斗拱从商周时期开始萌芽，汉代已逐渐普及，唐宋时期斗拱发展到顶峰阶段，成为古建筑上一个非常显眼的构件。明清时期，斗拱的结构作用已逐渐消失，成了纯粹的装饰和等级标志。

（六）运用色彩装饰手段

由于我国古代建筑材料多选用木材，所以在木材表面涂抹油漆防腐、防潮、防虫十分必要，中国特有的建筑油饰、彩画也就应运而生。后来色彩也具备了等级性，在使用时有严格的限制。明清时期规定朱、黄为至尊之色，民间只能使用黑、栗、灰等颜色。彩画的等级规定也非常明确，由高到低依次是和玺彩画、旋子彩画和苏式彩画。彩画构图与建筑构件形状密切结合，绘制精巧，色彩丰富。明清时期还流行琉璃制品，出现了五彩缤纷的琉璃屋顶、照壁、踏道等。

第二节　中国古代城市规划与城防建筑

我国城市和城防建筑历史十分悠久。据考古发现，在距今五六千年前的仰韶时代就出现了城市的雏形——城堡。整个新石器时代的城堡建筑约五六十座，这些城堡还不是真正意义上的城市，而是用来防敌、防洪、防野兽的防御性建筑。大约在商周时期，城堡逐步发展为城市，西周已经出现规划比较完备的城市。汉长安、唐长安、北宋汴梁、南宋临安、元大都、明清北京城规模宏伟，规划整齐，都是当时世界上著名的大都市。城防建筑与城堡建筑相伴而生，最初的城堡就是城防建筑，后来城墙又衍生出长城、界壕类城防建筑。

一、中国古代城市规划概况

城市规划是为了实现一定时期内城市的经济和社会发展目标，确定城市性质、规模和发展方向，合理利用城市土地，协调城市空间布局和各项建设所做的综合部署和具体安排。我国古代一直重视城市的规划，在长期的实践中形成了一些宝贵经验。总体来看，中国古代城市规划发展历史可分为三个阶段。

（一）起源和初步发展阶段

距今五六千年前已经出现规模较小的城堡，夏商周时期出现了规模较大的、防御系统较完备的都城。根据考古发现，可以确认的都城有河南偃师尸乡沟商城、郑州商城和安阳殷墟、扶风的周原遗址和西安的丰镐遗址等。夏商周时期的都城规模不大，城内有宫城，宫城内有宫殿。东周列国都城呈现百花齐放态势，各诸侯国均重视都城的建设，城市面积增大，形态趋于复杂。一般分为宫城和郭城两部分，这种大小城制度对后世城市规划有深远影响。

秦汉时期，城市规划理念逐渐突出，大小城制度得以继续贯彻，专门的市场也得到妥善规划。汉长安城的四面各有 3 个城门，每个城门有 3 个门道，经由城门的主要大街都分成平行的三股。长乐宫和未央宫在城南部，东市和西市在城北部，这种规划与《考工记》中关于王城的规制基本相符。

（二）里坊制阶段

三国两晋南北朝时期的城址，多利用东汉旧城改建而成，改建重点在于集中宫苑衙署和加强西北隅的军事据点，扩大并规整居民区，调整并对称地安排工商业区。如汉魏邺城布局严谨，功能分区明确，全城作棋盘式分割，居民与市场纳入这些棋盘格中组成“里”（后代称“坊”），成为一个较成熟的里坊制城市。汉魏洛阳城的规划与此相似。邺城和洛阳城的规划对后代都城有很大影响。

隋唐长安城的规划是中国古代最杰出的城市规划成就之一。由城市规划家宇文恺制定并按照规划进行建设。城市平面为矩形，采取严格的中轴线对称布局，宫城居中偏北，北连禁苑，南接皇城。宫城皇城以外为里坊区，11 条南北向大街和 14

条东西向大街将其划分为棋盘式的格局，其间布列 110 个坊及东西两市。长安城的规划影响深远，日本的平安京和平城京都仿效隋唐长安城布局而建。

（三）街巷制阶段

唐代后期，随着商品经济的发展，里坊制首先在扬州等经济发达城市遭到破坏。北宋时期首都汴梁商业繁荣，妨碍商品交易的坊墙被拆除，居民区由原坊内小街发展成横列的巷（胡同），商业沿街巷分布。汴梁成为街巷制城市。这是我国都城规划上的一个大转折，对元大都、明清北京城的规制有很大影响。

元大都是按规划新建的街巷制大城市，由城市规划专家刘秉忠主持规划，采用汉民族传统的都城规划原则，布局严整对称，南北轴线与东西轴线相交于城市的几何中心。明清北京城是在元大都的基础上改建和扩建而成的，由皇城、内城和外城三部分组成。街道成相互垂直的方格形，大、小街巷散布着各种各样的商店和作坊。

二、中国古代城市规划的特点

（一）按照一定的制度进行规划和设计

中国古代的城市，特别是都城和地方行政中心，往往是按照一定的制度进行规划和建设的。《考工记》中对周代的城市建设制度有明确记载。如王城的营建："匠人营国，方九里，旁三门，国中九经九纬，经涂九轨，左祖右社，面朝后市，市朝一夫。"周代王城平面图见图 5-4。其他城市的大小、城内道路的宽度、城墙的高度和建筑物的颜色都与受封者的等级相关联，不能僭越。这些关于城市规划的原则对汉代以后城市的规划布局有很大影响。如汉魏邺城、隋唐长安城、元大都和明清北京城的规划布局，可以说是比较严格遵循上述原则的。

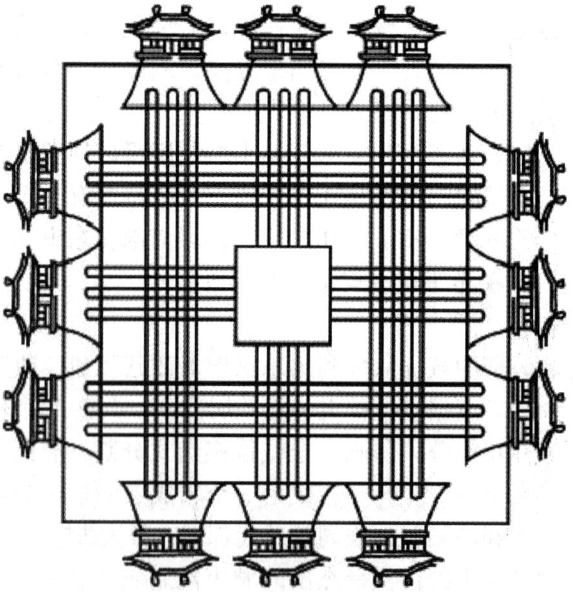

图 5-4　聂崇义《三礼图》中的周王城平面图

（二）重视城市选址

人们在长期的生产、生活实践中体会到城市选址关系着城市的兴衰，因此逐渐形成了城市选址的意识并积累了一些实践经验。从文献看，周武王时期，在确定成周和洛邑的城址时就有了“相土”意识。把城市建立在河道旁边的台地上，既方便交通、防卫、取水，又利于消防。《管子》一书中就反对商周以来用占卜确定营邑的方法，提出“凡立国都，非于大山之下，必于广川之上，高毋近旱而水用足，下毋近水而沟防省”的原则，主张建设城市要选择依山傍水的地形，以免受旱涝之害，并能节省开渠引水和筑堤防涝的费用。

（三）以方格网街道系统为主，区划整齐

我国古代的城市，尤其是秦汉以来的都城多采用方格网街道系统，区划整齐。

汉魏邺城是我国历史上第一个规划方整的都城，此后的隋唐长安城将这种布局发展到极致。方格形的街道网便于交通和布置建筑，并且利于城市管理。汉长安城设有集中的市，有官吏管理。唐长安城集中设置的东市、西市规模很大，按行业设肆。北宋开封城则突破专设市场的做法，沿街设店，形成繁华的商业街。汉长安城中就有作为居住区单位的里，邺城和洛阳城的里坊制已较为完善。隋唐长安城的里坊管理更为严格，有坊墙坊门。宋以后的城市虽有里坊名称，但已无坊墙坊门。

（四）采用中轴线对称的平面布局

中国古建筑追求中轴线对称布局，城市规划也不例外。中国古代城市尽量按照规整的平面布局进行规划，因此有许多大大小小的中轴线。这种平面布局既统一又富于变化，是中国古代城市布局的传统特征。其渊源大致有二：一为中国庭院建筑传统。庭院式建筑主次分明，习惯用中轴线突出主要建筑物。二为中国传统统治理念。中国文化传统长期强调社会的“序”，即社会等级和秩序，通过中轴线的布局可以凸显建筑的等级观念和秩序感。

（五）重视水源的利用和城市的绿化

水源是城市的生命源泉，中国古代城市大多坐落于河流附近，尤喜河流交汇处。缺水的北方城市如唐长安、宋汴梁和元大都，都因地制宜地把水流引入城内，在总体布局上把城市建筑和水面、绿地巧妙地结合起来，既满足了生产、生活用水的需要，也美化和改善了环境。南方城市的规划更注意利用河流的舟楫之便，有的还在城中开辟一套与街道相辅的河道网，供交通和排水之用，形成独特的城市风貌。

三、城防建筑

（一）现存城市防御建筑

中国古代城市的防御建筑主要有护城河（城壕）、吊桥和城墙，城墙上有马面、城楼、角楼、垛口、城门等防御工事，构成一整套坚固的防御体系。中国现在保存较好的古城已经不多，城防建筑保留得就更少了。

1. 南京明城墙

南京是我国四大古都之一，唐宋时即有“六朝古都”之称。现在保留的城墙是明代南京（时称应天府）城的内城城墙，建于元至正二十六年（1366 年）至明洪武十九年（1386年）。城垣内侧周长33千米，城基的宽度为14米左右，高14~18米，顶部的宽度为4~9米。城垣用巨大的条石砌基，用巨砖砌成，以糯米浆、石灰浆、桐油作黏合剂，十分坚固。城墙上还有垛口13 616个，窝铺200座，以供军事防守之用。城门13座，其中聚宝（中华）、石城、神策、清凉四门保存至今。聚宝、三山和通济三座城门各有城墙四道，每两道之间为瓮城。此外还有所谓“藏兵洞”27个，据说共可藏兵3 000人以上，这种设施在我国古代的其他城市极为少见。1988年明南京城墙被列为全国重点文物保护单位。

2. 北京城墙和城门

今天的北京城是建立在元大都基础之上的，经过明清的扩展形成了老北京城结构，由外城、内城、皇城、紫禁城构成。外城又称罗城，总长28千米，高10米，明朝嘉靖年间增筑。外城墙是内城墙南墙的外围部分，有七门：永定门、左安门、右安门、广渠门、广安门、东便门和西便门。内城墙总长23.6千米，高11.8米，有九门：正阳门、崇文门、朝阳门、东直门、安定门、德胜门、西直门、阜成门、宣武门。皇城总长约9千米，环绕着紫禁城，共七门：天安门、地安门、东安门、西安门、大明门（大清门、中华门）、长安左门和长安右门。皇城之中是紫禁城，城墙总长3千米，高10米，共四门：午门、神武门、东华门和西华门。到清末时，城墙逐渐拆除，中华人民共和国成立后由于城市建设的迅猛开展，北京的城墙和城门被大量拆除，目前仅保留几个孤零零的城门，如正阳门、德胜门等，内城老城墙仅存东便门东南角楼至崇文门一段。目前，北京已经修建了“元大都城垣遗址公园”“皇城根遗址公园”供人们凭吊。

3. 西安明城墙

现存的西安城墙建于明初洪武年间，由护城河、吊桥、城楼、闸楼、箭楼、正楼、角楼、敌楼、女儿墙、垛口等一系列军事设施构成严密完整的军事防御体系。城垣外围护城河宽20余米。城墙用黄土分层夯筑，底宽18米，顶宽15米，城墙上外侧筑有雉堞5 984个，东墙长2 590米，西墙长2 631.2米，南墙长3 441.6米，北墙长3 241米，周长11.9千米。有城门四座：长乐门、安定门、永宁门、安远门。每座门外设箭楼，内建城楼，两楼之间建瓮城。为保护和利用珍贵遗产，西安市已沿城墙外侧建成“环城公园”，供人们休闲游览。

4. 平遥城墙

山西平遥是我国保存完好的四座古城之一。城墙建于明洪武三年（1370年）。城池平面呈方形，其余三面皆直列砌筑，南侧城墙沿中都河而建，故略显蜿蜒。墙外有护城河，宽度和深度均为4米。城墙高12米左右，平均宽3.5米，周长6.4千米。城墙内墙为土筑，外墙用青砖包砌。周辟六门，东西门外又筑瓮城。城门上原建有高数丈的城门楼，四角各筑角楼，每隔50米筑城台一座，连同角楼，共计94座，今大多已残坏。1988年，平遥城墙被公布为第三批全国重点文物保护单位之一。1997年，包括平遥城墙在内的平遥古城被列入世界文化遗产名录。

（二）古长城建筑

长城是古代中国农业民族在不同时期为抵御北方游牧民族侵袭而修筑的规模浩

大的城墙形军事工程的统称。各时期的长城东西绵延上万里，因此俗称“万里长城”。长城的修建主要经历了4个时期：春秋战国时期齐、魏、燕、赵、秦等国相继兴筑；秦始皇将秦、赵、燕长城连接起来，西起临洮，北傍阴山，东至辽东，长达万里；汉、北魏、北齐、北周、隋各代也曾在北边与游牧民族接境地带筑过长城；明代曾多次修筑长城，西起嘉峪关，东至鸭绿江，全长7 000千米以上，平均高6~7米、宽4~5米。现存的长城遗迹主要为明长城。长城沿线还建有许多关城，如山海关、嘉峪关、平型关、雁门夫、居庸关、白虎关、娘子关等。1987年长城被列入“世界文化遗产名录”。

第三节　宫殿与坛庙

一、宫殿

（一）宫殿建筑的起源与发展

宫殿是中国古代最豪华的建筑类型，起源于原始社会用于首领居住和集会议事的“大房子”，从夏代开始成为帝王居住和办公的地方。目前考古发现的最早的宫殿见于河南偃师二里头遗址，时代为夏代晚期，其次是商代中期的湖北黄陂盘龙城遗址和商晚期的河南安阳殷墟。春秋战国时期，各国诸侯将宫殿建筑在高大的夯土台上，再分层建造木构房屋，呈现出“高台榭，美宫室”的景象。秦汉以后，宫殿规模更为宏伟，如秦始皇的阿房宫，汉武帝的未央宫、长乐宫、建章宫等。魏晋南北朝时期开创东西堂制度，即以太极殿为大朝正殿，侧殿建东西堂为上朝及宴会、居住用。隋唐时期的著名宫殿有太极宫、大明宫、兴庆宫等。元、明、清时期的宫殿规模更加庞大，布局更加严整、对称，宫殿建于巨大的“工”字形台基上，更增其雄伟壮丽。由于自然和人为的诸多原因，历史上曾辉煌一时的许多宫殿已不存在，目前保存较好的宫殿主要有北京故宫、沈阳故宫以及布达拉宫三处。

（二）宫殿的布局与陈设

宫殿作为帝王所居及办公场所，在布局和陈设方面非常讲究，不仅要求美观大方，而且要求寓意深刻。

1. 宫殿的布局

（1）中轴对称。宫殿建筑采取严格的中轴对称布局方式以体现君权受命于天和以皇权为核心的等级观念。中轴线上的建筑高大华丽，轴线两侧的建筑低矮简陋，这种鲜明反差体现了皇权的至高无上。中轴线纵长深远，轴线两旁的建筑形成统一而有主次的整体，显示了帝王宫殿的尊严华贵，给人以强烈的威压感。

（2）左祖右社（左庙右社）。中国宗族观念浓厚，崇敬祖先、提倡孝道，加之以农业立国，因此特别重视土地和粮食，“有粮则安，无粮则乱”的观念深入人心。左祖右社就是这种观念的集中体现。所谓“左祖”，是在宫殿左前方（以宫殿本身朝向为准）设祖庙，作为帝王祭拜祖先的地方。因为是天子的祖庙，故称“太庙”。

所谓“右社”，是在宫殿右前方设社稷坛，社为土地，稷为粮食，社稷坛是帝王祭祀土地神、粮食神的地方。北京的太庙在天安门东侧文化宫内，社稷坛在天安门西侧中山公园内。

（3）前朝后寝。这是宫殿自身的布局，从《考工记》推测周朝已经形成制度。“前朝”是帝王上朝理政、举行大典之处，“后寝”是帝王与后妃们生活居住的地方。北京故宫在中轴线上的建筑就分前朝和后寝两部分，前朝主要有太和殿、中和殿、保和殿三大殿，后寝有皇帝的寝宫宁寿宫、皇太后居住的慈宁宫、妃子们居住的东西六宫、御花园等。

（4）三朝五门。这种宫殿制度也始于周朝，并一直沿袭至清代。三朝是指外朝、内朝（治朝、中朝）、燕朝（内朝），五门分别是皋门、雉门、库门、应门、路门。以明清故宫为例，午门至天安门之间为外朝，太和门内及太和殿为内朝，乾清门内及乾清宫为燕朝，五门是大明门（大清门、中华门）、承天门（天安门）、端门、午门、奉天门（太和门）。

2. 宫殿的陈设

（1）华表。华表是古代设在宫殿、城垣、桥梁、陵墓前作为标志与装饰用的大柱，由台座、石柱、云板、承露盘几部分构成。华表历史悠久，最早可以追溯到尧舜时代指路的木柱，后来君主让人们在上面刻写意见，称“诽谤木”。到了汉朝，诽谤木的“纳谏”作用已完全消失，仅剩下路标的作用，并且改名为“桓表”。因古代桓、华二字的读音相近，故桓表逐渐又被叫作“华表”。汉以后，华表的应用范围愈来愈广，宫殿、桥梁、陵墓、城垣的前面往往皆有华表矗立，而且渐渐改木为石，建造也日益精美。高耸挺拔的华表矗立在皇宫内外，不仅给人以崇高纯洁之感，更体现了皇家的高贵与尊严。

（2）石狮。石狮雕刻本来是放于陵墓前的，象征凶猛、威武，以示辟邪。明清时期，宫殿和庭院的大门前也出现了石狮。其功能有二：一是把守门阙，起辟邪作用；二是显示主人的威严和势力。宫殿大门前的石狮都是一对，一般为左雄右雌。爪下为球的是雄狮，象征着统一寰宇和无上权力，爪下踩幼狮的是雌狮，象征着子孙绵延。天安门前的两对石狮是我国石狮中的精品。

（3）吉祥缸。吉祥缸是宫殿前庭院中盛满清水的金属大缸，又称“门海”。古人认为门前有大海就不怕火灾，因此这些大缸被称为“吉祥缸”。“吉祥缸”一般有铜、铁两种，有的铜上有鎏金。缸上装饰有辟邪用的铺首衔环。北京故宫的吉祥缸在清朝时归内务府统一管理。每天都要将缸内盛满水，以备消防之用。到了冬天，还要在缸外套上特制的棉套，上加缸盖，并在缸下放置炭火，以防缸内结冰，直到来年天气回暖之际才解套、撤火。

（4）嘉量。嘉量是我国古代的标准量器，全套量器从大到小依次为：斛、斗、升、合、龠。嘉量放在宫殿门前，象征着国家统一和物阜民丰。故宫现存的三个铜制鎏金嘉量分别设置在午门、太和殿和乾清宫的前面。

（5）日晷。日晷是我国古代的一种计时器，又称日影，由晷盘和指针组成，晷盘上有刻度。它利用太阳的投影与地球自转的原理，通过指针阴影所在的刻度来表示时间。

（6）铜龟、铜鹤。龟与鹤是中国文化中的神灵动物，用来象征长寿，庆贺享受天年。其中最有名的被称为龙头龟、仙鹤。

（7）鼎式香炉。鼎式香炉是我国古代举行大典时用来燃烧檀香和松枝的一种礼器，有盖为鼎，无盖为炉。

（三）现存宫殿建筑

1. 北京故宫

北京故宫又称紫禁城，是明清两朝的皇宫，现已辟为故宫博物院对外开放。它位于北京天安门广场北侧，始建于明永乐四年（1406 年），基本建成于明永乐十八年（1420 年）。平面呈长方形，占地 15 万平方米。宫墙高 10 米，长达 3 428 米，设有午门、神武门、东华门、西华门四门，四角建有角楼。墙外环绕宽 52 米、长 3 800米的护城河。1973 年实测故宫有大小院落 90 多个，房屋有 980 座，共计 8 707 间。故宫是世界上现存规模最大、最完整的古代木构建筑群。1961 年被定为全国第一批重点文物保护单位，1987 年被联合国教科文组织列入世界文化遗产名录。

2. 沈阳故宫

清人入关前的皇宫，原名盛京宫阙，后称奉天行宫。沈阳故宫始建于后金天命十年（明天启五年，1625 年），建成于清崇德元年（明崇祯九年，1637 年）。清顺治元年（1644 年）清政权移都北京后成为“陪都宫殿”。沈阳故宫占地面积 6 万平方米，有建筑 90 余所，300 余间，是中国现存仅次于北京故宫的最完整的皇宫建筑，在建筑艺术上承袭了中国古代建筑的传统，集汉、满、蒙古族建筑艺术于一体，风格独特，具有很高的历史和艺术价值。1961 年被定为第一批全国重点文物保护单位，2004 年作为明清皇宫文化遗产扩展项目列入世界文化遗产名录。

3. 布达拉宫

布达拉宫坐落在西藏首府拉萨市区西北海拔 3 700 米的红山之上，由白宫和红宫及其附属建筑组成。最初是松赞干布为迎娶文成公主而兴建的，17 世纪重建后，布达拉宫成为历代达赖喇嘛的冬宫居所。整座宫殿具有鲜明的藏式风格，依山而建，气势雄伟。布达拉宫中还收藏有无数珍宝，堪称一座艺术的殿堂。1961 年，布达拉宫被定为第一批全国重点文物保护单位，1994 年列入世界文化遗产名录。

二、坛庙

中国人历来重视对祖先和自然神的崇拜，为此修建了大量的礼制建筑，包括坛、庙、祠等。在漫长的中国古代建筑文化史中，坛庙始终是一种极其重要的文化现象。

（一）祖庙与社稷坛

1. 祖庙

祖庙是祭祀祖先的地方，帝王祭祀祖先的家庙称太庙。按周制，位于宫前左侧。社是土地之神，常用五色土象征国土；稷是农业之神，即能生长五谷的土地神。社和稷，反映了我国古代以农立国的传统。祭祀社稷，在于祈求全国风调雨顺、天下太平。

太庙是明清两代皇帝祭奠祖先的家庙，太庙位于北京市天安门的广场东北侧。始建于明永乐十八年（1420年），占地二百余亩，是根据中国古代“敬天法祖”的传统礼制建造的。主体建筑为大殿，大殿两侧各有配殿十五间，东配殿供奉着历代有功皇族神位，西配殿供奉异姓功臣神位。大殿之后的中殿和后殿都是黄琉璃瓦庑殿顶的九间大殿，中殿称寝殿，后殿称祧庙。此外还有神厨、神库、宰牲亭、治牲房等建筑。辛亥革命以后，太庙一度仍归清室所有，1924年辟为和平公园，1950年改为“劳动人民文化宫”。1988年太庙被列为全国重点文物保护单位。

2. 社稷坛

社稷坛位于天安门城楼西侧，原是明清两代皇帝祭祀社（土地神）、稷（五谷神）之处，现为中山公园。社稷坛的主体建筑有社稷坛、拜殿及附属的戟门、神库、神厨、宰牲亭等，多建于明永乐年间。社稷坛是一座三层的方坛，用汉白玉砌成，自下向上逐层收缩。坛的四周砌墙，东西南北各辟一座棂星门。坛面上铺五色土，分别为中黄、东青、南红、西白、北黑，以五行学说中的五色对应五方，以示“普天之下莫非王土”。

（二）天坛与地坛

1. 天坛

北京天坛是明清两朝皇帝祭天的地方，为我国现存最完整、规模最大的一处古代坛庙建筑。天坛自明代永乐四年（1406年）设计兴工，到永乐十八年（1420年）建成完工。天坛总面积273万平方米，外坛墙周长5.6千米，分内外两重，北部围墙均为圆形，南部围墙呈方形，象征“天圆地方”。天坛的主体建筑由圜丘坛、皇穹宇、祈谷坛、斋宫四部分组成，其布局略呈“品”字形。天坛于1998年列入世界文化遗产名录。

2. 地坛

地坛又称方泽坛，始建于明代嘉靖九年（1530年），为北京五坛中的第二大坛，坐落在安定门外东侧，与天坛遥相对应。地坛是明清两朝皇家祭祀“皇地祇神”之场所，也是中国最大的“祭地”之坛。这个建筑群坐南向北，由回字形两重正方形坛墙环绕，分成内坛和外坛两部分。地坛于2006年列入全国重点文物保护单位。

（三）文庙与武庙

1. 文庙

文庙是祭祀我国古代著名的思想家、教育家、政治家、儒家学派的创始人孔子的场所，故又称孔庙。目前全国乃至国外保存的历代孔庙甚多，尤以孔子故乡山东曲阜的孔庙规模最大、时代最早。它与孔府、孔林并称“三孔”。曲阜孔庙原为孔子故宅，鲁哀公时立庙，历代增修，至明中叶扩至现存规模，占地327.5亩，房屋460多间。主要建筑有大成殿、奎文阁、碑亭等。整个建筑群以中轴线贯穿，左右对称、布局严谨。孔庙于1994年列入“世界文化遗产名录”。

2. 武庙

武庙本来多祭祀武成王（姜太公）及历代武将，宋元以后，关羽的地位逐渐提高，最终在清代被封为“武圣人”，遂成为武庙祭祀的主神，配祀关平、周仓，因此不少武庙也称关帝庙。世界各地都建有不少武庙，其中比较有名的有山西解州、四川梓潼、福建东山、云南宾川等地的武庙。山西解州关帝庙始建于隋文帝开皇九年（589年），清代重修，占地两百余亩，布局完整，规模宏大，气势非凡，为我国关帝庙之冠，被誉为“武庙之祖”。

（四）宗祠

宗祠习惯上称祠堂，是民间供奉祖先神主、进行祭祀的场所。明清以来建造了大量宗祠，“文化大革命”期间相当部分遭到破坏。近年随着寻根热的兴起，新建和修缮宗祠的行为有所增加。

著名的宗祠有安徽黄山的罗东舒祠、安徽龙川胡氏宗祠等。罗东舒是宋末元初的著名学者，祠堂呈纵深排列，由照壁、棂星门、仪门、享堂和后寝组成，建筑以享堂为中心，突出祭祀功能，布局规整，规模宏大，雕刻精美，号称“江南第一祠”，1996年被列为全国重点文物保护单位。

第四节　陵墓建筑

至少在上万年前的旧石器时代晚期，人们已经有了灵魂观念和埋葬行为。到新石器时代中、晚期，丧葬礼仪渐趋复杂，出现了明显的贫富分化。到了阶级社会，丧葬礼仪成为一种与当时社会等级相对应的殡仪制度。帝王陵墓作为最高等级的墓葬，在埋葬和祭祀等方面不仅程序复杂，规模宏大，随葬品丰富，而且坚固牢实，防盗措施严密。因此，时至今日许多帝王陵墓建筑得以保存，有的还成了驰名中外的旅游胜地。

一、封土的沿革

商周以前，墓葬是没有封土的，即所谓“墓而不坟”。大约在西周至春秋时期，为了祭祀时便于找到墓葬所在，出现了各种形制的封土。封土习俗的出现，迎合了当时崇尚个人英雄主义的社会思潮，得到帝王权贵的青睐，于是封土越修越大，后来还出现了按照官爵等级来定封土大小的制度。两千多年里，帝王陵墓封土形制大体经历了“方上”式、“以山为陵”式和“宝城宝顶”式的演化过程。

（一）秦汉两代的“方上”

在地宫上方用土堆成下大上小的正方形台体，形状像倒扣的斗，上部是一方形平顶，形如锥体截去顶部，故称“覆斗方上”，简称“方上”。这种封土形制沿用朝代最多，自春秋战国时期一直延续到隋朝，后来又被宋朝选用。秦汉时期的帝王陵墓大多取“方上”形式。其中陕西临潼的秦始皇陵是“方上”式封土最大的一座陵墓。

（二）唐代的“以山为陵”

“以山为陵”又称“因山为陵”，制度起自西汉文帝的霸陵：“因山为陵，不复起坟”，将墓穴修在山体之中，以整座山体作为陵墓的陵冢，既体现帝王气魄，又能防盗。东晋、南朝不少帝王也多仿照。唐代帝陵中，除唐武宗端陵和唐僖宗靖陵外，都采用“以山为陵”制度。唐高宗李治和武则天的合葬墓——乾陵，是“以山为陵”式帝陵的代表。

（三）宋代恢复“方上”

宋代由于国力羸弱，加之改变了以前预作寿陵制度，因此较之汉唐陵墓，墓葬规模要小一些，尤其是南宋帝陵规模更小。宋陵恢复了方上形式，但在具体做法方面又有所创新，出现了多层方上。

（四）明清两代的“宝城宝顶”

明清时期皇陵多采用“宝城宝顶”形式，这种形式不仅突出显示了陵寝的庄严气氛，也增强了建筑的艺术性。其具体做法是在地宫之上砌筑高大的圆形砖城，在砖城内填土，使之高出城墙成一圆顶，这一圆顶即为宝顶。城墙上设垛口和女儿墙，宛如一座小城，即为“宝城”。宝城之前，有一个突出的方形城台，上建明楼，称之为“方城明楼”，楼内立石碑，刻有皇帝的庙号和谥号。

二、陵园的建筑布局

一般而言，帝王陵墓除了它的主要标志——封土之外，在其陵前还有一大片建筑园林和石像生，所以陵园范围极大，陵园建筑也很多，其中地面建筑主要包括以下三个部分：

（一）祭祀建筑区

祭祀建筑是陵园地面建筑的重要部分，供祭祀之用，一般有围墙环绕。主要的建筑物是祭殿，不同时期曾有享殿、献殿、寝殿等称呼。在这一主殿的旁边，有配殿、廊庑，前面有焚帛炉、大门等建筑，在殿的后面还有祭坛（明清时为五供，即一个香炉、一对烛台、一对花瓶）等。

（二）神道

神道是陵墓正前方的导引大道，这种神道每一个陵前都有，但是一个陵区内只有一条主神道，一般以埋葬第一个皇帝的为主神道。如明十三陵以永乐为主，清东陵以顺治为主，西陵以雍正为主。其余均为次神道，规模较小。神道起初很短，在道旁置少数石刻，入口设阙门。到了唐朝，陵前神道得到了很大的发展，大型的石刻仪仗队“石像生”已经形成。

（三）护陵监

明清时期每个皇帝的陵墓都建有护陵监，用来防盗挖和破坏，确保陵墓安全。监的外面有墙围绕，里面有衙门、市街、住宅等。西汉时期曾迁徙关东富豪于帝陵之旁建邑护陵。历代帝王无不重视对祖宗陵墓的保护与看守，对于前朝帝陵一般也不允许破坏，故派专人管理。

三、墓室结构

地宫是帝王陵墓中的重要部分，又称为“玄宫”“幽宫”等。因其刻意模仿人间宫殿，结构复杂，装饰富丽，俗称为地下宫殿。不过，地宫也有一个从简单到复杂的发展过程，经历了土穴木板墓、木椁及黄肠题凑墓、砖石墓几个阶段。

（一）土穴墓

在新石器时代早期，墓葬的形式很简单，只是在地下挖一个竖穴土坑，墓坑一般都小而浅，仅能容纳尸体，无棺椁，随葬品也很简单。到了新石器时代中晚期，贫富开始分化，埋葬方式有了发展，墓坑除了土壁之外，出现了简单的棺木，随葬品也变得丰富起来，等级差别也越来越明显。

（二）木椁墓

“椁”用于盛放棺木和部分随葬品。其做法是用砍割整齐的大木枋子或厚板做成一个扁平的大套箱，下有底板，上有盖板。在套箱内分成数格，正中放置棺材，两旁和上下围绕着几个方格，称之为厢，分别安放随葬品。最早的木椁墓出现于新石器时代晚期，商周时期正式成为丧葬制度。殷墟商王陵墓中，多用大木条叠压成方形或亚字形的椁室，其正中安放商王棺木。周代规定天子棺椁四重，其余阶层依次减少。春秋、战国、西汉时期是木椁墓发展的顶峰时期，帝王陵墓和各级高官墓葬大量使用木椁墓室，椁室内外充斥着青铜器、漆器等各种精美的随葬品。

“黄肠题凑”墓是帝王陵墓建筑的一个重大发展，即用黄柏木（即“黄肠”）层层平铺、叠垒，四面枋木全都朝向墓室中间（即“题凑”），形成木构地宫，其中再设内椁和棺。这种葬制最迟出现在战国时期，到西汉时更趋完善，东汉时期黄肠木被黄肠石代替，汉代以后逐渐消失。

（三）砖石墓

由于木椁墓易被盗被焚，因此随着砖石起拱技术的发展，东汉时期已基本放弃了木椁墓室而普遍采用砖石砌筑墓室，这是中国古代墓室制度的一次划时代的大变化。砖石墓最早出现于战国晚期，西汉中期流行空心砖墓，西汉晚期开始出现小砖墓。部分石室墓的墓室中雕刻着画像，称为“画像石墓”，有画像的砖室墓则称“画像砖墓”。墓室的结构和布局，也是仿照现实生活中的住宅。从东汉到隋、唐、宋、元、明、清各代，砖石起券或砌筑的墓，一直在不断发展。最著名的砖石墓地下宫殿是明万历皇帝的定陵。

四、随葬品

中国传统文化注重孝道，对丧葬之事很看重，因此厚葬之风盛行。同时，在灵魂观念的驱使下，古人认为死者在另一个世界也同样过着现世一样的生活，同样需要衣食住行，所以有“事死如事生，事亡如事存”的说法。上至帝王高官，下至平民百姓的墓葬往往都充斥着各种各样的随葬品。这些随葬品有的是实用的，也有的是专为丧葬制作的，称为“明器”或“冥器”。随葬品种类丰富，按质地分，有金、银、铜、铁、陶、瓷、木、纺织品等。由于随葬品是当时实用器或按实用器仿制的明器，所以它们具有历史、科学、艺术等多方面价值，是当时的生产、生活、思想意识等方面的反映，是我国极其珍贵的物质文化遗产，其中尤以帝王陵墓中的随葬品最为丰富和贵重。

五、中国现存的著名古代帝陵

中国历史悠久，从夏代至清代，有近千名的王和帝，他们的陵墓虽然有不少已经化为历史尘埃，但仍有部分得以幸存。今天它们得到了前所未有的妥善保护，不少已经成为各级文物保护单位，有的还被列入“世界文化遗产名录”，成了蜚声中外的旅游胜地。

（一）秦始皇陵

秦始皇陵位于陕西省西安市临潼区，前后修建了 39 年，最多时动用民工 70 万人。整个陵园面积达 56.25 平方千米，陵园内有内外两重城垣，分别象征皇城和宫城。内城周长 3 870 米，外城周长 6 210 米。陵园内已发现陪葬坑、陪葬墓 600 多处。陪葬坑有兵马俑坑、石铠甲坑、百戏俑坑、铜车马坑、马厩坑、动物坑等。秦始皇陵的封土呈覆斗状，底部近似方型，底面积约 25 万平方米，陵上封土原高约 115 米，现仍高达 47.6 米（陵前碑底至封土顶）。兵马俑坑三处，呈“品”字形排列，坑内有陶俑、陶马 8 000 多件和战车百乘，还有 4 万多件青铜兵器。秦始皇陵是中国第一座皇家陵园，在中国近百座帝王陵墓中，以其规模宏大、埋藏丰富而著称于世。1961 年秦始皇陵被定为第一批重点文物保护单位，1987 年列入“世界文化遗产名录”，成为全人类共同的财富。

（二）汉武帝茂陵

茂陵是汉武帝刘彻的陵墓，位于陕西省兴平市，是西汉帝王陵中规模最大的一座，始建于武帝即位后的第二年（公元前 139 年），历时 53 年才修成。形似覆斗，高 46.5 米，顶部东西长 39.5 米，南北宽 35.5 米，冢基边长 240 米。陵园呈方形，东西城垣 430.87 米，南北 414.87 米，墙基 5.8 米。茂陵周围还有霍去病、卫青等人的 20 余座陪葬墓。霍去病陵墓前的石雕举世闻名，其中“马踏匈奴”更是稀世瑰宝。

（三）六朝陵墓

江苏南京、丹阳一带分布有六朝皇帝陵和部分王侯墓。据文献记载，属于帝后王侯的共计 70 余处，如今有遗迹可考的约 30 处。六朝陵墓前的石刻艺术遗存十分丰富，雕刻精美细致、灵动威武，有西亚和南亚等地的风格。其中陈文帝陈蒨的永宁陵前麒麟造型独特，筋骨丰满，具有极高的艺术价值。六朝陵墓内的砖画也有很高的历史和艺术价值。

（四）唐乾陵

乾陵是唐代第三个皇帝高宗李治和女皇武则天的合葬墓，位于陕西省咸阳市乾县县城北 6 千米的梁山上，是典型的“以山为陵”葬式。在陵的东、南面有其主要家族、僚臣的陪葬墓区 17 座，如永泰公主墓、章怀太子墓、懿德太子墓等。乾陵是唐代十八陵中保存得最完整的一座。其东侧的无字碑高大雄伟，却未写一字，其原因至今众说纷纭，一说是因为武则天“功高业大”，难以用文字表达，一说武则天认为自己功过是非应让后人评价，所以不留一字。此外，神道一侧还有当时参加高宗葬礼的少数民族首领和外国使臣的石像 61 尊，背上刻有国名、官职和姓名，因年久风化，大多已难辨认。

（五）北宋帝陵

北宋帝陵位于河南省巩义市。北宋9位皇帝，除徽、钦二帝被金虏后囚死漠北外其余均葬于此，共七帝八陵（包括赵匡胤父亲赵宏殷之墓），祔葬皇后20余人，陪葬宗室及王公大臣，如寇准、包拯等墓300多座。宋陵面朝嵩山，背负洛水，陵台建于低地。各陵建制、布局基本相同，每一座陵园占地120亩，四周筑以夯土墙，四面正中辟一神门，四隅建角阙。园内正中是陵台，夯土筑成，呈覆斗形，台南置石雕宫人一对。南神门外的神道两侧排列有文臣武将、驭手以及石兽等石像生。

（六）明十三陵

明十三陵位于北京市昌平区北天寿山南麓，陵区方圆40平方千米，埋葬着明代的13位皇帝。长陵为永乐皇帝朱棣的陵墓，位居陵区正中，东侧是景陵、永陵、德陵，西侧是献陵、庆陵、裕陵、茂陵、泰陵、康陵，西南有定陵、昭陵、悼陵。各陵共设一个神道与牌坊、石像生等，整体布局由神道和陵园两部分组成。石牌坊为神道的起点，向北依次是大宫门、碑楼、龙凤门，建筑两侧是以巨石雕琢的石兽和石人。各陵园建筑除面积大小、建筑繁简有异外，布局、规制基本相同。陵园平面呈长方形，中轴线上依次为陵门、碑亭、祾恩门、明楼、宝城等。在十三陵中，长陵以其宏伟的地面建筑而闻名于世。定陵是神宗朱翊钧的陵墓。地下宫殿总面积1 195平方米，全部为拱券式石结构，由前、中、后、左、右五大殿堂组成。后殿最大，长30米，宽9米，高9.5米，地面用磨光花斑石铺砌。棺床中央放置皇帝和二后的棺椁，以及装满随葬品的红漆木箱。墓中出土了金冠、凤冠、瓷器、丝织品等大量珍贵文物，现已辟为定陵博物馆对外开放。

（七）清陵

清代帝王陵墓主要集中在辽宁、河北两地。永陵在今辽宁新宾，为清太祖以前的肇、兴、景、显四陵，清太祖福陵与太宗昭陵在今辽宁沈阳附近，永陵、福陵、昭陵，统称盛京三陵。清东陵位于河北遵化，包括孝陵、景陵、裕陵、定陵（咸丰）、惠陵及诸后妃之陵，清西陵位于河北易县，有泰陵、昌陵、慕陵、崇陵及诸后妃之陵。清东陵及清西陵的平面布置沿袭了明代诸陵的旧制，只是在其坟丘上部增设了月牙城。清东陵内各陵的建筑规制和布局大致相同。顺治帝的孝陵在关内诸陵中规模最为宏大，入口处有石牌坊，往北是大红门、神功圣德碑楼及石像生。再向北过龙凤门，有神路碑亭、石孔桥、朝房、值房、神厨库。进隆恩门，有隆恩殿及东西配殿、石五供、明楼、宝城宝顶及地宫。东陵的地面建筑以慈禧的定东陵最为考究，其内部装修和雕刻工艺之豪华精致令人叹为观止。

复习思考题

一、填空题

1. 世界三大建筑体系分别是________、________和________。

2. 我国第一部造园理论和技术专著是________，作者是明末的________。

3. 中国古建筑屋顶类型主要有________、________、________、________、________等。

4. ________ 是我国古建筑的特有构件，起承托屋顶重量和加大出檐的作用。

5. 元大都是一座街巷制大城市，其规划设计者是________。

6. 明清北京城由________、________、________和紫禁城四个功能区构成。

7. 列入世界文化遗产名录的中国古代宫殿建筑有________、________和________。

8. ________是祭祀我国古代著名的思想家、教育家、政治家、儒家学派的创始人孔子的场所，故又称孔庙。

9. 唐代帝王陵墓建筑的特点是________。

10. 明十三陵中已发掘的是明神宗朱翊钧的________。

二、名词解释

《营造法式》　瓮城　武庙　社稷坛　方上式陵墓

三、简答题

1. 简述中国古建筑的特点。

2. 简述中国古代城市选址的基本原则。

第六章　中国古代园林

园林是在一定的地域范围内，根据自然、艺术和工程技术规律，主要由地形地貌、山水泉石、动植物、广场、园路及建筑小品等要素组合、建造的环境优美，有游览、观赏价值的建筑综合艺术，如庭园、宅园、游园、花园、公园、植物园、动物园、森林公园、广场、街头绿地景点、风景名胜区、自然保护区或国家公园的游览区等。

在世界范围内，各国的园林形态是一定区域内民族文化的体现，风格各异。世界造园史上三大动力就出自古希腊、西亚和中国。当前，有学者将世界园林分为四大流派：意大利台地式别墅园、法国宫廷式花园、英国自然风致式园林和中国自然山水园林。

意大利传统园林又称台地建筑式园林。由于意大利地处南欧地中海亚平宁半岛，夏季炎热干旱，冬季温暖湿润，三面为坡，只有沿海一线为狭窄的平原。台地园一般都建于山坡上，自上而下，借势建园。园林建造必须要设计台地，一般由三层台地和一个花园组成。花坛、台阶、园亭、雕塑等强调中轴对称，并设置多级瀑布、叠水、池泉，其中喷泉是意大利传统园林象征。

法国地处气候温和的平原地带，法国园林深受意大利园林影响，都是对称形式，有台地设计。但是法国台地是在同一平面上，从整体上看是平面化的几何图形，也就是以宫殿建筑为主体，向外辐射为中轴对称，并按中轴线布置喷泉、雕塑。喷泉、飞瀑较多，凝集和利用了各种技巧，表现活水的美。树木采用行列式栽植，大多整形修剪为圆锥体、四面体、矩形等，形成中心区的大花园。茂密的林地中同样以笔直的道路通向四处，以方便到较远的地方骑马、狩猎、泛舟、野游。著名的凡尔赛宫可谓经典之作。

英伦三岛基本上为高低起伏的丘陵，气候为大西洋海洋性气候，四季凉爽湿润，雾天居多，人们渴望阳光明媚的好天气，因此英格兰和苏格兰民族形成了崇尚自然的理念，与中国山水式园林较接近，比如使用了假山、回廊和园亭等，远处片片疏林草地，近观成片野花，曲折的小径环绕在丘陵间，木屋陋舍点缀其中，人工雕琢较少。伦敦园为典型之作。

总体来讲，西方园林奉行的是“天人对立，改造自然”的哲学观，表现出了排斥自然、力求体现严谨的理性，以直线为美，主张对称法则，理水重视规则化，建筑物高大，花木多被修剪成几何图形。

中国的造园艺术历史悠久，有很高的成就，是东方园林艺术的代表，并被公认为“世界园林之母”。中国古典园林的名称先后发生了多次改变，最早称为苑囿。

秦汉时期供帝王游憩的境域称为苑或宫苑；属官署或私人的称为园、园池、宅园、别业等。“园林”一词，见于西晋以后诗文中，如西晋张翰《杂诗》有“暮春和气应，白日照园林”句；北魏杨玄之《洛阳伽蓝记》评述张伦的住宅时说“园林山池之美，诸王莫及”。唐宋以后，“园林”一词的应用更加广泛，常用以泛指以上各种游憩境域。

中国自然山水式园林充分体现着“遵循自然，天人合一”的理念，体现着人们顺应自然，以求生存与发展的思想。在造园技法上是模拟自然而高于自然，它以人工或半人工的自然山水为骨架，充分运用了隔景、障景、框景、透景等多种手法分隔组合空间，由此形成了多样而统一的不同景点，可谓“步移景换，人移景异”，静中有动，动中有静。我国素称“人间天堂”的苏州、杭州，则是中国古典园林艺术荟萃之地，因此成为风景名胜。

以上四大流派的园林风格，作为一种文化形态辐射影响着周边国家，这就形成了所谓的西方园林和东方园林两大体系。

第一节　中国古代园林的起源、特色与分类

中国园林是我国古代建筑艺术的一朵奇葩，造园历史源远流长。早在周武王时期就有建造宫苑的活动，从公元前 11 世纪商周算起，中国的古代园林已经走过了三千多年的漫长历史。

一、中国古代园林的起源与发展

中国园林萌发于商周，成熟于唐宋，发达于明清。它经历了 5 个发展阶段：

（一）囿——商周时期，中国园林的起始时期

我国造园始于商周时期。最初的形式为囿。囿是指在圈定的范围内让草木和鸟兽滋生繁育。囿内挖池筑台，供帝王和贵族们狩猎和享乐。

周文王环绕灵台修建的灵囿被认为是中国古典园林的早期形式，并成为皇家园林的起源。周文王建灵囿，“方七十里，其间草木茂盛，鸟兽繁衍”。

（二）苑——春秋战国至秦汉时期，中国园林的进一步发展时期

春秋战国至秦汉时期，帝王和贵戚富豪模拟自然美景和神话仙境，以自然环境为基础，又大量增加人造景物，人工建筑很多，铺张华丽，讲求气派。帝王园林与宫殿结合，称为宫苑。这一时期的园林中已经有了成组的风景，如土山、台和池沼。自然山水园林已经萌芽，而且在园林中构亭建桥，种植花木。园林的组成要素都已具备，不再是简单的囿了。

汉朝在秦朝的基础上把早期的游囿，发展到以园林为主的帝王苑囿行宫，除布置园景供皇帝游憩之外，还举行朝贺，处理朝政。建元三年（公元前 138 年），汉武帝刘彻在秦代的一个旧苑址上扩建而成上林苑，规模宏伟，宫室众多，有多种功

能和游乐内容。司马相如的《上林赋》对于上林苑有比较详细的记载。

（三）园——南北朝至隋唐五代，中国园林的大转变时期

魏晋南北朝由于佛教文化盛行，产生了玄学。

文人士大夫们追求自然环境美，或纵欲享乐，或洁身自好，或遨游山水，这个时期的文人参与造园，以诗画意境作为造园主题，同时渗入了主观的审美理想，构图曲折委婉，讲求趣味，导致了自然审美观的形成，治园转向崇尚自然。私家园林逐渐增加，而且多为自然情趣的田园山水，为此，魏晋南北朝时期成为中国园林发展中的转折点。

（四）唐宋至明初，以写意山水园林为主，中国园林走向成熟时期

这一时期，官僚及文人墨客自建园林或参与造园工作，注重发掘自然山水的精华，加以提炼，将诗与画融入园林的布局与造景中，园景主题鲜明，富有性格，反映了当时社会上层的诗意化生活要求。

另外，唐宋写意山水园在体现自然美的技巧上取得了很大的成就，如叠石、堆山、理水等造园技法大量运用。

唐太宗“励精图治，国运昌盛”，社会进入了盛唐时代，宫廷御苑设计也愈发精致，特别是由于石雕工艺已经娴熟，宫殿建筑雕栏玉砌，显得格外华丽。当年唐太宗在西安骊山所建的“汤泉宫”，后来被唐玄宗改作“华清宫”，就是其代表作。

宋朝造园，讲究用石。宋徽宗在苏州添设“应奉局”，专司搜集民间奇花异石，舟船相接地运往京都开封建造宫苑。“寿山艮岳”是当时一座具有相当规模的代表性皇家园林。大批文人、画家参与造园，进一步加强了写意山水园的创作意境，以诗词歌赋命题、点景，作为造园的指导思想，达到诗情画意的境地。这已成为中国传统园林的精髓。

（五）明、清是中国园林创作的高峰期，园林艺术达到极盛阶段

明中叶至清中叶，园林数量骤增，造园成为独立的技艺，园林成为独立的艺术门类。私家园林（主要在江南）数量骤增，皇家园林仿效私家园林而成为私家园林的集锦。明清时期造园法则成熟，出现了许多造园理论著作和造园艺术家，尤其是明末造园专家计成编著的《园冶》成为经典之作。无论是江南的私家园林，还是北方的帝王宫苑，在设计和建造上都达到了高峰。现代保存下来的园林大多属于明清时代，这些园林充分表现了中国古代园林的独特风格和高超的造园艺术。

私家园林以明代建造的江南园林为最高成就，如“沧浪亭”“休园”“拙政园”“寄畅园”等；皇家园林创建以清代康熙、乾隆时期最为活跃，如“圆明园”“避暑山庄”“颐和园”等。它们在创作思想上，仍然沿袭唐宋时期的创作源泉，从审美观到园林意境的创造都是以“小中见大”“须弥芥子”“壶中天地”等为创造手法，自然观、写意、诗情画意占据创作的主导地位。园林的功能从游赏到可游可居方面逐渐发展。

到了清末，造园理论探索停滞不前，加之帝国主义列强入侵、西方文化的冲击、国民经济崩溃等原因，园林创作由全盛走向衰落。但因中国园林的成就早就达到了它历史的巅峰，其造园手法已被西方国家所推崇和模仿，在西方国家掀起了一股

“中国园林热”。中国园林艺术从东方到西方，成了被全世界所公认的园林之母和世界造园艺术的奇观。

二、中国古代园林的特色

中国园林深受传统文化，尤其是老庄“天人合一，顺应自然”的文化哲学的影响。园林“虽由人作，宛自天开”，“自成天然之趣，不烦人事之功”。《园冶》这种观点表现出中国园林追求的原则是：有自然之理，得自然之趣。千百年来，中国园林建造一直在遵循这样的规律：顺应自然，因地制宜，有山靠山，有水靠水，充分借取自然景色之美。

（一）造园艺术师法自然

师法自然就是以大自然为师、遵循自然规律并加以效法的意思。用在造园艺术上包含两层内容：一是总体布局、组合要合乎自然。山与水的关系以及假山中峰、涧、坡、洞各景象因素的组合，要符合自然山水生成的客观规律。二是每个山水景象要素的形象组合要合乎自然规律。如假山峰峦是由许多小的石料拼叠合成，叠砌时要仿天然岩石的纹脉，尽量减少人工拼叠的痕迹；水池常作自然曲折、高下起伏状；花木布置应是疏密相间，形态天然，乔灌木也错杂相间，追求天然野趣。

但是师法自然绝非简单利用或模仿这些构景要素的原始状态，而是有意识地加以改造、调整、加工、裁剪，从而表现一个精练概括、典型化的自然。唯其如此，像颐和园那样的大型天然山水园才能够把具有典型风格的江南湖山景观在北方的大地上复现出来。这就是中国古典园林的一个最主要的特点——源于自然而又高于自然。这个特点在人工山水园的筑山、理水、植物配植方面表现得尤为突出。

（二）分隔空间融于自然

中国古代园林运用种种办法来围蔽和分隔空间，其中建筑是主要手段。分隔空间力求从视角上突破园林实体有限空间的局限性，使之融于自然，表现自然。为此，必须处理好形与神、景与情、意与境、虚与实、动与静、因与借、真与假、有限与无限、有法与无法等种种关系。这样就把园内空间与自然空间融合和扩展开来。比如漏窗的运用，使空间流通、视觉流畅，因而隔而不绝，在空间上起相互渗透的作用。在漏窗内看，玲珑剔透的花饰、丰富多彩的图案，有浓厚的民族风味和美学价值；透过漏窗观景，竹树迷离摇曳，亭台楼阁时隐时现，远空蓝天白云飘散聚合，造成幽深宽广的空间境界和意趣。

中国四大名园之一的拙政园是中国古典园林的经典之作。园以水景取胜，平淡简远，素朴大方，保持了明代园林疏朗典雅的古朴风格。其造园特点是园林的分割和布局非常巧妙，充分采用了借景和对景等造园艺术，把有限的空间进行分割，更将四季融入其中，韵致典雅，意蕴深厚。

（三）园林建筑顺应自然

中国园林由于所处环境千差万别，所以造园者都力求利用自然环境，扬长避短，因地制宜来合理利用现有的条件，形成曲折的水、错落的山以及盘绕迂回的廊道。中国古代园林中，有山有水，有堂、廊、亭、榭、楼、台、阁、馆、斋、舫、墙等建筑。人工的山，石纹、石洞、石阶、石峰等都显示出自然的美色。人工的水，岸边曲折自如，水中波纹层层递进，也都显示自然的风光。所有建筑，其形与神都与天空、地下自然环境吻合，同时又使园内各部分自然相接，以使园林体现自然、淡泊、恬静、含蓄的艺术特色，并收到移步换景、渐入佳境、小中见大等观赏效果。

如苏州网师园的主园在宅第之西，三进厅堂、后院和梯云室都有侧门或廊通往主园，正通道为轿厅西侧小门，楣嵌乾隆时砖额“网师小筑”。居中为池，荡漾弥漫，池岸低矮，用黄石堆砌，呈现出种种岩穴形状，错落有致，下设伏水口，望之幽邃。池两端各引出一曲折小溪，贴水平桥一波三折，让人感觉水广波延、源头不尽。环水的亭榭小巧轻盈，体积较大的楼馆或障以山石树丛，或退隐于后，不逼压水面，使园景富于层次深度。

（四）树木花卉表现自然

中国古代园林对树木花卉的处理与安设，也同山水造景一样，要有自然之理，得自然之趣。松柏高耸入云，柳枝婀娜垂岸，桃花数里盛开……以至于树枝弯曲自如，花朵迎面扑香……其形与神、意与境都十分注重表现自然。让树木花草自由自在地生长，不进行修剪和约束，犹如山郊野外一样，营造出浑然天成的氛围。

比如四川园林植物因地配置，以乡土树种为园林植物的基本格调，又注意与建筑配合协调，为园林的意境服务。四川气候温和多雨，因此竹类植物成为园林构景的重要元素；土地肥沃，花木种类繁盛，在园林造景上多采用群植、片植来体现追求园林与自然环境的协调统一的思想，同时为了顺应园林建筑古朴、典雅和飘逸的风格，如“少陵草堂”碑亭就用稻麦秸秆盖顶，表现了川西田园竹篱茅舍的韵味。

“师法自然，融于自然，顺应自然，表现自然”，这是中国古代园林体现“遵循自然，天人合一”民族文化所在，也是它独立于世界园林，永具艺术生命力的根本原因。

三、中国古代园林分类

中国园林数量众多，其形成和演变丰富多彩，类别多样。通常按照园林的占有者的身份、地域分布和环境条件来进行划分。

（一）按占有者身份分

1. 皇家园林

这类园林大多建在京城郊外风景优美、环境幽静之地，为离宫或行宫的一部分，是专供帝王休息享乐的园林。皇家园林的特点是：规模宏大，真山真水较多，园中建筑富丽堂皇，建筑体型高大。现存的著名皇家园林有：北京的颐和园、北海公园，河北承德的避暑山庄等。

2. 私家园林

私家园林一般建于城市中心或城郊接合部，是供皇家的宗室外戚、王公官吏、富商大贾等休闲的园林，遍布全国各地，尤以江南最为集中，苏州、扬州最具代表性。其特点是规模较小，所以常用假山假水，建筑小巧玲珑，表现其淡雅素净的色彩。现存的著名私家园林有：北京的恭王府，苏州的拙政园、留园、沧浪亭、网师园，上海的豫园等。

从面积来看，皇家园林和私家园林差距很大。如北京颐和园占地290公顷，而中国现存最大的皇家园林承德避暑山庄总面积为5.64平方千米，相当于2个颐和园，8个北海公园。而私家园林中面积最大的拙政园全园占地仅仅62亩，北京恭王府占地也不过40亩。

（二）按园林所处地理位置分

1. 北方类型

北方园林，又叫黄河类型。因地处华北平原，地域宽广，又因大多为古都所在，所以面积较大，建筑富丽堂皇。同时因自然气象条件所局限，河川湖泊、园石和常绿树木都较少。总体风格粗犷，秀丽媚美则显得不足。北方园林的代表大多集中于北京、西安、洛阳、开封，其中以北京为代表。

2. 江南类型

江南园林，又叫扬子江类型。南方人口较密集，所以园林地域范围小，带有小中见大的“盆景”风格；又因河湖、园石、常绿树较多，所以园林景致较细腻精美。因上述条件，其特点为明媚秀丽、淡雅朴素、曲折幽深，但因面积小，略感局促。南方园林的代表大多集中于南京、上海、无锡、苏州、杭州、扬州等地，其中以苏州为代表。

3. 岭南类型

岭南类型，又叫珠江类型。因地处亚热带，终年常绿，热带风光特色显著，又多河川，所以造园条件比北方、南方都好。建筑物较高而宽敞，加之近代以来，与国外通商来往较多，造园风格深受西方文化影响，成为中西合璧的园林代表。岭南类型园林主要集中在潮汕、东莞、广州等地。现存岭南类型园林的代表有：广东顺德的清晖园、东莞的可园、番禺的余荫山房等。

4. 蜀中园林

蜀中园林，又叫岷江类型，主要分布在四川的成都、阆中、江油、眉山等地。布局非常有个性，运用了园林布局忌讳的对称法则，往往以大体对称的祀祠建筑为主轴，在其左右和周围采用自然活泼的布置手法。园林建筑密度远比江南园林小，注重体现“崇尚自然，朴实无华”的四川农舍、民居风格。而四川园林因气候条件良好，花木繁盛，植物配置手法古朴自然，绿化面积比苏州园林大，体现了悠然闲适、飘逸洒脱、朴野灵动、外犷内秀的风格特色。代表园林有：杜甫草堂、崇州罨画池、眉山三苏祠和阆中滕王阁。

第二节　中国古代园林的组成要素

以自然山水式园林风格为特色的中国园林，不仅是一项系统的建筑工程，更是一种“隐现无穷之态，招摇不尽之春”的系统美学工程。中国园林主要由山、水、建筑物、植物、动物、楹联刻石等基本要素组合而成。这些要素并不是简单堆砌设置，而是各得章法，使“片石有致，寸草生情，理水得道”，通过园林各个要素的有机组合，来展示造园者的艺术情怀和对生活的理解与诠释。

一、筑山——园林的骨架

（一）筑山的作用

骨架作用是将园林划分开来，形成差异较大的景区和园林的制高点。山石是造园最主要的因素之一。园林的山可让游人登高鸟瞰全园景观。山体本身也具有审美功能，或雄伟，或秀丽，或幽深，自成一景。

园林的山有真有假。所谓“真”是在园林建造之初，借助于真山实地的景色为依托围砌成园，真山规模宏大，修饰壮丽，往往只有皇家园林和天然条件较好的园林才能拥有。所谓“假”是指园林的山是靠人工堆砌而成。假山是我国古代园林独特创造，也是我国大多数园林筑山的特色。私家园林的山都是假山，用天然石头堆筑假山的造园技法叫“叠山”，江南地区又称“掇山”。假山要假得自然，假得真实，假得神奇。峰峦的参差、山势的起伏、石壁的纹理都要匠心独运才成。叠山是中国古代园林的独特创造，它的出现，使中国园林从概念到形象都区别于任何外国园林体系。

假山具有多方面的造景功能，如构成园林的主景或地形骨架，划分和组织园林空间，布置庭院、驳岸、护坡、挡土，设置自然式花台，还可以与园林建筑、园路、场地和园林植物组合成富于变化的景致，借以减少人工痕迹，增添自然生趣，使园林建筑融汇到山水环境中。

（二）中国历代园林山景的建造发展

秦汉的上林苑，用太液池所挖土堆成岛，象征东海神山，开创了人工造山的先例。

东汉梁冀模仿伊洛二峡，在园中累土构石为山，从而开拓了从对神仙世界向往，转向对自然山水的模仿，标志着造园艺术以现实生活作为创作起点的开端。

魏晋南北朝叠石为假山的风气已普遍流行，这一时代的文人雅士们，采用概括、提炼手法，所造山的真实尺度大大缩小，力求体现自然山峦的形态和神韵。这种写意式的叠山，比自然主义模仿大大前进了一步。

唐宋以后，由于山水诗、山水画的发展以及玩赏艺术的发展，叠山艺术更为讲究，出现了专门堆筑假山的能工巧匠。最典型的例子要算爱石成癖的宋徽宗，政和七年（1117 年），建艮岳于汴京（今开封），并命朱力用“花石纲”的名义搜罗江南奇花异石运往汴京，他所筑的艮岳是历史上规模最大、结构最奇巧、以石为主的假山群。自此民间宅园赏石造山，蔚然成风。造假山的手艺人时称“山匠”“花园子”。

明清两代又在宋代的基础上把假山技艺引向“一卷代山，一勺代水”的成熟阶段。明代的计成、张南阳，明清之交的张涟（张南垣），清代的戈裕良等假山宗师从实践和理论两方面使假山艺术臻于完善。其中集大成者是明代的计成，他在《园冶》的“掇山”一节中，以扬州园林为例，列举了园山、厅山、楼山、阁山、书房山、池山、内室山、峭壁山、山石池、金鱼缸、峰、峦、岩、洞、涧、曲水、瀑布17种形式，总结了明代的造山技术，提出了“有真为假，做假为真”的理论，致使叠石为山的风气盛行，几乎“无园不石”。

清代造山技术更为发展和普及。清造园家创造了穹形洞壑的叠砌方法，用大小石钩叠砌成拱形，顶壁一气，酷似天然洞壑，形同喀斯特溶洞，叠山倒垂的钟乳石，比明代以条石封合收顶的叠法合理得多、高明得多。现存的假山名园有苏州的环秀山庄、苏州拙政园、常熟的燕园、上海的豫园、扬州的个园、北京北海的“静心斋”等。

（三）假山的类别

（1）按材料可分为土山、石山和土石山。

（2）按施工方式可分为筑山（版筑土山）、掇山（用山石掇合成山）、凿山（开凿自然岩石成山）和塑山（传统是用石灰浆塑成的，现代是用水泥、砖、钢丝网等塑成的假山）。

（3）按在园林中的位置和用途可分为园山、厅山、楼山、阁山、书房山、池山、室内山、壁山和兽山。

假山的组合形态分为山体和水体。山体包括峰、峦、顶、岭、谷、壑、岗、壁、岩、岫、洞、坞、麓、台、磴道和栈道；水体包括泉、瀑、潭、溪、涧、池、矶和汀石等。

（四）常用假山石材

我国幅员辽阔，地质形态多样，为叠山提供了优越的物质条件。宋代杜绾《云林石谱》所收录的石种有116种，但其中大多数属于盆玩石，不一定都能适用于掇山。《园冶》中收录了15种山石，大多数可用于叠山。从一般叠山所用的材料来看，假山的材料可以概括为如下几大类：

1. 湖石

湖石即太湖石，因原产于太湖一带而得名。实际上湖石是经过溶蚀的石灰岩，在我国分布很广，只不过在色泽、纹理和形态方面有些差别。其中太湖石最为名贵。在湖石这一类山石中又可分为以下几种：

（1）太湖石：真正的太湖石原产于苏州所属太湖中的洞庭西山，古人用“透、瘦、皱、漏、清、丑、玩、拙”八个字来评审太湖石。其纹理纵横，脉络起隐，石面上遍布拗坎，称为“弹子窝”。扣之有微声，并很自然地形成沟、缝、穴、洞。有时窝洞相套，玲珑剔透，蔚为奇观，有如天然的雕塑品，观赏价值比较高。

（2）房山石：产于北京房山大灰厂一带山上，是石灰岩，但为红色山土所渍满。新开采的房山岩呈红色、橘红色或更淡一些的土黄色。日久以后表面带些灰黑色，但有一定的韧性，外观比较沉实、浑厚、雄壮。

（3）英石：原产于广东英德市一带，常见于岭南园林，也用于几案石品。英石可分为白英、灰英和黑英三种，质坚而特别脆，用手指弹扣有较响的共鸣声，淡青灰色，有的间有白脉笼络。这种山石多为中、小形体。

（4）灵璧石：原产安徽省灵璧县，石产土中，被赤泥渍满，须刮洗方显本色。

其石中灰色而甚为清润，质地亦脆，用手弹亦有共鸣声。石面有坳坎的变化，石形亦千变万化，但其很少有宛转回折之势。这种山石可做山石小品，更多用于盆景石。

2. 黄石

黄石是一种带橙黄颜色的细砂石，苏州、常州、镇江等地皆有所产，以常熟虞山的自然景观最为著名。石体顽劣，棱角分明，节理面近乎垂直，雄浑沉实，具有强烈的光影效果。有人称笨、重、浑、朴是其特色。

3. 青石

青石是一种青灰色的细砂岩，北京西郊洪山一带均有所产，青石的节理面不像黄石那样规整，不一定是相互垂直的纹理，也有交叉互织的斜纹，就形体而言，多呈片状，故有“青云片”之称。

4. 石笋

石笋是外形修长如竹笋的一类山石的总称。这类山石产地颇广，石皆卧于山土中，采出后直立地上，园林中常作独立小景布置，常见的石笋又可分为：白果笋、乌炭笋、慧剑、钟乳石笋等。

5. 其他石品

其他石品还有木化石、松皮石、石珊瑚、石蛋等。木化石古老质朴，常作特置或对置。松皮石是一种暗土红的石质中杂有石灰岩的交织细片，石灰石部分经长期熔融或人工处理以后脱落成空块洞，外观像松树皮突出斑驳一般。石蛋即产于海边、江边或旧河床的大卵石，有砂岩及各种质地。

二、理池——园林的血脉

园林构景，山水相依，相得益彰。无水，山无生气；无山，水无依存。一般来说，园林的水可以使游赏的人们有亲水感，南方园林比北方园林秀媚，近水、亲水是其原因。水体在园林构景中是极重要的素材，“石令人古，水令人远，园林水石，最不可无”。唐朝时人们就很重理水，凿池迎水，将河渠的水引进自家的宅园，构成池、潭、沼、瀑、滩等不同的水景。以水为题，因水得景，以此模拟自然景观，如明月松间、瀑流飞溅、雨打枯荷、水面为镜、倒景为图。园林离不开水，没有水的景观缺乏灵性，水以形态、声响、光影为园林增添魅力。河湖、清池、溪涧、瀑布、喷泉等水体往往会给人以静中有动、寂中有声、以少胜多、引人联想的感染力。

园林理水原则是：水源要活，水流要曲，水道宽窄相间，水位要恰到好处等。

（一）古代园林理水之法

1. 掩

掩就是以建筑和绿化，将曲折的池岸加以掩映。临水建筑，除主要厅堂前的平台，其他不论亭、廊、阁、榭，其前部皆架空挑出水上，水犹似自其下流出，可突出建筑物的地位，打破岸边的视线局限；或临水种植花、草、芦苇、灌木等，形成池水无边的视角印象。

在静止的水面上，造园家处理的方法也富于变化，往往能将静水的特点发挥得淋漓尽致。园小水面窄则聚之，沿岸设水口和亭榭，使水域的边际、深浅莫测，或藏或露，不让游人一览无余。漫步水际，水回路转，不断呈现一幅幅引人入胜的画面。这样，水体虽小，却使人有幽深迷离的无限观感。

2. 隔

隔就是在水面上通过建筑、架桥、筑堤等方法来分隔水面，使之具有景深和空间层次，水面有幽深之感，正如《园冶》中所写“疏水若为无尽，断处通桥”。

园林水面宽阔就要在水面的空间上进行分隔，平矶曲岸，小岛长堤，把单一的水上空间划分成几个既隔又连、各有主题的水景，形成一个层次丰富、景深感强的空间序列。例如北京颐和园昆明湖水面浩瀚，占了全园面积的四分之三，要是这一大片水面上空无一物，看上去未免单调。古代造园家在水中置了几座大小不同的岛，又以桥堤相连，使单一的湖面变成远近皆可赏的美景，表现了古代造园家对大面积静水处理的高超技艺。

3. 破

水面很小时，如曲溪绝涧、清泉小池，可用乱石为岸，怪石纵横、犬牙交错，并植配以细竹野藤、翠藻细藤等，虽是一洼水池，却令人有深邃弥漫、富于山野风致的审美感觉。

江南园林中水体较小，但造园家也能根据环境的不同条件，创造出许多自然、有灵性的水景。如苏州拙政园就是因水成景的古园，整个水面要占到总面积的四分之三，主要建筑十之八九皆临水而筑。最令人叹为观止的是园内小沧浪水院的设计，由主厅远香堂循游廊而行，可至小沧浪。小沧浪是空架在池上的三间小斋，南窗北槛，两面临水，南面是幽闭的小小水庭，十分幽静，静水中，铺上几块步石，岸边石矶上灌木葱葱，周围绕以野藤，非常明净深远，水面顿显开阔，构成一幅江南水乡的恬静图画。

（二）园林水景的类型

1. 从园林水景形态上可以分为动态的水景与静态的水景

平湖池塘的水，基本是静态；而山溪泉瀑之水，则是动态。一般来说，中国古典园林以表现静态的水景为主。一平如镜，倒映着周围山石、花木、建筑物等，呈现出虚实相济的迷幻水光。静谧、朴实、稳定是静水的主要特点，也是静水深受古代文人雅士欢迎的一个原因。园林之水虽静，但不是那种无生气的“死静”，而是显出自然纯净的静。蓝天白云、翠树秀山、屋宇亭台等，仿佛都飘浮在水下，使人联想起天上的神仙府第。而当视线与水面夹角增大时，反射效果减弱，这时透过清澈的水面又可以看到水草的飘忽，鱼儿的游动。要是微风吹过，在水面上激起层层涟漪，这水又像是轻轻抖动的绿绸。所谓“清池涵月，洗出千家烟雨”“池塘倒影，拟入蛟宫”“越女天下白，鉴湖五月凉”等，都是人们对园林静水的赞美。

而动态的水景则明快、活泼、多姿，形态丰富多样，形声兼备，可以缓解、软化建筑物和硬质景观，增加生动活泼的观景效果。

动态的水景有三种基本表现形式：一是流水，有缓急、深浅之分。那种千岩万壑，沿溪深处潺潺而出的流水，随山流转，趣途百里，将人带入田园诗般的生活环境。二是落水，水由高处下落有线落、布落、挂落、条落之分。可潺潺细流悠然而落，“白波九道流雪山”，亦可奔腾磅礴，气势恢宏，“疑是银河落九天”。三是压力水，喷泉、涌泉、溢泉、间歇水等表现一种动态美。用水造景，动静相宜、声色相衬、虚实相映、层次丰富。因为有了水，古树、亭榭、山石形影相依，自然会产生一种特殊的魅力。

2. 依据水景构建方式，可分为自然式水景和人工式水景

（1）自然水景

自然水景与天然形成的海、河、江、湖、溪相关联。水景的应用大致可以分为流、落、滞、喷四种形式，这类水景设计必须服从原有自然生态景观与局部环境水体的空间关系，通过正确利用借景、对景等手法，充分发挥自然条件，创造出新的纵向、横向和鸟瞰多角度的亲水景观。

（2）人工水景

人工水景就是完全依靠人工设计建造的水景，如喷泉作为水景景观中的重要组成部分，对整体景观与环境塑造起着相当大的作用和影响。它是园林中的感叹号，是最吸引人的去处。喷泉可以是从水下冒起的小小水泡，也可以是射向天空的水柱。

三、建筑——园林的眼睛

中国古典园林是建筑、山池、园艺、绘画、雕刻乃至诗文等多种艺术综合体，它可满足人们生活享受和观赏风景的愿望。建筑在园林中十分重要，一方面可行、可观、可居、可游，另一方面具有画龙点睛的作用，使园林起着点景、隔景的作用，移步换景、渐入佳境，以小见大，又使园林显得自然、淡泊、恬静、含蓄。所谓“楼观沧海日，门对浙江潮”，以及计成在《园冶》中所描述的“轩楹高爽，窗户虚邻，纳千顷之汪洋，收四时之烂漫”，都说明园林建筑是园林山水和游客之间的过渡和桥梁，其审美价值与观赏效应，远远超过建筑本身的价值。

（一）中国古典园林建筑的功能

园林建筑按照所属性质和地域的不同，风格也有很大的不同。皇家园林建筑体量大，装饰豪华，金碧辉煌，表现出恢宏的皇家气派。而江南园林建筑突出“玲珑、活泼、通透、淡雅”，将秀丽、雅致的风格表现得淋漓尽致。尽管风格迥异，但建筑在园林中的作用却基本相同，主要包括三个方面：

1. 可供人使用和造景，具有观赏性

园林建筑中的亭、榭，可供人休息、停留、赏景。同时，配合园内风景布局形成游览路线，在人们视线所达不到地方，园林建筑以其有利的位置和独特的造型，为人们展现出一幅幅或动或静的自然风景画，并与廊、墙、路等形成一定的活动路线，能给人带来感官上的愉悦。因此，园林建筑既是物质产品，也是艺术作品，这就要求园林建筑既要适合游人在或动或静中观景，又要使景色独特新颖、富于变化，达到步移景换的效果。

2. 为环境服务，与自然景致充分结合

我国古典园林一般以自然山水作为景观构图的主题，建筑只为观赏风景和点缀风景而设置。园林建筑是人工因素，与自然因素有对立的一面，如果处理得当，可

使自然环境增添情趣，这就要求园林建筑的设置要因地制宜，充分利用自然地形、地貌，做到布局上依形就势。这种自然美与人工美的高度统一，正是中国古典园林不断追求的境界。

3. 园林建筑独立性和组合性

我国的古典园林建筑一般体量较小，按大小、形状不同，具有不同的功能，根据使用上的需要，既可独立设置，又可用廊、墙、路等不同的建筑组合成一个群体，这种组合群体形成了富于变化的建筑外形轮廓，使建筑与风景相得益彰。

（二）园林建筑的特点

1. 布局灵活自由，常常以曲代直

园林建筑的布局不讲中轴线对称，而是讲究可行、可居、可游和在园中起点景、隔景的作用。因此各类建筑物基本上都灵活自由地散布融合在园林山水、花草树木之中。建筑物高度一般为二至三层，体量较大，可登高远眺，俯视全园风景，可凭栏欣赏池中游鱼。单体建筑多采用歇山顶、攒尖顶、曲屋顶、曲屋角及弧形梁架，并与曲径、曲廊、曲桥相连。这体现了中国古典园林的“师法自然”的特点。

2. 建筑布局讲究显隐结合

“凡一图之中，楼阁亭宇，乃山水之眉也，当在山水开面处安置。”在园林中，亭、阁、楼、馆、轩、斋等建筑，以多姿的形体、鲜明的外轮廓线，成为所在园的主景、点景。如北京颐和园中万寿山顶的佛香阁，苏州网师园中的风来亭，都是有意突出的“显景”，与此相对应的“隐景”则掩映于浓荫翠微中，或悄藏于假山岩壁之后的建筑小品、幽斋、曲径、危桥，它们有如“犹抱琵琶半遮面”，有如“养在深闺人未识”，增加了园林的风景层次，造就了特殊的观赏效果。

（三）我国古典园林建筑的类型及应用

中国自然式园林中的建筑形式多样，有堂、厅、馆、斋、楼、阁、亭、台、轩、榭、舫、廊、桥、墙等。堂、厅、馆、斋用于生活起居；楼、阁、亭、台、轩、榭、舫用于游览、赏景；廊、桥用于联系交通、联结景点；园墙、园窗、园门则用于围护和分隔空间。最有特色的建筑是廊、桥、亭等。

1. 厅堂

厅堂是园林中的主体建筑，往往是待客与集会活动的场所。厅堂建筑的体量较大，造型简洁精美，比其他建筑复杂华丽。

堂是居住建筑中对正房的称呼，堂往往成封闭院落布局，只是正面开设门窗。它是园主人起居之所，陈设布置十分讲究，体现着园主人的身份、爱好和文化素养。它也可作为家庭举行庆典的场所。“堂者，当也。谓当正向阳之屋，以取堂堂高显之义”。“凡园圃立基，定厅堂为主”（计成《园冶》）。厅堂一般坐北朝南。向南望，是全园最主要的景观，多位于建筑群中的中轴线上，体型严整，装修瑰丽。室内用隔扇、落地罩、博古架进行空间分割。厅堂的位置确定后，全园的景色布局才依次衍生变化，造成各种各样的园林景致。

厅是满足会客、宴请、观赏花木或欣赏小型表演需求的建筑，在古代园林宅第中发挥公共建筑的功能，要求有较大的空间，以便容纳众多的宾客。厅门窗装饰考究，建筑总体造型端庄典雅，一般的厅都是前后开窗设门，主厅多采用四面开门窗的四面厅，为了便于观景，四周往往不作封闭的墙体，而设大面积隔扇、落地长窗，四周绕以回廊。另外，赏荷的花厅和观鱼的厅堂多临水而建，一般前有平台，供观赏者尽情游赏。

厅堂建筑多是全园精华之地、众景汇聚之所，构成一个个的庭院，起着组织空间、突出主题的作用，在造型风格上，强调端庄典雅、精美华贵，是人工雕琢色彩最浓的部分。至于皇家园林，规模巨大，厅堂不足以统领全景，需要由高大的宫殿式建筑群来当此重任，这样才能显示皇家园林的恢宏气派。

著名厅堂建筑有：拙政园的远香堂、留园的涵碧山房、狮子林的荷花厅等。

2. 楼阁

楼阁是园林中的二类建筑，属较高层的建筑，体量较大，在园林中运用较广泛，在形制上不容易明确区分。楼阁不仅是游人登高望远的佳处，同时也是园林最为突出的景观。楼阁这种凌空高耸、造型隽秀的建筑形式运用到园林造景上，常建于建筑群体的中轴线上或独立设置于园林中的显要位置，起着一种构景中心的作用，成为园林中重要的点景建筑。多在临水之地建楼，取凭高远眺、极目无穷之妙。

阁与楼近似，较小巧，平面为方形或多边形，多为两层的建筑，建筑物底层空着，上层设围廊，有挑出的平坐，供眺望观景，这是二者的主要区别。在用途上，阁带有贮藏性，用来藏书、藏画等。如宁波的天一阁和北京颐和园的佛香阁等。

3. 书房馆斋

馆可供宴客之用，其体量有大有小，与厅堂稍有区别；大型的馆，如留园的五峰仙馆、林泉香石馆，实际上是主厅堂。斋供读书用，环境隐蔽清幽，尽可能避开园林中主要游览路线。建筑式样较简朴，常附以小院，植芭蕉、梧桐等树木花卉，以创造一种清静、淡泊的情趣。如苏州留园的涵碧山房和《红楼梦》中描写的“潇湘馆”。

4. 榭

榭建在高土台上或临水，也可以是局部或全部建筑于水上的建筑。四面开敞通透或做落地长窗，显得空透畅达，屋顶通常用卷棚歇山式，檐角低平，显得玲珑轻巧，简洁大方。室内装饰简洁雅致，以观赏为主，又可作休息的场所，近可观鱼或品评花木，远可极目眺望，是游览线路中最佳的景点，也是构成景点最动人的建筑形式之一。拙政园的芙蓉榭是榭的代表作。

“榭者，籍也。籍景而成者也。或水边，或花畔，制亦随态。”籍字的意义是依靠或借助的意思，建榭要依靠园中景物，两者结合，相得益彰，常常建于水边或花畔，借以成景。水榭要三面临水。榭不但多建在水边，而且多建在水的南岸，视线向北而观景。如网师园中的“濯缨水阁”，怡园中的“藕香榭”等，都是朝北的。归因于中国的阴阳学说，“山南水北谓阳”，建筑之南，水面之北，所见之景是向阳的；若反之，则水面反射阳光，很刺眼，而且对面之景是背阳的，也不好看。

因为榭一般在水边建平台，平台周围临水处多设坐凳栏杆，又叫美人靠、吴王靠，相传是吴越时吴王与美人西施常常坐凳倚栏游赏观景而得名。

5. 轩

轩是小巧玲珑、开敞精致的建筑物，体量不大。室内简洁雅致，室外或可临水观鱼，或可品评花木，或可极目远眺。轩的形式类型也较多，有的做得奇特，也有的平淡无奇，如同宽的廊。在园林建筑中，轩这种形式也像亭一样，是一种点缀性的建筑，所以造园者在布局时要考虑到何处设轩。它既非主体，又要有一定的视觉感染力，可以看作“引景”之物。如网师园中的“竹外一枝轩”，可谓引人入胜。又如拙政园中的“与谁同坐轩”，是一座扇形的建筑，形象生动、别致。

6. 舫

舫是仿造舟船造型的建筑，又称不系舟，与船相似，分头、中、尾三部分，是休息、宴饮、娱乐的场所。船头有跳台，作赏景之用；中间是下沉式，两侧有长窗，供休息和宴客之用；尾部有楼梯，分作两层，下实上虚。在体量上模仿船头、船舱的形式，便于与周围环境和谐协调，也便于内部建筑空间的使用。舫不能移，只供人游赏、饮宴及观景，常建于水际或池中。南方园林和岭南园林常在园中造舫，如南京煦园不系舟，是太平天国天王府的遗物，而苏州拙政园的香洲是舫中佼佼者。

舫在中国园林艺术的意境创造中还具有特殊的意义，庄子说“无能者无所求，饱食而遨游，泛若不系之舟”，因此舫成为古代文人隐逸的象征，表示园主隐逸江湖，再不问政治，所以它常是园主人寄托情思的建筑，代表隐居之意。舫在不同场合也有不同的含义，如苏州狮子林，本是佛寺的后花园，所以其中之舫含有普度众生之意。而颐和园清宴舫，按唐魏征之说：“水可载舟，亦可覆舟”，由于石舫永覆不了，所以含有江山永固之意。

园林建筑类型可分为十四、五种之多。然而，真正在园林中起重要作用的是亭、廊、桥。亭是我国园林中最主要的建筑，其形式多变，轻巧空灵。

7. 亭

亭体积小巧、结构简单、造型别致，选址极为灵活，可建于园林的任何地方，是一种开敞的小型建筑物。东汉许慎《说文解字》：“亭，停也，人所停集也。”亭主要供人休憩观景，有引领游览的功能，更是重要的点景建筑，以其优美的造型与周围景物结合，构成优美的风景画面。

凡有佳景处，必建亭而观之，故亭或立山巅，或枕清流，或临涧壑，或傍岩壁，或处平野，或藏幽林，有半山亭、路亭、半江亭等，空间上独立自在，布局上灵活多变。同时，在建筑艺术上，亭是园景中的亮点，起到画龙点睛的作用。亭形式多样，“造式无定，自三角、四角、五角、梅花、六角、横圭、八角到十字，随意合宜则制，惟地图可略式也”。

我国名亭很多，如苏州的沧浪亭，拙政园中的松风亭、嘉实亭，陶然亭，爱晚亭，醉翁亭和兰亭等。

8. 路与廊

园林观赏有动观与静观之分。动观为游，妙在步移景异；静观为赏，奇在风景如画。而游赏相间，动静交替则园之景致尽入眼中。中国园林素以自然山水园著称，园中景物均为自然式布置，游路设计尤为奇巧，故漫步园中，景观变化不断，游人可以慢慢地游，静静地赏，而起着重要作用的建筑就是路和廊。

路和廊在园林中不仅有交通的功能，更重要的是有观赏功能。在中国园林中，路和廊是最富有可塑性与灵活性的建筑。蜿蜒曲折也好，高低起伏也好；曲折如游龙，高下如长虹，它既可在交通上通联自如，又可让游人移步换景，仔细品味周围景色，也可使游人免受烈日之下的曝晒之苦，又可使游人不遭风吹雨淋之罪，在酷暑风雨之时，仍然可以观赏不同季节和气象时的园林美。

廊是我国古典园林中特有的带形建筑，是园林的无声向导，它可以分割空间，联系交通，引导游览，常布置在两个建筑物或两个观赏点之间，是联系建筑物的脉络。其作用是把园内各单体建筑连在一起，它们绕山环水，成为园林造景中自然连接线。

廊的类型丰富，从其剖面结构来看，大致可分为双面空廊、单面空廊、复廊和双层廊等形式。按其平面来看，可分为直廊、曲廊和回廊三种形式。按其与环境结合的位置划分，又可分为沿墙走廊、桥廊、水廊、爬山廊等。古代园林中，苏州沧浪亭的复廊最负盛名，颐和园则拥有728米长的“天下第一长廊”的双面空廊。

9. 桥

园林中的桥，是园林中沟通园路、驻足赏景、连接景点、点缀景观、增加自然情趣的重要建筑。常见的桥有拱、平、廊、曲、亭等类型，有石制的，有竹制的，有木制的，十分富有民族特色。它不但可以添景，而且可用以隔景，在视觉上产生扩大空间的作用。同时过了一桥又一桥，也颇增游客游兴。特别是南方园林和岭南类型园林，由于多湖泊河川，桥也较多。如扬州瘦西湖的五亭桥古称“莲花桥”，清代扬州两淮盐运使为了迎接乾隆南巡，特雇能工巧匠设计建造。该桥造型典雅秀丽，黄瓦朱柱，配以白色栏杆，亭内彩绘藻井，富丽堂皇，具有南方建筑的特色。而桥墩则厚实刚健，具有北方建筑特色，南北方建筑艺术和谐一体，被中国著名桥梁专家茅以升誉为最具艺术美的桥。

10. 园墙

园墙是围合空间、屏蔽景致的建筑，有隔景的作用，以增加景深和变幻景色，有外墙、内墙、粉墙、云墙之分。南北园林通常在园墙上设漏窗、洞门、空窗等，形成虚实对比和明暗对比的效果，并使墙面丰富多彩。一扇扇造型各异的窗，像一个个美丽的画框，将自然景物框起来，形成一幅幅生动美丽的画。园门是通达风景的必经之口，过一门，迈一坎，又换了一种心情。

四、植物——园林的华服

植物是造山理水不可缺少的因素。不同的园林植物合理的配置，如同给园林穿上了一件绚烂的外衣，常常能产生不同的意境和品位。

利用植物造景，能使游人产生联想，增加园林意境美。如规则栽植的乔木给人以整齐、庄重、雄伟的感受；自然配置的树木给人以轻松、活泼之感。梅花有“万花敢向雪中出，一树独先天下春”“疏影横斜水清浅，暗香浮动月黄昏”之诗赞；兰花脱俗；竹刚直有节、虚心且有低头叶；菊花不畏风霜、活泼洒脱；荷花廉洁纯朴、出淤泥而不染；松柏铁骨铮铮、万古长青。园林中植物的配置要因时、因地、因立意而制宜，以达到表现主题的目的。

（一）植物在园林造景中的作用

1. 构成景物，丰富园林色彩

不同的植物有不同的色彩，同一种植物不同的部位、不同的季节、不同的年龄又呈现不同的自然色彩。比如春天水边绿意盎然的新柳、白色的玉兰、夏日翠绿中点缀的或白或红的荷花、秋天的红叶、黄灿灿的秋菊、冬天傲霜斗雪的梅花，它们的斑斓色彩、绚丽多姿往往成为独到的风景。园林以植物造景为主，造景形式多样，植物的叶色、花色、枝干色彩十分丰富。植物无论是单独布置，还是与其他景物配合，都能很好地形成景色。

2. 组合空间，控制风景视线

植物可以起到组织空间的作用。植物有疏密、高矮之别，利用植物所形成的空间同样具有"界定感"。由于植物的千差万别，所以相互组合可以形成不同类型和不同感受的空间形式。不同植物高低、疏密的灵活配置，可以阻挡视线、透漏视线、变幻风景视线，从而限制和改变景色的观赏效果，加强园林的层次和整体性。

植物组合空间的形式包括以下几种：

（1）开敞空间（开放空间）：植物所组成的空间，不阻碍游人视线向远处眺望，如低矮的灌木和草坪。

（2）封闭空间（闭合空间）：植物所形成的空间，阻挡了游人的视线。

（3）半开敞空间：植物一面高于视线，一面则低于视线的空间形式（开一面、屏一面）。其对外起引景的作用，对内起障景、控制视线的作用。

（4）封顶开平：高大乔木所组成的空间，其上部覆盖封顶、视线不可透，但水平视线可透。人在其中可远观山水、树下纳凉（树冠交织构成天棚）。

（5）相对全封闭空间：植物空间的六个方向全部封闭，视线均不可透，如密林空间。

3. 表现季节，增强自然气氛

植物在园林景观中往往成为园林的季节符号，植物的兴衰枯荣强调了季节的更替，使人感到自然界的变化。特别是落叶植物的发芽、展叶、开花、结果，使人感叹和体味大自然的春、夏、秋、冬。植物生长带来的景色变化是其他素材无法替代的。

4. 改观地形，装点山水建筑

高低大小不同植物配置造成林冠线起伏变化，改观了地形。如平坦地植高矮有变的树木，远观形成起伏有变的地形。若高处植大树、低处植小树，便可增加地势的变化。在堆山、叠石及各类水岸或水面之中，常用植物来美化风景构图，起补充和加强山水气韵的作用。亭、廊、轩、榭等建筑的内外空间，也须植物的衬托。正所谓"山得草木而华、水得草木而秀、建筑得草木而媚"。

5. 寓意象征，创造意境

中国园林植物配置深受历代山水诗、山水画、哲学思想乃至生活习俗的影响。

在植物的选择上，十分重视“品格”，形式上注重色、香、韵，不仅仅为绿化，而且要能入画，要具画意，意境上求“深远”“含蓄”“内秀”，情景交融，喜欢“诗中有画、画中有诗”的景点布置。植物具有独特的象征意义，造园者往往利用不同植物的叶、枝、杆、色配置在不同方位，以增强园景变化，如水边植柳、篱畔缀菊、斋前立松、墙根插竹等，通过植物的某些特征、姿态、色彩给人的不同感受而产生的比拟联想以表达某种思想感情或某一意境。

如：

松柏——苍劲耐寒，象征坚贞不渝。

竹——虚心有节，象征谦虚礼让，气节高尚。

梅——迎春怒放，象征不畏严寒，纯洁坚贞。

兰——居静而芳，象征高风脱俗、友爱情深。

菊——傲霜而立，清廉高洁，象征离尘居隐、临危不屈。

柳——灵活强健，象征有强健生命力，亦喻依依惜别之情。

红枫——老而尤红，象征不畏艰难困苦。

荷花——出淤泥而不染，象征廉洁朴素。

迎春——一年中最先开放，象征春回大地，万物复苏。

桃花——鲜艳明快，象征和平、理想、幸福，并与“李”一道象征“桃李满天下”。此外，其果象征长寿，祝寿时用“寿桃”以祝福。

石榴——果实籽多，喻多子多福。

同时，绿树花草自身散发芳香，给人视觉、听觉、嗅觉、触觉上的享受，人的感觉通道就会产生奇妙的联觉现象，给人以各类美的感受。如沁人心脾的蜡梅让人流连忘返，慨叹唬唏坚强的品格；清新淡雅的茉莉能驱走盛夏的炎热。

（二）自然式园林着意表现自然美

1. 姿美

树冠的形态、树枝的疏密曲直、树皮的质感、树叶的形状，都追求自然优美。

2. 色美

树叶、树干、花都要求有各种自然的色彩美，如红色的枫叶、青翠的竹叶、白皮松、白色的广玉兰、紫色的紫薇等。

3. 味香

要求自然淡雅和清幽。最好四季常有绿，月月有花香，其中尤以蜡梅最为淡雅、兰花最为清幽。

4. 引种古树名木草皮

古木繁花，可形成古朴幽深的意境。所以如果建筑物与古树名木矛盾时，宁可挪动建筑以保住大树。计成在《园冶》中说：“多年树木，碍箭檐垣，让一步可以立根，研数桠不妨封顶。”

5. 中国古典园林重视饲养动物

最早的苑囿中，动物是主要的观赏、娱乐对象。魏晋南北朝园林中有众多鸟禽，使之成为园林山水景观的天然点缀。如园林中养鹿放鹤，以寄托“一生几经伤心事，不向空门何处销”的解脱情趣；宋徽宗所建艮岳，也集天下珍禽异兽数以万计，经过训练的鸟兽，在徽宗驾到时，能乖巧地排立在仪仗队里。园中动物可以观赏娱乐，可以隐喻长寿，也可以借以扩大和净化自然境界，令人通过视觉、听觉产生美好的联想。

五、匾额、楹联与刻石——园林文化之魂

每个园林建成后，为了提升其园林意境，园主总要邀集一些文人，根据园主的立意和园林的景象，给园林和建筑物命名，并配以匾额题词、楹联诗文及刻石。中国古典园林通常在园名、匾额、楹联中反映出意境。正如《红楼梦》中说大观园：“偌大景致，若是亭榭无字标题，任是花柳山水，也断不能生色。”

（一）匾额

匾额，俗称“匾”，是指悬置于门楣、厅堂等之上的题字牌。园林中的匾额主要用于题刻园名、景名，颂人，写事等，多悬挂在厅堂、楼阁、馆轩、亭斋等处。私家园林中有着很多妙趣横生或寓意深刻的匾额，如拙政园的雪香云蔚亭，雪香形容花香、色白，意指梅花，云蔚意指草木花卉丰富多彩，这里不仅是早春赏梅的极佳地点，也是品味夏日山林野趣之地。

（二）楹联

楹联指门两侧柱上的竖牌，多置于厅堂、馆轩等楹柱上。其作用不仅能帮助人们赏景，而且其本身也是艺术珍品，具有很高的审美价值。匾额和楹联是书法艺术、雕刻艺术完美结合的产物，是我国古代园林独到的造园要素，它渗透着语言的思想性和文学性，蕴含着创作者的思想感情、道德情操和艺术追求，精辟地概括了园林景致的意境，起到画龙点睛的作用，具有很强的实用性和社会价值。如：

拙政园·远香堂联

旧雨集名圆，风前煎茗，琴酒留题，诸公回望燕云，应喜清游同茂苑
德星临吴会，花外停旌，桑麻闲课，笑我徒寻鸿雪，竟无佳句续梅村

拙政园·与谁同坐轩联

江山如有待　　花柳更无私

沧浪亭联

清风明月本无价　　近水远山皆有情

（三）刻石

刻石指山石上的题诗刻字，包括摩崖石刻、岩画、石碑、经幢等。我国古代园林刻石多为园林历史的记载、景物景致的题咏、名人轶事的源流、诗赋画图的表达等，是一部园林史和美学史书，也是一部引导游客赏景的导游书稿，更是园林景观的重要组成部分。

园林中的匾额、楹联及刻石的内容，多数是直接引用前人已有的现成诗句，或略作变通。如苏州拙政园的浮翠阁引自苏东坡诗中的“三峰已过天浮翠”。还有一些是即兴创作的。不论是匾额、楹联还是刻石，不仅能够陶冶情操，抒发胸臆，也

能够起到点景的作用，为园中景点增加诗意，拓宽意境，提升品位。

第三节　中国古代园林的常见构景手段

植根于中国传统的道家文化对造园艺术的影响深远，自春秋战国时代起，人与自然就进入了亲和协调的阶段，人们十分注重与自然的和谐共处。“道法自然，尊重自然”进而成为造园构景的指导思想，自然形成的天然景观如江河、湖沼、瀑布山泉、高山悬崖、洞壑深渊、古木奇树、斜阳残月、花鸟虫鱼、雾雪霜露等，造园者们都要加以充分利用。

在造园构景中力求运用多种手段来表现自然，以取得自然、淡泊、恬静、含蓄的艺术效果，最终达到“渐入佳境、小中见大、步移景异”的唯美和理想境界。所以，为表现造园目的，从起名、立意、布局到微观处理等，造园者利用了多种多样的构景手段。只有认识构景手段才能更好地观赏和理解园林的艺术价值和情趣之美。中国园林构景基本手法因园林性质、规模，因地而宜、因时而异，常见有抑景、添景、夹景、对景、框景、漏景、借景、移景和障景等。

一、抑景——空间的欲扬先抑

中国传统艺术历来讲究委婉含蓄，在园林构景中一直反对一览无余，主张采取“先藏后露”“欲扬先抑”的手法。“欲扬先抑”即利用某景物对游人视线形成暂时的阻挡，把园林中最好的景致暂时隐藏起来，然后再展现的构景方法，以产生“山重水复疑无路，柳暗花明又一村”的艺术效果。

在中国古典园林中，多用假山、树木、建筑物等作抑景，把主景和最美的景致遮挡起来，这种手法常常用在园林入口处，以假山迎门，这种处理叫作山抑；利用一片树林或一转折的廊院才来到园中的处理方法称为树抑。

抑景作为造园构景常用方法之一，和建筑的空间对比手法很类似，就是使人在进入园林的主体空间之前，先经过一段相对闭塞的空间或空间序列。这样，当主体景观呈现时，由于强烈的对比而获得空间扩大之感。如苏州留园入口的“瓶颈”虽说是不得已而为之，但由于处理巧妙成了先抑后扬的典型实例；再如拙政园进园时先用山石遮挡视线，使园景不能一览无余；网师园等进园前先经过几重小院。皇家园林虽然无须刻意扩大空间感受，但也常利用空间的先抑后扬强化园林的艺术感染力，如颐和园入口处一组大殿（仁寿殿、乐寿殿）挡住了游客的视线，过了大殿，眼前豁然开朗，见到了秀美无比的万寿山和烟波浩渺的昆明湖，湖光山色尽在眼底，美不胜收。这种构景手法恰如其分地体现了中国人内敛含蓄的性格特征和抑景手法的绝妙之处。

二、添景——增加空间层次

添景是一种添加过渡景的构景手法，往往用于景深空旷、景观比较单调而缺乏层次感的地方，通过添加某些景观而改变观景者空洞的感觉，增加了层次感。添景的目的就是在人和观赏的主体景观之间增设某种过渡，以强化主体景观的深度感和层次感。这种过渡可以采用树木、花卉，甚至是半隔半透的空廊、漏窗、山石等。

比如，拙政园隔着“小飞虹”桥廊看“荷香四面亭”就是很出色的例子，如果没有中间的桥廊，对面亭子就感觉近得多，园林景观的深度就大打折扣了。在理水的过程中，也常常用到添景的手段，比如园林水池的驳岸常常突出几块山石，伸出一个半岛，避免人一眼看见池岸，这样可以使水面显得更宽更深。所以，当一景点与远方的对景之间是一大片水面，或者中间没有中景、近景作为过渡时，对整个风景区来说，就会缺乏空间景深的感染力。而景深的感染力，在园林风景的评价中占有极其重要的地位。这时，造园者通常采用添景的手法，利用乔木、花卉作中间和近处的过渡景。充当添景的树种要求形体高大，花叶美观，比如长满红叶的枫树、披着常绿阔叶的榕树、银杏、木棉、玉兰等都是好材料。

三、夹景——屏蔽次要景观，突出主体景观

夹景是为了突出主体景观，视线左右两侧的较平淡的景观，往往利用树丛、树列、山石、建筑等加以隐蔽，形成较封闭的狭长空间，只留下中间充满诗情画意的远景，使主体风景点从左右配景的夹道中映入游人的视线。这是一种带有控制性的构景方式，不但能表现特定的情趣和感染力（如肃穆、深远、向前、探求等），以强化设计构思意境、突出主景地位，而且能够诱导、组织、汇聚视线，使景视空间定向延伸，达到很好的视觉效果。夹景能起障丑显美、突出重点的作用，增加景观的深远感。如在颐和园后山的苏州河中划船，远方的苏州桥主景，为两岸起伏的土山和美丽的林带所夹峙，构成了明媚动人的景色。

四、对景——园林景观的互相映衬

在园林游览中，当登上亭、台、楼、阁、榭时，可观赏对面的堂、山、桥、树，同时在堂、山、桥、树等处又可观赏亭、台、楼、阁、榭，这种从甲观赏点观赏乙观赏点，从乙观赏点观赏甲观赏点的构景方法，叫对景。

当两个景致遥遥相对，相隔一定空间时，对景的手法可使游人分别站在两处，均可观赏到对方景色。使园内景物之间互相呼应与联系，这是平面构景的基本方法之一，也是中国古典园林应用较多的造园方法。因为中国是自然山水式园林，习惯于将水面布局在全园的主要部位，由于水的反射和倒映，于是环水的景致往往形成彼此的对景，岸边的山、树、竹、石、亭桥、楼阁、厅堂、廊榭与水面互相辉映，水面倒影与岸上景色虚实结合构成的自然美景，就是对景手法的运用之一。中国古典园林正是运用了自然界的景观构成规律，环水布景，形成丰富而不显拥挤的景致

环境。

当然，对景所谓“对”，就是相对之意，目的是我把你作为景，你也把我作为景。如苏州怡园的藕香榭向北望，隔池是假山林丛，山上一个亭即“小沧浪”，点缀其间，形成以自然为主的景观，可谓美不胜收；反之，人在亭中观藕香榭，也是叹为观止。这一仰一俯，足见造园者的独具匠心。这种景在园林中很多，但要做好这种景也不易，中国古典园林的对景不像西方庭园的轴线对景方式，构成景观要遵循自然，形成对景的距离要适当，太近给人局促、僵硬、不自然的感觉，太远由于视力所限，往往达不到观景的效果。

五、框景——园林美丽的画框

框景是利用有限的空间框架，采收外部空间真实的自然风景画面的一种构景方法，可采用类似画框的门框、窗框、洞框、廊柱框、乔木枝干抱合框等。框景可将散漫的景色集中，起到画龙点睛的作用，还可步移景换进入画境。在远景视线中，容易使游人产生美好的错觉，把框外的自然风景视为挂在墙上的一幅风景画。

框景属于自然美和艺术美的集合。框景使种种景物构成一幅幅天然图画，通过框景可以优化审美对象，把自然美升华到艺术美。如上海豫园三穗堂与仰山堂之间有一瓶形门，门外的花木却巧妙地成了瓶的装饰，这种构思常使人拍案叫绝。扬州瘦西湖的月亮门亭是框景最典型的佳作，透过一门可观扬州标志性景观五亭桥，“一门留景五亭桥”，凡到此的游客均要摄影留念，同时还可尽收白塔于另一门之中。

六、漏景——墙内开花墙外香

漏景是由框景进一步发展而来的，中国园林中，在围墙、廊壁的侧墙上，常常通过各种造型的花窗、漏窗、树枝叶隙、林木间隙等，将院内外、廊壁内外、林隙内外的美景组合，呈现一种若隐若现、雅致迷离的景观。这样，漏景可将院内外或廊壁两侧的景致组合在一起，以扩大视野，丰富视觉的有限空间。

值得注意的是，漏景手法的使用对窗的要求甚高。这些窗型别致，富有民族气息，窗户通常在园林的围墙上，或走廊（单廊或复廊）一侧或两侧的墙上，漏窗不安装玻璃，而是雕刻富有民族特色的各种几何图形，或者民间喜闻乐见的葡萄、石榴、老梅、修竹等植物，或鹿、鹤、兔等动物。

七、借景——巧妙利用园外景色，构成丰富景观

（一）借景手段的作用

借景，就是将园外甚至远方的景观，巧妙地收进园内游客的视野中来，与园内的景物融为一体，让游客的观赏能任意流动与收放。

中国古典园林通常是以围墙环绕，与外界隔绝的封闭空间。这种封闭的空间如果不在构景中加以掩饰和突破，就会使人产生狭小的感觉，从而降低景观的美感，

大至皇家园林，小至私家园林，空间都是有限的，须在横向或纵向上让游客扩展视觉和联想，才可以小见大。借景这一构景手段就恰到好处地解决这一困扰，所以计成在《园冶》中指出，“园林巧于因借，精在体宜”。

通过“借”来的景观，只要组合到园内某一方向的立面景观中，就能使景深增加，层次丰富，造成在有限空间看到无限景致的效果，把园外的佳景通过门窗或其他途径引人园内，使之成为园内景色的一部分，所以借景意味着园林景象外延，不仅极大地扩展了园内空间，打破了园内空间的局限，而且非常巧妙地把建筑物同周围自然环境沟通、协调起来，从而极大地丰富和深化了人们对建筑艺术的审美感受。借景能使园林空间范围扩大、画面生动，景观层次丰富，因此在我国造园艺术中占有极重要的位置。如北京颐和园就处处展现着借景的生花妙笔，如果游人由颐和园东宫门进入，出仁寿殿沿玉澜堂四合院东南侧小路南行，此时有仰借（如楼阁）、俯借（如池鱼）、应时而借（如花草），远借西山群峰和玉泉山“玉峰塔”，与昆明湖组成美丽的湖光山色，宛如天然的巨幅图画。

（二）借景的类别

借景不受空间的限制，形式多种多样，有远借、近借、邻借、仰借、俯借、应时而借等。总之，凡是能触情动人的景观、景物、景色、景致，都可以“借”，甚至可以全方位借景，全时令借景。可借的因素有山水，有日月、云雾、雨雪，还有飞禽、游鱼，甚至风声、雨声、涛声、钟声……近借、邻借一般通过漏窗和园墙来进行；远借则可借园外高大的物体（山或塔），或者在高处观赏园外景物；应时而借的景物则是应时的特定景色，如春观蜂蝶飞舞、秋观霜叶红紫、夜听雨打芭蕉……

借景种类一般分为：

（1）近借——在园中欣赏园外近处的景物。

（2）远借——在不封闭的园林中看远处的景物，例如靠水的园林，在水边眺望开阔的水面和远处的岛屿。

（3）邻借——在园中欣赏相邻园林的景物。

（4）互借——两座园林或两个景点之间彼此借资对方的景物。

（5）仰借——在园中仰视园外的峰峦、峭壁或邻寺的高塔，如“窗含西岭千秋雪”。

（6）俯借——在园中的高视点俯瞰园外的景物，如“门泊东吴万里船”。

（7）应时借——借一年中的某一季节或一天中某一时刻的景物，主要是借天文景观、气象景观、植物季相变化景观和即时的动态景观。

（三）借景方法

（1）开辟赏景透视线，对于赏景的障碍物进行整理或去除，譬如修剪掉遮挡视线的树木枝叶等。在园中建轩、榭、亭、台，作为视景点，仰视或平视景物，纳烟水之悠悠，收云山之耸翠，看梵宇之凌空，赏平林之漠漠。

（2）提升视景点的高度，使视景线突破园林的界限，取俯视或平视远景的效果。在园中堆山、筑台，建造楼、阁亭等，让游者放眼远望，以穷千里目。

(3) 借虚景，如朱熹的“半亩方塘”，圆明园四十景中的“上下天光”，都俯借了“天光云影”；上海豫园中的花墙下的月洞，透露了隔院的水榭。

(四) 借景内容

(1) 借山、水、动物、植物、建筑等景物，如远岫屏列、平湖翻银、晴岚塔影、楼出霄汉、蝶雉斜飞、长桥卧波、鸡犬桑麻、雁阵鹭行、丹枫如醉、繁花烂漫、绿草如茵。

(2) 借人为景物，如寻芳水滨、踏青原上、吟诗松荫、弹琴竹里、远浦归帆、渔舟唱晚、古寺钟声、梵音诵唱、酒旗高飘、社日箫鼓。

(3) 借天文气象景物，如日出、日落、朝晖、晚霞、圆月、弯月、蓝天、星斗、云雾、彩虹、雨景、雪景、春风、朝露等。

此外还可以通过声音来充实借景内容，如鸟唱蝉鸣、鸡啼犬吠、松海涛声、残荷夜雨。借景是中国古典园林的常用手法，唐代所建的滕王阁，借赣江之景，“落霞与孤鹜齐飞，秋水共长天一色”；“西湖十景”互借，各个“景”又自成一体，形成一幅幅生动的画面；无锡寄畅园借景中锡山和惠山，只用了三分人工就获得了十分效果，小园变成了大园；皇家园林承德避暑山庄借天然山色和外八庙来映托山庄的气氛，构成园外有园、景外有景的效果。

八、移景——可以“移动”的园林景观

移景是园林构景中的一种仿建手法。移景和复制不一样，由于园林总是要受到自然条件的限制，因此只能用写意的手法，使其在“神似而未必形似之间”。以皇家园林最为突出，颐和园、圆明园内有很多景色是移植而来的。

如谐趣园是颐和园的“园中之园”，清乾隆时仿无锡惠山脚下的江南名园——寄畅园建造的，原名惠山园。嘉庆时重修改名“谐趣园”，“以物外之静趣，谐寸田之中和，故名谐趣，乃寄畅之意也”。无锡的寄畅园精致、玲珑、秀美。而移景的谐趣园也不大，园子内主要就是一个池子，夏天有荷花，周边长廊环绕，池子上有曲桥相连，建有几座凉亭，附近堆积有江南的假山石，当然，还有几个厅堂。在颐和园中，谐趣园也算闹中取静的江南一景。再如十七孔桥是颐和园中著名的景点之一。它东连廓如亭，西接南湖岛，长 150 米，堪称中国园林中最大的桥梁。该桥是乾隆时仿著名的卢沟桥所建，桥上石雕极其精美，每个桥栏的望柱上都雕有神态各异的狮子，大小共计 544 只，桥头还有石雕异兽，十分生动。

复习思考题

一、填空题

1. 世界四大园林流派是________、________、________和________。意大利台地式园林的象征性园景是________。

2. 中国皇家园林主要有________、________、________等。

3. 组成中国园林的基本要素主要有________、________、________、________、________、________、________等。

4. 中国古代园林建筑中用于游览赏景的有：楼、________、________、________、轩、榭、舫等。

二、名词解释

囿与苑　叠山　太湖石　对景

三、简答题

1. 简述中式园林和西式园林的造景理念和园林特色。

2. 简述中国园林中北方园林和江南园林的风格。

3. 中国园林理水的基本原则是什么？

4. 中国园林植物配置中常用的植物：梅、兰、竹、菊、柳、荷的象征意义是什么？

第七章　中国饮食文化

中国幅员辽阔，东西南北各个地区的自然条件、地理环境、物产种类、生活习惯、传统风俗、文化积淀等呈现出千姿百态的特点，各地在吃什么、怎么吃的问题上可谓百花齐放，逐渐形成并奠定了以地方区域中心城市为内核的各具特色的菜肴基调，在此基础上产生了不同的菜系。周代南北饮食不同风格的形成，是为菜系之滥觞；秦代至唐代，风味流派逐渐形成了大致的眉目，突出表现在地域的分野与荤素菜的分野；及至宋代，京城已经有了北食、南食和川食等地方风味流派的名称和区别；发展到清代，地方风味流派基本形成了稳定的格局，是为今日菜系之雏形。

第一节　中国菜系及其划分

“菜系”一词出现于20世纪70年代中叶，中国财政经济出版社出版的《中国菜谱》丛书中首次出现了“江苏菜系”“安徽菜系”“湖南菜系”“广东菜系”“浙江菜系”等提法。进入20世纪80年代以来，尤其是1983年第一届中国烹饪大赛以后，学术界对中国烹饪文化的弘扬性研究很快形成热潮。作为烹饪研究的一个新名词，“菜系”开始频繁出现在一些餐饮媒体上。

所谓菜系，是指在一定区域内，因物产、气候、历史条件、饮食习俗的不同，经过漫长的历史演变而形成的一整套自成体系的烹饪技艺，并被全国各地所承认的地方菜。中国菜系众多，立足于不同的角度，可以划分出不同类型的菜系。

从地域角度划分是最为常见的划分方法。目前，更多的学者倾向于如下划分法：“四大菜系”，即山东（鲁）菜、四川（川）菜、江苏（苏）菜、广东（粤）菜；“八大菜系”，由“四大菜系”加上浙江（浙）菜、安徽（徽）菜、湖南（湘）菜、福建（闽）菜；“十大菜系”，由“八大菜系”加上北京（京）菜、上海（沪）菜；“十二大菜系”，由“十大菜系”加上河南（豫）菜、陕西（陕或秦）菜；“十四大菜系”，以“十二大菜系”为基础，加上辽宁（辽）菜系、湖北（鄂）菜系两个菜系。

从民族角度划分，如以回族为代表，包括维吾尔、哈萨克、东乡、撒拉等清真风味菜系；以畜牧业为主的蒙古族、藏族等风味菜系；以从事农业为主的朝鲜、满、裕固、傣、白、壮、苗等民族风味菜系；以渔猎为主的赫哲、鄂伦春、鄂温克等民族风味菜系；以从事商业为主的乌兹别克、塔塔尔等民族风味菜系；以渔业为主的京族风味菜系等。

从烹饪生产主体和消费对象划分分为：宫廷风味、官府风味、寺院风味、市肆风味。

从使用原料的性质划分，可分为荤食风味与素食风味两大系列。素菜从南朝梁开始形成流派，到清代形成了寺院、官府、民间三大派别。

从食品功用划分，分为普通菜和医疗保健菜，后者俗称“药膳”。

第二节 地方四大菜系

一、山东菜

山东菜，简称鲁菜，发端于春秋战国时的齐国和鲁国，形成于秦汉。宋代后，鲁菜就成为“北食”的代表。山东菜的影响遍及黄河中下游及其以北广大地区，是我国覆盖面最广的地方风味菜系。

山东菜主要由济南菜、胶东菜和相对独立的孔府菜三部分组成。

济南菜，指济南、德州、泰安一带的菜肴。济南菜为山东内陆地区菜肴的代表，取材广泛，烹饪技法主要为爆、炒、炸、烧、扒、塌等，菜肴口味以清、鲜、脆、嫩见长，各具风味，素有“一菜一味，百菜不重”的美誉。济南菜尤擅长以汤调味，汤有清汤、奶汤之分。清汤用肥鸭、肥鸡、猪肘为主料，急火煮沸撇去浮沫，鲜味溶于汤中，汤清见底，味道鲜美；奶汤则是用相同的主料大火烧开慢火缓煮，然后用纱布滤过，汤成乳白色，味道醇厚。济南菜的代表菜有糖醋鲤鱼、德州扒鸡、油爆双脆、九转大肠、奶汤蒲菜、锅塌豆腐等。

胶东菜，指青岛、烟台、威海一带的菜肴。胶东菜以烹制海鲜见长，烹饪方法多用蒸、煮、扒、炒、熘等，菜肴讲究鲜活清淡，口味以鲜嫩为主，注重本味。其代表菜品有油焖大虾、盐水大虾、葱爆海参、奶汤鱼翅、红烧海螺、雪丽大蟹、扒原壳鲍鱼等。

孔府菜由家常菜和筵席菜两部分组成。家常菜是府内家人日常饮食的菜肴，由内厨负责烹制，注重营养、讲究时鲜，技法多而巧，具有浓厚的乡土气息。筵席菜是为来孔府的帝王、名族、官宦祭孔和拜访举办的各种宴请活动的菜肴，由外厨负责烹制，有严格的等级差别，名目繁多，豪华奢侈，讲究排场，注重礼仪。其代表菜品有当朝一品锅、带子上朝、一卵孵双凤、神仙鸭子等。改革开放以后，对孔府文化的挖掘整理，使许多孔府菜点得以重现，并迅速在市场传播。由此，孔府菜逐步成为山东菜的重要组成部分。

二、四川菜

四川菜，简称川菜，发源于古代的巴国和蜀国，萌芽于西周至春秋时期，西汉至两晋，川菜已初具轮廓。东晋史学家常璩在所著《华阳国志》中就记述了巴、蜀之人“尚滋味”“好辛香”的饮食习俗和烹调特色。隋、唐、五代，川菜有了较大的发展。两宋时期，川菜已跨越巴蜀本土，先后进入当时的京城汴京（今开封）和临安（今杭州），为世人所瞩目。明代末叶，辣椒从南美洲传入我国后，川菜原已形成的“尚滋味”“好辛香”的传统得到进一步的丰富和发展。到了晚清，川菜逐步形成以清鲜醇浓并重，而又以善用麻辣调味著称的独特风味。现在，川菜不仅在川、渝、云、贵风行。川菜风味的餐馆已遍及全国，冲向世界，扬名海内外。

川菜主要由成都菜（上河帮）、重庆菜（下河帮）、自贡菜（小河帮）组成。其风味菜系包括筵席菜、便餐菜、家常风味菜和民间小吃。高级的筵席菜大多用山珍海味配以时令鲜蔬，其名菜有蟹黄鱼翅、一品熊掌、怪味鹿肉、樟茶鸭子、清蒸江团等。普通筵席的菜肴重肥美、讲实惠，主打菜有东坡肉、粉蒸肉、扣鸡、扣鸭、扣肘子等。家常风味菜主要有宫保鸡丁、麻婆豆腐、鱼香肉丝等。民间小吃中赖汤圆、怪味豆、担担面、五香豆腐干等更是闻名遐迩。

川菜的烹饪技法众多，常用的就有炒、爆、炸、熘、烩、烧、焖、煎、煮、蒸、拌、卤、腌等近40种，其独创的小炒、干煸、家常烧更是匠心独运、别具一格。小炒之法，不过油，不换锅，急火短炒，一锅成菜，芳香四溢；干煸之法，中火热油，不断翻拨煸炒使成品脱水，酥脆爽口；家常烧法讲究原汁原味，汁浓芡薄，味道醇厚。

川菜的最大特点在于精于调味，素有“一菜一格，百菜百味”之美誉，故国际烹饪界有“食在中国，味在四川”之说。川菜之味相当丰富，主要有麻辣味、鱼香味、白油味、红油味、椒盐味、蒜泥味、五香味、糖醋味、姜汁味、甜香味、芥末味、酱香味、家常味、怪味等，尤其长于麻辣味。调味离不开“三椒”（辣椒、胡椒、花椒）及生姜，辣椒与其他辣味调料合用或分别使用的辣味就有干香辣、酥香辣、油香辣、葱香辣、辛香辣、芳香辣、甜香辣、酱香辣等十几种。

三、江苏菜

江苏菜，简称苏菜，又称淮扬菜，是我国长江中下游地区的著名菜系，发展历史悠久，文化积淀深厚，具有鲜明的江南特色。

江苏菜主要由淮扬、金陵、苏锡、徐海四大地方风味组成。

淮扬风味，以扬州、淮安为中心。选料严谨，注重刀工和火候，强调本味，突出主料，色调淡雅，造型新颖，雕刻尤为精美，口味清鲜，咸甜适中。在烹饪方法上擅长煨、炖、焖、焐、叉、烤等法。其代表品种有清炖蟹粉狮子头、大煮干丝、三套鸭、松鼠鳜鱼、水晶肴蹄、清蒸鲥鱼、文思豆腐、将军过桥、文楼汤包、黄桥烧饼、三丁包子等。

金陵风味，以南京为中心。原料讲究鲜活，刀工细腻，火工纯熟，菜肴滋味醇和，鸭肴久负盛名，花色菜点精巧细致。在烹饪方法上擅长炖、焖、烤等法。其代表品种有盐水鸭、香酥鸭、黄焖鸭、松子熏肉、五柳青鱼等。

苏锡风味，以苏州、无锡为中心。用料广取江河湖鲜，口味偏甜，注重造型美观，色调绚丽。在烹饪方法上，白汁、清炖独具一格。其代表品种有雪花蟹斗、鸡茸蛋、香脆银鱼、虾仁锅巴等。

徐海风味，主要指自徐州沿东陇海线至连云港一带的地方风味。菜肴色调偏于浓重，口味以咸鲜为主。烹饪方法多用炸、熘、爆、炒，擅长蒸、烩、炖等法。其代表品种有霸王别姬、沛公狗肉、白汁狗肉、荷花铁雀、凤尾对虾、坛子狗肉等。

四、广东菜

广东菜，简称粤菜。粤菜起源于汉魏时期，发展于唐宋，明清两代渐趋成熟，及至晚清，吸收了国内其他地方菜系风味和融入了西菜技法之长，达到了发展高峰，赢得了“食在广州”的美誉。

广东菜的基本特点是选料奇异广博，穷尽水陆之珍，讲究生猛和口味清纯鲜活。广东菜主要由广州菜、潮州菜和东江菜组成。

广州菜，也称广府菜，包括顺德、中山、南海、清远、韶关、湛江等地。广州菜用料广泛，选料精细，配料奇异，刀工讲究。口味讲究清、鲜、嫩、爽、滑、香；调味遍及酸、甜、苦、辣、咸，即所谓的“五滋六味”。其代表品种有龙虎斗、白灼虾、烤乳猪、香芋扣肉、黄浦炒蛋、炖禾虫、狗肉煲、五彩炒蛇丝等。

潮州菜，也称潮汕菜，覆盖潮州、汕头、潮阳、普宁、揭阳、饶平、海丰、陆丰等地。潮州菜以烹调海鲜见长，刀工技术讲究，口味偏重香、浓、鲜、甜。其代表品种有烧雁鹅、豆酱鸡、护国菜、什锦乌石参、葱姜炒蟹、干炸虾枣等。

东江菜，又称客家菜。东江菜以惠州菜为代表，菜品多用肉类，极少水产，主料突出，讲究香浓，下油重，味偏咸，以砂锅菜见长，有独特的乡土风味。其代表品种有东江盐焗鸡、东江酿豆腐、冬季狗肉煲等。

第三节　地方八大菜系

上述四大地方菜系加上浙菜、徽菜、湘菜、闽菜便构成了八大地方菜系。

一、浙江菜

浙江菜，简称浙菜，其主要特点是选料讲究，烹饪独到，注重本味，制作精细。浙菜以烹调技法丰富多彩而闻名，其中以炒、炸、烩、熘、蒸、烧六类为擅长。

浙菜主要由杭州、宁波、绍兴、温州四个流派组成，各自带有浓厚的地方特色。杭州菜是浙菜的主流，制作精细，品种多样，清鲜爽脆，淡雅典丽，名菜有西湖醋鱼、东坡肉、龙井虾仁等。宁波菜以鲜咸合一，蒸、烤、炖制海味见长，讲究嫩、软、滑，注重保持原汁原味，色泽较浓。著名菜肴有雪菜大汤黄鱼、苔菜拖黄鱼、冰糖甲鱼等。绍兴菜讲究香酥绵糯、原汤原汁，轻油忌辣，汁浓味重。其烹调常用鲜料配腌腊食品同蒸或炖，且多用绍酒烹制，故香味浓烈。著名菜肴有糟熘虾仁、干菜焖肉、鉴湖鱼味等。温州菜，因温州古名东瓯，也称“瓯菜”，原料大多采用近海鲜鱼与江河小水产类，活杀活烧，烹调讲究“二轻一重”，即轻油、轻芡、重刀工。代表名菜有三丝敲鱼、双味蛐蚌、炸熘黄鱼等。

二、安徽菜

安徽菜，即徽菜。其主要特点是以咸鲜为主，突出本味，讲究火工，注重食补，烹调方法上擅长烧、炖、蒸、焖、熏等。

安徽菜，由皖南菜、皖江菜、合肥菜、淮南菜、皖北菜组成。皖南菜是徽菜的主流和渊源，以黄山、绩溪等地方菜肴为代表。其特点是咸鲜味醇、原汁原味，擅长烧、炖、蒸、焖，讲究火工，善以火腿佐味，冰糖提鲜。其代表菜有火腿炖甲鱼、腌鲜鳜鱼、黄山炖鸽等。皖江菜，以芜湖、安庆、巢湖等地菜肴为代表。其特点是咸鲜微甜、酥嫩清爽，擅长红烧、清蒸和烟熏。其代表菜有无为熏鸭、毛峰熏白鱼、八宝蛋、雪湖玉藕、火烘鱼等。皖北菜，以蚌埠、阜阳、淮北等地菜肴为代表。其特点是咸鲜微辣、酥脆醇厚，擅长烧、炸、焖、熘，善用辣椒、香料配色和增香。其代表菜有符离集烧鸡、香炸琵琶虾、鱼咬羊等。合肥菜，烹饪方法主要以烧、炖、蒸、卤为主，善用咸货出鲜，酱料附味。其代表菜有李鸿章大杂烩、三河酥鸭、包公鱼、吴王贡鹅等。淮南菜，主要以豆腐为代表，采用烧、炖、炸、煎等方法，味咸鲜香辣、滑嫩爽口。其代表菜有八公山豆腐、淮王鱼炖豆腐、寿桃豆腐等。

三、湖南菜

湖南菜，即湘菜。其主要特点是口味重酸辣和腊味，油重色浓，在烹饪方法上多采用烧、煨、炖、蒸、炒、烤、卤等法。

湘菜由湘江流域、洞庭湖区和湘西南山区为基调的三种地方风味组成。以长沙、衡阳、湘潭为中心，是湖南菜系的主要代表，其特点是油重色浓，讲求实惠，在品味上注重酸辣、香鲜、软嫩，在制法上以煨、炖、腊、蒸、炒诸法见长。代表菜有海参盆蒸、腊味合蒸、走油豆豉扣肉、麻辣仔鸡等。洞庭湖区风味，以淡水水产动植物、家禽为主要原料，多用煮、炖、烧、蒸制作，其特点是芡大油厚，咸辣香软。代表菜有网油叉烧洞庭鳜鱼、蝴蝶飘海、冰糖湘莲等。湘西南山区风味，以湘西、湘南山区地方风味为主，擅长制作山珍野味、烟熏腊肉和各种腌肉，口味侧重咸香酸辣，具有浓厚的山乡风味。代表菜有红烧寒菌、板栗烧菜心、湘西酸肉、炒血鸭等。

四、福建菜

福建菜，即闽菜，以烹制山珍海味而著称，在色香味形俱佳的基础上，尤以“香”“味”见长，口味偏重甜、酸和清淡。

福建菜主要由福州菜、闽南菜和闽西菜组成。福州菜是闽菜的主流，除盛行于福州外，也在闽东、闽中、闽北一带广泛流传。其菜肴特点是清爽、鲜嫩、淡雅，偏于酸甜，善用红糟为佐料，尤其讲究调汤，给人“百汤百味”和糟香袭鼻之感。代表菜有茸汤广肚、肉米鱼唇、鸡丝燕窝、煎糟鳗鱼等。闽南菜流行于厦门和晋江、龙溪地区，具有鲜醇、香辣、清淡的特色，讲究佐料，长于使用辣子酱、沙茶酱、芥末酱等，代表菜有佛跳墙、沙茶牛肉、青菜鲍鱼、东璧龙珠、当归牛腩等。闽西菜盛行于讲客家话的闽西地区，菜肴具有鲜润、浓香、醇厚之特色，以烹饪山珍野味见长，代表菜有油焖石鳞、姜鸭、爆炒地猴、麒麟象肚、涮九品等。

第四节　地方其他菜系

一、北京菜

北京是举世闻名的古都，长期以来一直是中国的政治、经济、文化、外交中心，汇集了汉、满、蒙古、回等多民族悠久而灿烂的饮食文化，来自全国各地的烹饪高手博采众长、推陈出新，夯实了北京菜的基础。京菜由仿膳菜、官邸菜、清真菜、民间菜和改进的山东菜五大板块架构而成。京菜是个融合菜系，它的主流从属于鲁菜，主要特点是选料考究、刀工精湛，烹饪技法主要有烤、涮、扒、燎、爆、酱、白煮等，口味讲求原味、汁浓、肉烂、汤肥。它没有一个突出的主味，在以清淡为主的同时偏重咸、香，善于用韭菜花、蒜泥、芝麻酱来调和味道。代表菜有北京烤鸭、北京涮羊肉、烧羊肉、糟熘三白、酱汁活鱼、葱烧海参、三不粘等。

二、上海菜

上海菜主要是由京、广、川、闽、徽、湘、杭、扬、苏、锡等十六个著名烹调流派相互影响发展改进而来，同时还吸取了不少西菜的长处而形成的“海派菜”。上海菜擅长红烧、清蒸、生煸、糟、煨、蒸、炸等，其代表菜有鸡骨酱、五味鸡腿、桂花肉、虾子大乌参、生煸草头、油焖笋、白切肉等。

三、河南菜

河南菜，简称豫菜，起源于商周时期的黄淮平原，以安阳、洛阳、开封三大古都为依托，向中原大地延伸。豫菜主要由开封、郑州、洛阳、南阳这四大地方风味菜构成。开封菜是豫菜的主流，它选料严谨，讲究配头，注重火候，强调刀工，口味清淡，素油低盐；郑州菜重视色泽，推崇火候，看重营养，味偏咸鲜；洛阳菜以水席为代表，洛阳水席被称为天下第一宴，每席二十四道菜，菜菜带汤，味呈酸辣，清爽利口；南阳菜口味趋甜，配色和谐，讲究制汤，擅于制作水鲜、山珍、时蔬。豫菜代表菜主要有熘鱼焙面、牡丹燕菜、炸紫酥肉、葱扒羊肉、煎扒青鱼头尾等。

四、陕西菜

陕西菜简称陕菜，通称秦菜，其悠久的历史可以说是华夏饮食文明的缩影。秦菜分为关中、陕北、陕南三种地方风味。关中风味以西安为中心，包括三原、咸阳、铜川、宝鸡在内的关中菜肴，取料以家畜为主，菜点具有料重味浓、香肥酥烂的特点，名菜有葫芦鸡、烤羊腿、八宝羹、奶汤锅子鱼、温拌腰丝、煨鱿鱼丝、带把肘子、荷叶里脊等；陕北风味以榆林、延安、绥德为代表，这一地区与宁夏、内蒙古接界，菜肴带有浓郁的草原游牧民族的风格，以鲜香、酥烂为质感，主料大多取自猪羊，代表菜有手抓羊肉、羊肉冻豆腐等；陕南风味以汉中、商洛、安康为代表，汉中盆地与四川为邻，受川菜影响较大，味多辛辣，同时，陕南菜擅长炖、熏、酿，取料多来自秦岭巴山间的山珍，代表菜肴有秦巴四珍鸡、汉江八宝鳖、烟熏鸡、姜芽煸鸭片、商芝肉等。

五、辽宁菜

辽宁菜简称辽菜，从地域上说主要由沈阳菜和大连菜构成。沈阳菜精于烧、扒、熘、煎、炸、焖等技法，代表菜有绣球燕菜、扒三白、红娘自配、宫门献鱼、乌龙卧香槽、桃花香扇、鸳鸯鱼、御府鹿尾等；大连菜擅长烹制海鲜，大连海鲜取胶东菜之长，结合本地口味，以咸鲜为主，注重原汁原味，其推出的“海鲜宴”经久不衰，冷盆、热炒、大菜全部是海鲜，通过炒、蒸、炖、烩、扒、灼、爆等技法烹饪出了无数的海鲜佳肴，如白扒蟹黄鱼翅、软炸鲍鱼、烩芙蓉干贝、清汤鱼骨、麻酱海参、干煎大虾、海味全家福等。

六、湖北菜

湖北菜，简称鄂菜，起源于春秋时期楚国都城郢都，孕育于荆江河曲，曾影响整个长江流域和岭南，部分菜品传入相邻省区。鄂菜由武汉、荆州、黄州三种地方风味菜构成。武汉菜花色品种较多，注重刀工，讲究色泽搭配和造型的艺术美，追求盛器与食用原料浑然天成的和谐。煨汤技术有独到之处，多用瓦罐、炭火慢慢煨制，肉烂汁浓、清香四溢。荆州菜擅长烹制淡水鱼鲜和烧炖野味，蒸菜极具特色，味鲜芡薄，保持原汁原味。黄州菜以烧、炸、烩、炒见长，用油较宽，汁浓味重，乡土风味较为厚实。湖北菜的代表菜主要有清蒸武昌鱼、仙桃蒸三元、红烧瓦块鱼、沔阳三蒸、烧三合等。

第五节　其他风味菜系

一、宫廷风味

宫廷风味，又称御膳，是指奴隶社会王室和封建社会皇室、帝、后、世子所用的肴馔。宫廷风味形成于周代，历经秦汉、魏晋南北朝、隋唐、宋元等朝代的充实精选，至明清时发展到顶峰。但由于朝代的更替，许多宫廷菜已经失传，而流传至今且影响极大的是清宫御膳。

清宫御膳最著名的宴席是“满汉全席”，形成于清代中叶，是清朝最高级的国宴，也是我国传统筵宴中的艺术精品，素有“中华宴席之冠”“中华烹饪之最”的称谓。“满汉全席”吸取了满、汉以及蒙古、回、藏等民族的饮食精华。由于它产生于宫廷，因而肴馔繁多精美，场面豪华，礼仪讲究。“满汉全席”用料名贵且丰富，山珍海味、珍禽异兽无所不有，如熊掌、飞龙、猴头、人参、鹿尾、鹿筋等。“满汉全席”由“满点”和“汉菜”组成，全席包括大小菜肴共108件。其中南菜54件，北菜54件。且点菜不在其中，随点随加。满洲饽饽大小花色品种共44道，一席使用面粉22.5千克。全席以清代满族人喜爱吃的猪、牛、羊、虎、豹、熊、鹿、公野猪、兔、鲈鱼为菜肴原料，以汉族的烹饪技艺精制而成。

清朝灭亡，御厨流散民间，才把清宫御膳带到民间。1925年，部分流散的清宫御厨名师聚集在北海公园，开设了仿膳饭庄，经营清代宫廷风味菜，即仿膳菜。仿膳菜有800多种，做工精细、形色美观、味道鲜醇、软嫩清淡，尤重造型的工巧和命名的典雅。其著名菜肴有凤凰趴窝、蟠龙黄鱼、宫门献鱼、荷花大虾、抓炒里脊、凤凰展翅、荷包里脊、怀胎鳜鱼等，它们在色、质、味、形、器等方面大多呈现出皇家华贵的气质。

二、官府风味

官府风味，又称官府菜，是指封建社会官僚贵族之家制作并食用的肴馔。官府风味滥觞于春秋时期，贯穿于整个封建时代，明清时达到顶峰。官府风味菜的代表主要有孔府菜、谭家菜等。

关于孔府菜，前已述及，这里仅介绍谭家菜。作为官府风味流传至今的北京谭家菜，始于清末的谭宗浚父子。谭宗浚，同治进士，入京师翰林院为官，一生酷爱珍馐美味，其子谭瑑青讲究饮食更甚于其父。当时，一般的官宦人家都热衷于文教和置田产，唯独谭家父子刻意饮食。他们不惜重资礼聘京师名厨，在烹调过程中将技术学到手。随请随辞，久而久之，谭家不断吸收各派名厨之长，成功地将南方菜特别是广东菜，同北方菜特别是北京菜结合了起来，精益求精，终于独创一派。当时，官僚们互相宴请，众口一词赞扬谭家菜做得好，谭家菜逐渐远近闻名。

谭家菜共有一百多种佳肴，以做海味菜最为有名，对于素菜、甜菜、冷菜以及各类点心等也很拿手。例如汤鲜味美的蚝油鲍鱼、新颖别致的柴把鸭子、脆嫩香鲜的两色大虾、清淡适口的银耳素烩，都是极有特色、别具一格的佳肴。谭家菜的点心中，麻茸包馅甜而香，入嘴即化，非常适口；酥合子则是肉馅鲜美，酥皮松脆，色、香、味、形俱佳。俗话说“南甜北咸”，而谭家菜往往是糖、盐各半，以甜提鲜，以咸提香，做出的菜肴口味适中，鲜美可口，无论南方人、北方人都爱吃，其选料也精，加工也细。

谭家菜在烹制海味中，又以燕窝和鱼翅的烹制最为有名，仅鱼翅的做法就有十几种，如鸡丝鱼翅、蟹黄鱼翅、砂锅鱼翅、清炖鱼翅、海烩鱼翅等。这些菜均系家庭制作方法，用料实惠。鱼翅全凭冷、热水泡透发透，毫无腥味，制成后翅肉软烂，味极醇美。而在所有鱼翅菜中，黄焖鱼翅最为上乘。这道菜选用珍贵的黄肉翅来做，讲究吃整翅，一只鱼翅要在火上焖六个小时。这样焖出的鱼翅，汁浓、味厚、吃着柔软糯滑，极为鲜美。

谭家菜是达官贵人奢华生活的产物，中华人民共和国成立前也只能是有钱人才可以享用。中华人民共和国成立后，先是在果子巷，由谭家的几位家厨私人经营谭家菜。1954 年改为国营后，前往西单恩承居后院正式挂牌营业。1958 年，经周恩来总理指示，将谭家菜的整个班子及餐厨用具全部调进北京饭店。如今，谭家菜作为官府菜的典型，完好地保留在北京饭店，并逐渐在全国各地广泛传播。

三、素菜

素菜是以植物类、菌类食物为原料制成的菜肴。中国的素菜源远流长，它产生于春秋战国时期，主要用于祭祀和重大的典礼。魏晋、南北朝时，随着佛教的传入，“吃素”理论逐渐形成，对素菜的发展起到了极大的推动作用。从此，素菜便自成体系，独树一帜，风格别致，成为丰富多彩的中国菜肴和食文化的一个重要组成部分。

素菜以其食用对象分为寺院素菜、宫廷素菜、民间素菜。素菜的特征主要有：时鲜为主，清爽素净；花色繁多，制作考究；富含营养，健身疗疾。我国素菜发展到现在，品种已达 8 000 多种。按其制作方法，大体可分为三类。一是卷货类：用油皮包馅卷紧，淀粉勾芡，烧制，如素鸡、素酱肉、素肘子、素火腿等；二是卤货类：以面筋、香菇为主，烧制而成，如素什锦、香菇面筋、酸辣片等；三是炸货类：过油煎炸而成，如素虾、香椿鱼、小松肉、咯炸盒等。

四、药膳

中国药膳是在中医辨证配膳理论指导下，由药物、食物和调料三者精制而成的一种既有药物功效，又有食品美味，用以防病治病、强身益寿的特殊食品。

中国药膳源远流长，古代关于“神农尝百草”的传说，反映了早在远古时代中华民族就开始探索食物和药物的功用，故有“医食同源”之说。早在周朝，宫廷医生分为四科，其中的“食医”，即通过调配膳食为帝王的养生、保健服务。战国时期的中医经典著作《黄帝内经》，载药膳方数则。秦汉时期，我国现存最早的药学专著《神农本草经》，记载了许多既是药物又是食物的品种，如大枣、芝麻、山药、葡萄、核桃、百合、生姜、薏苡仁等。东汉医圣张仲景在《伤寒杂病论》中，亦载有一些药膳名方，如当归生姜羊肉汤、百合鸡子黄汤、猪肤汤等，至今仍有实用价值。唐代名医孙思邈的《备急千金要方》和《千金翼方》专列有“食治”“养老食疗”等门。至隋唐时期，我国已有食疗专著六十余种，惜多散佚。唐代孟诜所著《食疗本草》是我国现存最早的食疗专著，对后世影响较大。

至宋代，王怀隐等编辑的《太平圣惠》论述了许多疾病的药膳疗法；元代御医忽思慧所著的药膳专书《饮膳正要》中药膳方和食疗药十分丰富，并有妊娠食忌、乳母食忌、饮酒避忌等内容。至明代，李时珍在《本草纲目》中收载了许多药膳方，仅药粥、药酒就各有数十则；明代高濂的养生学专著《遵生八笺》，也载有不少养生保健药膳。清代的药膳专著各有特色，如王士雄的《随息居饮食谱》介绍了药用食物七门三百余种，章穆的《调疾饮食辩》所涉及的药用食物更多，袁枚的《随园食单》介绍了多种药膳食的烹调原理和方法，曹庭栋的《老老恒言》（又名《养生随笔》）中则列出老年保健药粥百余种。

目前，不少中医研究机构已开展有关药膳的科学研究。有的医院设立了食疗科或食疗门诊，药膳餐厅也纷纷建立。药膳的品种在传统工艺的基础上也在不断增加。寓药于膳这一独特的中国传统文化显示了崭新的生命力。

中国药膳的特点主要有注重整体、辨证施食，防治兼宜、效果显著，良药可口、服食方便等特点。药膳可分为食疗中药和食疗药膳两大类。食疗中药是指具有防治疾病或保健康复作用的饮食物，包括谷物、水果、蔬菜、调料、禽兽、水产等类。食疗药膳是由具有治疗作用的药物、食物和调料配制而成的膳食，包括鲜汁、药茶、药酒、药粥、菜肴等。药膳的代表菜肴主要有虫草鸭子、天麻炖甲鱼、山药茯苓包子、枸杞炖乌鸡等。

第六节　中国特色风味食品选介

一、川北凉粉

凉粉是四川一种很普遍的小吃，通常分为两种：一种是黄色的黄凉粉，一种是透明无色的白凉粉。两种凉粉风味迥异。前者滋味浓厚，后者清爽滑嫩，黄、白凉粉各有好食者。但总体来讲，偏爱白凉粉的人居多。白凉粉中出名品种甚多，像成都的张老五凉粉、新都驼子凉粉、广汉黑风洞凉粉，以及各地的诸如王凉粉、李凉粉之类。无论到四川哪个地方，都可以吃到色味绝佳的白凉粉。

川北凉粉自清末问世以来，以其独具红辣味醇、鲜香爽口的川味风格饮誉巴蜀，流传至今。南充农民陈洪顺悉心研究凉粉制作工艺，他选用新鲜白豌豆用小磨磨细，十分讲究搅制火候，所作凉粉质细柔嫩，筋力绵软，明而不透，细而不断，调料配味，更具匠心。不久，陈凉粉便名扬川北一带，“川北凉粉”的名声也不胫而走。至今南充市和成渝等地的一些凉粉店都仍以“川北凉粉”为招牌，生意兴隆，经久不衰。

二、剑门豆腐

剑门豆腐，指的是四川省广元市剑阁县剑门关镇生产的黄豆豆腐。剑门做豆腐，都是用石磨推、拐磨拐，磨出的豆渣少，点出的豆腐不仅量多，而且柔滑水嫩，吃起来爽口。据传剑门关镇的豆腐制作技术起源于三国时期，至今已有上千年历史。相传三国时期，蜀汉大将军姜维在汉中被魏将钟会、邓艾打败后，退到险隘剑门关。当时姜维营中兵疲不能战，马乏不能骑，眼看蜀北屏障剑门危在旦夕。剑门一地方官忙向姜维献计：闭关三日不战，号令百姓家家磨豆浆，以豆腐犒赏士兵，以豆渣喂战马，待兵马体力恢复再战。三日之后，姜维仅引五千兵将杀下关去，大败钟会，使魏兵倒退数十里下寨，解了剑门危急。剑门关镇的豆腐以剑门山区砾岩油沙石土出产的黄豆为原料，使用来自剑门七十一峰的剑泉水，经浸豆、磨浆、滤渣、煮浆、点浆、脱水等工序制成。煮浆需用豆萁，点浆需用本地酸（胆）水，如此成形的剑门豆腐颜色雪白，细嫩鲜美，口感不涩，且有淡淡清香，并且韧性极强。采用炒、炸、熘、烧、炖、蒸、氽、凉拌等烹调方法，可制作出 200 多个品种的菜肴。与其他地方的豆腐比较，它的突出特色有四：一是颜色雪白；二是质地细嫩；三是韧性极强，无论切块、拉条、开片、切丝都得心应手，随意成形，不碎不烂；四是味道鲜美。

三、赖汤圆

赖汤圆迄今已有百年历史。老板赖源鑫从 1894 年起就在成都沿街煮卖汤圆，他制作的汤圆煮时不烂皮、不露馅、不浑汤，吃时不黏筷、不黏牙、不腻口，滋润香甜，爽滑软糯，是成都最负盛名的小吃。

20 世纪 50 年代，赖汤圆经改造成为国有饮食门店，继承了传统的制作工艺，生意更旺，蜚声海内外。为了满足更多消费者品尝赖汤圆的愿望，赖汤圆特成立了汤圆心子加工坊，专门生产赖汤圆心子供应国内市场。1988 年，赖汤圆心子获商业部颁发的金鼎奖，并荣获天府食品博览会金奖。“赖”字牌商标被四川省人民政府评为“著名商标”。

四、龙抄手

龙抄手皮薄馅嫩，爽滑鲜香，汤浓色白，为蓉城小吃的佼佼者。龙抄手的得名并非老板姓龙，而是创办人张武光与其好友等在当时的“浓花茶园”商议开抄手店之事，定店名时，借用“浓花茶园”的“浓”字，以谐音字“龙”为名号，也寓有“龙腾虎跃”“吉祥”“生意兴隆”之意。“抄手”是四川人对馄饨的特殊叫法，抄手的得名，大概是因为包制时要将面皮的两头捏拢。

五、夫妻肺片

清朝末年，成都街头巷尾便有许多挑担、提篮叫卖凉拌“废片”的小贩。由于采用的原料都是牛的内脏，所以当时被称作“废片”，即用成本低廉的牛杂碎边角料，经精加工、卤煮后，切成片，佐以酱油、红油、辣椒、花椒面、芝麻面等拌食，风味别致。因其价廉味美，特别受到拉黄包车、脚夫和穷苦学生们的喜爱。

在 20 世纪 30 年代，成都少城附近，市民郭朝华与妻子一道以制售凉拌“废片”为业，其“废片”的牛肚白嫩如纸，牛舌淡红如桦，牛头皮透明微黄，再配以精心搭配的红油、花椒、芝麻、香油、味精、上等的酱油和鲜嫩的芹菜等调料，因此凉拌出来的“废片”具有颜色红亮、软糯入味、麻辣鲜香、细嫩化渣等特点，成为当时挑担、提篮叫卖的“废片”中最具特色、最受欢迎的一种。由于夫妻俩总是默契配合，所以被称作“夫妻肺片”。现今，这道菜有牛舌，有牛心，有牛肚，有牛头皮，后来也开始加牛肉，但唯独没有牛肺，可偏偏又叫“肺片”，是该食品命名的特别之处。

六、北京烤鸭

北京烤鸭是具有世界声誉的北京著名菜式，用料为优质肉食鸭北京鸭，果木炭火烤制，色泽红润，肉质肥而不腻。北京烤鸭分为“挂炉烤鸭”与“焖炉烤鸭”两大流派，以全聚德的挂炉烤鸭和便宜坊的焖炉烤鸭最为出名。采用传统的焖炉方式烤制的便宜坊烤鸭始于明朝永乐十四年（1416 年），称为米市胡同老便宜坊。1855 年，一些老便宜坊的制鸭能手在前门鲜鱼口另起炉灶，创建的鲜鱼口便宜坊成为现代便宜坊烤鸭的起源地。1864 年，来自河北的师傅改良了烤鸭的烤制方法，采用挂炉方式烤制，并在全聚德使用和发扬光大。

全聚德的创始人杨全仁原是个经营生鸡生鸭生意的小商，积累资本后开创了全聚德烤鸭店，聘请了曾在清宫御膳房当差的一位烤鸭师傅，用宫廷的“挂炉烤鸭”技术精制烤鸭，使得“挂炉烤鸭”在民间繁衍开来。全聚德采取的挂炉烤法，不给鸭子开膛，只在鸭子身上开个小洞，把内脏拿出来，然后往鸭肚子里面灌开水，再把小洞堵上后挂在火上烤。这方法既不让鸭子因被烤而失水，又可以让鸭子的皮胀开不被烤软，烤出的鸭子皮很薄很脆，成了烤鸭最好吃的部分。挂炉有炉孔无炉门，以枣木、梨木等果木为燃料，用明火。果木烧制时，无烟、底火旺，燃烧时间长。鸭子入炉后，要用挑杆有规律地调换鸭子的位置，以使鸭子受热均匀，周身都能烤到。烤出的鸭子外观饱满，颜色呈枣红色，皮层酥脆，外焦里嫩，并带有一股果木的清香，细品起来，滋味更加美妙。

七、过桥米线

过桥米线是云南极富特色的名食，源于云南南部蒙自地区，已有一百多年的历史。过桥米线的起源传说较多，但最为人们津津乐道的是“过桥情”之说。传说蒙自地区的南湖旧时风景优美，常有文墨客攻书读诗于此。有位杨秀才，经常去湖心亭内攻读，其妻将饭菜送往该处。秀才读书刻苦，往往学而忘食，以至常食冷饭凉菜，身体日渐不支。其妻焦虑心疼，思忖之余把家中母鸡杀了，用砂锅炖熟，给他送去。待她再去收碗筷时，看见送去的食物原封未动，丈夫仍如痴如呆在一旁看书。她只好将饭菜取回重热，当她拿砂锅时却发现还烫乎乎的，揭开盖子，原来汤表面覆盖着一层鸡油，加之陶土器皿传热不佳，把热量封存在汤内。以后其妻就用此法保温，另将一些米线、蔬菜、肉片放在热鸡汤中烫熟，趁热给丈夫食用。后来不少人家都仿效这种吃法，发现这种米线确实鲜嫩可口，一时间成为时尚佳味。味虽美，但无名，继而想起秀才之妻送食必过一座桥，于是便命名为“过桥米线”。

1920 年，个旧人孙法到昆明，开设仁和园食馆，出售过桥米线，继后是昆明德鑫园餐馆专营至今。1989 年，此食获商业部优质产品金奖。20 多年来，“过桥米线”声誉鹊起，仅昆明市区就有上百家餐馆出售此品。现已遍及北京、天津、上海、哈尔滨、沈阳、杭州、南京、石家庄、西安、成都等地。

八、羊肉泡馍

羊肉泡馍是著名的陕西风味食品。其制作方法是：先将优质的牛羊肉洗切干净，煮时加葱、姜、花椒、八角、茴香、桂皮等作料煮烂，汤汁备用。馍，是一种白面烤饼，吃时将其掰碎成黄豆般大小放入碗内，然后叫厨师在碗里放一定量的熟肉、原汤，并配以葱末、白菜丝、料酒、粉丝、盐、味精等调料，制作而成。牛羊肉泡馍的吃法也很独特，有羊肉烩汤，即顾客自吃自泡；也有干泡的，即将汤汁完全渗入馍内。吃完馍、肉，碗里的汤也被喝完了。还有一种吃法叫“水围城”，即宽汤大煮，把煮熟的馍、肉放在碗中心，四周围以汤汁。这样清汤味鲜，肉烂且香，馍韧入味。如果再佐以辣酱、糖蒜，别有一番风味，亦是一种难得的高级滋补佳品。西安的羊肉泡馍馆很多，其中老字号以“老孙家”“同盛祥”等较有名气。

九、饺子宴

饺子宴，是以饺子为主的宴席。一般有 100 多种馅料，根据食客多少，如果一桌人有七位，每碟只上七个饺子，一碟吃完上第二碟不同馅的饺子，直到吃饱为止，一顿饭绝不会有相同馅的饺子。饺子宴是西安饺子馆和德发长饺子馆在传统基础上发掘创新的一种著名风味宴种。1989 年，西安饺子宴获商业部颁发的金鼎奖。1991 年秋，以西安解放路饺子馆为龙头，联合全国十个城市十多家饭店，组成了“西安饺子宴企业集团”。西安饺子宴正走向全国，走向世界。

十、杀猪菜

杀猪菜原本是东北农村每年接近年关杀年猪时所吃的一种炖菜。通常杀猪菜的主菜是猪肉炖酸菜，这种炖酸菜是用大肥肉熬一大锅酸菜，这酸菜由于肥肉放得比较多，油大，所以非常好吃。现在的杀猪菜在保持原风味的同时，其制法已经有了很大的改进，口味更鲜美，内容更丰富，几乎把猪身上所有部位都做成了菜，猪骨、头肉、五花肉、猪血肠等，无处不是美味佳肴。另外真正讲究的杀猪菜馆，都选取农村用粮食、猪草圈养而形成的“笨猪”，这种猪才有最纯正的天然肉香。

十一、四川火锅

四川火锅的出现，大约在清代的道光年间（1821—1851 年）。经过多方考证，四川火锅真正的发源地是长江之滨——酒城泸州的小米滩码头（现高坝二五厂）。停船即生火做饭驱寒，炊具仅一瓦罐，罐中盛水（汤），加以各种蔬菜，再添加辣椒、花椒祛湿（有“菜当三分粮，辣椒当衣裳”之说）。

四川火锅表现了中国烹饪的包容性。“火锅”一词既是炊具、盛具的名称，还是技法、“吃”法与炊具、盛具的统一。在民俗风情上，呈现出一派和谐与淋漓酣畅相溶之场景和心理感受，营造出一种“同心、同聚、同享、同乐”的文化氛围。正如清代诗人严辰写的“围炉聚饮欢呼处，百味消融小釜中”。火锅有较大的普及性。在川渝地区，上到官员，下到百姓，无一不偏爱。

在制作配料上，火锅最能代表川味中麻辣的典型性格。正宗的毛肚火锅以厚味重油著称，传统汤汁的配制是选用郫县辣豆瓣、永川豆豉、甘孜的牛油、汉源花椒为原料。先将牛油放入旺火的锅中熬化，再把豆瓣剁碎倒入，待熬成酱红油后，加速炒香花椒，然后掺牛肉原汤，加进豆豉和冰糖、老姜，加川盐、醪糟和小辣椒熬制。

如今，火锅选料包罗万象，菜品发展到几百种，菜品已扩大到家禽、水产、海鲜、野味、动物内脏、各类蔬菜和干鲜菌果等。在毛肚火锅的基础上，发展到清汤火锅、鸳鸯火锅、啤酒鸭火锅、肥牛火锅、辣子鸡火锅等，品种不下百余种，还有为外国人准备的西洋火锅。

复习思考题

一、填空题

1. 中国四大地方菜系指的是________、________、________、________。
2. 选料穷尽水陆之珍，讲究生猛清纯鲜活是________菜的基本特色。
3. 涮羊肉属于________菜系，洛阳水席属于________菜系，葫芦鸡属于________菜系。
4. 官府风味菜主要代表有________和________。
5. 唐代人________著的《________》是我国现存最早的食疗专著。
6. 北京烤鸭分为________和________两大流派。

二、名词解释

满汉全席　羊肉泡馍

三、简答题

1. 川菜的主要特色是什么？
2. 四川火锅的主要特色是什么？

第八章　中华茶艺文化

茶是中国古代三大特产（茶叶、瓷器、丝绸）之一，位居世界三大饮料（茶叶、咖啡、可可）之首。中国是茶的原产地，千百年来智慧的中国人民在茶树的种植、茶叶的采摘与加工制作（烘焙、发酵）、茶具选配、茶茗品尝、茶马交易、茶禅融合方面不断进步，从圣人君子到黎民百姓，人人与茶结缘，他们或品饮延年或附庸风雅，创造了博大精深的茶文化。

第一节　茶的概念、化学成分和药理作用

一、茶茗释义

茶茗，就是茶，茶在古文献中也写作“荼”。茶茗是古汉语中茶、茗两个同义词组成的复音词。《茶经》引郭璞《尔雅注》云：“今呼早取为荼，晚取为茗；或一曰荈（chuǎn），蜀人名之苦荼。”意思是说早上采摘的茶叶谓之荼、晚上采摘的茶叶谓之茗。茶茗在历史上还有茶荈、茗荈、酪奴、佳茗等称谓，今泛指用茶泡的无酒精饮料。

二、茶叶化学成分

茶叶含有上百种化学成分，有3.5%~7.0%的无机物和93%~96.5%的有机物。茶叶中的无机矿质元素约有27种，包括磷、钾、硫、镁、锰、氟、铝、钙、钠、铁、铜、锌、硒等。茶叶中的有机化合物主要有蛋白质、脂质、碳水化合物、氨基酸、生物碱、茶多酚、有机酸、色素、香气成分、维生素、皂苷等。

茶叶中有3.5%的叶蛋白能溶于茶汤；茶叶中含有1.5%~4%的游离氨基酸，种类达20多种，大多是人体必需的氨基酸；茶叶中含有3%~4%的碳水化合物能溶于茶汤；茶叶中含有4%~5%的脂质，也是人体必需的。

三、茶的药理作用和保健功效

茶，系茶科植物茶树的叶。李时珍《本草纲目》云：“茶，性凉、味苦甘、微寒，无毒。”茶在历史上本为食、药、饮三位一体的农产品。明朝学者于慎行说，茶乃万病之药，“疗百疾皆瘥”。茶不仅具有止渴生津、提神清心、清热解毒、消食化痰、去腻减肥、降火明目、止痢除湿等药理作用，还具有以下保健功效：

用茶水洗脸、洗澡，可使皮肤光泽、滑润、柔软，减少皮肤病的发生。

用纱布蘸茶水敷在眼部黑圈处，每日 1~2 次，每次 20~30 分钟，可消除黑眼圈。

用茶水连渣洗手洗脚，可以防治皲裂，并能防治湿疹、止痒，减轻汗脚的脚臭。

用茶水洗头，可以使头发乌黑柔软、光泽美观。

用茶水刷眉，可使眉毛变得浓密光亮。

用茶水漱口，可以消除口臭，有利于防治口腔疾病、保护牙齿。

糖尿病患者常饮绿茶可有效地降低血糖，增强体力。

孕妇常饮绿茶可以补锌，预防胎儿先天性畸形。但饮茶必须适量，过量过浓饮茶会影响铁的吸收。孕妇饮茶最好以 80~85℃的温开水随泡随饮，不要冲泡过度或放置过久，且每次不宜过浓，分多次饮为宜。

出大汗后饮茶，能很快补充人体所需的水分，降低血液浓度，加速排泄体内废物，减轻肌肉酸痛，逐步消除疲劳。

采矿工人、做 X 射线透视的医生、电脑工作者、长时间看电视者和打印复印店的工作者宜饮茶。因茶叶中含有的茶多酚具有一定的抗辐射作用。

脑力劳动者和夜晚工作者宜饮茶。茶叶中含有咖啡因，可以提神醒脑，增强记忆，提高工作效率。

讲演、说书和演唱者应常饮茶润喉，以滋润声带，预防咽喉炎的发生。

第二节　悠久茶史

一、茶的发现与人工种植

茶，本是山中野生植物，“树小如栀子，冬生，叶可煮羹饮”，世界公认中国最早发现并利用茶这种植物，并逐步将其传播到全世界，成为风靡世界的无酒饮料之一。

茶树野生于地球上已有七八千万年的历史，在距今 5 000~7 000 年的母系氏族时代（陕西仰韶文化中晚期），氏族首领神农氏在土地肥美、气候温湿、物种丰富的秦岭地区寻食物、尝百草的过程中，“一日遇七十二毒，得茶而解之”（西汉《神农本草经》），意外发现了茶。这是世界上关于饮茶的最早、最权威的记载。故唐陆羽《茶经》说：“茶之为饮，发乎神农氏。”它表明母系氏族时代先民们在长期采集、食用野生植物的过程中，逐步认识到了茶不仅具有令人“有力悦志”的食用功能，还具有解毒功效。故学界从唐代开始，一致公认神农氏为“中华饮茶第一人”，千百年来尊奉其为“茶祖”。

二、先秦巴蜀饮茶之风吹向全国

据《华阳国志》等史书记载，西周时期居住在陕南、川北、川东地区的巴人已广泛植茶并将其作为礼品向周朝廷“敬贡”，这表明巴人是人工种植茶树的先驱。公元前316年秦取巴蜀，因巴蜀之地适宜茶树生长，乃遍植茶茗。后来茶叶随秦军东出三峡，传至长江中下游，饮茶种茶之风逐步扩大到中原和全国各地。顾炎武《日知录》云：“自秦人取蜀，而后始知有饮茗之事。”可见巴蜀大地自古就是人工植茶的原产地。

三、两汉三国时期，茶市兴起，茶文化启蒙

西汉时期巴蜀饮茶已成时尚，故有“烹茶尽具、武阳（今彭山）买茶”的记载。湖南有“茶陵”县设置，三国东吴宴客甚至“以茶代酒”。华佗《食论》指出，“苦茶久食，益意思”，第一次记述了茶的药用功效。饮茶已从物质形态逐步渗透到人文生活领域，萌生了茶文化。

四、魏晋南北朝时期，茶文化的萌芽

这一时期随着饮茶之风兴起，有关茶的诗词歌赋日渐问世，茶走入文化圈。

五、茶文化兴于唐盛于宋

唐代巴蜀及长江中下游广泛植茶，民间对茶的种植、加工、包装、储运方法等方面都已成熟。人们把茶加工成茶团茶饼，以便携带。川藏茶马互市兴起，茶文化传入广大藏区。从皇帝到朝廷命官、文人墨客、黎民百姓，品茶蔚然成风，茶饮渐入寻常百姓生活之中。白居易把“弹渌水之曲，品蒙顶之茶”共称为人生一大快事。宰相李德裕主动向舒州知州（今安徽舒城县）索要天柱峰茶叶，称“此茶，解酒肉之毒”。尤其是公元760年陆羽《茶经》问世，论述了茶的形状、历史、采制、烹煮方法及茶具等，探讨了饮茶艺术，把儒道佛融入了茶中。《茶经》是世界上第一部全面论述茶和茶史文化的百科全书，标志着中国茶文化体系正式形成。陆羽被尊为“茶圣”。

唐代已初步形成了宫廷茶道、寺院茶道、文人茶道、百姓茶道，并有大量茶诗、茶书问世，茶茗品种见诸记载的多达30余种。到了宋代，饮茶之风大盛，人们将茶叶加工成大小茶团，作为贡品。民间斗茶之风兴起。唐宋时期中华茶道通过茶马古道及丝绸之路传到世界各地。南宋时期日本僧人在中国各地百余座寺庙学习中国茶文化，其中荣西禅师将茶种带回日本，教会日本人种植、制茶、品茶、论茶，形成日本茶道，故荣西被日本人奉为“茶祖”。

六、明清茶文化的普及

明朝时已出现蒸青、炒青、烘青等类茶，茶的饮用已改成“撮泡法”。明代不少文人雅士留有传世之作，如唐伯虎的《烹茶画卷》《品茶图》，文徵明的《惠山茶会记》《陆羽烹茶图》《品茶图》等。民谣说“早上起来七件事，油盐柴米酱醋茶”，茶饮已成为百姓日常生活用品。茶类增多，泡茶技艺丰富，茶具的款式、质

地、花纹千姿百态。到清朝，茶叶出口已成为一种正式行业，茶书、茶事、茶诗不计其数。

七、现代茶文化的发展

1949 年中华人民共和国成立时，我国茶叶的年产量 7 500 吨，到 2000 年产量已达 100 余万吨。1983 年“陆羽茶文化研究会”在湖北成立，1990 年“中国茶人联谊会”在北京成立，1993 年“中国国际茶文化研究会”在湖州成立，1991 年中国茶叶博物馆在杭州西湖乡正式开放。1998 年中国国际和平茶文化交流馆建成。随着茶文化的兴起，各地茶艺馆越办越多。2010 年国际茶文化研讨会已开到第 11 届，吸引了日、韩、美等国及我国港澳台地区的学者纷纷参与。各省市及产茶县纷纷主办“茶叶节”，如福建武夷市的岩茶节、云南的普洱茶节等，都以茶为载体，全面促进经济贸易的发展。

八、历史上茶饮方法的五次演变

第一阶段：生吃煎饮法。从神农氏到先秦时期，早期将茶作为野生食物生吃，而后发现茶有解毒药用功效，逐步转向煎水饮用。

第二阶段：羹饮法。从秦汉到隋唐，人们将粟米等原料加入茶中焖煮，制成粥状食物——茶粥，直接食用。茶由药品变为茶食饮料。

第三阶段：研碎冲饮法。唐宋时期多将茶研碎制成团饼，用开水直接冲饮。

第四阶段：泡饮法（全叶冲泡法）。盛行于明清时期，多以散茶直接冲泡饮用。

第五阶段：速溶法。现代随着各种茶饮料问世，茶的速溶饮用法与全叶冲泡法两大茶饮方法并行于世。

第三节　茶的制作、分类与特性

中国茶叶历史悠久、产地众多、品种丰富，其功效也各有不同，选用茶饮因人而异。据统计，茶叶有 6 000 多个品种。按制作方式分为四大类：不发酵茶、半发酵茶、全发酵茶、普洱茶。按商品分为八大类：红茶、绿茶、白茶、黄茶、黑茶、乌龙茶（青茶）、普洱茶、花茶。按采摘时间可分为：明前茶、春茶、夏茶。按茶的药理作用可分为：减肥茶、降压茶、养颜茶、消暑茶等。

一、绿茶

绿茶是历史上最早的茶类。早在唐朝（约 8 世纪）就发明蒸青制法，到 12 世纪又发明炒青制法，至今又有烘青、晒青等制法，绿茶加工技术已比较成熟和完善。

绿茶，又称不发酵茶，是以茶树新芽为原料，经杀青、揉捻、干燥等工艺过程制成的茶叶。因其干茶及冲泡后茶汤的色泽以绿色为主色调而得名。同时，绿茶又是生产花茶的主要原料。

绿茶是我国产茶量和出口量最大的茶类，产区主要分布于浙江、安徽、江西、四川等省区。已销往北非、西非各国及法国、美国、阿富汗等50多个国家和地区。在国际市场上，绿茶销量占内销总量的1/3以上。

绿茶的特性是较多地保留了鲜叶内的天然物质。其中茶多酚、咖啡因保留鲜叶的85%以上，叶绿素保留50%左右，维生素损失也较少，从而形成了绿茶“清汤绿叶，滋味收敛性强”的特点。最新科学研究结果表明，绿茶中维生素C和茶多酚含量较高，对防衰老、防癌、抗癌、杀菌、消炎等均有特殊效果，为其他茶类所不及。中国绿茶名品最多，不但香高味长，品质优异，且造型独特，具有较高的艺术欣赏价值。

著名的绿茶品种有：西湖龙井（有色翠、香郁、味甘、形美“四绝”，其中狮峰龙井被誉为“国茶”）、太湖碧螺春、黄山毛峰、太平猴魁、庐山云雾、屯溪珍眉、都匀毛尖、宜兴阳羡雪芽、信阳毛尖及四川峨眉竹叶青、峨眉毛峰、蒙山甘露等。

二、红茶

红茶开始创制时称为“乌茶”，属全发酵茶。红茶的干茶及冲泡后茶汤的色泽以红色为主色调，所以称为红茶。红茶以茶树新芽为原料，经萎凋、揉捻、发酵、干燥等典型工艺过程精制而成。红茶按制造方法的不同，又分为：小种红茶、工夫红茶和红碎茶。

红茶在加工过程中发生了化学反应，产生了茶黄素等新的成分。香气物质从鲜叶中的50多种，增至300多种，从而形成了红茶、红汤、红叶和果香味醇的品质特征。

红茶含有丰富的咖啡因，有提神利尿、帮助消化、消除水肿、预防辐射等功效。

著名的红茶品种有：安徽祁门红茶（与印度大吉岭茶、斯里兰卡乌伐茶并称世界三大高香名茶）、江西宁州红茶、滇红（云南红茶）。

三、乌龙茶

乌龙茶，也称青茶，属于半发酵茶。乌龙茶综合了绿茶和红茶的制法，先轻度萎凋，局部发酵，然后用绿茶高温杀青法制作，故其品质介于两者之间，既有红茶的浓鲜味，又有绿茶的清香，故有“绿叶红镶边”的美誉。饮后齿颊留香，回味甘鲜。

乌龙茶的药用作用，主要突出在分解脂肪、减肥健美、促进新陈代谢等方面。在日本，乌龙茶被称为“美容茶”“健美茶”。福建安溪是乌龙茶的原产地。

著名的乌龙茶品种有：（福建安溪）铁观音、（福建）武夷岩茶、（广东潮州）凤凰茶。

四、黄茶

黄茶的制作方法与绿茶有相似之处，不同点是多一道闷堆发酵工序。故黄茶属于发酵茶类。

黄茶，按其鲜叶的嫩度和芽叶大小，又分为黄芽茶、黄小茶和黄大茶三类。黄芽茶著名品种有君山银针、蒙顶黄芽和霍山黄芽。其中蒙顶黄芽肥嫩多毫，色金黄，茶汤黄中带碧，散发出淡淡的板栗香，享有“扬子江中水，蒙山顶上茶”之美誉。

黄茶含有丰富的茶多酚、氨基酸、可溶糖、维生素等营养物质，有消炎、抗食道癌等功效。

五、白茶

白茶，属轻微发酵茶，是我国茶类中的特殊珍品。因其成品茶多为芽头，满披白毫，如银似雪而得名。白茶的历史悠久，迄今已有800余年了。主要品种有白牡丹、白毫银针。

白茶的产区主要在福建省的一些县市，产地常年气候温和，雨量充沛。山地以红、黄壤为主，主要种植福鼎大白茶、政和大白茶及水仙等优良茶树品种。

白茶的制作工艺，一般分为萎凋、干燥两道工序，而其关键是在于萎凋。白茶制法的特点是既不破坏酶的活性，又不促进氧化作用，且保持毫香显现，汤味鲜爽。

白茶性凉，有健胃提神、祛湿退热、杀菌、抗皮肤癌等功效。

六、黑茶

黑茶，属于发酵紧压茶。

最早的黑茶是由四川生产的，是由绿毛茶经蒸压而成的边销茶，主要销往藏区。由于交通不便，运输困难，必须减少体积，所以将其蒸压成团块。在加工成团块的过程中，要经过二十多天的湿性堆积，所以毛茶的色泽由绿色逐渐变为黑色，成块茶团的色泽为黑褐色。

黑茶的原料采摘自小叶种茶树的茶叶，标准多为一芽五至六叶，叶粗梗长。其制作流程包括高温杀青、揉捻、堆积作色、干燥等工艺。由于黑茶原料较粗老，加之制造过程中往往堆积发酵时间较长，因其叶色黝黑或黑褐，故称黑茶。黑茶因产区和工艺上的差别，有湖南黑茶、湖北老青茶、四川边茶和滇桂黑茶之分。

七、普洱茶

普洱茶是以大叶种晒青茶为原料，经自然发酵陈化，或人工渥堆后发酵而制成的再加工茶类。年产量五万吨，仅次于绿茶、红茶、乌龙茶。

普洱茶有各种规格的散茶和各种形状的紧压茶，可供边销、内销和外销。

普洱茶的特性有六奇：①产地奇。普洱茶经历了由地名命名而发展为专门茶类的一种茶叶。普洱茶原是产于云南普洱府所在地，并在普洱集散的茶叶。②品种奇。

茶叶为云南大叶种茶树的鲜叶。③原料奇。以云南大叶种晒青毛茶为原料，经过后发酵而成。后发酵的途径有两种：一种是自然存放，长时间的缓慢自然发酵，这样变成的普洱茶，叫传统普洱茶；另一种是用晒青毛茶经过人工促成后发酵办法生产的普洱茶及其压制成型的各种紧压普洱茶，叫现代普洱茶或熟普。④形状奇。普洱茶除散茶外，紧压成型的普洱茶有各种形状，小如药丸、圆球、象棋、沱茶、圆饼，大如南瓜、巨型饼、树筒、屏风、大匾等。⑤品质奇。普洱茶有越陈越香的特点，与“茶贵新、酒贵陈”的特点背道而驰。如储存保管得当，可储存 100 年左右，还有收藏鉴赏功能。⑥饮用奇。如在茶馆用盖碗或紫砂壶冲泡陈年普洱，可泡 20 次。

普洱茶（熟普洱）的功效：其性温，暖胃，有一定养胃护胃、解油腻助消化、杀菌排毒、健牙护齿、防癌抗癌、抗衰老、抗动脉硬化等作用。

八、花茶

花茶又名香片，是人们利用茶善于吸收异味的特点，将有香味的鲜花（如茉莉、珠兰、菊花、玫瑰等）与绿茶或红茶的茶胚拌合窨制而成的再制茶。花茶使鲜花与嫩茶交融在一起，相得益彰，花香扑鼻，茶汤色深，深得人们喜爱。最普通的花茶是用茉莉花制的茉莉花茶。主要产地在福建、浙江、安徽和江苏等省。

著名的花茶品种有：苏州茉莉花茶、安徽珠兰花茶。

第四节　茶与茶具、茶水的匹配

一、茶具的概念

茶具，指的是储藏茶、冲泡茶的器具，包括茶杯、茶壶、茶碗、茶盏、茶碟、茶盘、茶罐、茶勺等器具。

古人云：“器为茶之父。”茶具不仅仅是存储茶叶、盛放茶汤的容器；同时，质地精良、造型优美、富有文化意蕴的茶具，对于茶的保质、衬托茶汤、观色留香、提高品茗的情趣，都有着十分重要的作用，这就是陆羽所说的“益茶”。

茶具的演变与发展，总是与饮茶方法的变化联系在一起的。古人讲究一茶一具，茶具与茶品的匹配。最好的茶具并非最贵的茶具，而是最能发挥、体现，乃至升华茶之本性的茶具。

二、茶具的种类

由于制作材料和产地不同，茶具可分为陶土茶具、瓷器茶具、漆器茶具、玻璃茶具、金属茶具和竹木茶具等几大类。

三、历代茶具时尚

唐代常用茶碗，陆羽说“碗，越州上”，因为越州的青瓷碗更有利于衬托茶的汤色。到宋代，因斗茶的需要，汤色尚白，因此建州产的黑釉盏，就成了当时首选的茶具。

元明之际，斗茶之风不再，散茶成为主流，故流行有利于衬托散茶绿色汤汁的白瓷及素淡雅致的青花瓷。同时，因散茶冲泡艺术的发展，壶的作用也有了很大的变化，成了自斟自饮的工具。到了清代，由于冲泡技艺日趋精湛（工夫茶），紫砂壶应运而盛行。同时，由于以茶敬客成了民间极为普通的礼仪，盖碗也开始流行。

今天我国北方的茶人们，因喜爱花茶，大多使用较大的瓷壶冲泡，再分别斟入杯中饮用。南方一带的人普遍爱好炒青和烘青绿茶，习惯上多用有盖的瓷杯、瓷碗或白色薄胎细质瓷杯或玻璃杯，使品茶时有“清水出芙蓉”“青山绿水”之感。闽、粤、港、台一带的人们偏爱乌龙茶，则多用工夫茶茶具（紫砂壶），以除异留香。

四、茶与水

1. 茶与水的紧密关系

古人云：“水为茶之母。”只有遇到水，溶入水，成为水的一部分，茶方才是茶了。没有水，茶也就不成其为茶；没有合适的水，茶也就不能成全其本色。张又新《煎茶水记》中曾言：“茶烹于所产处，无不佳也，盖水土之宜。”这里看重的是一茶一水的匹配融洽过程。

古人比今人更重视茶与水之匹配。许次纾《茶疏》中说：“精茗蕴香，借水而发，无水不可与论茶。”张大复《梅花草堂笔谈》中谈得更为具体：“茶性必发于水，八分之茶，遇十分之水，茶亦十分矣；八分之水，试十分之茶，茶只八分耳。”这似乎把水看得比茶还重了。实际上，我们喝茶，为何不去干吃茶叶，为的就是体会这份茶、水交融之后的体验，品味茶与水相亲相和之后的新产物。

2. 水的等级与选择

唐代陆羽《茶经》，将水界定为山水上、江水中、井水下三个等级，并指出，山水以山泉源头的为佳，江水以远离人烟才好，而井水以经常饮用的才勉强可以。因为山泉之水，污染较少，故水质优异；远离人烟的江水，同样污染较少，所以质量亦佳；井水，由于是地下水，矿物质较重，水质硬度较高，不利于泡茶，故被陆羽评定为下品，即使是勉强用作泡茶，也需使用人们经常食用的活井水才可以。

自古无水不成茶，历代茶人们非常重视寻泉问水、评水品泉，并公认庐山康王谷谷帘泉、无锡惠山泉为最佳。

3. 水温的把握

古人云：“煮茶百艺，候汤最难。”陆羽在《茶经》中对水温提出了“形辨”理论，指出汤有三沸：“其沸如鱼目，微有声为第一沸，缘边如涌泉连珠为二沸，腾波鼓浪为三沸。”煮茶宜在第二沸。

泡茶一般用100℃的开水最为适宜，现沸现泡。此时揭开烧开的水壶盖，初现鱼眼大小的水泡，即到了“蟹眼已过鱼眼生，飕飕欲作松风鸣”的时候。高级绿茶和细嫩的名茶，由于芽叶幼嫩，泡茶的开水温度应适当降低，一般掌握在80℃较为适宜，即开水沸后，放置稍凉再泡茶。如泡茶水温超过80℃，会使茶叶泡熟变色，香味大减，茶叶中对人体有益的营养成分如维生素 C 等也易遭到破坏。如温度过低，茶的有效成分浸出速度慢，等候时间太长。泡高级绿茶和细嫩的名茶，茶杯不必盖盖，泡后盖盖会产生热闷气，影响茶汤的鲜爽度。

第五节　品茶之道

饮茶之风至今已风靡全球，各地茶人也各有所爱，国内江、浙、沪地区爱饮绿茶，广东、香港爱饮红茶，福建、台湾爱饮乌龙茶，云南爱饮普洱茶，而我国北方则大多爱饮“香片”（即花茶）。

在国外，欧美喜欢饮红茶，非洲爱饮绿茶，东南亚偏爱乌龙，日本则嗜好蒸青绿茶。

饮茶可分为品茶、喝茶、饮茶、灌茶四种方式。其中品茶，或称品茗，为饮茶之最高境界。这不仅是因为喝茶对人体有很多好处，更因为品茶本身就是一种极优雅的艺术享受。

一、品茶工序

品茶流程可用备、温、取、沏、端、饮、斟、清八个字来概括。具体是：

备（茶）：品茶的第一道工序，指对茶叶、开水、茶具和品茶环境方面的准备。

温（杯）：指对茶具的洗涤、热烫过程，主要起到消毒和温杯的作用。

取（选）：又称置茶，即请客人选茶（点茶），并从干茶的色泽、老嫩、形状方面观赏茶叶的品质。

沏（泡）：沏茶时手势动作要轻柔持重，倒开水时要把茶壶上下拉三次，高冲低泡，即“凤凰三点头”。目的是使茶叶在杯中能均匀地吸水，有利于茶叶在杯中显色、透香和吐味。此时还要仔细辨别沏茶的水声，仔细观察茶叶从浮到沉的形态变化，欣赏茶叶在冲泡时上下翻腾、舒展之过程，茶叶溶解情况及茶叶冲泡沉静后的姿态。茶汤最理想的水色是绿茶要清碧浓鲜，红茶要红艳而明亮。劣质或变质的茶叶，则水色浑浊而晦暗。

端（敬）：端茶给客人，切忌用手抓提杯边缘或握住杯身，正确做法是恭恭敬敬地用左手托住杯底，最好下垫托盘，右手拇指、食指和中指扶住杯身。

饮（品）：品饮时，用右手食指、拇指握住杯边沿，中指托住杯底，人称“三龙护鼎”。品茶不能举杯一饮而尽，一小杯需饮三口，使茶水通过舌头，扩展到舌苔，直接刺激味蕾，此时可以微微、细细、啜啜品之，鉴赏茶叶冲泡后散发的清香，品赏茶汤的色泽和滋味。品绿茶更看重一看、二闻、三品味。

斟（加）：给客人斟茶时，不要等客人喝到快露杯底再加开水，而要勤斟少加。我国有“浅茶满酒”的习惯，必须注意礼节，一般以杯容量的三分之二茶液为宜。

清（理）：客人离开后，随即清洗整理茶具，收藏起来以备下次之用。

二、闽南工夫茶

1. 工夫茶的基本要素

茶谚云："文章风水茶，识货没几个。"一泡工夫茶，几多人情味。每当你走进闽南人家，主人便会立刻泡沏工夫茶，一杯浓香爽喉的茶汤，一番亲热顺耳的话语，为你驱走疲倦，带来温馨。

闽南的工夫茶，据说起源于渔家因常吃鱼腥，容易引起胃肠不适，需用浓茶解之的经验。其实"工夫茶"，并非与习武有关，而是因为品工夫茶很讲究品茶的四要素，即"一茶二水三火四器"。茶叶是用闽南特产半发酵乌龙茶（如铁观音），水以山泉为最佳，燃料以橄榄核或无杂烟味木炭为上乘，茶具起码需要孟臣罐、若琛杯、玉书锅、红泥烘炉"四件宝"。要泡沏出一杯可口的香茗，需要做到茶、水、火、器四者相配，缺一不可。真是颇费工夫。

2. 工夫茶冲泡程序

（1）白鹤沐浴（洗杯）：用开水洗净茶具。

（2）乌龙入宫（落茶）：把适量的铁观音茶放入茶壶；

（3）悬壶高冲（冲茶）：把滚开的水提高冲入茶壶或盖瓯，使茶叶转动。

（4）春风拂面（刮泡沫）：用壶盖或瓯盖轻轻刮去漂浮的白泡沫，使其清新洁净。

（5）关公巡城（倒茶）：把泡 1～2 分钟后的茶水，依次巡回注入并列的茶杯里；茶汤不宜过满，茶谚"茶七酒八"，过满会被视为欺客。

（6）韩信点兵（点茶）：壶中茶水倒到少许时，要一点一点均匀地滴到各茶杯里。

（7）鉴尝汤色（看茶）：观赏杯中茶水的颜色。

（8）品啜甘霖（喝茶）：因为冷茶伤胃，需趁热细啜，先闻其香，后赏其味，边啜边闻，浅斟细饮。饮量虽不多，但能齿颊留香，喉底回甘，心旷神怡，别有情趣。工夫茶有"三泡说"，茶最好是第二泡。

三、云南白族"三道茶"

"三道茶"是白族人待客的独特礼节。据说，"头苦、二甜、三回味"的"三道茶"原来是白族人家接待女婿的一种礼节。

（1）头道茶。主人热情地迎客入门，边交谈边架火煨水，待水开，把专作烤茶用的小砂罐放在火盆上烘热，然后放入一小撮茶叶，并执罐不停地抖动，待茶叶颜色烤黄，散发出诱人的清香时，才冲入开水，只听"哧嚓"一声，罐内茶叶翻腾，涌起一些泡沫溢出罐外，像一朵盛开的绣球花，白族人认为，这是吉祥的象征。等泡沫落下，又冲入沸水，茶便煨好。这就是第一道茶，也叫"雷响茶"。这头道茶，色如琥珀，晶莹透亮，主人往盅里斟上两三滴，兑入少许开水，便双手举杯齐眉递给客人。白族人有"酒满敬人，茶满欺人"的尊客例规，所以那盅内的茶水只够品一两口。头道茶水不多，可是那味道苦中带香醇，别有一番韵味。

（2）二道茶。品完头道茶，主人便往砂罐内重新注满开水，接着拿出一个小茶碗，碗里盛有切成薄片的核桃仁和红糖，沏入热茶。品尝之时，茶香扑鼻，味道甘甜。这就是第二道茶，又叫“甜茶”或“糖茶”。

（3）三道茶。先舀半匙蜂蜜，再加上三两粒红色花椒放入盅内，沏上茶水后，客人边晃动茶碗边饮，接着主人取一张用牛奶加工的乳制品乳扇，放在火上烤烤，待乳扇发泡呈黄色后，揉碎放进茶碗里，同时加入一些红糖冲入热茶水，稍用筷子搅拌后再敬客。这样既可以饮到香茶，又能品到白族特产乳扇，因此有的地方把第三道茶叫“扇茶”。其味甜而微辣又略苦，饮用后令人回味无穷。

四、四川茶馆与盖碗茶

1. 四川茶馆及其功能

饮茶习俗是古老巴蜀文化的重要组成部分，茶馆、茶肆遍布巴蜀城乡和街巷，不论是星级会所还是闹市街巷，随处可见。四川的茶馆，多以竹为棚，摆满竹桌、竹椅，清风徐来，竹香弥漫。茶馆价廉物美，服务周到，茶客往往一杯香茗、一碟小吃，便可坐上半日，以茶会友，体现了巴蜀喜欢“摆龙门阵”的浓厚人情味。

四川茶馆既是市民休闲之处，又是三教九流重要的社交场所。不同行业、各类社团在此了解行情、洽谈生意、看货交易；七十二行，行行都把茶馆当作结交聚会的好去处。旧社会的茶馆还兼有调解社会纠纷的职能。亲朋邻里之间若出现了纠纷，双方约定到某茶馆“评理”。由双方当事人出面，请当地头面人物调解，双方参加辩论，经过一番唇枪舌剑之后，由调解人仲裁，即所谓“一张桌子四只脚，说得脱来走得脱”。如果双方各有不是，则各付一半茶钱；如是一方理亏，则要认输赔礼，包付茶钱。

四川茶馆同时也是重要的社会文化娱乐场所。茶馆设有川剧“玩友”坐唱，俗称“打围鼓”。有些茶馆设有四川扬琴、评书、清音、金钱板等演出活动。坐茶馆的人可以边饮茶，边欣赏具有浓郁地方特色的曲艺节目。四川茶馆除了卖茶，还卖糖果、瓜子、花生等小吃。如今的茶馆还增加了打牌、下棋、读书看报、赏花赛鸟，甚至唱卡拉 OK、看录像节目等，内容愈来愈时髦、新颖，但它作为民间传统社交活动场所的功能始终没变。

2. 巴蜀茶馆习俗

（1）茶叶叫作“叶子”，茶碗中茶叶多称作“饱”，反之则为“啬”。饮茶叫作“吃茶”。把开水第一次冲进茶碗叫“发叶子”，再向茶碗内冲水则叫“掺茶”。“一道”（“一开”）、“二道”（“二开”）是吃茶之常用语，“开”即指掺水时揭开茶盖。“才喝一道（一开）”是指时间较短，才掺水一次。品茶之人最忌别人来喝其二道茶，因其色、香、味正佳，故有“头道水，二道茶”之说。

（2）如是讨茶喝，因是别人喝过的茶，故称为“加班茶”。每道茶只能饮一半，茶碗中所剩之茶水称为“茶母子”。

（3）茶馆中常有人“喊茶钱”，如某人走进茶馆时，熟人便喊“茶钱我这里会了”。喊茶钱的人越多，来人的面子就越大。但要说“挨过，挨过”以致谢。

3. 盖碗茶

蜀中饮茶方式独特，其盖碗茶体现了古老巴蜀文化的悠久传统及巴蜀人特殊的生活情趣，引起了众多中外游客的兴趣。盖碗茶是成都最先发明的，由蜀中逐步向四周地区浸润发展，后世就遍及整个南方。

所谓“盖碗茶”，用茶多以茉莉花茶、龙井、碧螺春、竹叶青为主，而茶器则选用北方通用的陶瓷茶具，上有盖，下有托，中有碗，又称“三才碗”“三才杯”，盖为天、托为地、碗为人，暗含天地人和之意。

茶具茶碗、茶船（茶托、茶舟）、茶盖三位一体，三者不能分开使用，否则被视为不雅或不礼貌。茶船即托碗的茶碟，用以托杯，既不会烫坏桌面，又便于端茶，免除烫手之苦。川人使用茶盖还有其特殊的讲究：茶盖用于茶水保温尽快泡出茶香，又可以刮去浮沫，便于看茶、闻茶、喝茶。茶盖倒置，又是降温凉茶、呼唤服务的工具。品茶之时，茶盖倒置于桌面，表示茶杯已空，茶博士会很快过来将水续满；茶客临时离去，将茶盖扣置于座椅之上，表示人未走远，少时即归，便不会有人侵占座位，跑堂的店小二也会将茶具、小吃代为看管。精巧的盖碗茶具，既实用，又美观，构成了一组艺术品。鲁迅在《喝茶》一文说：“喝好茶，是要用盖碗的。泡了之后，色清而味甘，微香而小苦，确是好茶叶。”鲁迅先生为什么在众多茶目中单单赞赏盖碗呢？其中自有道理。

4. 茶博士的斟茶技巧

茶博士是四川茶馆一道独特的风景线，冲茶时水柱临空而降，泻入茶碗，翻腾有声；须臾之间，戛然而止，茶水恰与碗口平齐，碗外无一滴水珠。这既是一门绝技，又是艺术的享受。

五、一日三茶巧安排

有人讲究在一天之中，早上、白天、晚上不同时段饮不同的茶。

清晨喝一杯淡淡的高级绿茶，醒脑清心，以补充水分稀释血液、降低血压。

上午喝一杯茉莉花茶，芬芳怡人，可提高工作效率；午后喝一杯红茶，解困提神；下午茶歇时喝一杯牛奶红茶或喝一杯高级绿茶加点点心、果品，补充营养。

晚上与朋友或家人团聚一起，泡上一壶乌龙茶，边谈心边喝茶，别有一番情趣。

六、饮茶的健康习惯

喝茶虽然有许多好处，但也需因人而异、因时制宜，饮之有度则有益，盲目跟风则伤身。饮茶禁忌较多，以下罗列了 20 种，需要留意。

（1）忌以茶配药。

（2）忌热泡太久、喝隔夜茶。

（3）忌剧烈运动后饮茶急补体内水分。

（4）糖茶饮料会使热量随之增加，糖尿病、高血脂、肥重的人不宜饮用。

（5）妥善保存，忌用劣质、变质茶叶。

（6）适量摄取。

（7）心动过速的病患者以及心、肾功能减退的病人，一般不宜喝浓茶，以免加重心脏和肾脏的负担。相反，心动过缓的心脏病患者、动脉粥样硬化和高血压初期的病人，可以经常适量饮用高档绿茶，以促进血液循环、降低胆固醇、增加毛细血管弹性，增强血液抗凝性。

（8）发烧忌喝茶。茶叶中咖啡因不但能使人体体温升高，而且还会降低药效。

（9）肝病患者忌饮茶。茶叶中的咖啡因等物质绝大部分经肝脏代谢，若肝脏有病，饮茶过多超过肝脏代谢能力，就会有损于肝脏组织。

（10）神经衰弱慎饮茶。茶叶中的咖啡因有使神经中枢兴奋的作用，神经衰弱饮浓茶，尤其是下午和晚上，就会引起失眠，加重病情。

（11）妇女哺乳期不宜饮浓茶。哺乳期饮浓茶，过多的咖啡因会进入乳汁，小孩吸乳后会间接地产生兴奋感，易引起少眠和多啼哭。

（12）胃病患者慎饮茶。茶是一种胃酸分泌刺激剂，饮茶可引起胃酸分泌量加大，增加对溃疡面的刺激，常饮浓茶会促使病情恶化。但对轻微患者，可以在服药2小时后饮些淡茶。加糖红茶、加奶红茶，有助于消炎和胃黏膜的保护。

（13）营养不良忌饮茶。茶叶有分解脂肪的功能，再饮茶，会使营养更加不良。

（14）醉酒慎饮茶。茶叶有使神经中枢兴奋的作用，醉酒后喝浓茶会加重心脏负担。饮茶还有利尿作用，使酒精中有毒的醛尚未分解就从肾脏排出，对肾脏有较大的刺激性而危害健康。因此，心肾功能较差的人，不要饮茶，尤其不能饮大量的浓茶；身体健康的人，可以饮少量的浓茶，待清醒后，可采用进食大量水果或小口饮醋等方法，以加快人体的新陈代谢速度，使酒醉缓解。

（15）贫血患者忌饮茶。茶叶中的鞣酸可与铁结合成不溶性的化合物，使体内得不到足够铁的来源，故贫血患者不宜饮茶。

（16）尿结石患者忌饮茶。尿路结石通常是草酸钙结石，由于茶含有草酸，会随尿液排泄的钙质而形成结石，若尿结石患者再大量饮茶，会加重病情。

（17）忌空腹饮茶。空腹饮茶会冲淡胃酸，还会抑制胃液分泌，妨碍消化，甚至会引起心悸、头痛、胃部不适、眼花、心烦等醉茶现象，并影响对蛋白质的吸收，还会引起胃黏膜炎。若发生茶醉，可以口含糖果或喝一些糖水。

（18）忌饭前、饭后、睡前饮浓茶。饭前饭后20分钟左右不宜饮茶，若饮茶，会冲淡胃液，影响食物消化，而且因为茶中含有草酸，草酸会与食物中的铁质和蛋白质发生反应，影响人体对铁和蛋白质的吸收；睡前2小时内最好不要饮茶，饮茶会使精神兴奋，影响睡眠，甚至失眠，尤其是新采的绿茶，饮用后，神经极易兴奋，造成失眠。

（19）忌饮头道茶，因为现代茶叶在种植、加工、包装的过程中难免会受到农药、化肥、尘土等物质的污染。头道茶其实是洗茶的水，应尽快倒出后再冲入开水，这样泡出的茶水才是最卫生的茶。

（20）儿童、冠心病患者、高血压患者不宜喝浓茶。

第六节 中国十大名茶与川茶

一、中国十大名茶目录

中国十大名茶，1959年由全国“十大名茶”评比会所评选，包括绿茶六种（西湖龙井、洞庭碧螺春、黄山毛峰、庐山云雾、六安瓜片、信阳毛尖）、乌龙茶两种（安溪铁观音、武夷岩茶）、红茶一种（祁门红茶）、黄茶一种（君山银针）。

美联社和《纽约日报》2001年3月26日同时公布：西湖龙井、洞庭碧螺春、黄山毛峰、庐山云雾、安徽瓜片、信阳毛尖、安溪铁观音、蒙顶甘露、都匀毛尖、苏州茉莉花茶为中国十大名茶。

二、四川名茶

1. 蒙顶甘露

蒙顶茶产于四川蒙山。蒙山跨雅安市名山区和雨城区，山势巍峨，峰峦挺秀，重云积雾，最宜茶树生长。蒙山有上清、菱角、毗罗、井泉、甘露五顶，亦称五峰。相传2 000多年前，僧人甘露普慧禅师吴理真“携灵茗之种，植于五峰之中”。这茶树“高不盈尺，不生不灭，迥异寻常”，“味甘而清，色黄而碧，酌杯中，香云罩覆，久凝不散”，久饮此茶，有益脾胃，能延年益寿，故有“仙茶”之誉。蒙顶茶自唐朝起千百年来都是贡茶，享有“扬子江中水，蒙山顶上茶”之美誉。

蒙顶茶种类繁多，有甘露、黄芽、石花、玉叶长春、万春银针等。其中甘露在蒙顶茶中品质最佳。甘露，在梵语是“念祖”之意；也有人说是因茶汤似甘露而得名。

甘露茶外形美观，内质优异。其品质特点：叶嫩芽壮，叶整芽全，紧卷多毫，内质香高而爽，味醇而甘；汤色黄中透绿，透明清亮。沏二遍时，越发鲜醇，使人齿颊留香。宋代文人《谢人寄蒙顶新茶诗》：“蜀土茶称圣，蒙山味独珍。”

2. 峨眉竹叶青

“竹叶青”产于四川省峨眉山区，属炒青绿茶。因陈毅1964年游峨眉山时在万年寺品此茶，赞美茶形美似竹叶，汤色清莹碧绿，遂称为“竹叶青”。

早在唐代，峨眉山万年寺中僧侣就自种自制茶叶，所制茶叶品位极高。千百年来，它一直以其清醇淡雅的不凡意趣受到人们的喜爱。

峨眉山位于四川省峨眉山市西南。在峨眉山云雾缭绕的峰峦之中，峨眉山茶汲日月精华，染山川灵气，挺秀青翠，茶叶质品优良，一般在清明前3~5天开采，标准为一芽一叶或一芽二叶初展，鲜叶嫩匀，大小一致。适当摊放后，经高温杀青、三炒三凉、做形干燥，使茶叶具有扁直平滑、翠绿显毫、形似竹叶的特点；再进行烘焙，茶香益增，干茶外形扁条，两头尖细，叶底嫩绿均匀，形似青翠竹叶，内质十分优异。竹叶青香气高鲜，汤色清明翠绿，滋味浓醇，是中国绿茶中的佼佼者。

复习思考题

一、填空题

1. 世界三大饮料分别是________、________、________。

2. 母系氏族时代氏族首领________是“中华饮茶第一人”，被尊为“茶祖”。

3. 居住在陕南、川北、川东地区的古________人，是人工植茶的先驱。

4. 唐代学者________著的《茶经》，系统阐述了茶的形状、历史、采煮、饮用及茶具运用等，是世界上第一部关于茶文化的百科全书，标志着中国茶文化体系正式形成。

5. ________茶是中国最早饮用且产量最大的茶类，其制作有蒸青、炒青、烘青、晒青等方法，都属于不发酵茶。________被誉为“国茶”。

6. 红茶属全发酵茶，中国著名的红茶品牌有________、________、________等。

7. 四川盖碗茶茶具包括：________、________、________。人称“三才碗”，暗含天地人和之意。

8. 《茶经》说“水为茶之母”，并将水划分为三个等级，即________上、________中、________下。

9. 闽南工夫茶，讲究茶、水、火、器四者匹配，茶叶须用福建安溪原产的________。

10. ________是云南白族人特有的茶道，其特点是“头苦、二甜、三回味”。

二、名词解释

半发酵茶　香片　四川边茶

三、简答题

1. 根据茶的药理，说明茶为何能“疗疾悦志”。

2. 普洱茶的制作工艺及功效如何？

3. 四川名茶有哪几种？

4. 为何饭前、饭后、睡前忌饮浓茶？

第九章　中国风物特产

中国在人类的文明史上素有历史悠久、物华天宝、人杰地灵之美誉。中国工艺美术品瑰丽多姿，具有民族化和大众化的特点，是中国人民用智慧和双手创造的奇迹，是神州大地乃至举世赞美的无价之宝。

第一节　陶瓷器、丝织刺绣品

一、陶瓷器

陶瓷是中华文化的象征。中国陶瓷以其独特的魅力远播海内外，成为世界文化艺术宝库中一颗璀璨的明珠。

（一）陶器

陶器是用陶土为原料，经过配料、成型干燥、烧制而成的器物的总称。陶器一般有质地不纯、不透明、吸水性较强及烧成温度较低的特征。陶器多数不上釉，但也有施釉（主要为含铅量较高的低温釉）的陶器。由于黏土所含杂质及成分的不同以及烧成温度、烧制方法的差异，陶胎坯体呈红、灰、黑、青、白、褐、棕等颜色。陶器按其用途可分为日用、艺术和建筑、明器等类。陶器是人类最早的手工业产品之一。

陶器的起源可追溯到新石器时代早期。陶器的发明，是人类文明发展的重要标志。陶器是人类第一次利用天然物，按照自己的意志，创造出来的一种崭新的东西。人们把黏土加水混合后，制成各种器物，干燥后经火焙烧，产生质的变化，形成陶器。它揭开了人类利用自然、改造自然的新篇章，具有重大的划时代的意义。陶器的出现，标志着新石器时代的开端。陶器的发明，也大大改善了人类的生活条件，在人类发展史上开辟了新纪元。

我国著名陶器有：江苏宜兴的紫砂陶器，主要是茶具、酒具、文具等实用品；广东石湾的陶器，多系陶塑的人物、动物及花果等陈设品；安徽界首的三彩釉陶；山东淄博的降色陶；湖南铜官的绿釉陶；四川崇宁的雕镂釉陶和荣昌的素烧陶器；云南建水及甘肃天水的本色陶等。

（二）瓷器

我国是世界上最早发明瓷器的国家。商代就已出现原始瓷器。经过西周、春秋、战国和秦代，至东汉时期即已烧制出成熟的青瓷和黑瓷。以后经过各个历史时期的不断发展，我国制瓷技术不断提高，产量和品种日趋增多，产区不断扩大，生产瓷器的名窑遍及全国各地。如唐代的越窑、邢窑，宋代的“定、汝、官、哥、钧”五大名窑，元代的德化窑，明清时期的“瓷都”景德镇窑等，都曾经在历史上名噪一时。这些名窑所生产的瓷器，无不以其精巧的工艺，优美的造型和素雅、艳丽的色彩而蜚声中外。如唐代的青、白釉；宋代新创的釉上红彩，釉上红、绿、黄加彩及白地釉下黑花、结晶釉兔毫及鹧鸪斑、铜红釉、玳瑁釉及剪纸贴花；元代著名的元青花、釉里红；明代的甜白釉、斗彩、娇黄、五彩；清代的郎窑红、豇豆红、天蓝釉、珐琅彩、粉彩，等等。中国在世界上素有“瓷国”之誉。

瓷器是指以高岭土、长石和石英为原料，经混合、制坯、加工成形，干烧制而成的一种制品，古代又称窑器。瓷器可上釉或不上釉，具有坯体洁白、质地坚硬细密、表面光洁、断面具不吸水性、较薄者呈半透明、敲击时音响清澈等特点。瓷器可分为硬瓷和软瓷两大类。我国著名的瓷器有：

（1）景德镇瓷器：具有“白如玉、明如镜、薄如纸、声如磬”四大特点。青花瓷、青花玲珑瓷、粉彩瓷和薄胎瓷是景德镇的四大传统名瓷。它与北京雕漆、湖南的湘绣并称为“中国工艺美术三长”。

（2）醴陵釉下彩瓷：餐具日用瓷，被誉为“东方艺术的精华”。

（3）德化白瓷：有“中国白”之称，是我国著名的出口工艺品。

（4）龙泉青瓷：具有青如玉、明如镜、声如磬的特点。

（5）绍兴越瓷：著名的有“变色釉瓷器”。

（三）陶器与瓷器的区别

在日常生活中，人们总是把瓷与陶相提并论而称之为“陶瓷”，这两种物质被广泛地用于制造日用器皿中。这种提法反映了陶和瓷都是火与土的艺术。由于陶器发明在前，瓷器发明在后，故瓷器的发明在很多方面受到了陶器生产的影响。虽然都是以泥土为原料，经过炉火烧制而成，但由于所选择的原料和烧成温度不同，它们在特征上是有区别的。尽管瓷器比陶器优越得多，但在用途上陶器同样大有作为，实际生活中两者无法互相代替。

陶器和瓷器的主要区别表现在：

（1）陶器的胎料是普通的黏土，瓷器的胎料则是瓷土，即高岭土（因最早发现于江西景德镇东乡高岭村而得名）。

（2）陶胎含铁量一般在3%以上，瓷胎含铁量一般在3%以下。

（3）陶器的烧成温度一般在900℃左右，瓷器则需要1 300℃的高温才能烧成。

（4）陶器多不施釉或施低温釉，瓷器则多施釉。

（5）陶器胎质粗疏，断面吸水率高。瓷器经过高温焙烧，胎质坚固致密，断面基本不吸水，敲击时会发出铿锵的金属声响。

除以上所举，陶与瓷的不同之处还表现在：陶器并不是某一个国家或某一地区的先民的专门发明，它为人类所共有。只要具备了足够的条件，任何一个农业部落、人群都有可能制作出陶器。而瓷器则不同，它是我国独特的创造发明，尔后通过海路和陆路大量输出到海外，才使制瓷技术在世界范围得到普及。因此，瓷器是我国对世界文明的伟大贡献之一。

二、丝织刺绣品

丝织工艺品是以蚕丝等为原料的纺织品和刺绣品的总称。丝织工艺品属天然织物，质地柔软，手感滑润，富有光泽，象征高贵、典雅，被誉为“东方绚丽的彩霞”。

（一）织锦

织锦就是用染好颜色的彩色经纬线，经提花、织造工艺织出图案的织物。中国丝织提花技术起源久远。早在殷商时代中国已有丝织物。周代丝织物中出现织锦，花纹五色灿烂，技艺臻于成熟。汉代设有织室、锦署，专门织造织锦，供宫廷享用。唐代贞观年间窦师纶的对雉、斗羊、翔凤等蜀锦图案，被称为陵阳公样。在织造工艺上由经锦改进为纬锦，并出现彩色经纬线由浅入深或由深入浅的退晕手法。北宋宫廷在汴京等地建立规模庞大的织造工场，生产各种绫锦。男耕女织成为中国传统的生产生活方式。

所有织物中，锦的工艺最繁，价值最高。这一点从中国的造字法可见一斑。锦是唯一用“金”做偏旁的织物。“金帛”其价如金，故有寸锦寸金的说法。中国五千年悠悠历史长河孕育了四大名锦：云锦、蜀锦、宋锦、壮锦。

1. 江苏南京云锦

南京云锦是南京传统的提花丝织工艺品，因其美丽多姿，至善至臻，绚烂如天上云霞而得名。南京云锦配色多达十八种，运用“色晕”层层推出主花，富丽典雅、质地坚实、花纹浑厚优美、色彩浓艳庄重，大量使用金线，形成富丽堂皇的独特风格。云锦现代只有南京生产，因此常称为“南京云锦”。

2. 四川成都蜀锦

蜀锦是指中国四川省成都市所出产的锦类丝织品，起源于战国时期，至今已有两千多年的生产历史。西汉时，蜀锦已行销中原。到了唐代，蜀锦已通过丝绸之路远销西方各国及日本。蜀锦质地紧密坚韧，色调艳丽。图案纹饰富于民族特色和地方风格，结构严谨，古朴典雅，深受国内外人民欢迎。蜀锦在唐代贞观年间首开文字织锦之先河，堪称中国织锦第一座里程碑。王羲之的《兰亭序》是其最杰出的代表作，被唐太宗李世民当作“异物”收入宫中。

蜀锦织造技艺是国家级非物质文化遗产之一。汉朝时朝廷在成都设有专管织锦的官员，因此成都被称为“锦官城”，简称“锦城”；而环绕成都的锦江，也因有众多民众在其中洗濯蜀锦而得名。十样锦是蜀锦的主要品种之一。

蜀锦锦样格调有：方方锦、月华锦、雨丝锦、浣花锦、铺地锦、散花锦等诸多工艺品种。另外还有民族缎等供少数民族作服饰、宗教装饰用的锦样品种。

3. 江苏苏州宋锦

苏州生产的宋锦，织工精细，艺术格调高雅，具有宋代以来的传统风格与特色，与元明时期流行的光泽艳丽的织金锦、妆花缎等品种有着明显的区别。传统宋锦的生产制作，工序很多，从缫丝染色到织成产品前后要经过二十多道工序。其产品的基本特点是采用了经线和纬线联合显花的组织结构，应用了彩抛换色之独特技艺，使织物表面色线和组织层次更为丰富。这一技艺特征被后来的云锦所吸收，并一直流传到当代的织锦技艺上。

在艺术风格上，以变化几何形为骨架，内填自然花卉、吉祥如意纹等，配以和谐、对比的色彩，使之艳而不俗，古朴高雅。正因此，自宋代起，宋锦便取代了秦汉时期的经锦、隋唐时期的纬锦，并在宋、元、明、清得以蓬勃发展。

宋锦的类别，根据织物的结构、技艺的精粗、用料的优劣、织物的厚薄以及使用性能等方面，分为重锦、细锦、匣锦和小锦四类，也可以将重锦、细锦归纳为大锦，即大锦、匣锦和小锦三类，它们各有不同的风格和用途。大锦包括全真丝宋锦、交织宋锦、真丝古锦、仿古宋锦等品种，常用于装裱名贵书画和装潢高级礼品盒。匣锦，常用于装裱一般书画的立轴、屏条等。小锦，包括月华锦、万字锦和水浪锦三种，多用于装潢小件工艺品的包装盒。

4. 壮锦

壮锦起源于宋代，系广西壮族民间织造艺术之瑰宝。壮锦以棉纱为经，以绒为纬，交织而成，正反面为对称花纹，较厚实，纹饰以几何纹为主要特色，以红、黄、橙或偏暖色为主色调，色彩浓艳，对比强烈，具有较高的艺术价值和浓郁的民族特色。

（二）刺绣

刺绣是用针和彩线在丝织品上绣成的物象和图案，为我国特有的传统手工艺品。绣品分为日用和欣赏两大类，前者如被面、枕套、服装、台布、靠垫、拖鞋等，后者如围屏、插屏、挂屏等。

我国有四大名绣最为著名，即苏绣、湘绣、粤绣、蜀绣，其共同特点是图案秀丽、绣工精细、色彩文雅、针法细巧。

苏绣的主要产地在江苏苏州和南通，具有平、齐、细、密、匀、顺、和、光八大特点，并以绣工精细、针法活泼、丝缕分明、图案秀丽、色彩雅洁著称，被誉为“东方艺术明珠”。最能体现苏绣艺术特征的是双面绣，其代表作是《猫》等。

湘绣的特点是情调豪放、明媚秀丽，有“超级绣品”之誉，代表作是《鬅毛虎》《鬅毛狮》。其“双面异色绣”在国际上被誉为“魔术般的艺术”。

粤绣，是广东的刺绣，特点是构图丰满、色彩艳丽、施针简单、风格活泼，用金银线垫绣的物象，更富有立体感。其代表作是《百鸟朝凤》。

蜀绣生产于四川成都等平原地区，具有针法严谨、光亮平齐、线路分明、紧密柔和的特点。其代表作有《熊猫》和《芙蓉鲤鱼》等。

第二节　中国酒、中药

酒是用高粱、麦、米等粮食或葡萄等水果等原料经糖化、发酵制成的含有食用酒精等成分的饮料。

中国是世界上最早的酿酒国家之一，史载夏朝杜康就用粮食酿酒。曹操《短歌行》云："慨当以慷，忧思难忘。何以解忧，唯有杜康"，杜康被奉为造酒之鼻祖、美酒之代称。商周时期已出现了制曲方法、酿酒职官和酿酒工艺。南北朝贾思勰的《齐民要术》记录了9种酒曲的制作法、39种酒的酿造法和2种药酒的配制法。

一、中国酒

我国酒的分类有很多的方法：按照酿造方法可以分为蒸馏酒、发酵酒、配制酒；按照酒精含量，可以分为高度酒、中度酒、低度酒；按照商业习惯，可以分为白酒、黄酒、果酒、啤酒和配制酒。

（一）白酒

白酒以曲类、酒母为糖化发酵剂，利用淀粉质（糖质）原料，经蒸煮、糖化、发酵、蒸馏、陈酿和勾兑酿制而成的各类白酒。白酒，尤其是国家名酒，由于酿酒原料、生产工艺、设备等条件的不同，形成不同香型和风味特点。白酒中的名酒是按香型评定的。现分为酱香型、浓香型、清香型、米香型、其他香型（董香型、凤香型、芝麻香型等）。

1. 酱香型

酱香型又称茅香型，采用超高温制曲、晾堂、堆积、清蒸、回沙等酿造工艺，在石窖或泥窖内发酵制成。其特点：酱香突出，幽雅细致，酒体醇厚，回味悠长，以至于盛过酒的空杯仍留有香气。在白酒中酱香型酒为数很少，主要有贵州茅台酒、古蔺郎酒、湖南常德武陵酒。

2. 浓香型

浓香型采用混蒸续渣工艺，在陈年老窖或人工酒窖内发酵制成。该香型比较适合全国广大消费者口味，因此在白酒中所占比例最大。其特点：窖香浓郁，绵柔甘洌，香味协调，尾净余长。其知名品牌酒有五粮液、泸州老窖、古井贡酒、全兴大曲、剑南春、洋河大曲、双沟大曲、宋河粮液、沱牌曲酒等。

3. 清香型

清香型采用清蒸清渣工艺，在地缸内发酵制成。其特点：清香纯正，口味协调，微甜绵长，余味爽净。以山西汾酒为代表，比较适合北方消费者的需要。

4. 米香型

米香型采用酱香、浓香两种香型的某些特殊工艺酿制而成。其特点：蜜香清雅，入口柔绵，落口爽冽，回味怡畅。以广西桂林三花酒为代表。

5. 其他香型

有些白酒兼有两种香型的特点，所以称为兼香型、复香型或其他香型。如贵州遵义董酒、陕西西凤酒。

（二）黄酒

黄酒，是中国最古老的饮料酒，也是中国特有的酿造酒。黄酒多以糯米为原料，也可用粳米、籼米、黍米和玉米为原料，蒸熟后加入专门的酒曲和酒药，糖化、发酵后，压榨去渣、高温杀菌，陈酿一段时间再饮用。黄酒酒精含量一般为14%~

20%，黄酒酒色黄而莹澈，香气浓而沉郁，含糖、氨基酸等营养成分，味道醇而不漓，色、香、味三者俱臻，具有相当高的热量，能促进新陈代谢，是营养价值很高的低度饮料。黄酒主要产于中国长江下游一带，以浙江绍兴的产品最著名。1952—1984 年在 4 届全国评酒会上都被评为国家名酒的黄酒有两种：浙江绍兴加饭酒和福建龙岩沉缸酒。

1. 绍兴加饭酒（花雕酒）

绍兴加饭酒，又称绍兴黄酒、绍酒。绍兴黄酒因在上市时常在其窖藏陶坛上雕花，又名花雕酒。它是我国黄酒的佼佼者，是黄酒的代名词。目前，绍兴黄酒在出口酒中所占的比例最大。现代国家标准中的黄酒分类方法，基本上都是以绍兴酒的品种及质量指标为依据制定的。加饭酒，顾名思义，是在酿酒过程中，增加酿酒用米饭的数量，相对来说，用水量较少。加饭酒是一种半干酒。酒度 15%左右，糖分 0. 5%~3%。酒质醇厚，气郁芳香。

2. 福建龙岩沉缸酒

龙岩沉缸酒，现为福建省龙岩酒厂所产。这是一种特甜型酒。酒度 14%~16%，总糖可达 22. 5%~25%。内销酒一般储存两年，外销酒需储存三年。龙岩酒用曲多达 5 种，含药曲、散曲、白曲、米曲、红曲，另加入 30 多味中药材。酿造时，先加入药曲、散曲和白曲，先酿成甜酒酿，再分别投入著名的古田红曲及特制的米白酒，长期陈酿。龙岩酒有不加糖而甜、不着色而艳红、不调香而芬芳三大特点。酒质呈琥珀光泽，甘甜醇厚，风格独特。

（三）葡萄酒

我国用葡萄酿酒的历史悠久，汉代西域地区就以酿葡萄酒驰名。唐代我国西北地区已用葡萄蒸制葡萄烧酒，饮葡萄酒之风非常兴盛。中国最早的近代葡萄酒酿造业是 1892 年华侨张弼士创建的山东烟台张裕葡萄酒厂。该厂生产的红玫瑰葡萄酒、味美思、雷司令白葡萄酒和可雅白兰地，在 1915 年美国旧金山举行的巴拿马太平洋万国博览会上一举拿到 4 块金质奖章。

葡萄酒有以下 3 种分类方法：按加工方法，分为酿造葡萄酒（又称原汁葡萄酒或静止葡萄酒）、加香葡萄酒、起泡葡萄酒和蒸馏葡萄酒；按糖分含量分为干葡萄酒、半干葡萄酒、半甜葡萄酒和甜葡萄酒；按色泽分为红葡萄酒、玫瑰红葡萄酒和白葡萄酒。

（四）啤酒

啤酒是一种含二氧化碳的低度酒精饮料，也叫麦酒。它是以大麦芽和啤酒花为主要原料，再加水、淀粉、酵母等辅料，经酵母发酵而制成的。啤酒含有丰富的营养，有“液体面包”的美誉。啤酒是近代从欧洲传入的，先由外国商人在青岛、哈尔滨、沈阳、上海等地设厂酿造。1900 年俄国商人乌卢布列夫斯基在哈尔滨建厂生产哈尔滨牌啤酒，乌卢布列夫斯基啤酒厂被视为中国第一家啤酒厂。

1. 分类

啤酒有如下三种分类方法：根据是否杀菌，可分为鲜啤酒（生啤酒）和熟啤酒；根据麦汁浓度、酒精含量（质量）不同，可分为低浓度啤酒（7°~ 8°，2%）、中浓度啤酒（11°~12°，3.1%~3.8%）和高浓度啤酒（14°~20°，4.9%~5.6%）三种；根据颜色深浅，可分为黄啤酒（淡色啤酒或浅色啤酒）和黑啤酒（浓色啤酒或绿色啤酒）。

2. 名酒

青岛啤酒，产于山东省青岛市青岛啤酒厂。该厂前身为1903年始建的英德啤酒公司。青岛啤酒以浙江、江苏等省所产二棱大麦为原料，配以自产优质啤酒花，用崂山泉水为酿造水，采用德国传统工艺精心酿制而成。酒液呈淡黄色，清澈透明，有光泽，二氧化碳气充足，泡沫洁白、细腻、厚实、持久、挂杯，有显著的啤酒花香和麦芽清香，口感柔和清爽，余味纯净，略带啤酒花特有的苦味，令人感到愉快。青岛啤酒属中浓度淡色熟啤酒，原麦汁浓度为12°以上，酒精含量为3.5%，1962年以来连续获得国家名酒称号和质量金奖。1963—1984年在3届全国评酒会上被评为国家名酒的啤酒有：青岛啤酒、北京特制啤酒和13°特制上海啤酒。

（五）配制酒

配制酒是以白酒、葡萄酒或黄酒为酒基，再配合中药材、芳香原料和糖料等制成的。其中，用中药材配制的酒称为药酒，如竹叶青等。1963—1984年共3届全国评酒会评出配制酒的国家名酒有山西竹叶青、湖北园林青。其中，竹叶青产于山西汾阳市杏花村，以汾酒为酒基，用高度汾酒浸竹叶、陈皮、香山萘、公丁香、香排草、当归等12种名贵中药材，浸出液和冰糖配制而成。酒液呈金黄色，微绿，口感甜绵、微苦、温和，酒香、药香与甜味和谐一致，具有开胃、助消化等功效。

二、中药

中医中药是中国汉族人民五千多年来与疾病做斗争的经验积累和总结，与藏医药、蒙医药等少数民族医药构成中国传统医药文化宝贵遗产。中药指中医用以治病和养生的药物，在中国古籍中通称“本草”。中医中药，与国画、京剧并称为中国三大国粹。中药按加工工艺分中药材、中成药。

（一）中药材

中药材是指经加工炮制可直接供药房配剂及药厂制剂使用的半成品药。人参、三七、冬虫夏草等都是名贵的药材。

1. 人参

人参，古代人参的雅称为黄精、地精、神草、棒槌等（朝鲜半岛出产的称为高丽参）。人参被人们称为“百草之王”，是闻名遐迩的“东北三宝”（人参、貂皮、鹿茸）之一，是驰名中外、老幼皆知的名贵药材。药用历史已有2 000余年，栽培历史也有400余年。人参味甘微苦、性温，具有大补元气、固脱、生津、安神之功效。人参主要产于东北三省，以吉林抚松、集安产量多，质量好。

2. 三七

三七，又名田七、田三七、参三七，李时珍称其为“金不换”，有“三七补药第一”之誉。因每株长叶七枚，顶端开黄花三枚而得名。三七主要产于云南、广西两省区。该药性味甘苦微温，具有散瘀止血、消肿定痛之功效。它是中成药“云南白药”和“片仔癀”的主要原料。

3. 冬虫夏草

冬虫夏草又名虫草。它是由肉座菌目麦角菌科虫草属的冬虫夏草菌寄生于高山草甸土中的蝠蛾幼虫，冬季幼虫僵化，在适宜条件下，夏季由僵虫头端抽生出长棒状的子座而形成，即冬虫夏草菌的子实体与僵虫菌核（幼虫尸体）构成的复合体。虫草含虫草酸、脂肪油、蛋白质等成分，味甘、性温，具有补虚损、益精气、止咳化痰之功效。产于青海、四川、西藏、云南等省区，青海省为全国主要产区。

（二）中成药

中成药是指经精加工可直接使用的成品药，是在历代医学家医疗实践的基础上，药物学家和生产部门根据各种验方、秘方确定的方剂进行配比和精加工，制成各种携带、服用方便的剂型的统称。知名中成药有：

1. 山西定坤丹

该药因可使妇女坤宫得以安定，故名。山西定坤丹已有240余年生产历史，清乾隆四年（1739年）京师太医院开始研制，为宫廷御药，后处方落入太谷县广盛号药店（今山西中药厂前身）生产出售。定坤丹对妇女身体虚弱，气血瘀滞，经期腹胀腹痛，月经不定期，经血量过多或过少，子宫寒冷、崩漏不止以及食欲不振等症均具有良好疗效。更年期妇女常服能提高体内雌激素水平，增强抵抗力，使更年期泰然度过。

2. 大活络丹

大活络丹原名神效活络丹。处方源于明代，清太医院修治后定为宫廷秘方，由御药房同仁堂代制。因具有舒筋活络、祛风除湿之功效得名。主治：气血亏虚，肝肾不足，中风瘫痪；或风湿痹痛，关节肿胀、变形；或呼吸气粗，喉有痰声；或胸部憋闷，喘息气短等。

3. 漳州片仔癀

片仔癀原名八宝丹片仔癀，因其解毒消炎的疗效特异，往往一片即能退癀（即消炎、消肿止痛之意），故得名。该药处方原为明末京都一位太医的秘方，珍藏于漳州寺院，后由漳州馨苑茶叶店兼营。该药具有消炎、清凉解毒、消肿止痛等作用，对急性肝炎、眼炎、耳炎、痈疽疔疮、无名肿毒、跌打损伤及一切炎症引起的疼痛、发热等症均有疗效，并能抑制消化系统癌细胞的生长。

4. 安宫牛黄丸

该药因以牛黄为主药，具有开窍镇惊安宫（心包）作用，故名。主要功用为清热开窍、豁痰解毒，是用以治疗温热病热陷心包、中风昏迷、小儿惊厥的方剂。安宫牛黄丸属于中医方剂的开窍剂，也是由北京同仁堂出品的一种名贵中成药。

5. 山西龟龄集

龟龄集组方依据传统医学“天人合一”“阴阳五行”的整体观念，采用天然动植物，包括天上飞的（蜻蜓等）、海里游的（海龙、海马等）、地上跑的（鹿茸等），集东西南北中各种名贵药材于一体，“日晒夜露”，经81道工序精心炮制，最终达到补而不腻、阴阳平衡、扶正祛邪的目的，具有强身健脑、固肾补气、增进食欲之功效。

6. 云南白药

云南白药原名曲焕章白药或万应百宝丹，系以三七等为原料，多用途的著名中成药。云南白药具有活血、止血、止痛之功效。由于疗效显著，云南白药素有“神药”“仙丹”“灵芝草”的美称，被誉为“中华瑰宝，伤科圣药”。

第三节　文房四宝

笔墨纸砚素称文房四宝。湖笔、徽墨、宣纸、端砚，位列文房四宝之首。

一、湖笔

湖笔被誉为“笔中之冠”。湖笔之乡在浙江湖州善琏镇。当地有笔祖蒙恬庙，相传秦始皇的大将蒙恬“用枯木为管，鹿毛为柱，羊毛为被（外衣）”，发明了毛笔。因此，善琏又称蒙溪。善琏毛笔为何如此精良？有一传说是可信的：王羲之七代孙智永和尚，曾住善琏永欣寺，擅长书法，求书者门庭若市，写秃毛笔随即埋在庙旁，名“瘗笔冢”。智永和尚在善琏与笔工切磋技艺，使毛笔精益求精。自此，历代名师辈出。据《湖州府志》记载：“元时冯应科、陆文宝制笔，其乡习而精之，故湖笔名于世。”

湖笔分羊毫、狼毫、紫毫、兼毫四大类，具有尖、齐、圆、健四大特点，被赞为“毛颖之冠”。

二、徽墨

古代文人与墨朝夕相处，对墨自然产生特殊的感情，藏墨是文人的雅逸之举和情怀寄托。据《述古书法纂》记载，西周“刑夷始制墨，字从黑土，煤烟所成，土之类也”。早在汉代就有人用松煤制墨。到了初唐，随着经济文化的发展，制墨水平有了很大提高。唐末著名墨工奚超、奚廷珪父子因避战乱从易州迁居安徽歙县，重操制墨旧业，改进了捣松、和胶技术，终于制出了“丰肌腻理，光泽如漆”的佳墨，深受南唐李后主的赏识，并赐给国姓，改姓李，从此“李墨”名闻天下。到了宋代，有了松烟和油烟制墨的两种方法，制墨的地区从歙县扩展到整个徽州地区，“徽墨”之名由此而来。到了明代，出现了邹格之、方瑞生、程君房、罗小华“四大名家”。清代则有曹素功、汪近圣、汪节庵、胡开文制墨“四大家”，当时有“天下之墨推歙县，歙县之墨推曹氏”之说。

三、宣纸

宣纸的记载最早见于《历代名画记》《新唐书》等。起于唐代，历代相沿。宣纸的原产地是安徽省的泾县。此外，泾县附近的宣城、太平等地也生产这种纸。到宋代，徽州、池州、宣州等地的造纸业逐渐转移集中于泾县。当时这些地区均属宣州府管辖，所以这里生产的纸被称为“宣纸”，也有人称泾县纸。

宣纸具有“韧而能润、光而不滑、洁白稠密、纹理纯净、搓折无损、润墨性强”等特点，并有独特的渗透、润滑性能。写字则骨神兼备，作画则神采飞扬，因此宣纸成为最能体现中国艺术风格的书画纸。所谓“墨分五色”，即一笔落成，深浅浓淡，纹理可见，墨韵清晰，层次分明，这是书画家利用宣纸的润墨性，控制了水墨比例，运笔疾徐有致而达到的一种艺术效果。再加上耐老化、不变色、少虫蛀、寿命长，故宣纸有“纸中之王、千年寿纸”的誉称。

四、端砚

砚台作为古代文人雅士的日常用品，最能体现文人的情怀。砚台上的铭文或记录了砚台的来历，或是砚台主人兴之所至写下的诗句，使砚台极具人文观赏价值。端砚、歙砚、洮河砚、澄泥砚、苴却砚被誉为中国的五大名砚。

端砚产自广东肇庆（古称端州）东郊羚羊峡烂柯山的端溪一带，宋朝开始把端砚列为“贡品”。端砚之所以名贵，除了石质特别幼嫩、纯净、细腻、滋润、坚实、严密，制成的端砚具有呵气可研墨、发墨不损毫、冬天不结冰的特色外，还与其开采、制作的艰辛有关。一方端砚的问世，要经过从探测、开凿、运输、选料、整璞、设计、雕刻、打磨、洗涤、配装等十多道艰辛而精细的工序。采砚石无法用机械化操作，只能以手工为主。历代采石工人都是按石脉走向，顺其自然向深层采掘，从接缝处下凿。采出来的砚石如能有三四成可用，已属难得，故有“端石一斤，价值千金”之说。

第四节　其他工艺品

一、景泰蓝

景泰蓝又名铜胎掐丝珐琅，起源于元朝时的古老京都，盛行于明朝景泰年间（1450—1457 年），因其釉料颜色主要以蓝色（孔雀蓝和宝石蓝）为主，故称为景泰蓝。

景泰蓝是由金银铜贵重金属，集掐丝、烧焊、点蓝、烧蓝、磨光、镀金等十余种工艺精制而成的精美工艺品。

据说景泰为宣德之子，宣德重视铜器以及铸冶铜质，景泰在幼年期间耳濡目染，认识极详，且嗜之极深，在颜色方面另辟蹊径，成化时期继承遗业，未改遗风，仍努力烧制，所以景泰蓝的器物在景泰和成化两朝最为常见。大体上说，明代的景泰蓝胎的铜质较好，多为紫铜胎，体略显厚重，色彩深沉而逼真，红像宝石红，绿像松石绿。此时的丝掐得较粗，镀金部分金水厚，彩釉上大多有砂眼。

清代的景泰蓝工艺比明代有所提高，胎薄，掐丝细，彩釉也比明代要鲜艳，并且无砂眼，花纹图案繁复多样。现在景泰蓝的陈设品多，不做实用品。现在的景泰蓝工艺大有提高，造型多样，纹饰品种繁多，已成为我们与国际友人和亲朋好友互相往来的最佳礼品。

二、漆器

用漆涂在各种器物的表面上所制成的日常器具及工艺品、美术品等，统称为漆器。中国是世界上最早认识漆的特性并能将漆调成各种颜色，用作美化装饰之用的国家。漆器是中国古代在化学工艺及工艺美术方面的重要发明。早在六七千年前的河姆渡文化中，考古工作者就发现了一只木胎红色漆碗。它揭开了中国漆器制造史上光辉的第一页。

漆器分为一般漆器和雕漆。一般漆器，是用天然生漆液涂在器物表面，制成具有透明、发亮、防腐、耐酸、耐碱等特点的各种工艺美术品；雕漆是漆器艺术中的一个独特品种，是在堆起的厚漆层的胎型上加工雕刻。因雕漆大多用鲜明的朱漆，故又名“剔红”。雕漆制品精丽华美，富有庄重感，具有极高的艺术价值。我国著名雕漆艺术品有北京的漆器、福州脱胎漆器等。

三、玉雕

中国有近 8 000 年玉器加工历程。早在新石器时代晚期，中华民族就有了玉制工具。玉，实际上就是优质的石头。玉石的种类非常多，有白玉、黄玉、碧玉、翡翠及玛瑙、绿松石、芙蓉石等。“玉不琢，不成器”。玉石经加工雕琢成为精美的工艺品，称为玉雕。中国玉器雕刻无论是丰富的造型、多变的装饰、精湛的技法，还是流派纷呈的风格都是无与伦比的。玉雕素有“东方艺术奇葩”之美誉，与书法、国画、京剧等艺术一样被国人视为国粹。

近代玉雕集历史文化之大成，在作品题材、表现手法上不断创新，使玉雕艺术进一步发展，出现了一批著名玉雕艺人和大师，创作了许多优秀的艺术作品，得到国内外的肯定。

我国玉雕的按地域可以分为以下四类：

1. 北京玉雕

北京玉雕的质地坚硬、晶莹细腻，而南派玉雕用的一般是软玉；北京玉雕色彩绚丽，玲珑剔透，南派的玉雕色彩柔和；北京玉雕的雕刻十分注重造型，具有宫廷艺术的风格，而南派玉雕一般造型比较随意，风格比较粗犷。总之北京玉雕不仅色润形美，而且能保存千年万载，因此深受收藏爱好者的喜爱。

2. 扬州玉雕

扬州是我国玉器重要产地之一，古籍《商书·禹贡》中便有“扬州贡瑶琨”的记述。唐代扬州琢玉已很兴盛，贵族豪门用玉件装饰楼阁，所谓“雕栏玉户”。宋代扬州玉器已向陈设品发展，花鸟、炉瓶等品种日益丰富，造型、琢磨艺术水平大为提高。清乾隆时，扬州琢玉进入全盛时期，清宫中重达千斤、万斤的近 10 件大玉山，多半为扬州琢制，其中重逾万斤被称为“玉器之王”的大禹治水图玉山子，成为稀世之宝而闻名遐迩。

3. 苏州玉雕

苏州是我国有名的琢玉基地之一。据宋代范成大所修《吴郡志》载：早在唐、五代时期，苏州就有琢玉的工场和名艺人了。明代宋应星著《天工开物》一书，盛赞过苏州玉工“良玉虽集京师，工妙则推苏郡”。可见，苏州的玉雕在明代即以其精良灵巧名闻全国，当时苏州著名的雕玉艺人陆子冈被称“鬼斧神工”，曾琢玉水仙，玲珑奇巧。苏州玉雕以小件为主，多为炉瓶、人物、花卉、鸟兽。仿古炉瓶，古朴端庄、浑厚壮观；仕女人物，婀娜多姿、婉约丰韵；花鸟产品，善用巧色。在技艺上，善于运用镂雕，致使产品玲珑剔透，飘逸俊俏；剔地阳纹、浅刻阴纹，是苏州传统技艺，大量用于炉瓶的纹样装饰。

4. 上海玉雕

上海玉雕以白玉为主，也有少量的翡翠制作。上海玉器制作精巧、玲珑剔透，各种人物、动物作品形象生动，秀丽飘逸，有呼之欲出之感。

此外，辽宁岫岩玉雕、锦州玛瑙雕、抚顺的琥珀雕、甘肃酒泉的夜光杯雕等也都各具特色。

四、名石雕刻

我国的石雕历史悠久，有古老的传统和广泛的基础，如龙门石窟和云冈石窟，历代帝王陵墓前的石人石马，庙宇、衙门前的石狮子，都是传统的石雕艺术。唐朝“昭陵八骏”是古代浮雕艺术的代表。

（一）我国三大佳石及其石雕

1. 寿山石雕

寿山石中最名贵的是田坑石，又名田黄石。其石质色如蒸栗，价值与黄金相当，故有“一两田黄一两金”之说，被誉为“印石之王”。寿山石雕题材有陈设品和实用品，其中寿山印章是文人雅士追求的艺术珍品。

2. 青田石雕

青田石也称图章石。产于浙江省青田，与寿山石雕齐名。青田石有青、红、黄、紫等色。

其特点：色泽光润，质地细腻，脆韧相宜，极宜精雕细镂。青田石雕作品因材施艺、依形布局、栩栩如生、精巧传神、玲珑剔透、形体清晰、层次分明、浑然天成，充分发挥了青田石质的优异特性。青田石分彩石、冻石、纹石三大类，以冻石为名贵。

3. 昌化鸡血石雕

昌化鸡血石产于浙江省临安区的昌化，以其色红如鸡血，故名。鸡血石属叶蜡石，是一种含鲜红色辰砂的特殊冻石。该石硬度不高，加之色彩艳丽，光泽晶莹，内质温润，极宜制用印章，最受收藏家与篆刻家珍爱。

（二）浏阳菊花石雕

浏阳菊花石产于湖南省浏阳。菊花石天然生成有菊花纹，像植物中的菊花一样千姿百态。石料本身就很名贵。菊花石雕就是利用石料天然的菊花花纹及色泽，将其雕刻成菊花，雕成的艺术品栩栩如生、高雅别致，是一种风格独特的工艺品。

五、木雕

木雕是雕塑的一种，也被称为“民间工艺”。木雕可以分为立体圆雕、根雕、浮雕三大类。木雕是从木工中分离出来的一个工种，在我们国家的工种分类中为“精细木工”。一般选用质地细密坚韧、不易变形的树种，如楠木、紫檀、樟木、柏木、银杏、沉香、红木、龙眼等。采用自然形态的树根雕刻成的艺术品则为“树根雕刻”。木雕有圆雕、浮雕、镂雕或几种技法并用。有的还涂色施彩用以保护木质和美化。木雕种类纷繁复杂，按地域归纳起来有六大种类：中原木雕、乐清黄杨木雕、福建龙眼木雕、潮州金漆木雕、浙江东阳木雕、云南剑川木雕。

六、木板水印画与木板年画

（一）木版水印画

木版水印画，是根据活版印刷原理，先将绘画原作勾描成底稿，再分成若干块刻版，以水调色印制而成，所以称木版水印。木版水印画是我国特有的复制工艺。它集绘画、雕刻和印刷为一体，根据水墨渗透原理显示笔触墨韵，既可用以创作体现自身特点的艺术作品，也可逼真地复制各类中国字画。木版水印画在我国具有悠久的历史。远在唐代，单色木版印刷已经具有相当水平。明末出现“饾版”“拱花”等套色叠印，表明技术有了更大的进步。由于这项工艺始终基于手工进行，所以我国目前纯粹作为文化遗产予以继承和发展。从经济的角度来说，这是不惜工本的，但从取得的成果来说是巨大的。最著名的有荣宝斋木版水印画和上海朵云轩木版水印画。

（二）木版年画

年画是我国传统的民俗艺术品，木版年画出现于雕版印刷术发明之后的宋代，明代中叶起已成一种独立的艺术形式，著名年画产地应运而生，清乾隆年间更为盛行。年画内容大多含祝福新年的意思，也有描绘农事场面等。年画最早由门神画发展而来，在新年时张贴，是人们庆祝新年、祈愿吉祥、美化环境的一种民间艺术鉴赏。

我国著名三大木版年画的产地：天津杨柳青、江苏苏州桃花坞、山东潍坊杨家埠。另外还有四川绵竹、河南开封朱仙镇也产年画。

1. 天津杨柳青木版年画

天津杨柳青木版年画，因产于天津市郊杨柳青镇而得名。始于明崇祯年间，到清中后期最为风行，有“家家会刻版，人人善丹青”之誉。这里的年画将木刻水印和手工彩绘相结合，保留了民间绘画的技法，并受到清代画院的影响。其特点是构图饱满、层次分明、笔法匀整、造型简练、色彩鲜艳、画面热闹喜庆，具有浓烈的地方生活气息。

2. 苏州桃花坞木版年画

苏州桃花坞木版年画，产于江苏省苏州城内桃花坞一带，始创于明末，盛行于清雍正、乾隆年间。其特点：木版套印，内容广泛，形式多样，主题鲜明突出，色彩鲜艳夺目，线条简洁明快，形象质朴生动。

3. 潍坊木版年画

潍坊木版年画，产于山东省潍坊市杨家埠。其特点：构图完整饱满，造型粗壮朴实而又夸张，线条简练挺拔而又流畅，色彩鲜艳强烈，颇具时代特点、生活气息和民间特色，富有装饰效果，在内容上和艺术形式上都有较高的造诣。

七、风筝

风筝起源于中国，据历史记载，最早的风筝是由古代哲学家墨翟制造的。中国风筝问世后，很快被用于传递信息、飞跃险阻等军事需要。唐宋时期，由于造纸业的出现，风筝改由纸糊，很快传入民间，成为人们的休闲娱乐的玩具。

风筝是以线牵拉、借助风力升空的传统玩具与艺术欣赏品。相传山东为中国风筝的发源地。早在 2 000 年前鲁国公输班就用于侦察敌情，至唐以后转实用为娱乐，清乾隆年间已遍及城乡。从传统的中国风筝上到处可见吉祥寓意和吉祥图案的影子。“福寿双全”“龙凤呈祥”“百蝶闹春”“鲤鱼跳龙门”“麻姑献寿”“百鸟朝凤”“连年有余”“四季平安”这类风筝，无一不表现着人们对美好生活的向往和憧憬。它融合了群众的欣赏习惯，反映了人们善良健康的思想感情，渗透着我国民族传统和民间习俗，因而在民间广泛流传，为人们喜闻乐见。

潍坊市在清乾隆、嘉庆年间形成盛大风筝集市。潍坊风筝创作构思源于生活而不拘泥于生活，具有浓郁的东方艺术风格和强烈的乡土气息。从 1980 年开始，每年 4 月 1 日在该市举行国际风筝赛会。

此外，北京风筝、天津风筝也很著名。

复习思考题

一、填空题

1. 中国现代最著名的陶都是________，其知名产品是紫砂壶；著名瓷都是________，其瓷器品牌有青花瓷等，具有“白如玉、明如镜、薄如纸、声如磬”四大特点。陶瓷之主要特点在于是否吸水。

2. 中国四大名锦分别是________、________、________、________。

3. 中国古籍中将中药材称为________；中医中药与________、________并称为“三大国粹”。

4. 唐太宗墓前的________ 被誉为中国石雕艺术的代表作。

5. 木版水印画的工艺性质属于________；中国风筝的发源地和国际风筝节举办地在________。

二、名词解释

文房四宝　景泰蓝

第十章　中国旅游文学

第一节　对联

一、对联基础知识

（一）对联的起源与发展

对联即“楹联”，因古时多悬挂于楼堂宅殿的楹柱而得名。古代早期的对联基本上指的是春联。早在秦汉以前，我国民间过年就有悬挂桃符的习俗。所谓桃符，即把传说中的降鬼大神“神荼”和“郁垒”的名字，分别书写在两块桃木板上，悬挂于左右门，以驱鬼压邪。这种习俗持续了一千多年，到了五代，人们才开始把联语题于桃木板上。据《宋史·蜀世家》记载，五代后蜀主孟昶“每岁除，命学士为词，题桃符，置寝门左右。自命笔题云：新年纳余庆，佳节号长春”。这是我国最早出现的一副春联。

宋代以后，民间新年悬挂春联已经相当普遍，王安石诗中“千门万户曈曈日，总把新桃换旧符”之句，就是当时盛况的真实写照。由于春联的出现和桃符有密切的关系，所以古人又称春联为“桃符”。

一直到了明代，人们才开始用红纸代替桃木板，出现了我们今天所见的春联。据《簪云楼杂话》记载，明太祖朱元璋定都金陵后，除夕前，曾命公卿士庶家门上须加春联一副，并亲自微服出巡，挨门观赏取乐。尔后，文人学士无不把题联作对视为雅事。入清以后，对联曾鼎盛一时，出现了不少脍炙人口的名联佳对。随着各国文化交流的发展，对联还传入越南、朝鲜、日本、新加坡等国。这些国家至今还保留着贴对联的风俗。

（二）对联的种类

1. 按用途分类

（1）通用联：春联。

（2）专用联：茶联、寿联、婚联、喜联、挽联、行业联、座右铭联、赠联、题答联。

2. 按字数分类

（1）短联（十字以内）。

（2）中联（百字以内）。

（3）长联（百字以上）。

3. 按修辞技巧分类

（1）对偶联：言对、事对、正对、反对、工对、宽对、流水对、回文对、顶针对。

（2）修辞联：比喻、夸张、反诘、双关、设问、谐音。

（3）技巧联：嵌字、隐字、复字、叠字、偏旁、析字、拆字、数字。

4. 按联语来源分类

（1）集句联：全用古人诗中的现成句子组成的对联。

（2）集字联：集古人文章、书法字帖中的字组成的对联。

（3）摘句联：直接摘他人诗文中的对偶句而成的对联。

（4）创作联：作者自己独立创作出来的对联。

（三）对联的格式

对联的特点是既要有“对”，又要有“联”。形式上成对成双，彼此相“对”；上下文的内容互相照应，紧密联系。一副对联的上联和下联，必须结构完整统一，语言鲜明简练。对联的特点具体如下：

1. 字数相等，断句一致

除有意空出某字的位置以达到某种效果外，上下联字数必须相同，不多不少。

2. 平仄相合，音调和谐

传统习惯是“仄起平落”，即上联末句尾字用仄声，下联末句尾字用平声。这主要是为了音韵和谐，错落起伏，悦耳动听，铿锵有力。例如：云带钟声穿树去（平仄平平平仄仄），月移塔影过江来（仄平仄仄仄平平）。

3. 词性相对，位置相同

一般称为“虚对虚，实对实”，就是名词对名词，动词对动词，形容词对形容词，数量词对数量词，副词对副词，而且相对的词必须在相同的位置上。这种要求，主要是为了用对称的艺术语言，更好地表现思想内容。

4. 内容相关，上下衔接

上下联的含义必须相互衔接，但又不能重复。如明代东林党首领顾宪成，在东林书院大门上写过这样一副对联：风声雨声读书声声声入耳，家事国事天下事事事关心。上联写景，下联言志，上下联内容紧密相关，使人透过字面，很容易理解作者的自勉自励之心。此外，张挂的对联，传统做法还必须直写竖贴，自右而左，由上而下，不能颠倒。

（四）对联的领字

领字或称领词，是指在一个联句里面起到统领作用的字（词）。

对联中，常有一些自对的句子，如：清风朗月、劲柏苍松，这些自对的句子，可以单独使用，但当它们要用到结构比较复杂的联句里面的时候，就需要有一个引领，比如说，刚才的两个自对句放在一起要成为一副对联，难免有点牵强，但可以这样处理：

此处有清风朗月，其人如劲柏苍松。

这样就把景物与人物（人品）联系在一起，而“此处有”和“其人如”就被称为领字了。

（五）对联的断句方法

对联的断句是对联欣赏的重要环节。准确地断句，有助于我们欣赏对联；同时，在欣赏的基础上又能使断句更准确。

1. 明意是断句的关键

反复诵读，弄懂联意。用典较多或地方色彩较浓的对联，还要翻资料，查工具书，向他人请教。通过这些方法把联意弄懂了，句就可以断下来了。

2. 利用题跋的启示协助断句

清代俞樾挽钟文烝联有这样一段序文：“子精勤《穀梁》之学，著《穀梁补注》二十四卷，主讲上海敬业书院者十余年。余每至沪，必与讨论经义，今不可得矣。其殁也，年六十。”读这段序文，就知道死者曾“著《穀梁补注》二十四卷”，后到上海讲学，作者常与其讨论经义，死年六十。了解到这些背景材料，挽联就可以这么断了：

廿四卷补注，为穀梁子功臣，频年手校青编，镂版告成犹及见

六十年耆儒，是乾嘉间宗派，此后我来黄浦，谈经同调更无人

青编，简册，此指《穀梁传》。乾嘉间宗派，即乾嘉学派，指清乾隆、嘉庆年间讲究训诂考据的经学派系。此派主张根据经书和历史立论，以达到“道明于世”的目的，在我国文字、音韵、训诂与古籍整理上有所贡献。黄浦，江名，此指上海。

3. 上下联的结构互相比对

有时候，一联某个部分的句不好断而另一联相应部分的句应怎么断则很明显。在这种情况下，就可参照可断句的那一联的结构，再去为难以断句的另一部分断句。请看：

汉水接苍茫，看滚滚江涛流不尽云影天光，万里朝宗东入海

锦城通咫尺，听纷纷弦管送来些鸟声花气，四时佳兴此登楼

这副对联题于成都望江楼。上联“看滚滚江涛流不尽云影天光”，初看就不知作“看滚滚江涛流不尽，云影天光”断句好呢，还是作“看滚滚江涛，流不尽云影天光”断句好。而看下联相应部分“听纷纷弦管送来些鸟声花气”只能作“听纷纷弦管，送来些鸟声花气”断句，则上联只能断句为“看滚滚江涛，流不尽云影天光”。

4. 利用声义关系

例如：云朝朝朝朝朝朝朝朝散　潮长长长长长长长长消

这副题于温州江心屿的对联，上联中连用八个“朝”字，下联中连用八个“长”字，像山海关孟姜女庙那一副一样，一般人都读不断，原因是不懂得“朝”和“长”可以变读，或者说懂得而想不到这上头来。若从“朝”可读为 zhāo（朝夕之朝）和 cháo（朝拜之朝，或涨潮之潮），“长”可读为 zhǎng（增长之长）和 cháng（长短之长）上去考虑，句就不难断出来了。

二、名胜古迹对联选读

1. 北京长城居庸关联

联1：千峰苍翠夕阳中
　　　万壑烟岚春雨后

联2：碧树经霜叶未凋
　　　雄关积翠倚苕荛

联3：天际诸峰黛色流
　　　重关深锁白云收

联4：千峰苍翠夕阳中
　　　万壑烟岚春雨后

2. 山海关孟姜女庙联

海水朝　朝朝朝　朝朝朝落

浮云长　长长长　长长长消

3. 北京潭柘寺弥勒殿联

大肚能容，容天下难容之事

慈颜便笑，笑世间可笑之人

4. 承德避暑山庄万壑松风联

八十君王，处处十八公，道旁介寿

九重天子，年年重九节，塞上称觞

5. 南京明远楼联

矩令若霜严，看多士俯伏低徊，群器尽息

襟期同月朗，喜此地江山人物，一览无余

6. 苏州寒山寺联

联1：江枫渔火，胜地重来，与国清寺并起宗风，依旧钟声闻夜半
　　　木屐桦冠，仰天狂笑，有寒山集独参妙谛，长留诗句在吴中

联2：尘劫历一千余年，重复旧观，幸有名贤来作主
　　　诗人题二十八字，长留胜迹，可知佳句不须多

7. 扬州二十四桥联

胜地据淮南，看云影当空，与水平分秋一色

扁舟过桥下，闻箫声何吹，有人吹到月三更

8. 西湖平湖秋月亭联

佳景四时，最好秋光何况月

静观万物，欲平天下有如湖

9. 杭州岳飞墓联

联1：白铁无辜铸佞臣
　　　青山有幸埋忠骨

联2：毁誉于今判伪真

正邪自古同冰炭

10. 杭州灵隐寺联

古迹重湖山，历数名贤，最难忘白傅留诗，苏公判牍

胜缘结香火，来游福地，莫虚负荷花十里，桂子三秋

11. 岳阳楼联

联1：水天一色，洞庭西下八百里，后乐先忧，范希文庶几知道

风月无边，淮海南来第一楼，昔闻今上，杜少陵始可言诗

联2：一楼何奇，杜少陵五言绝唱，范希文两字关表，滕子京百废俱兴，吕纯阳三过必醉，诗耶？儒耶？吏耶？仙耶？前不见古人，使我怆然涕下

诸君试看，洞庭湖南极潇湘，扬子江北通巫峡，巴陵山西来爽气，岳州城东道岩疆，潴者！流者！峙者！镇者！此中有真意，问谁领会得来

12. 南昌滕王阁联

兴废总关情，看落霞孤鹜，秋水长天，幸此地湖山无恙

古今才一瞬，问江上才人，阁中帝子，比当年风景何如

13. 武汉黄鹤楼联

联1：全楚山河缩地来

对江楼阁参天立

联2：一楼萃三楚精神，云鹤俱空横笛在

二水汇百川支派，古今无尽大江流

14. 桂林独秀峰联

联1：窗前万木低

户外一峰秀

联2：异代景前修，想石榻摊书，竹林怀友

新堂还旧观，对半潭秋水，一柱奇峰

15. 广州越秀山镇海楼联

千万劫，危楼尚存，问谁摘斗摩霄，目空今古

五百年，故侯安在，使我倚栏看剑，泪洒英雄

16. 滇池大观楼联

五百里滇池，奔来眼底，披襟岸帻，喜茫茫空阔无边。看东骧神骏，西翥灵仪，北走蜿蜒，南翔缟素，高人韵士，何妨选胜登临。趁蟹屿螺洲，梳里就风鬟雾鬓，更苹天苇地，点缀些翠羽丹霞。莫孤负四围香稻，万顷晴沙，九夏芙蓉，三春杨柳

数千年往事，注到心头，把酒凌虚，叹滚滚英雄谁在？想汉习楼船，唐标铁柱，宋挥玉斧，元跨革囊，伟烈丰功，费尽移山心力。尽珠帘画栋，卷不及暮雨朝云，便断碣残碑，却付与苍烟落照。只赢得几杵疏钟，半江渔火，两行秋雁，一枕清霜

17. 成都杜甫草堂联

联1：十年幕府悲秦泪

一卷唐诗补蜀风

联2：诗史数千言，秋天一鹄先生骨

草堂三五里，春水群鸥野老心

18. 成都武侯祠联

联1：成大事以小心，一生谨慎
仰忠臣之遗像，万古清高

联2：心悬八阵图，初对策，再出师，共仰神明传将略
目击三分鼎，东连吴，北拒魏，常怀谨慎励臣躬

19. 阆中张飞庙联

联1：园谢红桃大哥玄德二哥羽
国留青史三分鼎势八分书

联2：随先主逐鹿中原北征南战地只两川称帝业
剩残躯付诸荒冢春去冬来人犹千古吊忠魂

20. 洪秀全南京题勤政殿联

龙飞九五，重开尧舜之天
虎贲三千，直抵幽燕之地

第二节　古代山水诗词

一、古代诗歌基础知识

（一）古代诗歌的起源与演变

诗歌起源于上古的社会生活，是因劳动生产、两性相恋、原始宗教等而产生的一种有韵律、富有感情色彩的语言形式。《尚书·虞书》言："诗言志，歌永言，声依永，律和声。"《礼记·乐记》写道："诗言其志也，歌咏其声也，舞动其容也。三者本于心，然后乐气从之。"早期，诗、歌与乐、舞是合为一体的。诗即歌词，在实际表演中总是配合音乐、舞蹈而歌唱，后来诗、歌、乐、舞各自发展，独立成体，诗与歌统称诗歌。

诗是最古老也是最具有文学特质的文学样式，来源于上古时期的劳动号子（后发展为民歌）以及祭祀颂词。中国诗歌有悠久的历史和丰富的遗产，从先秦直到唐朝，中国的诗文化经历了《诗经》、楚辞、汉乐府民歌、六朝诗和唐诗等几个主要发展阶段。经过历史的洗练，诗几乎就是中国艺术文化的代表，也是华夏民族的主要精神载体和核心文化元素。

从宋代到元代，诗的体裁又进一步发展，诗文化继续传承并仍保持繁荣景象。作为里程碑的宋词和元曲，也达到了相当高的艺术成就。但是，由于小说、舞台艺术和说唱艺术的兴起和语言的雅俗分化，诗无论是在社会生活中还是文艺活动中，都已逐渐失去了原有的地位，从大众精神载体退居为以士大夫和文人为主体的艺术文化。

自明清以来，由于政治背景和语言演化等因素，在其他艺术形式和市井文化的进一步挤压下，诗已逐渐退出了主流文艺的舞台。从民国开始，现代新诗兴起，但

随着现代商业文化的泛滥，诗正在面临前所未有的挑战。

（二）古代诗歌的种类与区别

1. 从诗歌的形式分

（1）古体诗，包括古诗（唐以前的诗歌）、楚辞、乐府诗。注意“歌”“歌行”“引”“曲”“吟”等古诗体裁的诗歌也属古体诗。古体诗不讲对仗，押韵较自由。古体诗的发展轨迹：《诗经》→楚辞→汉赋→汉乐府→魏晋南北朝民歌→建安诗歌→陶诗等文人五言诗→唐代的古风、新乐府。

（2）近体诗，包括律诗和绝句。

2. 从诗歌的题材分

（1）写景抒情诗。这类诗通过描写山水名胜自然景色寓情于景。其风格清新自然。

（2）咏物言志诗。诗人对所咏之物的外形、特点、神韵、品格进行描摹，以寄托诗人自己的感情，表达诗人的精神、品质或理想。

（3）即事感怀诗。因一事由而引发诗人的感慨，如怀亲、思乡、念友等。

（4）怀古咏史诗。以历史典故为题材，或表明自己的看法，或借古讽今，或抒发沧桑变化的感慨。

（5）边塞征战诗。描写边塞风光和戍边将士的军旅生活，或抒发将士们乐观豪迈或相思离愁的情感，风格悲壮雄浑，笔势豪放。

二、古代词基础知识

（一）词的起源与演变

词产生于唐代，流行于五代，极盛于宋代，衰微于元明，复兴于清代。在文学史上，词以其特有的抑扬顿挫的音乐美、错综变化的韵律、长短参差的句法以及所抒发的浓烈真挚的感情，成为一种深受人们喜爱的文学体裁。

词是唐代民间新兴的一种歌诗，即唱词。在唐代，原产于西域的“胡乐”尤其是龟兹乐大量传入中原，与汉族原有的以清商乐为主的各种音乐相融合，产生了一种新的音乐——燕乐。燕乐曲调繁多，有舞曲，也有歌曲。歌曲的歌词就是词的雏形，当时叫作“曲子词”。唐代的燕乐歌词在其发展过程中，逐渐形成了一个显著的特点，即严格按照乐曲的要求来创作歌词，包括依乐章结构分片，依曲拍为句，依乐声高下用字，其文字形成了一种句子长短不齐而有定格的形式。到了中唐以后，众多文人用这种制词方式进行创作。这种新体歌词，就是后来通常所称的“词”。

初盛唐的民间词，是词的萌芽。盛唐文人所写的曲子词基本上都是整齐的五言、七言形式，个别为长短句。到中唐，文人开始认真地倚声填词。在语言上，他们开始引入近体诗的语言，写来精致凝练、细腻华美。这样，文人诗的语言及思想感情便开始渗入词中，使词逐渐脱离原来的淳朴真挚、朴素生动但又粗糙简陋的原始状态，形成一种正式的文人文学体裁。但是，此时文人运用曲调的范围还比较狭窄，就现存资料看，他们常用的是有限的十几个曲调，如《一七令》《忆长安》《调笑》《三台令》等。到晚唐，温庭筠的词以浓艳的色彩、华丽的辞藻、细腻的手法来描绘形象和刻画心理，形成了一种香而软、密而隐的艺术风格。这是文人词趋于成熟形态的一个标志。温庭筠之后，写词的文人越来越多。

五代十国时期，倚声填词蔚然成风。西蜀与南唐二地，经济文化最为发达，成为词人汇集的两大基地。西蜀词人的词大多收集在《花间集》里。西蜀花间词人中，以韦庄的成就最高。而南唐词人中则以李景、李煜、冯延巳最为出色。

词入宋，发展到鼎盛状态，成为一种完全独立并与诗体相抗衡的文学形式。文学史上，词以宋称，体现了宋词作为一代文学的重要地位。北宋词的主流依然是沿袭晚唐五代，吟风弄月，注重词的抒情性与音乐性，如晏氏父子、张先等。他们刻意求精，使词的形制更加丰富，词的语言更加精练，词的意境更加深婉，词的风格更加细腻，特别是使词的音律更加精美合乐。但北宋还有另一些词人，如苏轼、柳永等，从词风词境入手，着意词体的变革。北宋初年，范仲淹的《渔家傲》和王安石的《桂枝香》，大笔淋漓，墨浓意酣，词调慷慨苍凉，境界开阔悲壮，感情抑郁深沉，揭开了以苏轼、辛弃疾为代表的豪放派词作的序幕。之后，苏轼有意利用词在语言形式上的某些特点而自由畅达地表现人生中各种各样的生活情趣、生活感慨，不仅把本来属于诗歌的“言志”内容写到词中，而且把诗里已经出现的散文句式、语词也用在词里，使词的内容更加丰富，也使词的形式技巧发生了变化。另外，在苏轼之前，音乐是词的生命，音乐的特性重于文学的特性，因此协律合乐是填词的首要条件。苏轼第一次使词从重乐的框框中摆脱出来，使词与音乐初步分离，使词首先成为一种独立的文学体裁，而不仅仅是音乐的附庸，从而使词在文学史上有了独立存在的地位。

南渡后的词作者，在各自不同的创作道路上，以各自不同的态度与方法进行创作，为宋词的继续发展发挥了各自不同的作用。李清照的词是由北宋向南宋发展的过渡。李清照亲身经历了由北而南的社会变革，生活际遇、思想感情发生了巨变，相应地词的内容、情调乃至色彩、音响，也发生了变化，由明丽清新变为低回惆怅、深哀入骨，但词的本色未变。她的创作为南宋词人如何以旧形式表现新内容树立了榜样。中期之后，一代词雄辛弃疾和姜夔等人，形成了宋代词的又一个繁荣时期。尤其是辛弃疾，不仅代表了南宋词的最高成就，而且在整个中国文学史上也占有相当重要的地位。开禧北伐的失败，是南宋词的一个转折点。这时词的创作题材以吟咏日常生活的情怀、流连自然风光为多，情调转向带有伤感的恬淡。

元词上承两宋的余绪，但成就难以继盛。此外，元词中还有相当数量的道士词，约占总数的七分之一。总体来看，元词思想艺术俱臻上乘的数量很少，整个创作局面呈露衰微之状。

明代词依然处于衰微之中。不过，词坛上也出现了有一定影响的词人，留下了一些较好的作品。如明初之时的刘基、杨基、高启，明末陈子龙等人，所作的词自成家数，各具特色。

词经历元、明的衰落，到清代又繁荣起来，这种变化与时代风气的变化密切相关。一方面，在传统习惯上，词和散曲相比于诗而言都较为轻松，贴近日常生活和鲜活的情感。而词与散曲相比，又显得雅一些，散曲的语言以尖新、浅俗、活泼为胜，接近口语。元、明词衰，实际是散曲取代了词的结果。对于性情收敛、爱好雅致趣味的清代文人来说，散曲的语言风格又显得不合适了。另一方面，清诗虽然多种风格并存，但从清初开始，重学问和理智化的趋势就很明显。这也造成了诗在抒情功能上的缺陷，而需要从其他文体中得到弥补。而词的兴盛，正是对诗的弥补。清初主要的词人有陈维崧、朱彝尊、纳兰性德等。

（二）词的形式特点

（1）每首词都有一个表示音乐性的词调（词牌）。一般说，词调并不是词的题目，仅只能把它当作词谱看待。到了宋代，有些词人为了表明词意，常在词调下面另加题目，或者还写上一段小序。

（2）词一般都分两段（叫作上下片或上下阕），不分段或分段较多的是极少数。

（3）一般词调的字数和句子的长短都是固定的，有一定的格式。

（4）词的句式参差不齐，基本上是长短句。

（5）词中声韵的规定特别严格，用字要分平仄，每个词调的平仄都有所规定，各不相同。

（6）词有时会不符合上述规律，因为早期是和着曲子写的，因此它最注重的还是与曲的配合。

（7）一般按字数将词分为小令、中调和长调三种。58 字以内为小令，59~90 字为中调，91 字以上为长调。

三、古代山水诗词选读

1. 谢灵运（385—433 年）

谢灵运，浙江会稽人，原为陈郡谢氏士族。东晋名将谢玄之孙，因袭封康乐公，称谢康公、谢康乐。著名山水诗人，主要创作活动在刘宋时代，中国文学史上山水诗派的开创者。由灵运始，山水诗乃成中国文学史上的一大流派。

登池上楼

潜虬媚幽姿，飞鸿响远音。
薄霄愧云浮，栖川怍渊沉。
进德智所拙，退耕力不任。
徇禄反穷海，卧痾对空林。
衾枕昧节候，褰开暂窥临。
倾耳聆波澜，举目眺岖嵚。
初景革绪风，新阳改故阴。
池塘生春草，园柳变鸣禽。
祁祁伤豳歌，萋萋感楚吟。
索居易永久，离群难处心。
持操岂独古，无闷征在今。

2. 王勃（650—676 年）

王勃，字子安，绛州龙门（今山西省河津市）人。与杨炯、卢照邻、骆宾王并称“初唐四杰”。其诗气象浑厚，音律谐畅，开初唐新风，尤以五言律诗为工；其骈文对仗精工，《滕王阁序》极负盛名。于“四杰”之中，王勃成就最大。诗文集早佚，明人辑有《王子安集》。

送杜少府之任蜀州

城阙辅三秦，风烟望五津。与君离别意，同是宦游人。

海内存知己，天涯若比邻。无为在歧路，儿女共沾巾。

3. 王之涣（688—742 年）

王之涣，盛唐时期的诗人，字季凌，又字季真，祖籍晋阳并州（今山西太原），其高祖迁今山西绛县。豪放不羁，常击剑悲歌，其诗多被当时乐工制曲歌唱，名动一时，常与高适、王昌龄等相唱和，以善于描写边塞风光著称。

凉州词

黄河远上白云间，一片孤城万仞山。羌笛何须怨杨柳，春风不度玉门关。

4. 张继（约公元 756 年前后在世）

张继，字懿孙，湖北襄州（今湖北省襄阳市）人。天宝十二年（753 年）登进士。尝佐镇戎军幕府，又为盐铁判官。大历末，入内为检校祠部员外郎。又分掌财赋于洪州。后来夫妇俱殁于其地。其诗以《枫桥夜泊》一首最著名。

枫桥夜泊

月落乌啼霜满天，江枫渔火对愁眠。姑苏城外寒山寺，夜半钟声到客船。

5. 杜甫（712—770 年）

杜甫，字子美，原籍襄阳。一生坎坷。其诗显示了唐代由盛转衰的历史过程，被称为“诗史”。以古体、律诗见长，风格多样，以沉郁为主。被后世诗家尊为“诗圣”，有《杜工部集》。

望岳

岱宗夫如何？齐鲁青未了。造化钟神秀，阴阳割昏晓。

荡胸生层云，决眦入归鸟。会当凌绝顶，一览众山小。

登高

风急天高猿啸哀，渚清沙白鸟飞回。无边落木萧萧下，不尽长江滚滚来。

万里悲秋常作客，百年多病独登台。艰难苦恨繁霜鬓，潦倒新停浊酒杯。

6. 崔颢（704—754 年）

崔颢，汴州（今河南开封市）人氏，开元十一年（723 年）进士。才思敏捷，擅长写诗，但他宦海浮沉，终不得志。其诗作激昂豪放、气势宏伟。

黄鹤楼

昔人已乘黄鹤去，此地空余黄鹤楼。黄鹤一去不复返，白云千载空悠悠。

晴川历历汉阳树，芳草萋萋鹦鹉洲。日暮乡关何处是，烟波江上使人愁。

7. 白居易（772—846 年）

白居易，字乐天，号香山居士，下邽（今陕西渭南）人。贞元十六年中进士。历任左拾遗，东宫赞善大夫，江州司马，杭州、苏州刺史，太傅等职。白居易是一位伟大的现实主义诗人。他的诗歌题材广泛，形式多样，语言平易通俗。在诗歌创作理论上，他提出“文章合为时而著”“歌诗合为事而作”的主张。现存诗 3 000 多首，著有《白氏长庆集》。

忆江南

江南好，风景旧曾谙。日出江花红胜火，春来江水绿如蓝。能不忆江南？

8. 刘禹锡（772—842 年）

刘禹锡，字梦得，洛阳人，中唐诗人。出仕后，其主张革新，被贬。后复用，至礼部尚书。《全唐诗》编其诗十二卷。其诗高亢激昂、意气纵横，语言刚健，笔锋犀利。晚年与白居易酬唱颇多。有《刘宾客文集》传世。

望洞庭

湖光秋月两相和，潭面无风镜未磨。遥望洞庭山水色，白银盘里一青螺。

9. 李商隐（812—858 年）

李商隐，字义山，号玉豁生，怀州河内（今河南沁阳）人。因受牛李党争排挤，潦倒一生。他的诗长于律、绝，富于文采，风格色彩浓丽，多用典，意旨比较隐晦，以《无题》组诗最为著名。有《李义山诗集》。

乐游原

向晚意不适，驱车登古原。夕阳无限好，只是近黄昏。

10. 李白（701—762 年）

李白，字太白，祖籍陇西成纪（今甘肃省天水市）。二十岁时只身出川，开始了广泛漫游。李白的诗想象新奇，感情强烈，意境奇伟瑰丽，语言清新明快，形成豪放、超迈的艺术风格，达到了我国古代积极浪漫主义诗歌艺术的高峰。存诗 900 余首，有《李太白集》。

将进酒

君不见，黄河之水天上来，奔流到海不复回。
君不见，高堂明镜悲白发，朝如青丝暮成雪。
人生得意须尽欢，莫使金樽空对月。
天生我材必有用，千金散尽还复来。
烹羊宰牛且为乐，会须一饮三百杯。
岑夫子，丹丘生，将进酒，君莫停。
与君歌一曲，请君为我侧耳听。
钟鼓馔玉不足贵，但愿长醉不复醒。
古来圣贤皆寂寞，惟有饮者留其名。
陈王昔时宴平乐，斗酒十千恣欢谑。
主人何为言少钱，径须沽取对君酌。
五花马，千金裘，呼儿将出换美酒，与尔同销万古愁。

峨眉山月歌

峨眉山月半轮秋，影入平羌江水流。夜发清溪向三峡，思君不见下渝州。

送孟浩然之广陵

故人西辞黄鹤楼，烟花三月下扬州。孤帆远影碧空尽，唯见长江天际流。

望庐山瀑布

日照香炉生紫烟，遥看瀑布挂前川。飞流直下三千尺，疑是银河落九天。

蜀道难

噫吁嚱，危乎高哉！蜀道之难，难于上青天！蚕丛及鱼凫，开国何茫然！尔来四万八千岁，不与秦塞通人烟。西当太白有鸟道，可以横绝峨眉巅。地崩山摧壮士死，然后天梯石栈相钩连。上有六龙回日之高标，下有冲波逆折之回川。黄鹤之飞尚不得过，猿猱欲度愁攀援。青泥何盘盘，百步九折萦岩峦。扪参历井仰胁息，以手抚膺坐长叹。

问君西游何时还？畏途巉岩不可攀。但见悲鸟号古木，雄飞雌从绕林间。又闻子规啼夜月，愁空山。蜀道之难，难于上青天，使人听此凋朱颜！连峰去天不盈尺，枯松倒挂倚绝壁。飞湍瀑流争喧豗，砯崖转石万壑雷。其险也如此，嗟尔远道之人胡为乎来哉！

剑阁峥嵘而崔嵬，一夫当关，万夫莫开。所守或匪亲，化为狼与豺。朝避猛虎，夕避长蛇，磨牙吮血，杀人如麻。锦城虽云乐，不如早还家。蜀道之难，难于上青天，侧身西望长咨嗟！

望天门山

天门中断楚江开，碧水东流至此回。两岸青山相对出，孤帆一片日边来。

11. 苏轼（1037—1101 年）

苏轼，字子瞻，号东坡居士，眉州眉山（今属四川省眉山市）人。北宋文学家、书法家、画家。与父苏洵、弟苏辙，合称“三苏”。其散文汪洋恣肆，明白畅达，为“唐宋八大家”之一。其诗清新豪健，善用夸张比喻，在艺术表现方面独具风格。词开豪放一派，对后代很有影响。诗文有《东坡七集》等。

饮湖上初晴后雨

水光潋滟晴方好，山色空蒙雨亦奇。欲把西湖比西子，淡妆浓抹总相宜。

题西林壁

横看成岭侧成峰，远近高低各不同。不识庐山真面目，只缘身在此山中。

12. 王安石（1021—1086 年）

王安石，字介甫，抚州临川人。宋仁宗庆历二年（1042 年）中进士后，曾任过地方官。神宗时为宰相，创新法以改革弊政，遭到大官僚大地主的反对。后辞官退居南京。他是北宋时期的政治家、思想家、文学家，文学成就颇高，影响甚巨。其诗长于说理，精于修辞，内容亦能反映社会现实。词虽不多，却风格高峻豪放，感慨深沉，别具一格。著有《临川集》。

题齐安壁

日净山如染，风暄草欲薰。梅残数点雪，麦涨一溪云。

13. 陆游（1125—1210 年）

陆游，字务观，号放翁，越州山阴（今浙江绍兴）人。绍兴中应礼部试，为秦桧所黜。后孝宗即位，赐进士出身，曾任镇江、隆兴通判，官至宝章阁待制。晚年退居家乡。他是南宋的大诗人，词也很有成就。有《剑南诗稿》《放翁词》传世。

游山西村

莫笑农家腊酒浑，丰年留客足鸡豚。山重水复疑无路，柳暗花明又一村。

箫鼓追随春社近，衣冠简朴古风存。从今若许闲乘月，拄杖无时夜叩门。

14. 杨万里（1127—1206 年）

杨万里，字廷秀，号诚斋，吉州吉水（今属江西）人。高宗绍兴二十四年（1154 年）进士。曾任太常博士、广东提点刑狱、太子侍读、秘书监等。主张抗金，正直敢言。宁宗时因奸相专权辞官居家，终忧愤而死。诗与尤袤、范成大、陆游齐名，称“南宋四大家”。诗歌构思新巧，语言通俗明畅，自成一家，时称“诚斋体”。其词风格清新、活泼自然，与诗相近。著有《诚斋集》。

晓出净慈寺送林子方

毕竟西湖六月中，风光不与四时同。接天莲叶无穷碧，映日荷花别样红。

15. 林升（生卒年不详）

林升，字梦屏，平阳（今属浙江）人。大约生活在孝宗朝（1163—1189 年），是一位擅长诗文的士人。《西湖游览志余》录其诗一首。

题林安邸

山外青山楼外楼，西湖歌舞几时休。暖风熏得游人醉，直把杭州作汴州。

16. 蓟北处士

蓟北处士，宋代人士，生平不详。

水月洞和韵

水底有明月，水上明月浮。水流月不去，月去水还流。

17. 薛瑄（1389—1464 年）

薛瑄，字德温，号敬轩，山西河津（今山西省运城市方荣县里望乡平原村）人，明朝官员、理学家。

过鹿门山

西来汉水侵山根，舟人云此是鹿门。峭壁苍苍日色古，曲径杳杳藤萝昏。

乱峰幽谷不知数，底是庞公栖隐处？含情一啸江风清，双橹急摇下滩去。

18. 李东阳（1447—1516 年）

字宾之，号西涯，谥号文正，明朝中叶重臣，文学家，书法家，茶陵诗派的核心人物。湖广长沙府茶陵州（今湖南茶陵）人，寄籍京师（今北京市）。

游岳麓寺

危峰高瞰楚江干，路在羊肠第几盘？万树松杉双径合，四山风雨一僧寒。

平沙浅草连天远，落日孤城隔水看。蓟北湘南俱入眼，鹧鸪声里独凭栏。

四、山水诗词名句鉴赏

（1）要看银山拍天浪，开窗放入大江来。（宋·曾公亮《宿甘露僧舍》）

开窗眺望，才能真正领略白浪拍天的壮丽景象。启示人要胸襟开阔，目光远大。

（2）九曲黄河万里沙，浪淘风簸自天涯。（唐·刘禹锡《浪淘沙九首》之一）

弯曲的黄河夹带泥沙万里奔泻，波涛风浪来自遥远的天际。

（3）八月涛声吼地来，头高数丈触山回。（唐·刘禹锡《浪淘沙九首》之七）

钱塘江海潮最盛时，汹涌澎湃，触山拍岸，惊天动地，蔚为壮观。

（4）星垂平野阔，月涌大江流。（唐·杜甫《旅夜书怀》）

“垂”字反衬出平野宽广无垠，“涌”字烘托出大江奔流之气派。体物入微，景象雄浑。

（5）泉声咽危石，日色冷青松。（唐·王维《过香积寺》）

泉水从高岩中流出，幽咽作声，日光由松林隙中投射到地面，似乎清冷。衬托出景物之清幽，心境之宁静。

（6）蝉噪林愈静，鸟鸣山更幽。（南朝梁·王籍《入若耶溪》）

以蝉噪、鸟鸣作反衬，更显得山林幽静宜人。

（7）乱石穿空，惊涛拍岸，卷起千堆雪。（宋·苏轼《念奴娇·赤壁怀古》）

描绘江涛汹涌壮观。

（8）余霞散成绮，澄江静如练。（南朝齐·谢朓《晚登三山还望京邑》）

余霞飞散，绚丽如绮；澄江清澈，幽静如练；江天水色，一动一静，相映成趣。写出一仰一俯之际所见的江天美妙景象。

（9）一道残阳铺水中，半江瑟瑟半江红。（唐·白居易《暮江吟》）

夕阳斜照江水，波光红绿相间，景色明艳动人。

（10）三万里河东入海，五千仞岳上摩天。（宋·陆游《秋夜将晓出篱门迎凉有感》）

描绘中原山川雄伟辽阔。

（11）江动月移石，溪虚云傍花。（唐·杜甫《绝句六首》）

江水静流，月移石影；山溪寂寥，云雾朦胧，花草迷离，浮现出一幅清幽的月夜溪流图。

（12）江间波浪兼天涌，塞上风云接地阴。（唐·杜甫《秋兴八首》）

长江汹涌澎湃的波浪，塞北低接地面的风云。

（13）日落江湖白，潮来天地青。（唐·王维《送邢桂州》）

落日余晖，照得江湖雪白耀眼；潮水暴涨，铺天盖地一片碧青。水色天光，气象雄浑。

（14）萧萧远树疏林外，一半秋山带夕阳。（宋·寇准《书河上亭壁》）

疏林空寥，远树萧疏，夕阳西下，半山相照。

（15）南山与秋色，气势两相高。（唐·杜牧《长安秋望》）

南山峥嵘，秋色明丽，竞美争胜，相得益彰。

（16）南山塞天地，日月石上生。……长风驱松柏，声拂万壑清。（唐·孟郊《游终南山》）

以驰骋雄奇的想象，描绘终南山的连绵高峻，气象非凡。

（17）落木千山天远大，澄江一道月分明。（宋·黄庭坚《登快阁》）

千山树木叶落，视野空旷，益显苍天远大；一道江水澄澈，上下辉映，更见月色分明。

(18) 遥望齐州九点烟，一泓海水杯中泻。(唐·李贺《梦天》)

从高空俯视，辽阔的大地似如几点烟雾，浩渺的大海只似一杯水。

(19) 气蒸云梦泽，波撼岳阳城。(唐·孟浩然《临洞庭湖》)

描绘洞庭湖烟波浩渺，气势雄浑。

(20) 大漠孤烟直，长河落日圆。(唐·王维《使至塞上》)

显示塞外广阔无垠，苍凉雄浑的风光。

(21) 钟山如龙独西上，欲破巨浪乘长风。(明·高启《登金陵雨花台望大江》)

以拟人手法，描绘虎踞龙盘的金陵胜地的壮丽风光。

(22) 两岸猿声啼不住，轻舟已过万重山。(唐·李白《早发白帝城》)

以不绝于耳的悲凉的猿声，反衬出舟行如飞，心情轻快。人的悲喜交加之感，寓于江上行舟的形象刻画中。

(23) 千里莺啼绿映红，水村山郭酒旗风。(唐·杜牧《江南春绝句》)

红绿掩映，鸟语花香，酒旗迎风，无处不美。

(24) 岭树重遮千里目，江流曲似九回肠。(唐·柳宗元《登柳州城楼》)

重峦层林遮望眼，江流曲折弯转。

(25) 彩舟云淡，星河鹭起。(宋·王安石《桂枝香》)

眺望长江，彩舟如入云端；大江浩渺，宛如银河；水洲白鹭，翩翩起舞。

(26) 枯藤老树昏鸦，小桥流水人家，古道西风瘦马。(元·马致远《天净沙·秋思》)

选用几件富有特色的景物，构成一幅山水图景，表达出流落者的孤寂悲伤之情。

(27) 溪云初起日沉阁，山雨欲来风满楼。(唐·许浑《咸阳城东楼》)

山雨来临前，城楼风狂之景。

(28) 沙上并禽池上暝，云破月来花弄影。(宋·张先《天仙子》)

鸳鸯在池上夜宿，云破月出，银光泻地，妩媚宜人。

(29) 窗含西岭千秋雪，门泊东吴万里船。(唐·杜甫《绝句四首》之三)

房前屋后山水如画。

(30) 西塞山前白鹭飞，桃花流水鳜鱼肥。(唐·张志和《渔歌子·西塞山前白鹭飞》)

青山绿水，万物怡然自乐，似一幅清新活泼的水乡风景图。

第三节　历代名人游记

一、什么是游记

游记是对旅行游览活动经历的一种文字记述，多以散文形式出现。它是旅游文学、旅游地理、文化地理的重要组成部分。游记之于地理，相当于传记之于历史，游记以地方为对象，传记则以人物为中心。中国因为疆域广阔，历史悠久，文化发达，故积累起来的游记数量甚多。

二、游记的起源与发展

（一）古代游记的孕育

先秦两汉时期某些典籍中已有游记的萌芽，《山海经》和《论语》的类似记载可看作最初的游记。

（二）古代游记的形成

魏晋南北朝时期杨炫之《洛阳伽蓝记》、郦道元《水经注》中的多数篇幅基本为成型的游记。

（三）古代游记的发展

唐宋时期，文人辈出，游记繁多，代表作品有柳宗元《永州八记》、欧阳修《醉翁亭记》、王安石《游褒禅山记》、苏轼《石钟山记》。此时的游记不但有景致的客观描述，还掺杂了作者的心绪思想，让游记内容更为丰富。

（四）古代游记的兴盛

明清时期的游记显现出鲜明的个人或派系风格，如公安“三袁”的游记小品及桐城派的一些作品，代表作有姚鼐《登泰山记》。

（五）现当代游记的开拓与新生

此时期的游记基本进入白话文学阶段，内容从观山记水到寻古访幽、抒情明志，主题呈多元化发展趋势。五四时期的游记，如朱自清《欧游杂记》和《伦敦杂记》，徐志摩《我所知道的康桥》。

三、游记的种类

根据游记的篇幅和作者的身份，游记可分为：短篇山水风物游记、长篇行役记（出使报告）、民间专家（旅行家、探险家）游记专著三大类。

（一）短篇山水风物游记

这类游记大多源于游山玩水，描述见闻风物，多数行程短，篇幅小，而文笔优美，如唐代文学家柳宗元所撰的游记（见《柳河东集》），可视为此类代表作。文学家们的这类游记大多以文采见长，地理学的记录较少。如柳宗元《永州韦使君新堂记》《永州八记》，欧阳修《醉翁亭记》，王安石《游褒禅山记》，范仲淹《岳阳楼记》等。

（二）长篇行役记

因特定目的或使命远出旅行，有些历时数年，行程几万里，大多结伴而行，并按行程或逐日把沿途见闻记录下来，洋洋数万言，及至数十万言。如郑和下西洋时代随从所撰的《瀛涯胜览》《星槎胜览》等。古代的中国人和现在的中国人，气质颇有不同，古代的中国人比较重视文化，即使一个普通官员，奉命出使一次，也会留下一篇游记，如三国时吴国对扶南、隋代对赤土国（招抚）、盛唐对南海的交往以及元明两朝对西洋和南海的经略，曾产生大量的游记（见陈正祥《中国游记选注》、香港商务印书馆，1979 版）；在历代正史艺文志中，也可看到许多游记书目，如《宋史·艺文志》卷五十八，便著录《达奚通南海诸蕃行记》一卷。

从明清到近代，不少传教士、探险家来华，写下了不少日记之类的游记。英国人斯坦因，1900—1916 年三次到中国的西域旅行，撰有《中亚行记》。

（三）民间专家游记专著

在古代不少文人、高僧及其他有识之士天性爱好旅行、探险、云游，长年在外面走动，著述颇丰，其中主要代表有魏晋人法显《佛国记》、唐高僧《大唐西域记》、元代《长春真人西游记》、元代威尼斯人马可·波罗《马可·波罗游记》，明代徐宏祖《徐霞客游记》等。

1. 法显《佛国记》

法显（334—420 年），本姓龚，山西人，3 岁即度为沙弥（童僧），长安为僧，20 岁受大戒，逐渐成为精通三藏（经、律、论）的大师。他在探索经律时深感“律藏残缺”，决心去天竺取经求律，瞻仰佛迹，“欲令戒律流通汉地”。后秦姚兴弘治元年（399 年），65 岁的法显一行 10 人从长安出发，经张掖、敦煌戈壁，到鄯善（新疆若羌县）、塔克拉玛干沙漠、和阗，沿昆仑古道，翻越葱岭（帕米尔）高原，到达中天竺（印度）、东天竺（尼泊尔），瞻仰释迦牟尼佛诞生地，并在巴连邑学“梵书、梵语、梵律”，后又南下孟加拉国，西行狮子国（斯里兰卡），411 年乘船东归到达印尼，在返广东途中遇“黑雨暴风”漂过台湾海峡，直达青州牢山（崂山），看见大白菜方知已归祖国。前后 14 年，历经 34 个国家和地区，携回许多梵文经典。后圆寂于荆州辛寺。

法显根据旅途见闻，经 5 年撰写《佛国记》，又称《历游天竺记》《法显传》，成书于义熙十二年（416 年），这是我国最早的一部中外长篇旅行传记，也是世界上最早的长篇旅行传记之一。全书 13 980 字，文辞精练，内容生动。他对亲身到过的三十多个国家和地区的道路、山川、形势、气候、物产等自然状况及寺庙、古迹、宗教、典章、风土人情等经济生活做了扼要的描写，是研究公元四五世纪中印交通和亚洲佛教史的珍贵资料。自 19 世纪以来，它先后被译成法文、英文、日文在世界上广为流传。

2. 马可·波罗及其游记

（1）马可·波罗的旅行

马可·波罗是 13 世纪意大利威尼斯著名旅行家，其父及叔因经商 1260—1269 年从君士坦丁堡、中亚布哈拉到达中国。1271 年，尼古拉兄弟携带 15 岁的小马可·波罗东渡地中海，在耶路撒冷取圣灯油后至小亚细亚半岛，沿底格里斯河到达巴格达，随后到霍尔木斯，穿越伊朗高原、阿富汗，翻过帕米尔高原进入新疆，再从塔什库尔干到达喀什，沿塔克拉玛干沙漠边缘到达叶尔羌、和阗，再从敦煌、酒泉至宁夏，共三年半的旅程，于 1275 年到达元上都（多伦），此后在中国的 17 年中马可·波罗很快学会了汉语、蒙古语，加之处事谨慎，很快得到忽必烈的赏识，任命他巡视各地，甚至出使南洋各国。第一次南巡西南，到达河北、山西、关中、成都、建昌等区，渡金沙江抵云南（哈剌牵、乌蛮）。第二次南巡江浙闽，沿运河南下淮安、高邮、扬州、苏州、杭州、镇江、南京、福州、泉州，并在泉州任官三年。第三次奉命出使南洋，至爪哇、苏门答腊、缅甸、越南。

1291 年马可·波罗一行奉命为下嫁波斯阿鲁浑汗的阔阔公主做向导，由泉州出海，过苏门答腊、斯里兰卡，经巴拿马海岸，抵波斯湾的霍尔木斯，完成使命后经君士坦丁堡，乘船于 1295 年返回阔别 20 余年的威尼斯。马可·波罗回欧洲后，轰动西方，人称“百万君”。

（2）《马可·波罗游记》

马可·波罗回国后，因参加威尼斯与热拉亚城邦战争（任舰长），1298 年兵败被俘，关在热拉亚监狱，他在狱中应邀不断向狱友讲述东方奇闻，同狱的比萨城文学家鲁思提谦用当时流行的法文记录下来，这就是《马可·波罗游记》。后译成几十种文字，上百种版本，成为轰动欧洲的奇书。

全书共分四卷。第一卷记述东行见闻（威尼斯—上都）；第二卷记述蒙古大汗忽必烈宫殿、都城、政事及出使云南、缅甸及南行江浙、福建之事。第三卷记述日本、越南、印度、印度洋沿岸及诸岛。第四节记述成吉思汗后裔鞑靼汗国之间的战争及北亚。全书一共记述城市 100 多个，对每地气候、物产、风俗、贸易、宗教信仰及朝政都详细记述。

《马可·波罗游记》中涉及中国的部分多达 82 章，书中对元大都及苏杭予以重彩描写。称杭州为“天城”“行在”，赞颂杭州“行在所供之快乐，世界诸城无有及之者，人处其中，自信为置于天堂”。南宋时称杭州为天城、苏州为地城，游记也称杭州为天城，即“上有天堂，下有苏杭”。游记还记述中国已使用纸币及用煤做燃料，这时候欧洲尚不知道印刷和用煤。

（3）游记的影响

游记的问世，激起了西方人对东方的向往，使西方冒险家垂涎三尺，促进了欧洲航海事业的发展。1492 年哥伦布即奉西班牙国王国书欲往中国，达到中美和南美洲东北角，发现了新大陆（西印度群岛），开辟了欧洲到达美洲的新航线。游记对于研究中古时期地理学史、中西交通及文化交流具有重要意义。

3. 徐霞客及其游记

（1）徐霞客的旅行

徐霞客（1587—1641 年），名弘祖，字振之，别号霞客，明末江苏江阴人，是我国古代一位杰出的地理学家和著名旅行家。从小就立志遍游祖国大好河山，探索大自然奥秘，他在诗中写道“我欲倒骑玉龙背，峰巅群鹤共翩翩”，30 多年的旅行生涯中，足迹遍于 19 个省区，行程数万千米，被人们奉为“中华游圣”。

他的行程可以分为两个阶段。51 岁前，他专游名山胜迹，去过江苏太湖，山东泰山、孔林、孟庙，浙江天台山、雁荡山，安徽白岳、黄山，江西庐山，福建武夷山、九鲤湖，河南嵩山，陕西太华山，湖北太和山（武当山），广东罗浮山，山西恒山、五台山。有的地方是多次寻访。这一时期，他偏重于搜奇访胜。

51岁（1636年）以后，他开始西南万里游，长期考察了我国湖南、广西、贵州、云南四省区的石灰岩地貌。临行前他嘱咐儿子："你们只当我已经死了，希望以后不要以家务事来干扰我的旅行。"这充分体现了他献身科学的崇高志向。

徐霞客同大自然斗争的生动事例，充满了他的整个旅程。他曾失足掉进激流，意外生还；也曾三次绝食，空腹而行；两度遇盗，财物被洗劫一空。"吃饭没盐巴、睡觉没草垫"，住的地方"屋上漏雨、地下潮湿、人和牲畜处一块"，甚至"睡在树林和山石之间，吃野菜野果以充饥"。总之，任何艰难都不能阻挡他前进的道路，什么危险也不能动摇他考察山川的决心。直到崇祯十三年（1640年）因疾病缠身，双足不能行走，他才由云南丽江知府用轿送回家乡。

（2）《徐霞客游记》

徐霞客在旅途中，不管困难多大、条件多恶劣，每天都坚持把旅游的经历和考察的情况及心得记录下来，写成《徐霞客游记》，现通行本40万字，近年在北京图书馆又发现了一部徐氏游记，虽然只有浙游日记、江游日记、楚游日记、粤游日记，但比通行本详细、具体、生动。游记的主要内容：

第一，徐霞客系统地考察了我国西南地区的石灰岩地貌（又称岩溶地貌），游记对岩溶地貌的分布、类型、特征和成因都做了详细的记录、分析和研究，有比较科学的解释。这比欧洲人的同类活动要早一个多世纪。徐霞客先后到达101个岩洞，尤其对桂林、阳朔的描写非常精确，他比喻漓江山水为"出水清莲，亭亭直上""碧莲玉笋世界"恰到好处。

第二，他考察了湖南、广西、云南等省区的大小水道，其中对长江、南盘江、北盘江、湘江、漓江等诸水的源流进行过认真探讨。他在《江源考》中正确地指出：长江的正源是金沙江，而非岷江。

第三，游记还对一些自然地理现象做了符合自然规律的解释。他说："路程越短，则水的流速越急。"关于河水对岩石的侵蚀作用，他认识到"江流击山，山削成壁""两旁石崖，水啮成矶""山受啮，半剖为削壁"。他还对云南腾冲地区各种地热显示（火山喷发、沸泉、热泉、温泉）的发生，做了正确的说明。

（3）科学价值

《徐霞客游记》是他30多年旅行考察的真实记录和结晶，它生动、准确、及时、详细地记录着祖国丰富的自然资源和地理景观，是一部伟大的科学著作，受到国内外学者和读者的赞赏。他生前好友钱谦益称之为"世间真文字、大文字、奇文字""古今记游第一"。英国科技史专家李约瑟称赞道："他的游记读起来并不像是17世纪的学者所写的东西，倒像是一部20世纪的野外勘察记录。"

2011年3月20日国务院决定将《徐霞客游记》的开篇之日（1613年）5月19日定为"中国旅游日"。

四、名人游记选读

1.《水经注·三峡》（郦道元）

自三峡七百里中，两岸连山，略无阙处。重岩叠嶂，隐天蔽日。自非亭午夜分，不见曦月。

至于夏水襄陵，沿溯阻绝。或王命急宣，有时朝发白帝，暮到江陵，其间千二百里，虽乘奔御风，不以疾也。

春冬之时，则素湍绿潭，回清倒影。绝巘多生怪柏，悬泉瀑布，飞漱其间，清荣峻茂，良多趣味。

每至晴初霜旦，林寒涧肃，常有高猿长啸，属引凄异，空谷传响，哀转久绝。故渔者歌曰：“巴东三峡巫峡长，猿鸣三声泪沾裳！”

2.《岳阳楼记》（范仲淹）

庆历四年春，滕子京谪守巴陵郡。越明年，政通人和，百废具兴。乃重修岳阳楼，增其旧制，刻唐贤今人诗赋于其上。属予作文以记之。

予观夫巴陵胜状，在洞庭一湖。衔远山，吞长江，浩浩汤汤，横无际涯；朝晖夕阴，气象万千。此则岳阳楼之大观也。前人之述备矣。然则北通巫峡，南极潇湘，迁客骚人，多会于此，览物之情，得无异乎？

若夫霪雨霏霏，连月不开，阴风怒号，浊浪排空；日星隐耀，山岳潜形；商旅不行，樯倾楫摧；薄暮冥冥，虎啸猿啼。登斯楼也，则有去国怀乡，忧谗畏讥，满目萧然，感极而悲者矣。

至若春和景明，波澜不惊，上下天光，一碧万顷；沙鸥翔集，锦鳞游泳；岸芷汀兰，郁郁青青。而或长烟一空，皓月千里，浮光跃金，静影沉璧，渔歌互答，此乐何极！登斯楼也，则有心旷神怡，宠辱偕忘，把酒临风，其喜洋洋者矣。

嗟夫！予尝求古仁人之心，或异二者之为，何哉？不以物喜，不以己悲；居庙堂之高则忧其民；处江湖之远则忧其君。是进亦忧，退亦忧。然则何时而乐耶？其必曰“先天下之忧而忧，后天下之乐而乐”乎。噫！微斯人，吾谁与归？

时六年九月十五日。

3.《游褒禅山记》（王安石）

褒禅山亦谓之华山。唐浮图慧褒始舍于其址，而卒葬之；以故其后名之曰“褒禅”。今所谓慧空禅院者，褒之庐冢也。距其院东五里，所谓华山洞者，以其乃华山之阳名之也。距洞百余步，有碑仆道，其文漫灭，独其为文犹可识，曰“花山”。今言“华”如“华实”之“华”者，盖音谬也。

其下平旷，有泉侧出，而记游者甚众，所谓前洞也。由山以上五六里，有穴窈然，入之甚寒，问其深，则其好游者不能穷也，谓之后洞。余与四人拥火以入，入之愈深，其进愈难，而其见愈奇。有怠而欲出者，曰：“不出，火且尽。”遂与之俱出。盖余所至，比好游者尚不能十一，然视其左右，来而记之者已少。盖其又深，则其至又加少矣。方是时，余之力尚足以入，火尚足以明也。既其出，则或咎其欲出者，而余亦悔其随之而不得极乎游之乐也。

于是余有叹焉。古人之观于天地、山川、草木、虫鱼、鸟兽，往往有得，以其求思之深而无不在也。夫夷以近，则游者众；险以远，则至者少。而世之奇伟、瑰怪、非常之观，常在于险远，而人之所罕至焉，故非有志者不能至也。有志矣，不随以止也，然力不足者，亦不能至也。有志与力，而又不随以怠，至于幽暗昏惑而无物以相之，亦不能至也。然力足以至焉，于人为可讥，而在己为有悔；尽吾志也而不能至者，可以无悔矣，其孰能讥之乎？此余之所得也。

余于仆碑，又有悲夫古书之不存，后世之谬其传而莫能名者，何可胜道也哉！此所以学者不可以不深思而慎取之也。

四人者：庐陵萧君圭君玉，长乐王回深父，余弟安国平父、安上纯父。至和元年七月某日，临川王某记。

4.《石钟山记》（苏轼）

《水经》云："彭蠡之口有石钟山焉。"郦元以为下临深潭，微风鼓浪，水石相搏，声如洪钟。是说也，人常疑之。今以钟磬置水中，虽大风浪不能鸣也，而况石乎！至唐李渤始访其遗踪，得双石于潭上，扣而聆之，南声函胡，北音清越，桴止响腾，余韵徐歇。自以为得之矣。然是说也，余尤疑之。石之铿然有声者，所在皆是也，而此独以钟名，何哉？

元丰七年六月丁丑，余自齐安舟行适临汝，而长子迈将赴饶之德兴尉，送之至湖口，因得观所谓石钟者。寺僧使小童持斧，于乱石间择其一二扣之，硿硿焉。余固笑而不信也。至莫夜月明，独与迈乘小舟，至绝壁下。大石侧立千尺，如猛兽奇鬼，森然欲搏人，而山上栖鹘，闻人声亦惊起，磔磔云霄间；又有若老人咳且笑于山谷中者，或曰此鹳鹤也。余方心动欲还，而大声发于水上，噌吰如钟鼓不绝，舟人大恐。徐而察之，则山下皆石穴罅，不知其浅深，微波入焉，涵澹澎湃而为此也。舟回至两山间，将入港口，有大石当中流，可坐百人，空中而多窍，与风水相吞吐，有窾坎镗鞳之声，与向噌吰者相应，如乐作焉。因笑谓迈曰："汝识之乎？噌吰者，周景王之无射也；窾坎镗鞳者，魏庄子之歌钟也。古之人不余欺也。"

事不目见闻，而臆断其有无，可乎？郦元之所见闻，殆与余同，而言之不详；士大夫终不肯以小舟夜泊绝壁之下，故莫能知；而渔工水师虽知而不能言。此世所以不传也。而陋者乃以斧斤考击而求之，自以为得其实。余是以记之，盖叹郦元之简，而笑李渤之陋也。

5.《游黄山日记后》（徐霞客）

戊午九月初三日，出白岳榔梅庵，至桃源桥。从小桥右下，陡甚，即旧向黄山路也。七十里，宿江村。

初四日，十五里，至汤口。五里，至汤寺，浴于汤池。扶杖望朱砂庵而登。十里，上黄泥冈。向时云里诸峰，渐渐透出，亦渐渐落吾杖底。转入石门，越天都之胁而下，则天都、莲花二顶，俱秀出天半。路旁一岐东上，乃昔所未至者，遂前趋直上，几达天都侧。复北上，行石罅中。石峰片片夹起，路宛转石间，塞者凿之，陡者级之，断者架木通之，悬者植梯接之。下瞰峭壑阴森，枫松相间，五色纷披，灿若图绣。因念黄山当生平奇览，而有奇若此，前未一探，兹游快且愧矣！

时夫仆俱阻险行后，余亦停弗上；乃一路奇景，不觉引余独往。既登峰头，一庵翼然，为文殊院，亦余昔年欲登未登者。左天都，右莲花，背倚玉屏风，两峰秀色，俱可手擥。四顾奇峰错列，众壑纵横，真黄山绝胜处！非再至，焉知其奇若此？遇游僧澄源至，兴甚涌。时已过午，奴辈适至。立庵前，指点两峰。庵僧谓："天都虽近而无路，莲花可登而路遥。只宜近盼天都，明日登莲顶。”余不从，决意游天都。挟澄源、奴子仍下峡路。至天都侧，从流石蛇行而上。攀草牵棘，石块丛起则历块，石崖侧削则援崖。每至手足无可着处，澄源必先登垂接。每念上既如此，下何以堪？终亦不顾。历险数次，遂达峰顶。惟一石顶壁起犹数十丈，澄源寻视其侧，得级，挟予以登。万峰无不下伏，独莲花与抗耳。时浓雾半作半止，每一阵至，则对面不见。眺莲花诸峰，多在雾中。独上天都，予至其前，则雾徙于后；予越其右，则雾出于左。其松犹有曲挺纵横者；柏虽大干如臂，无不平贴石上，如苔藓然。山高风巨，雾气去来无定。下盼诸峰，时出为碧峤，时没为银海。再眺山下，则日光晶晶，别一区宇也。日渐暮，遂前其足，手向后据地，坐而下脱。至险绝处，澄源并肩手相接。度险，下至山坳，暝色已合。复从峡度栈以上，止文殊院。

初五日，平明，从天都峰坳中北下二里，石壁岈然。其下莲花洞正与前坑石笋对峙，一坞幽然。别澄源，下山至前歧路侧，向莲花峰而趋。一路沿危壁西行，凡再降升，将下百步云梯，有路可直跻莲花峰。既陟而磴绝，疑而复下。隔峰一僧高呼曰：“此正莲花道也！”乃从石坡侧度石隙，径小而峻，峰顶皆巨石鼎峙，中空如室。从其中叠级直上，级穷洞转，屈曲奇诡，如下上楼阁中，忘其峻出天表也。一里，得茅庐，倚石罅中。方徘徊欲升，则前呼道之僧至矣。僧号凌虚，结茅于此者，遂与把臂陟顶。顶上一石，悬隔二丈，僧取梯以度。其巅廓然，四望空碧，即天都亦俯首矣。盖是峰居黄山之中，独出诸峰上，四面岩壁环耸，遇朝阳霁色，鲜映层发，令人狂叫欲舞。

久之，返茅庵。凌虚出粥相饷，啜一盂，乃下。至歧路侧，过大悲顶，上天门。三里，至炼丹台。循台嘴而下，观玉屏风、三海门诸峰，悉从深坞中壁立起。其丹台一冈中垂，颇无奇峻，惟瞰翠微之背，坞中峰峦错耸，上下周映，非此不尽瞻眺之奇耳。还过平天矼，下后海，入智空庵，别焉。三里，下狮子林，趋石笋矼，至向年所登尖峰上。倚松而坐，瞰坞中峰石回攒，藻缋满眼，始觉匡庐、石门，或具一体，或缺一面，不若此之闳博富丽也！久之，上接引崖，下眺坞中，阴阴觉有异。复至冈上尖峰侧，践流石，援棘草，随坑而下，愈下愈深，诸峰自相掩蔽，不能一目尽也。日暮，返狮子林。

初六日，别霞光，从山坑向丞相原。下七里，至白沙岭，霞光复至。因余欲观牌楼石，恐白沙庵无指者，追宋为导。遂同上岭，指岭右隔坡，有石丛立，下分上并，即牌楼石也。余欲逾坑溯涧，直造而下。僧谓：“棘迷路绝，必不能行。若此坑直下丞相原，不必复上此岭；若欲从仙灯而往，不若即由此岭东向。”余从之，循岭脊行。岭横亘天都、莲花之北，狭甚，旁不容足，南北皆崇峰夹映。岭尽北下，仰瞻右峰罗汉石，圆头秃顶，俨然二僧也。下至坑中，逾涧而上，共四里，登仙灯洞。洞南向，正对天都之阴。僧架阁连板于外，而内犹穹然，天趣未尽刊也。复南下三里，过丞相原，山间一夹地耳。其庵颇整，四顾无奇，竟不入。复南向循山腰行，五里，渐下。涧中泉声沸然，从石间九级下泻，每级一下有潭渊碧，所谓九龙潭也。黄山无悬流飞瀑，惟此耳。又下五里，过苦竹滩，转循太平县路，向东北行。

6.《我所知道的康桥》(节选)(徐志摩)

康桥的灵性全在一条河上；康河，我敢说是全世界最秀丽的一条水。河的名字是葛兰大（Granta），也有叫康河（River Cam）的，许有上下流的区别，我不甚清楚。河身多的是曲折，上游是有名的拜伦潭——“Byron's Pool”——当年拜伦常在那里玩的。有一个老村子叫格兰骞斯德，有一个果子园，你可以躺在累累的桃李树荫下吃茶，花果会掉入你的茶杯，小雀子会到你桌上来啄食，那真是别有一番天地。这是上游。下游是从骞斯德顿下去，河面展开，那是春夏间竞舟的场所。上下河分界处有一个坝筑，水流急得很，在星光下听水声，听近村晚钟声，听河畔倦牛刍草声，是我康桥经验中最神秘的一种：大自然的优美，宁静，调谐在这星光与波光的默契中不期然的淹入了你的性灵。

但康河的精华是在它的中权，著名的“Backs”，这两岸是几个最蜚声的学院的建筑。从上面下来是 Pembroke，St. Katharine's，King's，Clare，Trinity，St. John's（均为剑桥大学的学院名称，依次可译为：潘命洛克、圣卡萨琳、王家、克莱亚、三一、圣约翰）。最令人流连的一节是克莱亚与王家学院的毗连处，克莱亚的秀丽紧邻着王家教堂（King's Chapel）的宏伟。别的地方尽有更美更庄严的建筑，例如巴黎赛因河的罗浮宫一带，威尼斯的利阿尔多大桥的两岸，翡冷翠维基乌大桥的周遭；但康桥的“Backs”自有它的特长，这不容易用一二个状词来概括，它那脱离尽尘埃气的一种清澈秀逸的意境可说是超出了画图而化生了音乐的神味。再没有比这一群建筑更调谐更匀称的了！论画，可比的许只有柯罗（Corot）的田野；论音乐，可比的许只有萧班（Chopin）的夜曲。就这，也不能给你依稀的印象，它给你的美感简直是神灵性的一种。

假如你站在王家学院桥边的那棵大椈树荫下眺望，右侧面，隔着一大方浅草坪，是我们的校友居（Fellows Building），那年代并不早，但它的妩媚也是不可掩的，它那苍白的石壁上春夏间满缀着艳色的蔷薇在和风中摇头，更移左是那教堂，森林似的尖阁不可浼的永远直指着天空；更左是克莱亚，啊！那不可信的玲珑的方庭，谁说这不是圣克莱亚（St. Clare）的化身，哪一块石上不闪耀着她当年圣洁的精神？在克莱亚后背隐约可辨的是康桥最潢贵最骄纵的三一学院（Trinity），它那临河的图书楼上坐镇着拜伦神采惊人的雕像。

7.《钓鱼城访古》(李兴荣)

马年（1990年）仲夏，在三江交汇的合川南门渡口，我登上了东下的游艇，顷刻飞舟十里，行至江面最窄之处。当年余玠、王坚筑堤御蒙之残卵余石仍依稀可辨，这里就是昔日钓鱼城宋军锁江截流、阻御元军的水师码头旧址。宋蒙争战数十年，蒙元劲旅不得夺江而下皆赖其力焉！游艇正欲靠岸，忽然雷声轰鸣，浓雾翻滚，大雨倾盆而下，荡涤着码头及鱼城数十日之尘埃，猛降连日酷暑高温，钓鱼城如此盛情，倍添觅古之意趣。

从码头移步，攀缘石阶数十，只见高达十米的石坊横卧于道，仰首望之，坊上“护国名山”四字径尺大小，直入眼帘，令人肃然起敬。

不久雨歇雾散，吾等已临山南始关门，此乃鱼城外墙第一关，忽见游人队队策马而上，似见当年军旅行次，顿生幽古之意，沿崖壁石栈而上，护国门横亘去路，故觉山穷水尽，去向难明，此属弃舟登山之必经要道，幸有相识之人速开关门，我等登门而上，原来门外便是一片宽阔起伏的山顶平地。举目平眺，这山巅城墙环绕，满目清纱、水塘；林中寺檐屋椽隐约可见。先时吾已闻诸人，早在唐宋这里就有了千佛崖、悬空卧佛和名人题咏等，自古为天下名山和游人涉足的风景圣地，今验诸实，诚然不谬矣！

临墙望之，嘉陵江滔滔巨浪恰如一根飞腾的玉带，将此千仞高山三面环抱，昔日合州军民借此峭壁悬岩的险绝形势，筑城固守，严阵以待。

曾记得，公元13世纪蒙古铁骑跃马西征，欧亚万里硝烟弥漫。绍定四年（1231年）蒙军拖雷所部挥鞭南下，破大散关，直趋四川，沿嘉陵江如洪水恶浪破竹南下，十一月攻克合州，戮知州陈寅，洗掠州治而北归，从此南宋大后方四川屡遭掠害。理宗淳祐二年（1242年）宋以主战派，蕲州余玠兵部侍郎、四川安抚制置使兼重庆知府，总领四川军民大政。玠上车伊始，“大更弊政，遴选守宰”。故筑招贤馆于府左，以集思广益，安民保土。时隐居黔中的冉琎兄弟遂慕名入渝。建言“蜀中形胜之地莫如钓鱼山”，请徙合州于此，得人而守之，可比贤师十万，玠毅然纳之。当即以冉氏兄弟发谴合州，“徙城之事，悉以任之”，知州王坚奉命征发石照、铜梁、巴州、汉初、赤水五县民丁十七万，筑城垒堡，凡山边绝险之处，皆傍山垒墙两重，高二三丈不等，周回十三里，设城楼八处，刀箭不入。西门之内，因沟为池，其“泉水汪洋，旱亦不涸。池中鱼鳖可掉舟举网”。又凿小池十三，井九十二眼，山中之地皆可灌溉丰收，遂迁州、县治于斯，驻兵三千六百守之。常年或耕或战，兵精粮足，经数十年之惨淡经营，终成四川“八柱”中最为稳固的抗蒙据点。至今其遗迹尚存，雄姿仍在。只是城垣已在大元一统时尽行拆除，今之所见为清代合州府令所补修。

穿过护国寺，只见山巅有一石台，名曰钓鱼台，其上平正，可容数人。插竿之孔犹存。怪哉！此台悬岩千仞，与大江相去险远，钓可施乎？疑惑中巧逢山中宿老振振有词追出原委：当年，三江（嘉陵江、涪江、渠江）流域普降暴雨，洪水浩荡，水位猛涨，致使台前江水环绕，此时坐台垂钓，有何难哉。是故将此台名钓鱼台，此新筑之山城名曰钓鱼城。

片刻，已至东门炮台旧址，因为这里发射了震惊寰宇的一炮而闻名于世。开庆元年（1259年）二至七月，蒙哥汗率军围攻钓鱼城，经久难下，先折了大将汪德臣，既之军中又痢疾流行，连连受困，乃令于新东门外约数百米的脑顶坪筑瞭望台。七月二十一日，大汗亲临台下指挥瞭望，以探虚实。城内宋军重炮击之，上桅瞭望者被震掷百步之外，浓烟中蒙哥汗为炮风所震，成疾致死，享年不过五十又二。可叹蒙哥汗，戎马倥偬，战无不克，不料合州遇阻，壮志未酬，含恨而逝。同时合州之围骤解，南攻襄阳的蒙军统帅忽必烈亦仓促班师北归，争夺汗位。宋军乘机收复失地，残延天祚数十年。西征诸军亦停止攻伐。故钓鱼城之战创造了残延宋祚，解围欧亚的奇迹，被欧洲人誉为“上帝折鞭处”，诚如近人林昭德撰联所云：

悠悠碧水留千秋正气满乾坤
峨峨高城殒一代天骄震千古

在周巡钓鱼城之后，来到出土文物陈列室，各种宋代兵器及饮食器具均历历在目。钓鱼城遗址之完整，器物之丰盛，足值一观，堪称宋代古战场军事博物馆。忠义祠里，我们在钓鱼城最后一任守将王立的半身神像前呆住了，他那灼灼沉思的目光仿佛又把我们带到了那非常岁月，这为祀主原非庙中之灵，乾隆三十一年方才列祀入内，得以正果。日月相替，其势亦异，当他守城时，忽必烈已建号“大元”，外停西征，内改政体，吸收各族上层分子参政，严禁军队损害生民，一切正方兴未艾，生机盎然。于13世纪七八十年代连破襄阳、临安，宋主流落海上，势难再振，大宋天禄已尽矣！故钓鱼城亦渐成困守之孤岛。三年王命不通，又逢两载大旱，水粮俱尽，百姓易子而食，再守难矣。主帅王立乃疏通渠道，毅然在钓鱼城树旗反正，归依大元，举城百姓遂得再生，不亦俊杰乎？

复习思考题

一、填空题

1. 我国最早的春联出现于________时期。
2. 一般按字数将词分为________、________和________三种。
3. 我国最早的一部诗歌总集是________。
4. 郦道元的________中多数篇幅基本为成型的游记。

二、名词解释

对联　领字　古体诗　词　游记

三、简答题

1. 民间流传着不少有关对联断句的有趣故事，试搜集几则，体会其断句的妙处。
2. 请为山海关孟姜女庙联注音：海水朝朝朝朝朝朝朝落，浮云长长长长长长长消。
3. 简述古代诗歌的演变。
4. 简述词的形式特点。
5. 简述《徐霞客游记》的主要内容和价值。

第十一章　中国台湾、香港、澳门地区和主要客源国概况

第一节　港澳台地区概况

一、台湾

（一）台湾的自然地理状况

台湾位于中国大陆东南沿海的大陆架上，东临太平洋，西隔台湾海峡与福建相望，最窄处为130千米。台湾海峡是中国南北方之间的海上交通要道，是太平洋地区各国海上联系的重要交通枢纽。

台湾面积3.6万平方千米，包括台湾岛（面积3.58万平方千米）、澎湖列岛、绿岛、钓鱼岛、兰屿、彭佳屿、赤尾屿。台湾是我国第一大岛，它与庙岛群岛、舟山群岛、海南岛，共同构成中国东南沿海的天然海上“长城”，素有“东南锁钥”“七省藩篱”之称，战略位置十分重要。

台湾岛多山，高山和丘陵面积占总面积的2/3以上。台湾山系与台湾岛的东北—西南走向平行，本岛东部多山脉、中部多丘陵、西部多平原。

台湾气候冬季温暖，夏季炎热，雨量充沛，夏秋多台风暴雨。北回归线穿过台湾岛中部，北部为亚热带气候，南部属热带气候，年平均气温（高山除外）为22℃，年降水量多在2 000毫米以上。充沛的雨量给岛上的河流发育创造了良好的条件，独流入海的大小河川达608条，且水势湍急，多瀑布，水力资源极为丰富。

台湾农耕面积约占土地面积的1/4，盛产稻米，一年二至三熟，米质好，产量高；主要经济作物是蔗糖和茶。蔬菜品种超过90种，栽种面积仅次于稻谷。台湾素有“水果王国”美称，水果种类繁多。花卉产值也相当可观。

（二）台湾人文风俗

1. 人口与民族

台湾人口为2 355万人（2017年），主要是汉族和高山族，汉族约占总人口的98%；少数民族约占2%，约48万人。根据语言、风俗的不同，台湾少数民族统称高山族，主要分布于北部中央山脉两侧，分为阿美人、泰雅人、布农人、卑南人、鲁凯人、邹人、雅美人、邵人和赛夏人等。

2. 语言和宗教

台湾的通用语言为“国语”（普通话），方言主要有闽南语、客家话。因为台湾

汉族大多是福建、广东的移民，故保留了其方言传统。

台湾人民对于各类宗教信仰接纳度颇高，就信仰人口而言，佛教与道教（包含民间信仰）为台湾两大宗教，故台湾的寺庙、道观多达万余所。而其他宗教也拥有不少的信众，如基督新教、天主教、伊斯兰教、一贯道。

台湾民间信仰普遍祭拜妈祖、土地公、关公、城隍、孔子等神祇。如今，佛教、道教、儒教等在台湾的区分已经非常模糊，它们相互影响融合而成为多神教，在寺庙中各种不同宗教的神灵被共同祭祀也是常见的事。然而在台湾少数民族部落则普遍信仰基督教。在台湾，民间宗教对社会生活依然保持着强大的影响力。如农历三月二十三日的妈祖诞辰，七月十五日的中元节和十月二十二日的青山王诞辰等，这些节日都是台湾宗教民俗活动的盛事，热闹非凡，影响巨大。

3. 高山族歌舞

高山族是能歌善舞的民族，无论劳动、恋爱、婚宴、节庆、祭祀等，都用歌舞抒情寄意。民间传统歌曲，多为触景生情，即兴演唱。有的如高山流水，自然悠扬；有的如击竹鸣玉，清丽动人；有的如排浪鼓石，节奏明快。

他们常用的乐器有口弦琴、弓琴（方琴）、笛子、叶琴（树叶）、杵乐等，常用于青年男女恋爱中呼唤情人和传达爱情。叶琴实际上是一片随手摘取的阔叶树叶片，衔于唇间便可吹奏出不少曲调。

杵乐是从舂米的木杵演变而成。高山族人舂捣稻谷时，常在屋内挖一洞穴，穴底放一块石板，几名妇女环立四周，手持木杵舂米。木杵碰击石板，发出如钟似磬的音响。后来人们用长短粗细有别、高低不同音的木杵，奏出节奏不同的乐声，用它伴奏的歌曲称“杵歌”，用它演奏的乐曲为“杵乐”。杵乐歌舞在高山族人民居住的地方非常盛行。杵歌还是青年男女恋爱的纽带，许多美满姻缘就是在杵乐声中结下的。

高山族的舞蹈具有集体舞特点，凡重大活动，人们堆柴点火，围火高歌豪饮。先是十来个青年人款款起舞，并唱序歌，渐入高亢激越，众人连臂合围，踏歌欢舞，时前时后，进退有致，间有齐声欢呼，场面非常热烈。

4. 台湾的民俗禁忌

（1）禁以手巾赠人。从前，台湾民间丧家在办完丧事后送毛巾给吊丧者，意在让吊丧者与死者断绝来往。所以，台湾有“送巾，断根”之说，若赠人手巾，即不禁令人想起不吉利的丧事与断绝、永别之意。

（2）禁以扇子赠人。扇子价廉易碎，用于夏季扇凉，一到秋深天凉，就会被狠心抛弃。台湾民间有俗语：“送扇，无期见。”

（3）禁以剪刀赠人。剪刀属伤人利器，有“一刀两断”“一剪两断”的意思。

（4）禁以雨伞赠人。闽南语“伞”与“散”同音，若将伞赠人，犹表送“散”给对方，且闽南语“雨”与“给”同意。“雨伞”与“给散”同音，会引起对方误解。

（5）禁以镜子送人。因为镜子易碎，“破镜难圆”。还有好像嫌人丑陋，让人家照镜子好好看看自己的意思。

（6）禁以钟送人。因为“钟”与“终”同音。送钟会使人想到“送终”，易引起友人的反感。

（7）禁以甜果送人。甜果即年糕，是台湾民间过年祭拜神明祖宗时的必备之物，如以甜果赠人，会使受赠者联想家里发生了丧事。

（8）禁以粽子赠人。台湾民间丧家习惯上既不蒸甜果，也不赠粽子。如以粽子送人，会被误解为把对方当丧家，故此也在忌讳之列。

（9）禁以鸭子赠人作“月肉”。“月肉”是指分娩一个月以内的妇女吃的肉。鸭子属“冷性”，产妇不宜吃用。并且台湾有“死鸭硬嘴闭”“七月半鸭仔，不知死期”等俗语，若以鸭子作为贺喜礼物，会使人联想到不祥的兆头。

（三）台湾简史

台湾自古以来就是中国领土。早在 230 年，吴王孙权派卫温率 1 万官兵到达“夷洲”（台湾），吴人沈莹的《临海水土志》留下了世界上对台湾最早的记述。隋唐时期（589—618 年）称台湾为“流求”。隋王朝曾三次出师台湾。据史籍记载，610 年（隋大业六年）汉族人开始移居澎湖地区。到宋元时期（960—1368 年），汉族人在澎湖地区已有相当数量。汉人开拓澎湖以后，开始向台湾发展，带去了当时先进的生产技术。12 世纪中叶，宋朝将澎湖划归福建泉州晋江县（今晋江市）管辖，并派兵戍守。元朝也曾派兵前往台湾。元、明两朝政府在澎湖设巡检司，负责巡逻、查缉罪犯，并兼办盐课。

1642 年，荷兰人夺取了西班牙人在台湾北部的据点，台湾自此沦为荷兰的殖民地。1662 年民族英雄郑成功驱逐荷虏，收复了台湾。

1683 年（清康熙二十二年），清政府派军进入台湾，郑克爽率众归顺。

1684 年清政府在台湾设 1 府 3 县，隶属福建省。台湾重新纳入清政府的统一管辖之下。

1895 年 4 月 17 日，腐朽的清政府与日本签订了丧权辱国的《马关条约》，将台湾和澎湖列岛割让给日本。台湾从此沦为日本的殖民地，开始了长达 50 年的日本对台湾的侵占和殖民统治时期。

1945 年 8 月 15 日，日本宣布接受《波茨坦公告》，无条件投降。同年 10 月 25 日中国政府在台北举行台湾地区日军受降仪式，台湾地区行政长官代表中国政府正式宣告：自即日起，台湾及澎湖列岛所属的一切土地、人民、政事皆置于中国主权之下。

1949 年 10 月 1 日，中华人民共和国宣告诞生。在中华人民共和国成立前夕，蒋介石以及国民党的部分军政人员流亡到台湾，他们依靠美国的庇护与支持，在台湾维持偏安局面，使台湾与祖国大陆再度处于分裂状态之中。

中华人民共和国成立以来，177 个国家先后同中国建立了外交关系，它们都承认只有一个中国，中华人民共和国政府是中国的唯一合法政府，台湾是中国的一部分。

（四）大陆对台政策的历史演变

1. 从武装解放到和平解放的转变（1949—1979 年）

1949 年中华人民共和国成立前夕，国民党撤往台湾，在美国的支持下，奉行“反共复国”“ 反攻大陆”政策，不断制造事端；1950 年朝鲜战争爆发后，美国派遣第七舰队进驻台湾海峡，美国总统杜鲁门正式提出“台湾地位未定论”，制造台海地区的紧张局势。在这种特殊背景下，中国政府曾将“武力解放”作为解决台湾问题的政策。

1958 年 8 月 23 日，中国人民解放军福建前线部队发动金门炮战，最终挫败了美国意图制造“两个中国”“划峡而治”的阴谋。

蒋介石父子在台湾主政时期，虽然一心想要“反攻大陆”，但是在坚持一个中国原则上，国共两党深有共识。

1955 年 5 月 31 日，周恩来在全国人大的一次会议上，表示中国人民解放台湾有两种可能的方式，即战争的方式和和平的方式，“中国人民愿意在可能的条件下，争取用和平的方式解放台湾”。这是祖国大陆第一次公开提出“和平解放台湾”的主张。毛泽东一再表示，台湾当局只要一天守住台湾，不使台湾从中国分裂出去，大陆就不改变目前的对台政策。

此后，中共通过各种途径将希望推动国共两党交流的诚意，传递到岛内。

2. 和平统一、“一国两制”阶段（1979—2005 年）

1979 年元旦，全国人大常委会发表《告台湾同胞书》，提出了结束两岸军事对峙，实现“三通”的构想。同时，国防部长徐向前声明：“停止炮击大、小金门等岛屿。”这标志着 1949—1979 年两岸敌对的坚冰开始融化。

（1）“叶九条”与“邓六条”

1981 年 9 月 30 日全国人大常委会委员长叶剑英发表《关于台湾回归祖国实现和平统一的方针政策》谈话，提出了“一个国家，两种制度”，直接“三通”，和平统一九项主张，被称为“叶九条”。这是中国共产党对台方针的重大转变。

1983 年邓小平在会见美国新泽西州西北大学教授杨力宇时提出了“一国两制、和平统一”的六项主张，被称为“邓六条”。

（2）九二共识

这是指 1992 年 11 月，得到两岸官方授权的大陆的海峡两岸关系协会（以下简称“海协会”）与台湾的海峡交流基金会（以下简称“海基会”）就解决两会事务性商谈中如何表明坚持一个中国原则的态度问题所达成的、以口头方式表达的“海峡两岸均坚持一个中国原则”的共识。

1992 年 10 月 28 日至 30 日，两会在香港就海峡两岸事务性商谈中如何表述坚持一个中国原则的问题进行了讨论。海协会的基本态度是，海峡两岸交往中的具体问题是中国的内部事务，应本着一个中国原则协商解决。

海基会建议“用各自口头声明的方式表述一个中国原则”。

香港商谈结束后不久，1992 年 11 月 16 日，海协会正式致函台湾海基会，“现将我会拟作口头表述的要点函告贵会：海峡两岸都坚持一个中国的原则，努力谋求国家的统一。但在海峡两岸事务性商谈中，不涉及‘一个中国’的政治涵义。本此精神，对两岸公证书使用（或其他商谈事务）加以妥善解决”。海协会的函后并附上了海基会最后提供的表述方案。同年 12 月 3 日，海基会回函海协会，对达成共识未表示异议。

从上述商谈及函电往来的过程与内容看，可以清楚地看到：1992 年两岸双方确实在“海峡两岸均坚持一个中国之原则”达成共识，正是在此基调上，双方妥善处理两岸间涉及民众权益的事务，开展两会的事务性商谈，并得以成功举行了 1993 年在新加坡的“汪辜会谈”，签下了一系列两岸交流与合作的协议，甚至促使两岸政治对话也已提上了议事日程。

（3）“江八点”

1995 年 1 月 30 日，江泽民在对台办公室举行的新春茶话会上提出了推进祖国和平统一进程的八项主张，被称为“江八点”。其要点是：倡议进行海峡两岸和平统一谈判。努力实现和平统一。采取实际步骤加速实现直接“三通”。

3. 依法“遏独”、和平发展时期（2005—2008 年）

（1）“胡四决”

2005 年 3 月 4 日胡锦涛就新形势下发展两岸关系提出了四点意见（简称“胡四决”）。其要点是：

第一，坚持一个中国原则决不动摇。这是发展两岸关系和实现祖国和平统一的基石。

第二，争取和平统一的努力决不放弃。

第三，贯彻寄希望于台湾人民的方针决不改变。

第四，反对“台独”分裂活动决不妥协。

（2）依法“遏独”

2005 年 3 月 14 日，第十届全国人民代表大会第三次会议通过了针对台湾问题的第一部重要法律《反分裂国家法》，开始了依法“遏独”的新阶段。

（3）“胡连会”

2005 年 4 月 29 日，胡锦涛与连战在北京人民大会堂会晤，国、共两党共同发表新闻公报，确定了两岸和平发展五项愿景，此后和平发展成为大陆对台政策的核心。

4. 两岸关系新时代——和平发展两岸共圆中国梦（2008 年至今）

胡锦涛 2008 年 12 月 31 日在纪念《告台湾同胞书》发表 30 周年座谈会上的重要讲话中提出，要牢牢把握两岸关系和平发展主导权，务实稳步推进两岸关系。近几年来，两党高层会晤频繁、政治互信进一步增强，初步形成了“政党主导、官民结合、多轨并进、多方位沟通”的协商合作机制，两岸制度化协商取得新的重大进展，两岸沟通与交流渠道日益多元，两岸人员往来和经济文教交流迈向新层次新水平，大陆 33 个机场和台湾 8 个机场成为两岸直航点，直航航班增至每周 300 多班，两岸直接“三通”成为现实。尤其是《海峡两岸经济合作框架协议》（ECFA）的签署和生效，为两岸经济关系正常化、制度化奠定了基础。2010 年 9 月 22 日，温家宝在纽约访问时表示，全面直接双向“三通”和《海峡两岸经济合作框架协议》签署、生效，是2008年以来两岸关系中的两件大事。2010年10月10日，马英九表示，《海峡两岸经济合作框架协议》是两年来两岸最重要的一项协议，为两岸经济合作开创了新的里程碑；给台湾民众带来实实在在的实惠，使两岸关系和平发展格局不断深化；两岸同胞在灾难面前互伸援手，体现了血浓于水的同胞情谊。同时，两岸旅游合作进一步扩大。压缩了“台独”势力扩张的社会基础，反对“台独”的积极因素明显增强，两岸关系将继续保持和平稳定发展局面。

2013年2月25日，习近平总书记会见国民党荣誉主席连战时说，“兄弟齐心，其利断金”，大陆方面将继续坚定不移推动两岸关系和平发展，希望两岸同胞一起努力迎接中华民族的伟大复兴，共圆中国梦。但我们也要看到，在美日“以台制华”战略没有改变、“台独”分裂势力干扰依然存在、岛内政局和民意走势复杂、两岸关系发展过程中的一些重大结构性问题仍未解决的大背景下，未来两岸关系发展将可能呈现“和平发展格局不变、复杂变数影响增强、发展速度有所减缓、政治对话难以突破”的态势。

（五）台湾旅游资源

1. 自然旅游资源

台湾四周沧海环绕，岛内兼有喀斯特地貌与海蚀地貌，故多山水胜境、火山群与温泉群。西海岸沙滩平缓，多海水浴场；东海岸断崖陡峭，奇石怪岩。森林茂密，动植物资源丰富，更有“蝴蝶王国”之称。清代即有“八景十二胜”之说，包括阿里山云海、双潭秋月、玉山积云、清水断崖、澎湖渔火、大屯春色、鲁谷幽峡、安平夕照等。作为著名的世界旅游胜地，台湾岛上的风光，可概括为“山高、林密、瀑多、岸奇”等几个特征。

（1）郁郁葱葱的阿里山

阿里山位于嘉义市境内，由尖山、塔山、大武峦山等18座高山组成，整个山脉森林覆盖面积达3万多公顷。远远望去，峰峦起伏、郁郁葱葱，高大的原始林木遮天蔽日。森林里含氧量极其丰富，是个天然大氧吧。阿里山有五大看点：原始森林神木、高山森林小火车、日出、云海和姊妹潭。游阿里山基本不走回头路，一路上会看到高大的阿里山神木，其实是红桧木，生长十分缓慢，长成直径50厘米就要130年左右。日本东京的明治神宫、京都的平安神宫大殿都是从台湾掠夺的“神木”建成的。阿里山中最大的一株神木树围23米，根部50米，树龄已3 000多岁，被称为桧树之王。在森林中会看到一处处被日本人砍伐后留下的巨大树桩，令人十分痛惜。

（2）水清波碧的日月潭

日月潭是台湾最大的高山湖泊，位于台湾中部的南投县，湖周达35千米，长年水清潭碧。日月潭是由连在一起的两处水面组成，一大半是不规则的圆周形，另一小半为新月形，中间由水中一树木茂密的湖中岛连接。从高处远望，水面如日月同辉，故得名日月潭。日月潭原来只是一处不大的湖泊，后来为了发电，引水蓄积成目前规模，据说此处发电量为全台湾发电总量50%以上。日月潭水深数十米，潭水呈蓝绿色，宽阔的湖面上各种游船、游艇往来如梭。日月潭中盛产的细腰鱼和潭虾肉质细嫩、味道极其鲜美，是游客十分向往的美食。

2. 人文旅游资源

（1）多姿多彩的台湾文化

台湾发展的过程中，由于兼融闽南、客家、外省及原住民等不同的族群，台湾形成了多姿多彩的人文色彩，无论在宗教信仰、建筑、语言、生活习惯及饮食风味上，都处处展现和谐共荣的缤纷景象，也可以看到荷兰、日本殖民者所留下的历史遗迹。

（2）文物资源丰富

台湾文物旅游资源的形成，有的与反抗荷兰、日本侵略者有关，有的同台湾与大陆的历史有关。其主要景点有赤崁楼、安平古堡、明延平郡王祠、指南宫凌霄宝殿、云林北港妈祖庙、台北与台南孔庙等。

（3）多元化的台湾风味佳肴

在台湾，台菜、客家菜、湘菜、川菜、日式和韩式料理，或是传统小吃、地方特产美食，呈现出多元丰富的美食飨宴，使台湾“美食王国”之名备受世界肯定。按地方可分基隆美食、台北美食、新竹美食、台中美食、嘉义美食、台南美食、高雄美食、屏东美食、澎湖美食。其民间菜品风格，总体上类似闽、粤，并加以改进而形成台湾特色：佐料常用沙茶、咖喱、花生酱等，甜味更重，多用清汤炖煮。风味小吃品种极多。台北新店碧溪潭香鱼、基隆豆签羹、桃园石门砂锅鱼头、台中菜根香原汁牛肉、新竹贡丸、嘉义四臣汤和香菇鱼翅羹、台南棺材板（油炸包馅面食）、高雄六合夜市贝类海鲜及山河肉（大山鼠肉）等，都使人垂涎欲滴。

4. 台湾的十大旅游线路

①台北都会之旅。如阳明山、台北故宫博物院、乌来、北海岸、复兴戏剧学校的动态观光表演等。

②东北角海岸之旅。此为著名风景区，整体建设极具吸引力。

③垦丁热带风情。台湾最南端的垦丁四季如春，岸上椰林摇曳，又具碧海、白沙，属典型热带风光海滨度假之旅。

④山岳之旅。如玉山、阿里山、合欢山等。

⑤太鲁峡谷风光。太鲁阁鬼斧神工的峡谷及立雾溪是国际级地理景观。

⑥东海岸生态之旅。包括兰屿、绿岛、花东纵谷、秀姑峦溪泛舟及原住民文化。

⑦澎湖列岛之旅。澎湖列岛由 64 处岛屿组合，人文与自然景观均佳。

⑧小镇古都之旅。如鹿港、埔里、台南、美浓、淡水、三峡、九份、金瓜石等。

⑨日月潭之旅。这是国际知名度的风景区。

⑩金马战地风光之旅。这最能代表台湾戒严时期的两处战地风光。

（5）台湾环岛八日游线路（从成都出发）

第一天，成都—台北桃园机场（松山机场），住台北或桃园。

第二天，早餐后前往日月潭，日月潭风景区位于南投鱼池乡，是台湾最大的淡水湖泊；后驱车前往南投县埔里镇中台禅寺，中台禅寺规模庞大、外观融中西工法、寺顶高耸壮观，更是让信众们赞叹。前往参观邵人文化村，晚餐后前往台湾最大的观光夜市逢甲夜市，这里是台湾创新小吃的原产地，例如逢甲四合一、蜂蜜柠檬芦荟、可丽饼、胡椒饼等，都是由此发源再外传到各地的。住台中。

第三天，早餐后，前往阿里山森林游乐区，游览姊妹潭、受镇宫、树灵塔、巨木群，“高山茶”品茗体验。而后前往台湾第二大都市高雄，参观西子湾、英国领事馆旧址，晚在高雄体验六合夜市文化后，前往高雄爱河，搭乘爱之船浏览爱河。住高雄。

第四天，早餐后，前往垦丁，参观猫鼻头。它位于恒春半岛西南顶端，为恒春半岛向巴士海峡延伸而出的突兀点；外形状如蹲伏的猫，因而取其名为猫鼻头。它是台湾海峡和巴士海峡的分界点，与鹅銮鼻形成台湾最南的两端。鹅銮灯塔为鹅銮鼻公园的标志，是目前台湾地区光力最强之灯塔，并享有“东亚之光”的美称。1982 年其被列为垦丁国家公园的史迹保存区。住垦丁。

第五天，早餐后，前往社顶公园，午餐后前往台东，参观小野柳、知本温泉。知本温泉位处知本溪的溪谷，早年在河床上即有温泉汩汩冒出，知本温泉水质属碱性碳酸泉，无色无味无臭。知本温泉水温可高达百度以上，水质极优，对于皮肤病、关节炎、神经痛皆有疗效，能促进血液循环、松弛肌肉关节。知本温泉素有“东台第一景”的美誉。住台东。

第六天，早餐后，前往花莲太鲁阁公园，公园以其高山及峡谷最负盛名，尤其是立雾溪谷，两岸全是大理石岩层。随后前往参观大理石工艺馆。住花莲。

第七天，早餐后，经由苏花公路返回台北。苏花公路沿途悬崖陡峭，居高临海的美景蜿蜒曲折，尤其是清水断崖路段常令人叹为观止。车行于山壁断崖与无垠汪海之间犹如千钧一线悬之，无比惊险，路经苏花公路体会前人一步一脚印艰辛拓荒的痕迹，宛若眼前掠过了一篇山海与人的壮丽诗篇。参观台北故宫博物院，午后前往台北 101 大厦。而后前往参观台北精品馆，品鉴台湾深海珊瑚。住台北。

第八天，台北桃园机场（松山机场）至成都。

二、香港特别行政区

（一）香港自然地理状况

香港位于珠江口东侧，背靠内地，面朝南海，为珠江内河与南海交通的咽喉，南中国的门户；又地处欧亚大陆东南部、南海与台湾海峡之交，是亚洲及世界的航道要冲以及东亚地区的枢纽，地理条件优越。

香港境域包括香港岛、九龙半岛、新界三部分。由于不断填海造地，土地面积在不断变化之中，目前为 1 106 平方千米。香港北接广东省深圳市，南面是广东省珠海市万山群岛。香港与西边的澳门隔江相对 61 千米，北距广州 130 千米、距上海 1 200 千米。

香港地形主要为丘陵，最高点为海拔 958 米的大帽山。香港的平地较少，约有两成土地属于低地，主要集中在新界北部，分别为元朗平原和粉岭低地，都是由河流自然形成的冲积平原。其次是位于九龙半岛及香港岛北部，从原来狭窄的平地外扩张的填海土地。香港除了拥有世界上最优良的深水港外，可以说是没有其他天然资源。

香港的气候属亚热带海洋性气候，冬暖夏热，太阳辐射量大、光照强、热量足、雨水多，雨量集中在 4 月至 9 月间，约占全年雨量的 90%。香港年平均气温为 22.9℃。

（二）香港人文风俗

1. 人口与民族

2017 年香港人口数量约为 740 万人。其中华人约占 95%，大部分原籍为广东。居于香港的英国、美国、菲律宾、印尼、泰国等外籍人士较多，以印尼人和菲律宾人人数最多。

2. 语言与宗教

中英文同属香港的法定语言。政府机关、法律界、专业人士和商界均广泛使用英文。

香港宗教与风俗呈多元化。根据《中华人民共和国香港特别行政区基本法》和《香港人权法案条例》，信仰及宗教自由是香港居民享有的基本权利之一，并受法例保障。源自世界各地的宗教均在香港和谐并存，其中有佛教、道教、天主教、基督新教、印度教、锡克教和犹太教等。香港有 1/3 以上人口信教，其中以佛教及道教徒最多。许多宗教团体除了弘扬教义外，也兴办学校、提供卫生福利设施等。

3. 区旗与区徽

中华人民共和国香港特别行政区区旗是五星花蕊的动态紫荆花红旗。红色底色，旗中有一朵白色洋紫荆花。洋紫荆花是香港区花，代表香港。红色底色与中华人民共和国国旗的底色一样，代表祖国，象征香港特别行政区为中华人民共和国的一部分。花中的五星与中华人民共和国国旗上的五星相对应。区旗用红白两色做主色，象征香港实践“一国两制”，故洋紫荆图案被改成白色，如图 11-1 所示。

图 11-1 中华人民共和国香港特别行政区区旗

香港特别行政区区徽呈圆形，除周围写有繁体中文“中华人民共和国香港特别行政区”和英文“HONG KONG”的标准字样外，中间也是红底白色五星紫荆花蕊图案，其寓意与区旗相同，如图 11-2 所示。

图 11-2　中华人民共和国香港特别行政区区徽

4. 货币制度

香港的货币政策目标是维持港元稳定。

5. 香港的国际中心地位

（1）全球主要国际贸易中心和金融中心

香港是全球第十一大贸易经济体系、第六大外汇市场及第十五大银行中心。香港股票市场规模之大，在亚洲排名第二。香港也是成衣、钟表、玩具、游戏、电子和某些轻工业产品的主要出口地，出口总值位列全球高位。

（2）全球服务中心

在 2005 年，香港是全球第十一大服务出口地。与服务贸易有关的主要行业包括旅游和旅游业、与贸易相关的服务、运输服务、金融和银行服务及专业服务。

（3）跨国公司的业务基地

约 3 900 家国际企业选择在香港设立亚洲区总部或办事处，主要从事的业务包括批发零售和进口与出口贸易、其他商用服务（例如会计、广告和法律服务）、银行和金融、制造业、运输及相关服务。

（4）亚洲最大的货物与人口集散中心

2005 年，香港港口共处理了 2 260 万个 20 英尺（1 英尺 = 0. 304 8 米）长的标准货柜单位，是全球第二大货柜港。坐落于葵涌和青衣的 9 个货柜码头，分别由 5 家营运商负责管理，总面积达 270 公顷，共设有 24 个泊位，临海地界总长 8 530 米。葵涌—青衣港吃水深达 15. 5 米，9 个货柜码头每年可处理逾 1 800 万个 20 英尺长的标准货柜单位。

现在，每周有大约 4 900 班定期客运航班及 700 班货运航班从香港飞往全球 139 个城市，香港国际机场连续五年获选全球最佳机场称号。

6. 香港人的饮食习惯

香港家庭大多以粤菜为家庭菜。在华人社区内，广东菜、客家菜、潮州菜等被视为本地菜肴。盆菜是新界原住民在节日时的传统菜。传统食肆则可到古渔村如长洲和大澳里寻找。

去茶楼品茗、吃点心，是香港人社交生活的重要部分，而且早、中、晚都可以饮茶。形式多样的蒸饺、包子、糕饼、炖汤，以及数不清的精致小点，驰名的“丝袜”奶茶、蛋挞、菠萝油，滋味无穷。广东粥面也是不少本地人的主餐食品，兼备快餐的方便快捷及中菜的鲜热味美，更合中国人的肠胃，价钱也很便宜。

在茶楼里，服务生推着装满点心的小推车，在食客间穿梭往来，走走停停。一笼笼、一碟碟精美的小食，冒着热气，散发着香味，可随到随取。如只是喝茶而不要点心，那么也是可以的，叫作“净饮”。不过，一杯茶要收两杯茶的价钱。而且，它还有一个好听的名字——“净饮双汁”。

连茶也不饮，只要一杯白开水也是可以的。香港人更有趣，管白开水叫“玻璃”。叫“一杯玻璃”只是在叫“一杯白开水”而已。

如果吃点心，那么至少要两种，香港人称为“两件”。而盖碗茶的量词也不是“杯”，而是“盅”。在香港饮茶，又被称作“一盅两件”，这是每个人的最低标准。其中，虾饺、叉烧包、烧卖是必须要有的，也是香港人最爱吃的，好像不吃虾饺、叉烧包，就不叫饮茶似的。所以，一般的“两件”指的就是这一包一饺。

7. 香港人的禁忌

港人对菜名亦有很多忌讳，不吉祥的名字都改个吉祥的叫法，如猪肝叫猪润，因“肝”与“干枯”同音；丝瓜称胜瓜，因“丝”字与“输”字谐音；“舌”叫“利”，因“舌”与“蚀”同音。很多菜肴都有吉利的名字，如一本盈万利（酱鸭舌）、年年庆有余（松子黄鱼）、金玉满堂红（蜜汁金华火腿）、花开添富贵（蟹肉西兰花）等。吃鱼时不能翻转鱼身（寓“翻船”之意）。

香港人对号码、数字也很讲究，“3”和“8”是他们最乐于追求的数字，认为这两个数字最吉祥。“3”的广东话谐音是“生”，寓生财、生龙活虎；“8”的广东话谐音是“发”，寓发财、发达。有些商店也喜欢用吉祥号码做店名，如“168 时装店”“338 发型屋”等。“168”的谐音是“一路发”，“338”的谐音是“生生发”。

香港位于东西两大文明交融与传播的枢纽位置，是东西方文化巧妙而又温馨结合起来的城市实体。即使在繁华的闹市，至今也保留着中国传统文化的民风民俗，如送礼时忌送钟（送终）、书籍（输）、毯子（压财）。赌马打麻将，忌人来借钱、取钱。做生意，第一宗必望其成交，多减些价也在所不惜，最忌客人讲价而不买。

会见亲朋好友忌伸“香蕉手”。香港民间将空手上门的客人称为“香蕉手”，意为两手空空，让人看不起。不过，香港几乎全世界各国的产品都有，礼品亦不好选送。一般来说，内地居民去香港带一些土特产就好了。

8. 香港赛马之风

赛马，又称为跑马，1841 年由英国人传入。1842 年和 1843 年香港举行过两次赛马，但只是纯粹的赛马，不以马作为赌博的工具。最初的赛马只是殖民贵族们显示地位与身份的象征，如今的香港赛马越来越成为具有香港地域特色的一项市民风俗活动。赛马跨年度进行，一个赛季（称为马季）一般是从每年的 9 月初开始，到下一年的 6 月下旬结束，每逢周三、周六（或周日）分别安排夜、日赛马各一场，全季总共 78 场比赛，通常周三赛马在铜锣湾跑马地马场，周六（或周日）在沙田马场。

赛马场上的输赢直接取决于马匹状态和骑师的骑术，而马匹的状态很大程度上取决于骑师的骑技和战法，所以骑师在香港形同天之骄子，身价很高。

随着赌马的大众化，香港出现一批专门靠“评马”吃饭的“马专家”，报纸、电台、电视台也都辟有“马经”专栏节目。可以说，除了马会、港府、骑师，从赌马活动中得益最多的，也就是这些靠“讲马”“评马”吃饭的“马专家”了。

赛马是香港唯一合法的，也是规模最大、影响最深远、最大众化的赌博，它已经成了香港市民生活中不可或缺的一部分。每逢赛马日，上流社会的富豪巨贾、官宦人家、白领阶层、升斗市民，乃至五湖四海的各路过客都纷至沓来，在感受马场上疯狂气氛的同时也来试试自己的运气。据说，每三个香港人中就有一个是赌马迷，全香港的马迷不会少于 200 万人。

香港的赛马分为日马或夜马，一般每次比赛六场，中间间隔半小时，赛前半小时人们开始买马票。赛前 15 分钟，参赛马匹和马主都会在赛场一个特定的场院绕场踱圈，让马迷观看参赛马匹的竞技状态，然后马迷根据自己的判断涌向投注窗下注，一直持续到开赛前 2 分钟。马票每张至少 10 港元，也有百港元、千港元的。港岛上许多大街小巷也有投注站，可以在场外投注，也可电话投注。买中头马（称为独赢）或二马（称为位置）都可以得到奖金。奖金额按投注总额而定，一旦冷门马夺冠，奖金就高，曾有过 10 港元马票赢近百万港元的记录。如果以复式计彩的方法，连续买中头马，10 港元投注可能得到数万港元甚至数百万港元奖金。这种一夕暴富的诱惑力，使众多马迷到了痴恋的地步。虽然大多数马迷都是“赔了夫人又折兵”，既费钱又费时间和精力，只有极少数人能一圆发财梦，但香港人迷嗜赌马的疯狂程度却丝毫不减。

（三）香港简史

1. 香港的历史回顾

秦始皇统一中国后，先后在南方建立了南海、桂林、象郡三个郡，香港隶属南海郡番禺县，由此开始，香港便置于中央政权的管辖之下。汉朝时香港隶属南海郡博罗县。东晋咸和六年（公元 331 年）香港隶属东莞郡宝安县。隋朝时香港隶属广州府南海郡宝安县。唐朝改宝安县为东莞县，香港仍然隶属东莞县。宋元时期，内地人口大量南迁香港，促使香港的经济、文化得到很大发展。明朝香港隶属新安县。

香港是一个优良的深水港，是世界三大天然海港之一，英国人早年看中了香港的维多利亚港有成为东亚地区优良港口的潜力，不惜以战争来从清政府手上夺得此地，以发展其远东海上贸易事业，从而开始了香港受英国殖民统治的历史。

香港全境的三个部分（香港岛、九龙、新界）分别来源于不同时期的三个不平等条约。1840 年第一次鸦片战争后，英国强迫清政府于 1842 年签订《南京条约》，割让香港岛。1856 年英法联军发动第二次鸦片战争，迫使清政府于 1860 年签订《北京条约》，割让九龙半岛，即今界限街以南的地区。1894 年中日甲午战争之后，英国逼迫清政府于 1898 年签订《展拓香港界址专条》，强租新界，租期 99 年，至

1997年6月30日结束。租借九龙半岛界限街以北地区及附近262个岛屿。新界的租借，让当时香港的面积扩大了十倍之多。

1941年12月25日，日军进犯香港，驻港英军无力抵抗，当时的香港总督杨慕琦无奈宣布投降。香港被日本占领，开始了三年零八个月的“日治时期”。

1945年9月15日，日本战败后在香港签署降书，撤出香港。此后，香港经济和社会迅速发展，不仅成为“亚洲四小龙”之一，也是全球最富裕、经济最发达和生活水准最高的地区之一。香港是亚洲重要的金融、服务和航运中心，以廉洁的政府、良好的治安、自由的经济体系以及完善的法治闻名于世，享有“东方之珠”的美誉。

1984年12月19日，中英签署关于香港问题的联合声明，1997年中华人民共和国对香港恢复行使主权，并实行“一国两制”，也就是“港人治港、高度自治”。“一国两制”是当年解决香港问题的创举，也是香港持续繁荣的基石。

1997年7月1日，香港成为中华人民共和国的特别行政区。根据《中华人民共和国香港特别行政区基本法》，香港保留原有的经济、法律和社会制度，50年不变，实行“一国两制”，除防务和外交事务归中央政府管制外，香港特别行政区享有高度自治。

2. 香港的地名由来

说法一：香港的得名与香料有关。宋元时期，香港在行政上隶属广东东莞。从明朝开始，香港岛南部的一个小港湾成为转运南粤香料的集散港，因转运产自广东东莞的香料而出名，被人们称为“香港”。据说那时香港转运的香料，质量上乘，被称为“海南珍奇”，香港当地许多人也以种香料为业，香港与其种植的香料一起，名声大噪。不久这种香料被列为进贡皇帝的贡品，并造就了当时鼎盛的制香、运香业。后来香料的种植和转运逐渐式微，但香港这个名称却保留了下来。

说法二：香港是一个天然的港湾，附近有溪水甘香可口，海上往来的水手，经常到这里来取水饮用，久而久之，甘香的溪水出了名，这条小溪也就被称为“香江”，而香江入海冲积成的小港湾，也就开始被称为“香港”。直到今天，“香江”仍然是香港的别称。

说法三：因“香姑”而得名。据说，香姑是一位海盗的妻子，海盗死后，她就占据了这个小岛。久而久之，人们就把小岛以她的名字命名，称之为“香港”了。

尽管有不同的说法，但可以大致肯定的是香港这个地名最早出现在明朝，它最初是指当时香港岛上的一个小港湾、小村落，后来才扩大为对整个岛屿（香港岛）的称呼，最后到了19世纪中叶，才成了当时被英国殖民者占领的整个地区的统称。

（四）香港旅游

1. 香港旅游业概况

旅游业是香港的第二大创汇产业，每年为香港提供超过5%（15万人）的就业岗位，香港气候自然环境优越，城市风光秀丽，荟萃中西文化，又享有“购物天堂”“美食天堂”“会展之都”美誉，拥有完善的酒店等旅游接待设施，吸引了世界各地各类游客前来旅游。2010年全年访港游客超过3 000万人次。

美食、购物、会展一直是香港传统旅游推广的重点，因此访港游客消费模式以购物和酒店食宿消费为主。香港是自由贸易港，一般进口货物都免税，且不存在消费税及工商业增值税，商品价格低廉，加上良好的购物环境，享有“购物天堂”美称。香港酒店行业也发达，美食融贯东西方口味，也是“美食天堂”。1998—2001年，购物与酒店餐饮分别占旅游消费比重的50%和40%，旅游业对香港商业和酒店业的带动效应甚大。随着香港旅游设施的进一步完善，旅游业的推广重点逐步开始向多元化发展，都会及海港游、文化历史巡游、观光览胜、购物万象、美食天堂、商务会展旅游等旅游产品都呈现出良好的发展势头。

2. 主要旅游景点

香港旅游资源以人文景点居多，分布情况是：香港岛上有文武庙、铜锣湾天后庙、圣约翰大教堂；九龙有黄大仙祠墓、侯王庙、慈云山观音庙、九龙清真寺；沙田有万佛寺、车公庙、蓬瀛仙馆、半园春、道风山基督教堂；荃湾有园玄学院、竹林禅院、东普陀、荃湾天后庙；龙门有青山寺、青松观、妙法寺；元朗有灵渡寺、云浮仙观、大树下天后庙；西贡有佛堂天后庙、蚝涌车公庙以及大屿山宝莲寺等。

3. 香港现代人工造景

（1）幻彩咏香江

“幻彩咏香江”旅游项目，是利用维多利亚港湾两岸合共44座大厦、摩天大楼及地标合作举行，透过互动灯光及音乐效果，建成的全球“最大型的灯光音乐会演”，以展示维多利亚港充满动感和多姿多彩的一面。2005年11月21日，列入《吉尼斯世界纪录大全》，成为全球最大型灯光音乐会演旅游项目。除了因天气恶劣而需要暂停外，幻彩咏香江会演每日晚上八时整举行，约历时13分钟40秒，内容包括音乐、灯光和激光等。

（2）昂坪360

昂坪360，民间又称东涌缆车、昂坪吊车，是香港2006年新推出的一条索道缆车路线，连接大屿山东涌及昂坪。这是香港继香港海洋公园后第二个缆车系统，是世界上规模最大的吊车系统之一。名字中的“360”指乘客可在吊车内360度观赏风景。

（3）香港海洋公园

香港海洋公园是世界最大的海洋公园之一，占地170英亩（约为0.69平方千米），拥有海洋水族馆及主题游乐园，是访港旅客最爱光顾的地方，不仅可以看到趣味十足的露天游乐场、海豚表演，还有千奇百怪的海洋鱼类、高耸入云的海洋摩天塔，更有惊险刺激的越矿飞车、极速之旅，堪称科普、观光、娱乐的完美组合。

（4）香港迪士尼乐园

香港迪士尼乐园是全球第五个迪士尼乐园，总投资300亿港元，于2005年9月开业。香港迪士尼乐园位于大屿山的欣澳，环抱山峦，与南中国海遥遥相望，是一座融合了美国加州迪士尼乐园及其他迪士尼乐园特色于一体的主题公园。

4. 香港常规旅游线路（从成都出发）

成都—香港—成都五天四晚（海洋公园+迪士尼专线）。

第一天，成都—香港　参考酒店：盛逸/华逸

第二天，香港（包早、中、晚餐）　参考酒店：盛逸/华逸/青逸

参观香港会议展览中心、金紫荆广场、海洋公园、浅水湾。前往太平山欣赏东方之珠、中银大厦、汇丰总行大厦、海港政府大楼。晚餐后在九龙码头乘观光游轮夜游美丽的维多利亚海港，观赏香港华丽的夜景。

第三天，香港（包早、中、晚餐）　参考酒店：盛逸/华逸/青逸

参观黄大仙祠墓、珠宝展示中心、国际名表行，逛免税百货商场，感受香港“购物天堂”的无穷魅力。之后前往香港著名的星光大道、尖沙咀文化中心参观。

第四天，香港（不含餐、车）　参考酒店：盛逸/华逸/青逸

参观迪士尼乐园。

第五天，香港全天自由活动，晚上从香港返成都。

三、澳门特别行政区

（一）澳门自然地理状况

澳门位于中国大陆东南沿海，地处珠江三角洲的西岸，毗邻广东省珠海市，与香港隔江相望，距离广州 145 千米。

澳门的土地面积因为沿岸填海造地而一直扩大，现为 32.8 平方千米，约是香港的 1/34。澳门包括澳门半岛、氹仔和路环两个离岛。

在澳门半岛，平地面积较大，约占 80%以上；氹仔岛和路环岛，丘陵面积较多，氹仔占 45%，路环则近 80%。

澳门气候属亚热带海洋性气候，全年平均气温为摄氏 23.2 度。春、夏季潮湿多雨，秋、冬季的相对湿度较低且雨量较少。

（二）澳门人文风俗

1. 人口与民族

澳门全区人口 65.31 万人（2017 年），人口密度 20 547 人/平方千米。华人（汉族）居民占 97%，葡国裔及菲律宾裔占 3%。

2. 语言和宗教

澳门的官方语言分别是汉语及葡萄牙语。澳门以粤方言为日常用语的居住人口占 85.7%，福建方言占 4%，普通话占 3.2%，其他汉语方言占 2.7%。而使用葡萄牙语的人口则为 0.6%，使用英语者占 1.5%，使用塔加洛语者占 1.3%。

由于澳门是华洋共处和实行信仰自由的地区，居民的宗教信仰亦呈多元化。由于多数居民为华人，信仰以儒、释、道及民间神祇为主。对观音和妈祖崇拜在澳门特别流行，其建筑有明朝成化年间由闽商兴建的妈祖阁庙。

至于基督教方面，天主教澳门教区成立于 1576 年 1 月 23 日，由于回归前大量土生葡人离开澳门，故现在信徒以华人为主。基督新教也是以澳门为踏足中国的第一站，英国伦敦传道会的传教士马礼逊于 1807 年来到澳门，展开了基督新教在中国的宣教历史。澳门有两间最古老的华人新教教会，分别是中华基督教会志道堂和澳门浸信会（又称白马巷浸信会），约有 100 年的历史。

3. 区旗与区徽

澳门特别行政区的区旗是绘有五星、莲花、大桥、海水的绿色旗帜，其中莲花图案代表澳门为莲花地，具有安定、繁荣与和谐的含义，如图 11-3 所示。

图 11-3　中华人民共和国澳门特别行政区区旗

区徽中间是五星、莲花、大桥、海水，周围写着繁体中文“中华人民共和国澳门特别行政区”和葡文“MACAU”，如图 11-4 所示。

图 11-4　中华人民共和国澳门特别行政区区徽

4. 货币制度

澳门的官方货币单位是澳门币（Pataca）。分纸币和硬币两种。

在澳门售卖的商品和所提供的服务收费一律以澳门币计算，本地或外地货币可自由出入境，数量不限，可以自由兑换。

5. 饮食习俗

澳门烹饪吸收了粤菜的烹饪法和食材，以及葡萄牙、印度、非洲、东南亚等地的特色，创制出独特的澳门菜。例如烧腊、多士、非洲鸡、马介休、葡国鸡、沙嗲等。

澳门人的饮食习惯也是一日三餐。受香港影响，澳门也流行下午茶，一般在下午 4 点半左右，多以车仔面、多士、咖啡、奶茶为主。在晚饭时，他们一般都会先来一碗汤，然后再吃炒菜、蒸鱼等，也会买现成的烧腊等。由于有部分澳门人需要从事夜间的工作，他们会在晚间吃夜宵。在周末或假日，许多家庭只吃两顿饭，11时左右全家去酒楼饮茶，同时吃早饭和午饭。

6. 澳门年俗

澳门的年俗别有风情。“谢灶”是澳门保存下来最传统的中国年俗之一。腊月二十三日送灶神，澳门人谓之“谢灶”。

澳门人过年是从腊月二十八开始的，腊月二十八日在粤语中谐言“易发”，商家老板大都在这时请员工吃“团年饭”，以示财运亨通，吉祥如意。澳门的年味，从腊月二十八这天便能真切地感受到。

除夕之夜，守岁和逛花市是澳门人辞旧迎新的两件大事。守岁时打麻将，看电视，叙旧聊天，共享天伦之乐；大概受西方圣诞节和情人节的影响，年宵时，澳门人还争相购买一些吉祥的花木迎接新春，现今已成了一个澳门年俗。澳门在年宵兴办花市，多是桃花、水仙、盆竹、盆橘，花开富贵，祝报平安，鲜花瑞木昭示着新年的美好前程。澳门的花市办三天。

春节这天，澳门人讲究“利市”。“利市”就是红包，这天老板见到员工，长辈见到晚辈，甚至已婚人见到未婚人都得给“利市”。“利市”纯粹是以示吉利。澳门人把大年初二叫作“开年”。习俗是要吃“开年”饭，这餐饭必备发菜、生菜、鲤鱼，意在取其生财利路。从“开年”这天起三天内，澳门政府允许公务员“博彩”（赌博）。“开年”过后，澳门又完全回到中国传统春节习俗中，直至元宵佳节，也是烟节爆竹，玩龙舞狮，欢天喜地。

（三）澳门简史

1. 澳门的历史回顾

据史书记载，南宋建炎二十二年（1152 年），宋高宗设立香山县，此时，澳门便隶属香山县，时称香山澳、濠镜澳。而澳门有华人定居，应是在南宋末年，几十万大军溃退于此便定居下来。

明朝成化年间（1465—1487 年），居住在澳门的居民（来自福建和广东）共同在娘妈阁处兴建了妈阁庙，当时的名字叫作海觉寺。

明嘉靖十四年（1535 年），葡萄牙商船来澳，在妈阁庙对面停船贸易时，葡萄牙人询问当地居民当地地名，居民以为是问妈阁庙，于是随口便说“妈阁”，此音经广东话和葡萄牙人两次转音后，就成了现在的“Macau”（广东话为“马交”），而这一名称后来就逐渐成为葡萄牙统治下的澳门的名称。

明朝嘉靖三十二年（1553 年），葡萄牙人以要晾晒船上被水浸渍的货物为由，登上澳门半岛，于嘉靖三十六年（1557 年）开始在澳门长期居住，明朝万历元年（1573 年），葡萄牙人开始向中国政府缴纳地租，每年 500 两白银。

明朝万历十二年（1584 年），居澳葡萄牙人组成议事厅（后演变为市政厅），作为管理居澳葡萄牙人的行政机构。

清朝康熙二十四年（1685 年），在澳门设立的“关部行台”，是当时中国四大海关之一。乾隆八年（1743 年），清政府为了加强对澳门的管理，以肇庆府同知（府官的副手）移驻前山寨，设立海防军民同知，“专司海防，查验出入渔船，兼管在澳民蕃”。并且把香山县衙移驻到澳门望庆村，专门处理华人与葡萄牙人之间的纠纷和案件。

清道光二十年（1840 年），鸦片战争爆发，葡萄牙也趁机发难，占领了关闸以南的澳门半岛，驱逐中国官兵。1844 年 9 月 20 日，葡萄牙女王玛丽亚二世宣布澳门为自由港。1849 年，葡萄牙停止向中国交澳门地租并占领关闸，并于清咸丰元年（1851 年）和清同治三年（1864 年）先后侵占氹仔岛和路环岛。

清光绪十三年（1887 年），晚清政府与葡萄牙签订不平等的《中葡和好通商条约》，条约规定“葡国永驻管理澳门以及属澳之地与葡区治理它处无异”，但双方就条约中涉及的勘界问题一直无法达成协议。

二战期间，因葡萄牙属中立国，所以澳门没有被日本攻占。

1961 年，葡萄牙海外部确定澳门为旅游区，特准设赌。同年 11 月澳门政府颁布《承投赌博娱乐章程》。

1972 年 3 月中国政府在致联合国非殖民化特别委员会主席的信件中声明：“香港、澳门属于历史遗留下来的帝国主义强加于中国的一系列不平等条约的结果。香港和澳门是被英国和葡萄牙当局占领的中国领土的一部分，解决香港、澳门问题完全是属于中国主权范围内的问题，根本不属于通常的所谓‘殖民地’范畴。我国政府主张，在条件成熟时，用适当的方式和平解决港澳问题，在未解决以前维持现状。”

1979 年 2 月 8 日中葡建交，在中葡建交后，一再重申：澳门是中国领土、葡国管理，目前地位不变，希望澳门保持现状，继续稳定，华人和葡萄牙人大可放心致力发展经济。从此开辟了澳门社会安定经济繁荣的广阔前景。

1980 年 3 月澳督伊芝迪将军首次应邀访问北京，同年 6 月，广东省省长习仲勋首次专程访问澳门，从此澳门与内地的关系日益密切，成为中葡友好的桥梁。

1984 年香港问题解决后，澳门问题即提上了日程。1986 年 6 月，中葡两国关于澳门问题的谈判开始，先后举行了四轮会谈。中国坚持一定要在 20 世纪末恢复对澳门的主权，否定了葡方希望 21 世纪，或 1999 年 12 月 31 日才把澳门交回中国。在中方坚定立场影响下，1987 年 3 月初葡萄牙最高国务会议研究接受了中方提出 1999 年 12 月 20 日为澳门主权回归中国的确实日期，并写进《中葡联合声明》。

1987 年 4 月 13 日，《中葡联合声明》正式签署仪式在北京人民大会堂隆重举行。两国总理分别代表本国政府在联合声明文本上签字，邓小平出席了签字仪式。联合声明签署后，中国全国人大常委会和葡萄牙国会分别于当年 6 月和 10 月予以批准。

1999 年 12 月 20 日零时，中葡两国政府在澳门文化中心举行政权交接仪式，中国政府对澳门恢复行使主权，澳门回归祖国，宣告中华人民共和国澳门特别行政区正式成立。这是继 1997 年 7 月 1 日香港回归祖国之后，中华民族在实现祖国统一大业历程中的又一盛事。

2. 澳门名称的由来

澳门以前是个小渔村，它的本名为濠镜或濠镜澳，因为当时泊口被称为“澳”，所以称“澳门”。澳门及其附近盛产蚝（即牡蛎），蚝壳内壁光亮如镜，澳门因此被称为蚝镜。后人把这个名称改为较文雅的“濠镜”。清乾隆年间出版的《澳门纪略》中说：“濠镜之名，着于《明史》。东西五六里、南北半之，有南北二湾，可以泊船。或曰南北二湾，规圆如镜，故曰濠镜。”

澳门（Macau）这个名字则源于渔民非常敬仰的一位中国女神——妈祖，她又名娘妈。据说，一艘渔船在天气晴朗、风平浪静的日子里航行，突遇狂风雷暴，渔民处于危难。危急关头，一位少女站了出来，下令风暴停止。渔船平安地到达了濠镜港。少女上岸后朝妈阁山走去，忽然一轮光环照耀，少女化作一缕青烟消失。后来，人们就在她登岸的地方，建了妈阁庙供奉这位娘妈。

（四）澳门旅游

1. 旅游博彩业

旅游博彩业是澳门主要的经济动力之一，其中包括作为澳门最大税源的博彩业及其他如酒店、饮食、零售等行业。中国澳门、美国拉斯维加斯、摩纳哥蒙特卡罗并称为世界三大赌城。

澳门的博彩业非常发达，有“东方蒙特卡罗”的显赫名声。博彩娱乐场分别位于澳门半岛和氹仔的一些酒店内（如新葡京酒店等），这些娱乐场一天二十四小时开放。

娱乐场可自由进出，不用入场费，18 岁以下的游客及 21 岁以下的本地人士不准进入。娱乐场只接受澳门币或港币的投注，如游客所持的为外币，可自由兑换。

获得澳门政府准予博彩经营的三家公司分别是澳门博彩股份有限公司、永利度假村（澳门）股份有限公司和银河娱乐场股份有限公司。

2. 澳门新八景

1992 年澳门楹联学会、澳门中华诗词学会、澳门教育文化艺术协会、澳门狮子会等八个民间文化界社团，联合组成“澳门八景评议会”，评出澳门八景：镜海长虹、妈阁紫烟、三巴圣迹、普济寻幽、灯塔松涛、卢园探胜、龙环葡韵、黑沙踏浪。

3. 世界文化遗产——澳门历史城区

2005 年 7 月 15 日，联合国教科文组织第 29 届世界遗产委员会会议决定，将“澳门历史城区”作为世界文化遗产列入世界遗产名录，从此澳门中西方文化交融的历史建筑群成为中国第 31 处世界遗产。

“澳门历史城区”是中国境内现存年代最远、规模最大、保存最完整和最集中的中西建筑互相辉映的历史城区。它以澳门旧城区为核心，通过相邻的广场和街道连为一体，其范围包括：妈阁庙、大三巴牌坊、哪吒庙、港务局大楼、郑家大屋、圣老楞佐教堂、圣若瑟修院及圣堂、岗顶剧院、何东图书馆、圣奥斯定教堂、民政总署大楼、三街会馆（关帝庙）、仁慈堂大楼、大堂（主教座堂）、卢家大屋、玫瑰堂、旧城墙遗址、大炮台、圣安多尼教堂、东方基金会会址、基督教坟场、东望洋炮台（包括东望洋灯塔及圣母雪地殿圣堂）等 25 幢古建筑以及妈阁庙前地、亚婆井前地、岗顶前地、议事亭前地、大堂前地、板樟堂前地、耶稣会纪念广场、白鸽巢前地等 8 处广场空间。

4. 大三巴牌坊

大三巴牌坊是澳门最具代表性的名胜古迹，这是1580年竣工的圣保罗大教堂的前壁，此教堂糅合了欧洲文艺复兴时期与东方建筑的风格，体现出东西艺术的交融。雕刻精细，巍峨壮观。单是大三巴牌坊的造价，300年前已高达3万两白银，可谓珍贵至极。1835年教堂再次惨遭大火焚毁，仅遗教堂前的68级石阶及花岗石建成的前壁，因貌似中国牌坊得名。“三巴”则是“圣保罗”的讹音。大三巴牌坊高约27米，宽23.5米，为意大利文艺复兴时期“巴洛克”式建筑物，共分五层。顶端竖有“十”字架，其下嵌有象征圣灵的铜鸽；铜鸽像的旁边围着太阳、月亮及星辰的石刻，象征圣母童贞怀孕一刹那的时光；铜鸽之下为一圣婴雕像，其左上是“永恒之火”的雕像，右侧则是“生命之树”的石刻；第三层的正中刻着一个童贞圣母像，旁边以牡丹和菊花环绕，前者代表中国，后者代表日本；雕像左方还刻有“永恒之众”、一艘“葡式帆船”及一个“面目狰狞的魔鬼”。第四层分别供奉耶稣四名圣徒的雕像，第三层与第四层的左右两侧，雕刻有中华民族传统文化艺术的象征动物——狮子。底层为三面门户，正门的楣额上用葡文刻着“MATERDEL”意即“天主圣母”，两侧的门上刻有耶稣的记号“JHS”。在六对雕刻中有三个雕像分别附刻一句汉文的说明文字，这是其余各层没有的。据澳门徐新先生考证：“在那个年代的巴洛克建筑上，刻有中文字样的只有澳门的圣保罗教堂。”在同时代的天主教堂的雕像中，只有这里附有有深意的系列的汉文图解说明。

大三巴牌坊上各种雕像栩栩如生，既保留传统，更有创新；既展现了欧陆建筑风格，又继承了东方文化传统，体现着中西文化结合的特色，堪称“立体的圣经”，是远东著名的石雕宗教建筑。现已成为澳门的地标性建筑。

5. 澳门旅游线路

由于澳门与香港相邻，区间交通方便，内地旅行社一般将澳门旅游并入香港游，组成港澳游旅游产品。在澳门一般安排一天一夜常规线运行，即游完香港后乘船赴澳门，游览澳门的新濠天地，观看龙腾表演，漫步九九回归金莲花广场，继而到富有澳门特色的综合老饼家手信店、盈昌金铺、亨达百货等选购澳门特产赠送亲友，随后游览澳门世界遗产妈祖庙、澳门地标大三巴牌坊，途中观望具有异国情调的望海观音。随后前往新葡京酒店或英皇酒店，最后前往澳门银河度假村美食广场享用晚餐。晚上自费观看异域风情歌舞表演。次日出关从珠海返程。

第二节　亚洲主要客源国概况

一、日本

1. 国家概况

日本位于亚洲东部，国土由北海道、本州、四国、九州四个岛屿和沿海7 000多个小岛组成，陆域面积约37.79万平方千米。首都是位于本州中部的东京。日本大部分地区属于温带海洋性季风气候，降水丰富，四季分明。日本国土将近70%为山地，69%的陆地面积为森林覆盖，有108个活火山，是地震多发国，被称为“火山、地震之国”。

日本人口约1.282亿人（截至2015年），高度发达的制造业是其国民经济的支柱产业，银行业、金融业、航运业、保险业以及商业服务等占GDP比重的3/4。日本的货币为日元。

日本国名意为“日出之国”。国家政体为议会君主立宪制。天皇为国家象征，无权参与国政。内阁总理大臣（首相）为政府首脑。日本民族构成比较单一，以大和族为主，通用语言是日本语，主要宗教有神道教和佛教。国旗为太阳旗，国花是樱花。日本的传统文化以“三道”，即茶道、花道、书道为代表，还包括武术、折花、艺伎游戏等。日本的主食是大米，主菜是鱼，生鱼片、寿司最受欢迎。日本人最爱喝啤酒，日本清酒可以热喝或冷喝。

日本人禁忌很多，他们最忌讳绿色，认为绿色是不祥之色；他们忌讳荷花，认为荷花是丧花，在探望病人时忌用山茶花及淡黄色、白色的花；他们不愿意接受有菊花或菊花图案的礼物，因为它是皇室家族的标志。日本人也有不少语言禁忌，如“苦”和“死”，就连谐音的一些词语也在忌讳范围之列，如数字“4”的发音与死相同、“42”的发音是死的动词形，所以医院一般没有4和42的房间和病床，用户的电话也忌讳用“42”。“13”也是忌讳的数字，许多宾馆没有“13”楼层和“13”号房间，羽田机场也没有“13”号停机坪。日本的风物特产主要有和服、珍珠、竹编工艺品、版画、日本娃娃、京都油纸伞（“京和伞”）、和果子等。此外，日本的电器、电子产品、相机、化妆品等也是深受游客喜爱的热门购物商品。

2. 著名旅游城市与景点

东京（Tokyo）是日本的首都，人口约1 350万人（2015年），面积2 187平方千米，地方时比北京时间早1小时。东京创建于1457年，古称江户。1868年明治维新后，明治天皇从京都迁都江户，改称东京。东京是日本的商业、金融中心。相扑、歌舞伎、能剧是东京最重要的传统技艺。东京的重要旅游景点有银座、东京塔、富士山、东京迪士尼度假区、上野公园、浅草寺等。其中最著名的是富士山，它是日本的最高峰，海拔3 776米，被日本人尊称为“圣岳”，是世界著名火山及风景游览区，是日本的国家象征之一。

京都（Kyoto）位于东京西南500千米处，面积827.90平方千米，其人口约150万人，与大阪、神户共同组成“京都阪神大城市圈”。京都是日本著名的旅游观光城市，其代表景点有清水寺、金阁寺、岚山、京都御苑等。

奈良（Nara-ken）是日本历史文化遗产的宝库，县政府所在地的奈良市是日本著名的旅游城市。从6世纪开始这里就是日本佛教文化的中心，也是日本的古都。奈良市和中国古都长安关系密切，奈良市的唐招提寺是日本的佛教律宗的总寺院，是由唐代鉴真和尚亲自建造的，保留着中国唐代的建筑风格，现已被确定为日本国宝和世界文化遗产。

北海道（Hokkaido）位于日本列岛最北部，濒临日本海、鄂霍次克海和太平洋，面积8.35万平方千米，人口约600万人。北海道冬季冰封千里，可观赏冰雪节、溜冰和滑雪；夏季原野鲜花盛开，气候凉爽，是著名的避暑胜地。北海道的主要景点有大雪山国立公园、知床半岛、支笏洞爷国立公园等。北海道还有登别、定山溪、层云峡等许多温泉区，游客在这里可以放松身心，洗去旅途的疲劳。北海道全年有1 200多个节庆活动，冬季的札幌冰雪节、夏季的薰衣草节以及沿岸各城市为祈祷渔业丰收和安全而举行的渔港节等各具特色，共同构成了一幅幅不同季节的风情画。北海道美食有札幌啤酒、拉面、毛蟹海鲜等，深受人们喜爱。

二、新加坡

1. 国家概况

新加坡是东南亚的一个岛国，北与马来西亚为邻，南与印度尼西亚相望，毗邻马六甲海峡南口，面积719.1平方千米，由新加坡岛、圣约翰岛、龟屿、圣淘沙等60多个岛屿组成，是世界上最袖珍的国家之一。首都新加坡市位于新加坡岛的南岸，有“花园城市”的美誉，是该国的经济、政治和文化中心。新加坡地势平坦，平均海拔17米，最高的武吉知马山海拔也仅170米。新加坡属于典型的热带雨林气候，常年高温多雨，年温差小。

新加坡人口数量约561.2万（2017年），是世界上最富裕的国家之一，为“亚洲四小龙”之一。新加坡是继纽约、伦敦、香港之后的第四大国际金融中心，也是亚洲最重要的航运和服务中心。新加坡的货币是新加坡元。

新加坡别称“狮城”，国家政体为议会制共和制，总统为国家元首。新加坡是一个多元文化的国家，华人占75%左右，此外还有马来人、印度人及欧亚人等其他种族。国旗为星月旗，国花为胡姬花。新加坡的官方语言为英语、华语、马来语和泰米尔语。主要宗教有佛教、伊斯兰教、基督教和印度教。新加坡是美食的天堂，不但有中国、马来西亚、印度三大国家各自的代表风味，还兼具日本、法国、意大利、西班牙等其他各国的美味佳肴。

在新加坡，全面禁售、禁食口香糖，在公共场所吸烟是违法的，忌讳随地吐痰、扔垃圾等，这将受到严厉的处罚。忌讳男人留胡须、长发，认为是不雅的行为。在新加坡用食指指人，或握紧拳头打在另一张开的手掌心上，被认为是极端无礼的动作。双手不要随便叉腰。他们最讨厌数字“7”，视黑色为倒霉之色，紫色也不受欢迎，偏爱红色。忌讳说“恭喜发财”之类的话。马来族为穆斯林，不食猪肉、贝壳类食品，不饮酒。忌用左手吃东西、递物品。不可摸别人的头，不可露出脚底或鞋底。

新加坡是购物的天堂，其特色商品主要有鳄鱼皮制品、胡姬花饰品、锡器、美珍香猪肉脯、肉骨茶等，此外还有名表、香烟、名品时装、化妆品等也是旅游购物的首选商品。

2. 著名旅游城市与景点

新加坡市（Singapore City）是新加坡的首都，一个城市就是一个国家。市中心区在新加坡河口的南北两岸。南岸是被绿树环绕的高楼林立的繁华商业区，著名的华人街——牛车水也在此区。北岸是花草树木与楼宇交错的行政区，有国会、政府大厦、高等法院、维多利亚纪念堂以及皇后坊大厦等，具有英国建筑风格。市内主要景点有鱼尾狮公园、新加坡国家博物馆、亚洲文明博物馆、牛车水（新加坡唐人街）、乌节路（购物区）、新加坡金沙娱乐城、克拉码头、驳船码头和新加坡和平纪念碑等旅游景点，还建有天福宫、粤海清庙、苏丹伊斯兰教堂等寺庙。鱼尾狮坐落于新加坡河畔，高 8 米，是新加坡的标志。裕廊飞禽公园是世界最大的飞禽公园。

圣淘沙岛（Sentosa）是新加坡最为迷人的度假小岛，占地面积 390 公顷，是新加坡本岛以外的第三大岛，有着多姿多彩的娱乐设施和休闲活动区域，被誉为欢乐宝石。圣淘沙南面长达 3.2 千米的海滩包括了西罗索海滩和丹戎海滩，西面安置着第二次世界大战中英军留下的西罗索炮台、2 个高尔夫球场及 7 家酒店。代表景点有圣淘沙名胜世界、新加坡环球影城、蝴蝶馆、海豚世界、昆虫王国等。

三、泰国

1. 国家概况

泰国，全称泰王国，旧名暹罗，位于中南半岛中部，东北与老挝相邻，西北与缅甸接壤，东南是柬埔寨，南边狭长的半岛与马来西亚相连。面积约 51.3 万平方千米，首都是曼谷。泰国大部分地区属于热带季风气候，全年分为热、雨、旱季，年均气温 24~30℃。泰国的一般大众习惯将国家的疆域比作大象的头部，将北部视为“象冠”，东北地区代表“象耳”，暹罗湾代表“象口”，而南方狭长的地带则代表了“象鼻”。

泰国人口约 6 904 万人（2017 年），在 20 世纪 90 年代经济发展较快，泰国跻身为“亚洲四小虎”之一，是世界的新兴工业国家和世界新兴市场经济体之一。制造业、农业和旅游业是泰国经济的主要产业。泰国是亚洲唯一的粮食净出口国，是世界五大农产品出口国之一，还是天然橡胶的最大出口国。泰国的货币为泰铢。

1949 年，泰国人把“暹罗”改为“泰”，主要是取其“自由”之意。泰国国家政体为君主立宪制，国王为国家元首，总理为政府首脑。泰国是一个多民族的国家，主要有 30 多个民族，占人口总数的 40%。通用语言是泰语，英语是第二通用语言。泰国是著名的佛教国家，佛教是泰国的国教，90%的人信奉佛教。泰国处处可见身披黄色袈裟的僧侣以及富丽堂皇的寺院。因此，泰国又有“黄袍佛国”的美名。泰国人最喜欢的食物是咖喱饭。泰国人不喝热茶，不喜欢吃酱，不爱吃红烧、甜味菜肴。

受佛教影响，泰国的和尚决不能与女性有任何身体接触，女性在任何情况下都不能触摸和尚，否则会带来很大麻烦。在公众场合，任何亲昵的举动都是不道德的。除和尚外，任何人不能摸别人头部。泰国人见面和分手时，习惯稍低头，行合十礼。进入寺庙及进入他人房间前要脱鞋，忌讳用左手服务或左手吃东西。忌讳拍打对方肩膀。泰国人特别尊重父母、长辈，一年一度的宋干节，人们都习惯向自己的长辈或上级洒圣水祝福。泰国人对于不认识的长辈都习惯叫叔、伯、姑、姨或者爷爷、奶奶，同辈之间也称兄道弟，或姐妹相称。

泰国人妖（Shemale）是泰国最为独特的现象。人妖是港台人的叫法。“人”者，说明他是人，“妖”者，说明他是由人变的，妖里妖气。人妖主要指的是在泰国旅游胜地专事表演的从小服用雌性激素而发育女性化的男性。部分是变性人（切除了男性外生殖器），而大部分仍是“男性”，保留男性生殖器，只是胸部隆起，腰肢纤细，完全丧失了生育能力。人妖都很漂亮，外表上和女性的区别是其通常手脚较大，并可通过声音鉴别。和有心理需要而要求变性的人不同，人妖是缺乏内在心理需要的情况下对身体的强制扭曲。人妖的平均寿命只有 35~40 岁。由于特殊的社会环境和原因，人妖沦为供人欣赏的取乐对象。

泰国物产丰富，除了各色热带水果、各类海鲜产品、稻米等产品外，著名特产还有鳄鱼皮、鸵鸟皮、蜥蜴皮、蛇皮、珍珠鱼皮等制品，燕窝、鱼翅、鳄鱼肉等土特产品，还有锡制品。

2. 著名的旅游城市与景点

曼谷（Bangkok），别名“天使之城”，是泰国首都，也是中南半岛最大的城市，东南亚第二大城市。曼谷位于湄南河畔，距泰国湾 4 千米，全市面积 1 568 平方千米，人口 1 000 多万，曼谷作为泰国的经济中心，也是贵金属和宝石的交易中心。曼谷港是泰国和世界著名的稻米输出港。曼谷被誉为“佛教之都”，是“世界佛教联谊会”的所在地。曼谷是世界上佛寺最多的地方，有大小寺院 400 多个，尤以大皇宫、玉佛寺、卧佛寺、金佛寺和郑王庙最为著名。大皇宫是泰国艺术的巨作，也是历代王宫保存最完美、规模最大、最有民族特色的王宫。现在除了用于举行加冕典礼、宫廷庆祝等仪式和活动外，平时对外开放，是泰国著名的旅游景点。玉佛寺、卧佛寺、金佛寺被称为泰国三大国宝，其中玉佛寺是泰国唯一没有和尚居住的佛寺。

芭堤雅（Pattaya）位于泰国首都曼谷东南方 154 千米处，市区面积 20 多平方千米，是泰国的一处著名海景度假胜地，享有“东方夏威夷”之誉，已成为“海洋度假天堂”的代名词。芭堤雅素以阳光、沙滩、海鲜名扬天下，这里的海滩既是著名的海水浴场，也是水上运动的理想场所。最吸引游客的旅游项目有东芭乐园文化村、海滩、珊瑚岛、大象表演、人妖歌舞表演、小人国（微缩景观）等。

清迈（Chiang Mai）位于曼谷北方海拔 305 米的山谷中，城区面积 40 平方千米，是泰国第二大城市，著名的避暑胜地，有“北方玫瑰”之称。清迈曾长期作为泰王国的首都，是佛教圣地，全城有寺庙约 100 座，著名的景点有帕烘寺、布帕壤寺、柴迪隆寺、兰花园等。泰国的丝绸、纺织品等也著称于世，是泰国制造业的重要支柱。

普吉岛（Phuket Island）作为泰国境内唯一受封为省地级市的岛屿，位于泰国西南方，安达曼海东南部海面之上，是一座南北较长、东西稍窄的狭长状岛屿，是泰国最大的岛，也是泰国最小的府。普吉岛以其迷人的热带风光和丰富的旅游资源被称为“安达曼海上的一颗明珠”，而且自然资源十分丰富，有“珍珠岛”“金银岛”的美称。普吉岛呈锯齿状的西海岸上散布着芭东、卡伦和卡塔等著名海滩。普吉岛还是泰国潜水行业的主要中心，也是世界排名前十位的潜水目的地之一。

四、马来西亚

马来西亚位于东南亚的中心，地处太平洋与印度洋的交汇处，被南中国海分为东马来西亚和西马来西亚。西马来西亚为马来亚地区，北与泰国接壤，西濒马六甲海峡，东临南中国海，南濒柔佛海峡与新加坡毗邻。东马来西亚包括砂拉越和沙巴地区，国土面积33万平方千米。马来西亚属于热带季风气候，无明显四季之分，终年炎热多雨。5—9月为最佳旅游季节。伊斯兰教是马来西亚的国教，其他宗教有印度教、佛教和基督教。其官方语言为马来语，英语和华语为通用语言。货币是马币。

马来西亚是一个新兴的工业国，是世界上最大的天然橡胶、棕榈油及锡的出产国。兰花、目猿、蝴蝶被誉为马来西亚的三大珍宝。马来西亚人口约3 162.43万人（2017年），是由三十多个民族组成的多民族国家，其中55%为马来人，华人占24%。马来西亚人普遍穿蜡染花布做的“巴迪”服，被称为“国服”。马来西亚人饮食以米饭、椰浆、咖啡为主，马来风味的食物以沙嗲尤为出名。

吉隆坡是马来西亚的首都，马来语的意思是“泥泞河口”，位于马来半岛中央偏西海岸，是马来西亚最大的城市，有“世界锡都、胶都”之美誉。其著名的景点有雀鸟公园、黑风洞、云顶高原、王宫、双子塔、国家清真寺、独立广场等。其中双子塔是吉隆坡的标志性建筑，共88层，高452米，是马来西亚国家石油公司用20亿马币建成的。因其41层和42层之间有一座长58.4米、距地面170米高的空中天桥，故又名双峰大厦，是目前世界上最高的双子楼和第四高的建筑物。云顶高原是东南亚最大的高原避暑胜地，也是马来西亚唯一的合法赌场。布特拉贾亚（太子城）是马来西亚新政府行政中心，位于吉隆坡以南25千米处，是个“智慧型花园城市”。首相府和联邦行政中心于1999年6月迁入，2005年前搬迁完毕。马六甲位于马来半岛的东南海滨，距吉隆坡160千米，是马来西亚最古老的城市。

马来西亚的特产有锡制品、蝴蝶标本、风筝、豆蔻膏、巴迪布、兰卡威水晶、蜡染工艺品、热带水果、三叔公牌点心等。

第三节　欧洲主要客源国概况

一、英国

1. 国家概况

英国全称为大不列颠及北爱尔兰联合王国，是位于西欧的一个岛国，被北海、英吉利海峡、凯尔特海、爱尔兰海和大西洋包围，由大不列颠岛上的英格兰、威尔士和苏格兰以及爱尔兰岛东北部的北爱尔兰以及一系列附属岛屿共同组成。国土面积24.41万平方千米（包括内陆水域）。英国地势西北高，东南低，分四部分：英格兰东南部平原、中西部山区、苏格兰山区、北爱尔兰高原和山区。首都是位于英格兰东南部的伦敦。英国属温带海洋性气候，冬暖夏凉，全年温和，平均气温较高，温差较小，多雨雾，日照时间少。

英国人口超过 6 500 万人，是世界第一个完成工业革命的国家，也是全球最富裕、经济最发达和生活水准最高的国家之一。英国服务业产值约占国内生产总值的 3/4。截至 2014 年 8 月，英国旅游收入居世界第五位，仅次于美国、西班牙、法国和意大利。旅游业是英国最重要的经济部门之一。英国的货币为英镑。

英国古称日不落帝国，国家政体是议会制的君主立宪制，国王是国家元首，拥有象征性的地位，内阁首相拥有最高政治权利。英国以英格兰人为主体民族，占 85%以上，还包括苏格兰人、威尔士人和爱尔兰人。主要语言是英语，居民多信奉基督教新教，主要分英格兰教会（亦称英国国教圣公会）和苏格兰教会（亦称长老会）。英国的国旗为米字旗，国花是玫瑰。英国人的饮食习惯一般是一日三餐加茶点，英国人尤其喜欢喝下午茶。英国的食物以牛肉、羊肉和土豆为主。炸鱼、薯条和三明治是英国人发明的，也是现代快餐的标志。英国人注重餐桌礼仪，“绅士风度”“女士优先”体现在生活的许多方面。

英国通行西方礼仪，忌讳数字“13”，不喜欢星期五，尤其视“13 日星期五”为不祥日子。到英国人家里做客时，不要提前到，最好是约定时间后 10 分钟到达。送礼时忌送百合花、菊花，认为百合花象征死亡，而菊花在欧洲只用于万圣节和葬礼；花朵枝数不能是“13”或双数；鲜花不要用纸包扎。英国人忌用山羊、大象和孔雀图案，认为山羊有不正经男子和坏人的意思，大象代表愚蠢，孔雀则视为祸鸟。英国人讨厌墨绿色，因为这是纳粹军服的颜色。与英国人见面常以天气代替通常的问候，交谈时双方距离不要太近，切忌谈及家庭状况、年龄、职业、收入、宗教信仰等个人隐私问题。见面时相互握手、道安，男子间忌讳拥抱。

英国的特色购物产品有银器、泰迪熊、烟斗、陶瓷、皮革制品、羊毛制品、威士忌，以及英国红茶、英国巧克力等。

2. 著名的旅游城市与景点

伦敦（London）是英国的首都，位于英格兰东南部的平原上，跨泰晤士河。人口约 828 万人（2016 年），面积 1 577 平方千米，地方时比北京时间晚 8 个小时。早在 11 世纪英格兰的首都设立于伦敦西南部的温彻斯特，在诺曼人的统治下，伦敦在 12 世纪成为英格兰的首都。伦敦是欧洲最大的都会区，世界三大金融中心之一。作为多元化的大都市，不同种族、宗教和文化在此交融，仅使用的语言就超过 300 多种。伦敦有 2 000 年的悠久历史，是历代王朝建都所在，名胜古迹众多。主要景点有白金汉宫、唐宁街 10 号、议会大厦、大英博物馆、圣保罗教堂、威斯敏斯特教堂、伦敦塔、伦敦塔桥、大本钟、温莎城堡、格林尼治天文台、中国城、海德公园等。

白金汉宫是英国王宫，位于伦敦威斯敏斯特城内，是英国王室成员生活和工作的地方，也是英国重大国事活动的场所。始建于 1703 年，至 1837 年维多利亚女王登基后，白金汉宫成为英王正式寝宫。唐宁街 10 号自 1937 年后，成为历任首相办公和居住的地方，其他建筑包括首相办公室、会议室和寝宫，地下室有通道通往政府各重要部门。大英博物馆建于 18 世纪，1759 年正式对公众开放，是世界上历史最悠久、规模最大的博物馆，集中了英国和世界各国许多的古代文物，藏品丰富，种类繁多，为全世界博物馆所罕见，共拥有藏品 800 多万件。伦敦塔桥建于 1894 年，是一座上开悬索桥，横跨泰晤士河，因在伦敦塔附近而得名，属于维多利亚时代的哥特式建筑，也是伦敦的象征，塔桥桥面可根据需要升起，可达 40 米高，60 米宽。大本钟也叫伊丽莎白塔或威斯敏斯特宫钟塔，坐落于英国伦敦泰晤士河河畔，1858 年建成，是伦敦的标志性建筑之一，也是英国最大的钟，每十五分钟响一次。

爱丁堡（Edinburgh）是苏格兰的首府，位于苏格兰中部低地的福斯湾的南岸。面积 260 平方千米。爱丁堡是目前英国仅次于伦敦的第二大金融中心和旅游城市，也是英国著名的文化名城，素有“北方雅典”“欧洲最有气势的城市”之称，2004 年爱丁堡成为世界第一座文化之城。英国最古老的大学之一爱丁堡大学就坐落于此。爱丁堡的旧城和新城一起被列为世界遗产。著名景点有爱丁堡城堡、荷里路德宫、圣吉尔斯大教堂等。

利物浦（Liverpool）是英格兰西北部的一个港口城市，位于伦敦西北 325 千米处，是英国著名商业中心，也是第二大商港，市内建有欧洲最古老的中国城。利物浦是英国国家旅游局认定的英国最佳旅游城市，室内建筑独具风格，有著名的大教堂、市政厅、圣乔治大厅、大剧院和 Philharmonic 音乐厅等。利物浦还是令流行乐迷倾倒的披头士乐队的故乡，也是体育运动之城。利物浦足球俱乐部和埃弗顿足球俱乐部享誉世界。

二、法国

1. 国家概况

法国位于欧洲西部，西临大西洋，西北隔英吉利海峡与英国相望，东北毗邻比利时、卢森堡、德国，东与瑞士相依，东南与意大利相连，南与西班牙接壤。本土面积 55 万平方千米。首都是位于北部的巴黎。法国地势东南高西北低，平原占总面积的 2/3。法国西部为温带海洋性气候，冬季温和，夏季凉爽，降水均匀；东南部濒临地中海，为亚热带地中海气候，夏季炎热干燥，冬季温和多雨；中部和东部为大陆性气候，温差相对较大。

法国人口约 6 690 万人（2016 年），作为世界第二个完成工业革命的国家，是世界主要发达国家和欧洲四大经济体之一，2017 年国内生产总值居世界第七位。法国还是世界第二大农产品出口国，葡萄酒的出口量占世界出口量的一半。法国是世界第一旅游接待国，服务业产值占国内生产总值的 75% 以上。法国作为欧盟成员国，通用货币是欧元。

法国是典型的半总统制半议会制的共和制国家。总统为国家元首，总理为政府首脑。法国是一个以法兰西民族为主体的国家，通用语言是法语，主要宗教为天主教。法国的国花是香根鸢尾花。法国是世界著名的三大烹饪王国之一。法国人爱吃的菜有蜗牛、青蛙腿、鹅肝等，爱好甜食，在就餐过程中美酒贯穿始终，主要是葡萄酒和香槟酒。

法国是时尚之都、浪漫之都，法国人讲究服饰美。法国人的礼节主要是握手礼、拥抱礼、贴面礼和吻手礼。法国是世界上最早公开行亲吻礼的国家，也是使用亲吻礼频率最多的国家。法国人做什么事都需要提前预约，准时赴约是有礼貌的表示，但不要提前。法国人忌讳黄色的花，认为是不忠实的表现。忌讳黑桃图案，认为不吉祥；忌讳数字“13”，不喜欢星期五，尤其视“13 日星期五”为不祥的日子，也忌讳墨绿色，还忌讳孔雀图案和仙鹤图案。在法国一般不宜送菊花、玫瑰、水仙花和金盏花，菊花是丧花，玫瑰花是送情人的，水仙花代表冷酷无情，金盏花表示悲伤。法国人送花枝数不能为双数。在法国，接受礼物要当面打开，否则是无礼的表现。法国的特色商品有巴黎时装、格拉斯香水、古董、巴卡拉水晶、玻璃精工、花边编制、波尔多的红葡萄酒、康涅克白兰地、勃艮第的香槟等。

2. 著名的旅游城市与景点

巴黎（Paris）是法国的首都，位于法国北部巴黎盆地的中央。塞纳河把巴黎一分为二，河北为右岸，河南为左岸。右岸代表贸易和商业，有国家级文物古迹和高级时装店，左岸则是知名大学和咖啡馆。地方时比北京时间晚 7 小时。巴黎作为有 2 000 多年历史的文化名城，从 12 世纪开始就一直是历代王朝的首都，如今是世界四大国际化都市之一，被称为“世界花都”“时装之都”“香水之都”，还是一座“世界会议城”。巴黎圣母院、凯旋门和埃菲尔铁塔是巴黎的三大地标，此外凡尔赛宫、协和广场、香榭丽舍大道也是游人必去的景点。巴黎圣母院建造于 1163 年，被称为“法国最伟大的艺术杰作”，其完美的哥特式建筑、精美的雕刻和大量艺术珍品，成为古老巴黎的象征。凯旋门位于巴黎的戴高乐星形广场中央，是法国为纪念拿破仑在奥斯特里兹战役中打败俄奥联军而建的，于 1836 年建成，是世界上最大的凯旋门。埃菲尔铁塔是一座建于 1889 年的镂空结构铁塔，是世界上第一座钢铁结构高塔，也是巴黎最高的建筑物，成为巴黎和法国的象征。卢浮宫建于 1204 年，是法国最大的王宫建筑，也是世界最大、最古老、最著名的博物馆之一，名画《蒙娜丽莎》、雕像《断臂维纳斯》和《胜利女神像》是著名的宫中三宝。

马赛（Marseille）位于法国南部，是法国第二大城市，地中海最大港口。马赛建于公元前 6 世纪的希腊时代，距今已有 2 500 多年的历史，是法国最古老的城市。主要景点有伊夫岛、贾尔德圣母院、马赛美术馆、马赛旧港。最著名的景点是伊夫岛，岛上有一座高大阴森的城堡，因大仲马的小说《基督山伯爵》而吸引众多的游客慕名前来。

尼斯（Nice）位于法国东南部，是仅次于巴黎的法国第二大旅游城市，也是欧洲乃至全世界最具魅力的黄金海岸。蔚蓝的地中海与巍峨的阿尔卑斯山是这座城市永恒的地标。尼斯是法国大陆最温暖的城市之一，冬暖夏凉，属于典型的地中海气候，这里是“世界富豪聚集的中心”，也是游客心中的度假天堂。主要景点有尼斯歌剧院、古罗马大剧院、海洋学博物馆、蒙特卡洛（属摩纳哥公园的都城）。

戛纳（Cannes）因每年电影节闻名于世，位于法国南部，拥有世界上最洁白、最漂亮的海滩。戛纳与尼斯、蒙特卡洛并称为南欧三大游览中心。戛纳气候温和，冬暖夏凉，是欧洲人冬日度假、夏日避暑的首选之地，主要景点有海滨道、老城区、建于 11 世纪的城堡等。

三、德国

1. 国家概况

德国位于欧洲中部，东临捷克和波兰，南接瑞士和奥地利，西部与荷兰、比利时、卢森堡和法国接壤，北邻丹麦，濒临北海和波罗的海，是欧洲邻国最多的国家。德国面积为35.7万平方千米。首都是位于德国东北部的柏林。德国西北部海洋性气候较明显，相对于南部较暖和，往东、南部逐渐向大陆性气候过渡。德国的地形变化多端，地势北低南高，可分为四个地形区：北德平原、中德山地、西南部莱茵断裂谷地区、南部的巴伐利亚高原和阿尔卑斯山区。

德国人口约有8 269万人（2017年）。德国是世界第四大经济大国，全球最大的汽车生产国之一，是欧洲最大的经济体，被称为“欧洲经济的火车头”。德国是欧洲货币联盟的创建成员，欧洲中央银行总部设在法兰克福。德国的通用货币是欧元。

德国是联邦制国家，国家政体为议会制共和制，联邦总统为国家元首。德国以德意志人为主，有少数丹麦人和索布族人，还有约700万的外籍人，以土耳其人为最多。官方语言为德语，主要宗教有基督教新教、罗马天主教等。国花是矢车菊。德国人喜欢肉类和啤酒，尤其爱吃猪肉。

德意志是一个严谨的民族，德国人的规则法律意识很强，同德国人打交道比较干脆、直接。德国人时间观念强，凡事喜欢提前预约。德国人讲究礼仪，到别人家做客，一般都会送礼物。鲜花、葡萄酒等是比较常见的礼物。送花时忌讳送菊花、玫瑰和蔷薇，蔷薇只有在悼亡时用。礼物一般当着送礼者的面打开。德国人不喜欢红色、红黑相间色以及褐色，尤其是忌墨绿色（纳粹军服颜色）。德国人忌讳“13”，最不吉利的就是“13日星期五”。

德国的特产有望远镜、照相机、刀具、皮革制品、锡蜡制品、瓷器、手表、羊毛制品、木刻、小提琴、黑森林香肠等。

2. 著名旅游城市及景点

柏林（Berlin）是德国首都，位于德国东北部，四面被勃兰登堡州环绕，是德国最“翠绿”的大都市。现有居民约350万人，面积891平方千米，地方时比北京时间晚7小时。柏林始建于1237年，是欧洲著名的古都，1871年成为德意志帝国的首都。第二次世界大战后，柏林墙把柏林一分为二，分别为东柏林和西柏林，直到1990年柏林墙被拆除，德国重新统一，柏林获得全德国首都的地位。柏林的著名景点有勃兰登堡门、波茨坦广场、御林广场、圣赫德韦格大教堂、柏林大教堂等。勃兰登堡门是为纪念普鲁士在七年战争中取得的胜利而建的，1791年竣工，是德国的象征。

慕尼黑（Munich）位于德国南部，是巴伐利亚州的首府，也是德国第三大城市，拥有“欧洲建筑博物馆”之名。慕尼黑保留着原巴伐利亚王国都城的古朴风情，因此被人们称为“百万人的村庄”。慕尼黑是宝马汽车的故乡，一年一度的慕尼黑啤酒节吸引着世界各地的游客。慕尼黑的著名景点有玛利亚广场、新天鹅堡、宝马汽车博物馆、奥林匹克中心、圣母教堂、皇宫及皇宫博物馆等。

科隆（Cologne）位于德国西部莱茵河畔，是德国最古老、历史最悠久的城市，也是德国第四大城市，与北京是姐妹城市。香水、狂欢节和教堂被称为科隆三宝。著名的景点有科隆大教堂、莱茵河、巧克力博物馆等。科隆大教堂有两座哥特式尖塔，是目前世界上最高的双塔教堂，始建于1248年，竣工于1880年，现已成为科隆市的象征和游客们最向往的旅游胜地。

法兰克福（Frankfurt）位于德国西部的黑森州境内，是德国第五大城市，也是德国乃至欧洲重要的工商业、金融服务业和交通中心，拥有德国最大的航空和铁路枢纽。法兰克福国际机场是欧洲第三大机场，也是全球重要的国际机场。法兰克福拥有“德国最大的书柜”德意志图书馆，是世界图书业的中心，也是欧洲最繁忙的展览场所。法兰克福的主要景点有歌德故居、法兰克福大教堂、罗马贝格广场、德国电影博物馆等。

海德堡（Heidelberg）位于法兰克福南约80千米处，是德国著名的旅游文化之都。德国最古老的大学海德堡大学成立于1386年。如今海德堡仍是德国乃至欧洲的大学科研基地。马克·吐温称海德堡是他到过的最美的地方。海德堡最著名的景点当属内卡河畔的红褐色古城堡——海德堡城堡。

四、意大利

1. 国家概况

意大利地处欧洲南部地中海北岸，主要由南欧的亚平宁半岛及两个位于地中海中的岛屿西西里岛与萨丁岛组成。北方的阿尔卑斯山地区与法国、瑞士、奥地利以及斯洛文尼亚接壤，其领土还包围着两个微型国家——圣马力诺与梵蒂冈，面积为30.1万平方千米。首都罗马位于意大利半岛中西部。意大利大部分地区属亚热带地中海气候，全国分为三个气候区：南部半岛和岛屿区、马丹平原区和阿尔卑斯山区。阿尔卑斯山区是全国气温最低的地区。意大利地形狭长，境内多山。

意大利是一个发达的工业国家，以私有经济为主体，中小企业占企业总数的98%以上，堪称“中小企业王国”。意大利各大区经济差距较大，南北差距明显。意大利的汽车居欧洲第五位，高级时装和鞋类定制在世界上有很高的声誉，素有“制鞋王国”之誉。2015年，意大利超过法国，跃居为世界最大的葡萄酒生产国。意大利旅游业高度发达。意大利作为欧盟成员国，货币为欧元。

意大利是世界文明古国，文艺复兴运动的发祥地。国家政体为议会制共和制，总统是国家元首，内阁是国家权力的核心。意大利人口约6 055万（2017年）。94%的人为意大利人，还有少数法国人、拉丁人等。官方语言是意大利语，大部分居民信奉天主教。意大利的国花是雏菊。意大利人喜爱面食，喜欢喝葡萄酒，拥有全世界最悠久的起泡酒酿造历史。

意大利是崇尚自由的国度，开朗、乐观、热情是意大利人的特点。意大利人忌送十字架形的礼物；忌送手帕，认为手帕是亲人离别时擦眼泪用的不祥之物；送花时忌送菊花，因为菊花一般在葬礼使用；送花的花枝、花朵应为单数；喜爱绿、蓝、黄三色，忌用紫色。意大利人忌讳数字“13”。凡住房号、剧院座位号等都不准有13的字样。在正式场合，穿着十分讲究、无论男士、女士都不得穿短裤、短裙或无袖衬衫到教堂或天主教博物馆观光。意大利的特色产品很多，包括古玩、皮具、丝绸、居家用品、金银首饰、时装、配饰、化妆品、水晶玻璃制品、纸工艺品等。

2. 著名的旅游城市与景点

罗马（Roma）是意大利的首都，位于意大利半岛中西部，人口约286.8万人（2014年），面积1 507.6平方千米，地方时比北京时间晚6小时。罗马是有着辉煌历史的欧洲文明古城，公元前753年建成，至今已有2 700多年。因罗马建在7座小山丘上，因此被称为“七丘城”和“永恒之城”。1871年，意大利首都由佛罗伦萨迁往罗马。罗马有三多：雕塑多、喷泉多、教堂多。罗马被誉为全球最大的“露天历史博物馆”。世界八大名胜之一的古罗马露天竞技场，也称斗兽场，建于1世纪，是古罗马帝国的象征。万神殿是迄今保存最完整的古罗马时代建筑，内部为圆形，四面无窗，仅顶部有一扇直径9米的天窗作为内部唯一的采光源，万神殿、斗兽场和地下墓穴被称为罗马三大古迹。此外罗马还有威尼斯广场、许愿池（又名为“特莱维喷泉”）等著名景点。

佛罗伦萨（Florence）位于意大利中部，是世界闻名的文化古城，以博物馆画廊、宫殿和教堂著称，被称为“博物馆之城”，是世界上文艺复兴时期艺术作品保留最丰富的地区之一，也是艺术与建筑的摇篮。但丁、达·芬奇、米开朗琪罗等名人在此诞生。主要景点有比萨斜塔、洗礼堂、市政广场、圣母百花大教堂（花之圣母大教堂）等。比萨斜塔距离佛罗伦萨约1小时车程，建于1173年，是比萨大教堂的钟楼，修建时发现塔身倾斜，随着时间的推移，比萨塔的倾斜程度不断增大，目前已达到4.5米，而且倾斜度还以每年1毫米的速度继续增加。

威尼斯（Venice）位于意大利北部，亚德里亚海滨，城市建在离海岸线4千米远的118个小岛上，已有1 000多年的历史。城市的“大街小巷”就是各小岛之间的大小运河，故有“水上都市”“百岛城”等美称，也是世界上唯一没有汽车的城市，城市的主要交通工具是贡多拉。威尼斯全城近180条运河，运河上有400多座桥梁，其中最著名的当属建于16世纪的阿尔托桥和叹息桥。圣马可广场是城市活动的中心，广场周围有圣马可教堂、总督宫、圣马可图书馆等拜占庭和文艺复兴时期的建筑。

米兰（Milan）位于意大利北部，是意大利第二大城市，也是意大利最重要的经济中心，有“经济首都之称”。米兰是连接地中海及中欧的主要交通枢纽，是意大利商业及金融中心，也是世界时装之都。市中心的米兰大教堂是世界第二大教堂，也是米兰的象征，与罗马的圣彼得大教堂、佛罗伦萨的佛罗伦萨大教堂并称为欧洲三大教堂。1980年圣玛利亚感恩教堂被列入世界遗产名录，达·芬奇的巨作《最后的晚餐》就画在这座教堂旁的修道院餐厅的墙壁上。

五、西班牙

西班牙位于欧洲与非洲的交界处，绝大部分领土位于欧洲西南部伊比利亚半岛，西邻葡萄牙，北濒比斯开湾，东北部与法国及安道尔接壤，南隔直布罗陀海峡与非洲的摩洛哥相望。西班牙总面积 50.59 万平方千米。地方时比北京时间晚 7 小时。西班牙地势以高原为主，间以山脉，分为三大气候带：中部高原属大陆性气候，北部和西北部沿海属温带海洋性气候，南部和东南部属亚热带地中海型气候。西班牙常年阳光充足，气候宜人，有“太阳王国”之称。96%的西班牙人信奉天主教。西班牙的全国官方语言为西班牙语。货币是欧元。

西班牙是一个高度发达的资本主义国家，是欧盟和北约成员国，2014 年国内生产总值居欧洲国家第六位，服务业是西班牙国民经济的重要支柱之一，尤其旅游和金融业较为发达。西班牙人口数量约为 4 644 万人（2016 年）。西班牙主体民族是卡斯蒂利亚人，还有加泰罗尼亚人、巴斯克人、加利西亚人等少数民族。西班牙民风奔放热情，以斗牛、弗拉门科舞蹈、吉他而闻名。斗牛是传统的民族文化，也是西班牙的“国粹”。

西班牙首都马德里，位于伊比利亚半岛梅塞塔高原中部，是欧洲地势最高的首都，海拔 670 米。马德里有 400 多年历史，是欧洲著名的历史名城。马德里著名的景点有圣家族大教堂、毕加索博物馆、巴特约之家、米拉之家、古伊尔公园、奥运村及奥运会主体育场等。斗牛士服饰、安达卢西亚长裙和萨拉曼卡地区传统服饰等是西班牙的传统民族服饰。西班牙的海鲜被誉为“西餐三大名菜”之一。西班牙还有三大特色小吃，分别是哈蒙（生火腿）、托尔大（鸡蛋土豆煎饼）和巧里索（肉肠）。西班牙的特产有刺绣披肩、油画、唱片、民族服装、陶瓷等手工艺品，高档时装、皮鞋和手袋等皮革制品，葡萄酒、雪利酒、利比里亚火腿、橄榄油等食品。

六、瑞士

瑞士是位于欧洲中南部的内陆国家，东临奥地利、列支敦士登，南邻意大利，西接法国，北连德国，国土面积 41 284 平方千米。瑞士以山地为主，分为中南部的阿尔卑斯山脉、西北部的汝拉山脉、中部高原三个自然地形区，有“欧洲屋脊”之称。地方时比北京时间晚 7 小时。瑞士地处北温带，各地气候差异很大。阿尔卑斯山区南部属地中海气候，夏季干旱、冬季温暖湿润。阿尔卑斯山以北地区气候则逐步向冬寒夏热的温带大陆性气候过渡。瑞士的宗教主要是天主教和新教。瑞士以德语、法语、意大利语、拉丁罗曼语为官方语言，货币是瑞士法郎。

瑞士是一个高度稳定发达的资本主义国家，人均国民生产总值一直位居世界前列，号称世界上最富有的国家。工业是瑞士国民经济的主体，主要工业部门包括：钟表、机械、化学、食品等部门。瑞士有“钟表王国”之称。瑞士拥有发达的金融业。服务业在瑞士经济中也占十分重要的地位。瑞士人口约 847 万人（2017 年）。

瑞士旅游资源丰富，有“世界公园”的美誉。首都伯尔尼是一个保护得十分完好的中世纪小城，位于西部高原中央，原意为“熊出没的地方”，建于 1191 年，1848 年为瑞士联邦的正式首都，是瑞士行政中心，也是一个文化和旅游城市。市区人口约 14 万人，伯尔尼老城区被联合国教科文组织列为世界遗产。苏黎世是瑞士的第一大城市，也是欧洲最安全、最富裕和生活水准最高的城市之一。苏黎世是瑞士著名的政治、经济、文化中心，集中了全球120多家银行的总部，享有“欧洲百万富翁都市”的称号。苏黎世被誉为湖上的花园城，主要景点有格罗斯大教堂、圣母教堂、圣彼得大教堂、班霍夫大街、瑞士国家博物馆等。日内瓦是瑞士第二大城市，位于莱蒙湖畔，南、北、西三面都与法国交界。日内瓦是许多国际组织的所在地，其中最著名的景点当属万国宫，原是“国际联盟”的所在地，现为联合国驻日内瓦办事处的总部，它是日内瓦作为国际城市的象征，也是世界近代史的一个缩影。瑞士的美食有香肠、奶油小牛肉、意大利面、奶油汤及芝士火锅等。瑞士著名的购物商品有瑞士军刀、名表、军用包、八音盒、雀巢咖啡和巧克力等。

第四节　美洲主要客源国概况

一、加拿大

1. 国家概况

加拿大是北美洲最北的国家，西抵太平洋，东迄大西洋，北至北冰洋，南方与美国本土接壤，国土面积是998万多平方千米，位居世界第二，是一个地广人稀的国家。加拿大海岸线长约24万多千米。加拿大人习惯称自己国家是“从海洋到海洋”的国家。首都是位于加拿大东南部的渥太华。加拿大部分地区属温带大陆性气候。东部气温稍低，南部气候适中，西部气候温和湿润，北部为寒带苔原气候，约有1/5的领土位于北极圈内，终年严寒。

加拿大人口约3 628万人（2016年），因其丰富的自然资源和高度发达的科技，加拿大成为世界上拥有最高生活水准、社会最富裕、经济最发达的国家之一。资源工业、初级制造业和农业是国民经济的主要支柱。加拿大是世界上最大的钻石生产国之一，也是全球最重要的教育枢纽之一，每年吸引不少来自世界各地的留学生。加拿大的货币为加拿大元。

加拿大是英联邦国家之一。国家政体为联邦议会制，英国女王是加拿大名义上的国家元首，任命总督为其代表，联邦总理为政府首脑。加拿大是个移民国家，以英裔和法裔居民为主，还有欧洲裔居民和亚洲、美洲等裔居民和土著居民等。英语和法语同属加拿大的官方语言。主要宗教是天主教和基督新教。加拿大素有“枫叶之国”的美誉。枫树是加拿大的国树，也是加拿大人民的象征。加拿大人主食一般以米饭为主，特别爱吃烤制食品，喜欢中餐。

加拿大人的生活习惯包含着英、法、美三国人的综合特点。他们视枫叶为国宝，把枫叶喻为友谊的象征。他们还偏爱白雪，视白雪为吉祥的象征。加拿大人请客吃饭一般都在家里，去做客可以给女主人带些小礼物或鲜花，忌送白色百合花，因为百合花主要用于悼念死者。忌讳数字“13”和“星期五”。忌称人“老”“白”“胖”，年长者被称为“高龄公民”，养老院称为“保育院”。加拿大的特产有印第安人和因纽特人的手工艺品、枫糖浆、冰酒、熏鲑鱼等。

2. 著名旅游城市与景点

渥太华（Ottawa）是加拿大的首都，位于安大略省东南部，是世界上最寒冷的首都。人口约136万人（2016年），面积2 778平方千米，地方时比北京时间晚13个小时。1867年渥太华被维多利亚女王钦定为加拿大首都。加拿大人特别喜欢冰球运动，渥太华被称为“冰球之城”。渥太华的风景优美，世界遗产里多运河贯穿全城，每年2月初，里多运河成为世界上最大的天然滑冰场，吸引着世界各地的滑冰爱好者。国会大厦是渥太华最著名的标志建筑，也是加拿大的象征。此外。还有加拿大总督府、加拿大文明博物馆等景点。

多伦多（Toronto）是安大略省省会城市，位于加拿大心脏地带，接近美国东部工业发达地区，是加拿大最大的城市，面积7 125平方千米，人口总数约为593万人（2016年）。多伦多是加拿大的经济中心，也是世界最大的金融中心之一。多伦多是世界上最具多元文化的城市，当地居民来自100多个民族，讲140多种不同的语言。多伦多的主要景点有国家电视塔、皇家安大略博物馆、卡萨罗玛城堡、安大略艺术馆、加登纳陶瓷艺术博物馆等。多伦多国家电视塔是多伦多市的标志性建筑。位于加拿大和美国的尼亚加拉瀑布是世界第一大跨国瀑布，距离多伦多1个多小时车程。位于加拿大境内的“马蹄瀑布”气势最大、最为惊险，是世界著名的奇观。

蒙特利尔（Montreal）意为“皇家山”，位于加拿大魁北克省西南部，是加拿大第二大城市，也是除法国巴黎以外的世界最大的法语城市，故有“小巴黎”之称。蒙特利尔有着悠久的历史，以法式建筑为主，被称为“尖塔之城”。主要景点有旧城区、唐人街、圣母大教堂、皇家山公园等

温哥华（Vancouver）是加拿大不列颠哥伦比亚省低陆平原地区的一座沿岸城市，南部是美国的西雅图。温哥华是加拿大第三大都会，是加拿大西海岸最大的港口、文化中心和国际贸易中心，被誉为加拿大的“西部天堂”。温哥华也是加拿大冬季最暖和的城市。温哥华旅游景点众多，包括斯坦利公园、狮门大桥、加拿大广场、伊丽莎白女王公园、唐人街、惠斯勒滑雪场（2010年冬奥会赛场）等。

魁北克市（Quebec City）。魁北克市是魁北克省省会，也是北美洲唯一一座拥有城墙的城市。魁北克老城区1985年被联合国教科文组织列入世界文化遗产名录。魁北克市是加拿大境内法兰西文化的发祥地，是加拿大第一座城市。1608年由法国人萨缪尔·德·尚普兰第一个发现了这片土地，并在此建立了殖民地，他因此被称为“新法兰西之父”。

二、美国

1. 国家概况

美国位于北美洲中部，由华盛顿哥伦比亚特区、50个州和关岛等众多海外领土组成，48个州在美国本土，另有北美西北部的阿拉斯加和太平洋中部的夏威夷群岛2个州位于美国本土以外。此外，波多黎各自由邦位于加勒比海。美国面积937万平方千米，位居世界第四。首都华盛顿位于美国西北部。美国因幅员辽阔，各地气候差异较大，本土除佛罗里达半岛南端属热带外，大部分地区属暖温带和亚热带大

陆性气候。美国地势东西高，中央低，绵延5 000多千米的落基山脉将美国本土划分为东西两部。西部约占本土面积的1/3，以山地高原为主；东部以平原低地为主。中部的密西西比河是美国境内最长、流域面积最广、水量最大的巨型河。

美国人口约3.26亿（截至2017年）。作为世界第一大经济体，其劳动生产率、国内生产总值和对外贸易额均位居世界第一。美国科技先进，工业和农业现代化水平高，汽车工业和建筑业是美国经济的两大支柱，航空航天工业位居世界第一。美国还是世界上最大的农产品出口国。美国的货币为美元。

美国国家政体是总统内阁制，总统是国家元首兼政府首脑。国家结构为联邦制。行政、立法、司法三权分立。美国是世界各地移民融合组成的国家，白人占80%（包括拉美裔白人），其余分别为非洲裔、亚裔等。国旗是星条旗，国花是玫瑰花。美国没有法定的官方语言，英语成为事实上的国家语言。主要信奉基督教新教、天主教，此外还有犹太教、东正教、佛教等。美国是快餐文化的代名词，速食成为美国餐饮界的发展方向，热狗、汉堡包、三明治等成为人们最常吃的快餐。美国人的主食是肉、鱼、菜类，主要饮料是咖啡。

美国通行西方礼仪。见面和分手时行握手礼；无论约会或做客，都要事先安排；美国人送礼讲究单数。忌讳数字“13”，不喜欢“星期五”，忌讳象征死亡的黑色，不喜欢红色，忌讳象征吸血鬼的蝙蝠图案、象征不吉利的黑猫图案。喜欢白色、黄色和蓝色，喜欢白色秃鹰图案和白猫图案。美国人的肢体语言十分丰富，单用食指，一般用来招呼动物，因此表示挑衅或不礼貌的行为。美国的特产有概念产品、印第安人传统工艺品、时装、电脑产品、篮球用品、赌场纪念品、花旗参、枫糖浆等。

2. 著名旅游城市与景点

华盛顿（Washington D. C.）位于美国的东北部，马里兰州和弗吉尼亚州交界处，全称为“华盛顿哥伦比亚特区”。人口68.1万人（2016年），面积177平方千米，地方时比北京时间晚13小时。华盛顿被美国人称为“国家的心脏”。1791年，为了纪念开国元勋华盛顿和发现新大陆的哥伦布而命名并成为美国首都。华盛顿是美国标志性的旅游胜地，全城最高点“国会山”上的国会大厦是华盛顿的象征，美国国会参众两院都在此办公。国会大厦东侧的国家图书馆是世界上最大的图书馆之一，白宫是华盛顿之后美国历届总统办公和居住的地方，白宫部分建筑定期向公众开放。国会大厦和白宫之间有“联邦三角”建筑群，包括联邦政府机构以及国家美术馆、国家档案馆、史密森国家博物馆等。华盛顿面积最大的建筑是位于波托马克河河畔的美国国防部所在地五角大楼。此外，杰弗逊纪念堂和林肯纪念堂等也都是华盛顿著名的纪念性建筑物。

纽约（New York）位于纽约州东南部，有“美国的门户”之称，是著名国际大都会，是美国最大的城市，也是联合国总部所在地。作为美国工业、商业、金融、出版、广播等行业的中心的纽约分为五大区，其中曼哈顿是纽约的核心和象征。纽约的旅游景点主要有自由女神像、帝国大厦、时报广场、中央公园、联合国总部大楼、百老汇、华尔街、大都会博物馆等。帝国大厦是纽约摩天大楼的象征，是纽约的标志性建筑之一。自由女神像位于纽约哈得逊河口的自由岛上，是法国送给美国独立 100 周年的礼物。自由女神像成为美国的象征。

旧金山（San Francisco）又称“圣弗朗西斯科”，是 19 世纪美国淘金热的中心，也是华侨在美国的聚集地，有著名的中国城。旧金山是世界最重要的科教文化中心之一，拥有加州大学伯克利分校、斯坦福大学等世界著名高等学府。旧金山有金门大桥、伦巴第街、联合广场、渔人码头等景点。金门大桥全长 2 780 米，是世界最大的单孔吊桥之一，被誉为近代桥梁工程的一项奇迹，是旧金山市的象征。

洛杉矶（Los Angeles）地名的含义是“天使之城”（西班牙语），位于美国南加利福尼亚州，是美国第二大城市，也是美国西部最大的工业中心和港口，有“科技之城”的称号。洛杉矶还是重要的文化中心，有著名的好莱坞和迪士尼乐园。

拉斯维加斯（Las Vegas）是美国内华达州最大的城市，别称“世界娱乐之都”“赌城”。拉斯维加斯是一座在沙漠上建起的神奇城市，是世界知名的度假胜地之一。

夏威夷州位于北太平洋，距离美国本土约 5 954 千米，是美国最年轻的州。夏威夷拥有全世界最活跃的火山，是现代冲浪、草裙舞和夏威夷地方美食的发源地。

第五节　大洋洲、非洲主要客源国概况

一、澳大利亚

1. 国家概况

澳大利亚位于南半球，在南太平洋和印度洋之间，由澳大利亚大陆和塔斯马尼亚岛等岛屿和海外领土组成。它四面环海，东濒太平洋的珊瑚海和塔斯曼海，西、北、南三面临印度洋及其边缘海。澳大利亚是全球唯一一个国土覆盖整个大陆的国家，是世界六个大陆中最小的一个。其领土面积 769 平方千米。首都堪培拉位于澳大利亚东南部。澳大利亚地形很有特色，东部山地，中部平原，西部高原，境内多沙漠和半沙漠，是全球最干燥的地区之一。北部属于热带气候，分雨季和旱季；南部属于温带气候，四季分明。

澳大利亚人口约 2 486 万人（2018 年 3 月）。作为后起之秀的发达国家，澳大利亚是全球经济最发达、生活水平最高的国家之一。澳大利亚农牧业发达，自然资源丰富，有“骑在羊背上的国家”“坐在矿车上的国家”和“手持麦穗的国家”之称。澳大利亚黄金业发达，已经成为世界屈指可数的产金大国。旅游业和服务业占国内生产总值的 70%左右。澳大利亚的货币是澳大利亚元。

澳大利亚全称澳大利亚联邦，澳大利亚政体是美英政治体制的混合体，国家结构为联邦制。澳大利亚为英联邦成员国，英国女王是澳大利亚名义上的国家元首，并任命总督为其代表。澳大利亚联邦总理是政府首脑，联邦议会是最高立法机构。澳大利亚是典型的移民国家，英国及爱尔兰后裔占绝大多数，此外还有亚裔、土著人和其他民族。官方语言为英语。主要宗教是基督教新教。国花是金合欢。澳大利

亚家庭一般是三餐加茶点，喜欢中餐，鱼和海鲜是澳大利亚美食的特色。

澳大利亚通用西方礼仪，他们很注重礼貌修养，时间观念强，谈话很少大声喧哗。交谈时可以讲旅行、体育运动和见闻。不可竖大拇指表示赞扬，在澳大利亚这被视为下流动作。他们乘出租车喜欢和司机并排坐，认为这是对司机的尊重。澳大利亚人忌讳兔子，认为这是一种不吉利的动物，看到它会倒霉。澳大利亚特产主要有绵羊油、澳宝、羊毛皮、树皮画、蜂蜜、深海鱼油、牛初乳、鲨鱼软骨粉、鳄鱼肉、红酒等。

2. 著名旅游城市与景点

堪培拉（Canberra）是澳大利亚的首都，意思是“汇合之地”，人口 36.8 万人，面积 2 395 平方千米，地方时比北京时间早 2 小时。堪培拉是一个年轻的花园城市，1927 年联邦政府迁入此地。堪培拉是个纯粹的政治中心，被誉为“大洋洲的花园城市”。主要景点有国会大厦、格里芬湖等。

悉尼（Sydney）位于澳大利亚东南部，是新南威尔士州的首府，是澳大利亚第一大城市，也是经济、文化、金融、航运和旅游的中心，有“南半球的纽约”之称。悉尼是澳大利亚华侨和华人聚居最多的地区。拥有众多的名胜古迹，最著名的有悉尼歌剧院、海港大桥、悉尼塔、岩石区、唐人街、维多利亚女王大厦、中央海岸、霍克伯里河等。悉尼歌剧院是悉尼市地标建筑物，是一个大型综合性文艺演出中心，以建筑形象独特而著称于世。悉尼歌剧院的外观为三组巨大的壳片，像海上的船帆。

墨尔本（Melbourne）是澳大利亚第二大城市，是维多利亚州的首府，因曾是澳大利亚的首都，具有深厚的文化底蕴，保留着许多 19 世纪维多利亚式建筑，是澳大利亚最具有欧洲韵味的城市，被称为“澳大利亚的伦敦”。大洋路、菲利浦岛、墨尔本皇家植物园、皇家展览馆、唐人街、旧国会大厦等景点吸引着游人前往观光。

黄金海岸（Gold Coast）位于澳大利亚东部海岸中段、布里斯班以南，因延绵 42 千米的金色沙滩而得名。这里一年中 300 天以上是晴天，气候宜人，日照充足，海浪险急，是冲浪者的天堂。

大堡礁是世界上最大最长的珊瑚礁群，1981 年被列入世界自然遗产名录，纵贯于澳大利亚的东北沿海，共有 2 011 千米，最宽处 161 千米，有 2 900 个大小珊瑚礁岛。落潮时，部分珊瑚礁露出水面形成珊瑚岛。大堡礁吸引着世界各地游客来猎奇观赏海底奇观。

二、新西兰

新西兰位于太平洋西南部，介于南极洲和赤道之间，南岛和北岛以库克海峡分隔，南岛邻近南极洲，北岛与斐济及汤加相望，是世界最南端的陆地之一，被誉为“世界边缘的国家”。国土面积 27 万平方千米，地方时比北京时间早 4 小时。新西兰绝大部分属温带海洋性气候，一年四季气候温和，阳光充足，雨量丰富。因新西兰位于南半球，季节刚好和位于北半球的国家相反。12 月至次年 2 月为夏季，6—8 月为冬季。主要宗教是基督教新教和天主教。新西兰现为英联邦成员国之一，官方语言是英语、毛利语和新西兰手语。新西兰的货币是新西兰元。

新西兰是世界上最年轻的移民国家之一，也是个高度发达的资本主义国家，是世界上最大的鹿茸生产国和出口国，羊肉、奶制品和粗羊毛的出口值皆为世界第一。新西兰渔产丰富，是世界第四大专属经济区。新西兰是大洋洲最美的国家之一，旅游业十分发达，其收入仅次于乳制品业，成为第二大创汇产业。新西兰人口 479 万（2017 年）。

新西兰首都惠灵顿位于北岛的南端，是新西兰第二大城市，三面环山，一面临海，是世界上最南端的首都，有“风城”之称。惠灵顿与悉尼、墨尔本一起成为大洋洲的文化中心。惠灵顿人均酒吧和咖啡馆数量超过纽约。新西兰国会大厦建筑群是惠灵顿最吸引游客的名胜，此外还有林姆塔卡森林公园、皇后码头、卡皮蒂岛自然保护区、惠灵顿植物园等。

新西兰最大的城市是奥克兰，位于北岛中央偏北地带，整个城市除了西侧和南侧的狭长地带外，均被一片水泽环绕。奥克兰是新西兰的经济和贸易中心。奥克兰人均拥有的帆船数量为全球之冠，故有“风帆之都”的美誉。奥克兰的标志性建筑是天空塔，它也是南半球最高的建筑。奥克兰地处大片的火山区，拥有 48 个火山锥。闻名世界的伊甸山就位于奥克兰市郊，是奥克兰的象征。码头大楼、海港大桥、伊丽莎白女王广场、老海关大厦、独树山等也是奥克兰的著名旅游景点。

基督城是南岛第一大城市，新西兰第三大城市，是英国之外最像英国的城市，也是进入南极的门户。新西兰的极限运动和探险旅行全世界闻名，皇后镇是新西兰的“探险之都”，也是“新西兰最著名的户外活动天堂”。

新西兰毛利人的传统服饰鲜艳而简洁，最常见的是毛利草裙。新西兰美食以天然新鲜著称，夏天通常以烧烤方式用餐，传统美食有羊肉、鹿肉、黑边鲍鱼、三文鱼、生蚝等。新西兰的风味特产丰富，有羊毛羊皮制品、毛利玉饰、鲍鱼壳、乳制品、蜂产品等，此外，绵羊油、火山泥化妆品、葡萄酒、婴儿用品等也是旅游购物的热门商品。

三、南非

南非共和国，简称南非，位于非洲大陆的最南端，东、南、西三面濒临印度洋和大西洋，北面与纳米比亚、博茨瓦纳、莱索托、津巴布韦、莫桑比克和斯威士兰接壤，面积 121.9 万平方千米。地方时比北京时间晚 6 小时。南非大部分属于热带草原气候，东部沿海为热带季风气候，西南部沿海为地中海式气候，全国全年平均日照时数为 7.5~9.5 小时，故被称为“太阳之国”。南非人口约 5 591 万人（2016 年），有黑人、白人、有色人（南非一种混血人种）和亚裔四大种族。约 80% 的人口信仰基督教，其余信仰原始宗教、伊斯兰教、印度教等。南非的官方语言有 11 种，其中前五大语言分别为祖鲁语、科萨语、阿非利卡语、斯佩迪语和英语。货币为南非兰特。

南非是非洲经济最发达的国家，有“非洲经济小巨人”之称。南非是世界上矿产最丰富的国家之一。南非是世界上唯一一个有 3 个首都的国家，行政首都是茨瓦内（原名比勒陀利亚），司法首都为布隆方丹，立法首都为开普敦。

开普敦位于非洲大陆西南端、好望角北端的狭长地带，是南非议会的所在地，故称为立法首都。开普敦是南非第二大城市，是欧裔白人在南非建立的第一座城市，集欧洲和非洲人文、自然景观特色于一身，是南非最受欢迎的观光都市，被誉为“非洲明珠”。开普敦环绕桌山而建。桌山山顶如桌面一样平坦，在山顶可以一览大西洋和印度洋交汇处的美景，是开普敦的地标。约翰内斯堡是南非最大的城市，原是一个探矿站，随金矿的发现和开采而发展为城市，现为世界最大金矿区，素有“黄金之城”的美誉。主要景点有黄金城、兰德精炼厂、克鲁格国家公园等。约翰内斯堡西北 140 千米处还有一个豪华度假村，即太阳城，是非洲的“拉斯维加斯”，全球第二大赌场。茨瓦内是南非的行政首都，原名比勒陀利亚，2005 年改名为茨瓦内，是南非最大的文化中心。茨瓦内是一座欧化的城市，街头白人居多，城市街道的两旁种植着许多紫葳，故又名“紫葳城”。南非黑人的主食是玉米、薯类、豆类。一般不吃猪肉，也较少吃鱼。南非的特产有碗、泥罐、珠饰、非洲木雕、动物毛皮挂毯等传统工艺品，鸵鸟工艺品，鸵鸟蛋和南非葡萄酒、大象酒等。此外，黄金和钻石是南非昂贵的特产，其价格便宜，品质高，成为游客青睐的商品。

四、埃及

埃及跨亚、非两洲，其领土大部分位于非洲东北部，小部分位于亚洲西南角的西奈半岛。埃及的疆土略呈不规则的四方形，东隔红海与巴勒斯坦相望，西与利比亚交界，南邻苏丹，北临地中海，面积约 100.1 万平方千米，地方时比北京时间晚 6 小时。埃及 96%的地区是沙漠，属热带沙漠气候，全年干燥少雨，气候干热。尼罗河三角洲和北部沿海地区，属亚热带地中海气候，气候相对温和。伊斯兰教是埃及的国教，其信徒主要是逊尼派。官方语言是阿拉伯语。货币为埃及镑。

埃及在阿拉伯语中意为“辽阔的国家”。古埃及是世界四大文明古国之一，是世界上最早的王国，公元前 3100 年出现统一的奴隶制国家。但如今的埃及阿拉伯人是古埃及人吸收并融化了部分外来的征服者（主要是阿拉伯人）而形成的新的民族，文化也伊斯兰教化。埃及是非洲第三大经济体，在经济、科技领域长期处于非洲领先态势，其经济主要依赖农业、石油、旅游、劳务出口和苏伊士运河船运税收。埃及人口总数约 9 658 万人（2016 年），是中东人口最多的国家，也是非洲人口第二大国。

埃及首都开罗，是非洲最大的城市，也是世界上最古老的城市之一，位于埃及北部，尼罗河三角洲的顶端。开罗是一座名副其实的伊斯兰博物院，有 800 多座建于不同时期、不同形式的清真寺，600 多处历史古迹和著名古建筑。开罗的著名景点有吉萨金字塔、开罗塔、埃及国家博物馆、萨拉丁城、阿慕尔清真寺和艾资哈尔清真寺等。埃及博物馆是世界上最著名、规模最大的古埃及文物博物馆，收藏了 5 000年前古埃及法老时代至公元 6 世纪的历史文物 25 万件，其中大多数展品年代超过3 000年。金字塔在埃及共发现 96 座，最大的是开罗郊区吉萨的三座金字塔，是胡夫、哈夫拉和门卡乌拉祖孙三代的陵墓，其中最有名的是胡夫金字塔和狮身人面像。胡夫金字塔是世界八大奇迹之一，也是埃及的象征。

世界第一长河尼罗河是世界文明的发祥地，是埃及的生命线，也是埃及的“母亲河”。如今开罗的尼罗河上有许多仿法老时期的“法老船”，供游人观光游览。亚历山大是埃及的第二大城市和最大的海港，也是埃及最具有欧洲风格的历史名城、避暑胜地。城内最著名的景点是卡特巴城堡，它与开罗古城堡并称为埃及两大中世纪古城堡。卡特巴城堡的前身为世界七大古迹之一的亚历山大灯塔，1435 年灯塔毁坏，1480 年用其石块在原址修筑了卡特巴城堡。代表古埃及文明最繁盛时期的卢克索，距离开罗 670 千米，是古埃及帝国的首都。如今的卢克索是世界上最大的露天博物馆，有“宫殿之城”的美誉，主要景点有卢克索神庙、卡尔纳克神庙、孟农巨像等。阿斯旺是埃及的南大门，也是世界上最干燥的地方之一，有世界第七大水坝阿斯旺大坝、菲莱神庙等著名景点。埃及人多穿宽大的长袍，不论寒暑，男子都扎头巾或戴毡帽，妇女则以黑纱蒙面。埃及人喜欢吃甜食，通常以“耶素”为主食。耶素就是不用酵母的平圆形埃及面包。埃及的特产有纸莎草画、石雕甲虫、水烟袋、象形文字雕刻饰品、刻花铜盘、香水香料、埃及棉织品、地毯、帐篷和挂毯、驼毛制品、亚历山大橄榄油、菲希克咸鱼、椰枣干货等。

复习思考题

一、填空题

1. 台湾地区原住民是________，主要分布在台湾北部中央山脉两侧。

2. 台湾地区通用的官方语言是________，主要方言有________、________。

3. “禁以手巾赠人”是________地区的禁忌民俗。

4. 1684 年（康熙二十三年）清政府设置台湾府，隶属________，台湾府下辖 3 县，负责台湾地区的行政管辖。

5. 香港的法定语言是________和________；方言主要使用________。

6. 香港特别行政区区旗图案是________，区旗底色为________色，代表祖国。

7. 香港饮食习俗中“一盅两件”指的是________、________和________。

8. 中华人民共和国于________年________月________日恢复对香港行使主权，________年________月________日恢复对澳门行使主权。中华人民共和国香港、澳门特别行政区第一任“特首”分别是________和________。

9. 澳门的官方语言是________和________。澳门的市花是________。

10. “港人治港，一国两制”“五十年不变”的方针，是________同志提出的和平解决历史遗留领土主权问题的伟大创举。

二、名词解释

杵乐　日月潭　赛马　大三巴牌坊

三、简答题

1. 简述中华人民共和国解决台湾统一问题的政策演变历程，说明为什么要坚持“一国两制，和平发展”方针。

2. 澳门旅游为何带有博彩特征?

3. 简述香港名称的由来及香港旅游业的主要特色。

参考文献

[1] 贝远辰，业幼明. 历代游记选 [M]. 长沙：湖南人民出版社，1980.

[2] 常江. 对联知识手册 [M]. 北京：中国青年出版社，1990.

[3] 陈乾康. 四川导游实务 [M]. 北京：中国旅游出版社，2007.

[4] 杜莉. 中国烹饪概论 [M]. 北京：中国轻工业出版社，2011.

[5] 范安华. 中华游记 [M]. 北京：中央文献出版社，2008.

[6] 国家旅游局. 汉语言文学知识 [M]. 北京：旅游教育出版社，2000.

[7] 蒋炳辉. 景点导游教程 [M]. 北京：中国旅游出版社，2006.

[8] 李兴荣. 导游实训教程 [M]. 成都：西南财经大学出版社，2009.

[9] 李兴荣. 模拟现场导游 [M]. 成都：四川大学出版社，2008.

[10] 廖荣隆. 四川导游资格考试口试复习资料 [M]. 北京：中国旅游出版社，2007.

[11] 马健鹰，薛蕴. 烹饪学概论 [M]. 北京：中国纺织出版社，2008.

[12] 全国导游人员资格考试教材编写组. 导游基础知识 [M]. 北京：旅游教育出版社，2010.

[13] 邵万宽. 中国烹饪概论 [M]. 北京：旅游教育出版社，2007.

[14] 四川省旅游局. 导游综合知识 [M]. 北京：中国旅游出版社，2008.

[15] 四川省旅游局. 四川导游词精选 [M]. 北京：中国旅游出版社，2003.

[16] 王连义. 幽默导游词 [M]. 北京：中国旅游出版社，2003.

[17] 周旺. 中华风味小吃传说与烹饪 [M]. 北京：化学工业出版社，2010.

[18] 周幼华，周志浩. 导游基础知识教程 [M]. 北京：气象出版社，2008.

复习思考题参考答案　　模拟试卷（1）　　模拟试卷（2）

附　录

附录 1　我国历史文化名城目录

直辖市：北京市、天津市、上海市、重庆市

河 北：保定市、承德市、正定县、邯郸市、山海关、蔚县

山 西：平遥县、大同市、新绛县、代县、祁县、太原市

内蒙古：呼和浩特市

黑龙江：哈尔滨市、齐齐哈尔市

吉 林：吉林市、集安市、长春市

辽 宁：沈阳市

江 苏：南京市、徐州市、淮安市、镇江市、常熟市、苏州市、扬州市、淮安市、无锡市、南通市、泰州市、宜兴市、高邮市

浙 江：杭州市、绍兴市、宁波市、衢州市、临海市、金华市、嘉兴市、湖州市、温州市、龙泉市

福 建：福州市、泉州市、漳州市、长汀县

江 西：南昌市、赣州市、景德镇市、瑞金市

安 徽：亳州市、歙县、寿县、安庆市、绩溪县

山 东：济南市、曲阜市、青岛市、聊城市、邹城市、淄博市、泰安市、蓬莱市、烟台市、青州市

河 南：郑州市、洛阳市、开封市、安阳市、南阳市、商丘市、浚县、濮阳市

湖 北：武汉市、荆州市、襄阳市、随州市、钟祥市

湖 南：长沙市、岳阳市、凤凰县、永州市

广 东：广州市、潮州市、肇庆市、佛山市、梅州市、雷州市、中山市、惠州市

广 西：桂林市、柳州市、北海市

海 南：琼山区、海口市

四 川：成都市、自贡市、宜宾市、阆中市、乐山市、都江堰市、泸州市、会理县

云 南：昆明市、大理市、丽江市、建水县、巍山县、会泽县

贵 州：遵义市、镇远县

西 藏：拉萨市、日喀则市、江孜县

陕 西：西安市、延安市、韩城市、榆林市、咸阳市、汉中市
甘 肃：张掖市、武威市、敦煌市、天水市
青 海：同仁县
宁 夏：银川市
新 疆：喀什市、吐鲁番市、特克斯县、库车县、伊宁市

附录2 我国列入联合国教科文组织非物质文化遗产名录项目表

序号	项目	年度	序号	项目	年度
1	昆曲	2001	21	福建南音	2009
2	古琴艺术	2003	22	藏戏	2009
3	蒙古族长调民歌	2005	23	中国木拱桥传统营造技艺	2009
4	新疆维吾尔木卡姆艺术	2005	24	黎族传统纺染织绣技艺	2009
5	中国书法	2009	25	羌年	2009
6	中国雕版印刷技艺	2009	26	中国朝鲜族农乐舞	2009
7	中国篆刻	2009	27	端午节	2009
8	中国剪纸	2009	28	宣纸传统制作技艺	2009
9	南京云锦织造技艺	2009	29	中国传统桑蚕丝织技艺	2009
10	中国传统木结构营造技艺	2009	30	中国水密隔舱福船制造技艺	2010
11	妈祖信俗	2009	31	中国活字印刷术	2010
12	蒙古族呼麦	2009	32	麦西热甫	2010
13	新疆《玛纳斯》史诗	2009	33	京剧	2010
14	龙泉青瓷传统烧制技艺	2009	34	中医针灸	2010
15	《格萨尔》史诗	2009	35	赫哲族说唱艺术伊玛堪	2011
16	贵州侗族大歌	2009	36	皮影戏	2011
17	甘肃花儿	2009	37	福建木偶戏传承人培养计划	2012
18	青海热贡艺术	2009	38	珠算	2013
19	西安鼓乐	2009	39	二十四节气	2016
20	粤剧	2009			

附录3 我国国家级风景名胜区名录

（一）第一批国家重点风景名胜区名单（共44处，1982年11月审定批准）

1. 八达岭—十三陵风景名胜区
2. 承德避暑山庄外八庙风景名胜区
3. 秦皇岛北戴河风景名胜区
4. 五台山风景名胜区
5. 恒山风景名胜区
6. 鞍山千山风景名胜区
7. 镜泊湖风景名胜区
8. 五大连池风景名胜区
9. 太湖风景名胜区
10. 南京钟山风景名胜区
11. 杭州西湖风景名胜区
12. 富春江—新安江风景名胜区
13. 雁荡山风景名胜区
14. 普陀山风景名胜区
15. 黄山风景名胜区
16. 九华山风景名胜区
17. 天柱山风景名胜区
18. 武夷山风景名胜区
19. 庐山风景名胜区
20. 井冈山风景名胜区
21. 泰山风景名胜区
22. 青岛崂山风景名胜区
23. 鸡公山风景名胜区
24. 洛阳龙门风景名胜区
25. 嵩山风景名胜区
26. 武汉东湖风景名胜区
27. 武当山风景名胜区
28. 衡山风景名胜区
29. 肇庆星湖风景名胜区
30. 桂林漓江风景名胜区
31. 峨眉山风景名胜区
32. 长江三峡风景名胜区
33. 黄龙寺—九寨沟风景名胜区
34. 重庆缙云山风景名胜区
35. 青城山—都江堰风景名胜区
36. 剑门蜀道风景名胜区
37. 黄果树风景名胜区
38. 路南石林风景名胜区
39. 大理风景名胜区
40. 西双版纳风景名胜区
41. 华山风景名胜区
42. 临潼骊山风景名胜区
43. 麦积山风景名胜区
44. 天山天池风景名胜区

（二）第二批国家重点风景名胜区名单（共40处，1988年8月审定批准）

1. 野三坡风景名胜区
2. 苍岩山风景名胜区
3. 黄河壶口瀑布风景名胜区
4. 鸭绿江风景名胜区
5. 金石滩风景名胜区
6. 兴城海滨风景名胜区
7. 大连海滨—旅顺口风景名胜区
8. 松花湖风景名胜区
9. “八大部”—净月潭风景名胜区
10. 云台山风景名胜区
11. 蜀冈瘦西湖风景名胜区
12. 天台山风景名胜区
13. 嵊泗列岛风景名胜区
14. 楠溪江风景名胜区
15. 琅琊山风景名胜区
16. 清源山风景名胜区
17. 鼓浪屿—万石山风景名胜区
18. 太姥山风景名胜区
19. 三清山风景名胜区
20. 龙虎山风景名胜区
21. 胶东半岛海滨风景名胜区
22. 大洪山风景名胜区

23. 武陵源风景名胜区
24. 岳阳楼—洞庭湖风景名胜区
25. 西樵山风景名胜区
26. 丹霞山风景名胜区
27. 桂平西山风景名胜区
28. 花山风景名胜区
29. 贡嘎山风景名胜区
30. 金佛山风景名胜区
31. 蜀南竹海风景名胜区
32. 织金洞风景名胜区
33. 潕阳河风景名胜区
34. 红枫湖风景名胜区
35. 龙宫风景名胜区
36. 三江并流风景名胜区
37. 昆明滇池风景名胜区
38. 丽江玉龙雪山风景名胜区
39. 雅砻河风景名胜区
40. 西夏王陵风景名胜区

（三）第三批国家重点风景名胜区名单（共35处，1994年1月审定批准）

1. 盘山风景名胜区
2. 嶂石岩风景名胜区
3. 北武当山风景名胜区
4. 五老峰风景名胜区
5. 凤凰山风景名胜区区
6. 本溪水洞风景名胜区
7. 莫干山风景名胜区区
8. 雪窦山风景名胜区
9. 双龙风景名胜区
10. 仙都风景名胜区
11. 齐云山风景名胜区
12. 桃源洞—鳞隐石林风景名胜区
13. 金湖风景名胜区
14. 鸳鸯溪风景名胜区
15. 海坛风景名胜区
16. 冠豸山风景名胜区
17. 王屋山—云台山风景名胜区
18. 隆中风景名胜区
19. 九宫山风景名胜区
20. 韶山风景名胜区
21. 三亚热带海滨风景名胜区
22. 西岭雪山风景名胜区
23. 四面山风景名胜区
24. 四姑娘山风景名胜区
25. 荔波樟江风景名胜区
26. 赤水风景名胜区
27. 马岭河峡谷风景名胜区
28. 腾冲地热火山风景名胜区
29. 瑞丽江—大盈江风景名胜区
30. 九乡风景名胜区
31. 建水风景名胜区
32. 宝鸡天台山风景名胜区
33. 崆峒山风景名胜区
34. 鸣沙山—月牙泉风景名胜区
35. 青海湖风景名胜区

（四）第四批国家重点风景名胜区名单（共32处，2002年5月审定批准）

1. 石花洞风景名胜区
2. 西柏坡—天桂山风景名胜区
2. 崆山白云洞风景名胜区
4. 扎兰屯风景名胜区
5. 青山沟风景名胜区
6. 医巫闾山风景名胜区
7. 仙景台风景名胜区
7. 防川风景名胜区
9. 江郎山风景名胜区
10. 仙居风景名胜区
11. 浣江—五泄风景名胜区
12. 采石风景名胜区
13. 巢湖风景名胜区
14. 花山谜窟—渐江风景名胜区
15. 鼓山风景名胜区
16. 玉华洞风景名胜区
17. 仙女湖风景名胜区
18. 三百山风景名胜区

19. 博山风景名胜区
20. 青州风景名胜区
21. 石人山风景名胜区
22. 陆水风景名胜区
23. 岳麓山风景名胜区
24. 崀山风景名胜区
25. 白云山风景名胜区
26. 惠州西湖风景名胜区
27. 芙蓉江风景名胜区
28. 石海洞乡风景名胜区
29. 邛海—螺髻山风景名胜区
30. 黄帝陵风景名胜区
31. 库木塔格沙漠风景名胜区
32. 博斯腾湖风景名胜区

（五）第五批国家重点风景名胜区名单（共 26 处，2004 年 2 月审定批准）

1. 三山风景名胜区
2. 方岩风景名胜区
3. 百丈漈—飞云湖风景名胜区
4. 太极洞风景名胜区
5. 十八重溪风景名胜区
6. 青云山风景名胜区
7. 梅岭—滕王阁风景名胜区
8. 龟峰风景名胜区
9. 林虑山风景名胜区
10. 猛洞河风景名胜区
11. 桃花源风景名胜区
12. 罗浮山风景名胜区
13. 湖光岩风景名胜区
14. 天坑地缝风景名胜区
15. 白龙湖风景名胜区
16. 光雾山—诺水河风景名胜区
17. 天台山风景名胜区
18. 龙门山风景名胜区
19. 都匀斗篷山—剑江风景名胜区
20. 九洞天风景名胜区
21. 九龙洞风景名胜区
22. 黎平侗乡风景名胜区
23. 普者黑风景名胜区
24. 阿庐风景名胜区
25. 合阳洽川风景名胜区
26. 赛里木湖风景名胜区

（六）第六批国家重点风景名胜区名单（共 10 处，2005 年 12 月审定批准）

1. 方山—长屿硐天风景名胜区
2. 花亭湖风景名胜区
3. 高岭—瑶里风景名胜区
4. 武功山风景名胜区
5. 云居山—柘林湖风景名胜区
6. 青天河风景名胜区
7. 神农山风景名胜区
8. 紫鹊界梯田—梅山龙宫风景名胜区
9. 德夯风景名胜区
10. 紫云格凸河穿洞风景名胜区

（七）第七批国家重点风景名胜区名单（共 21 处，2010 年 12 月审定批准）

1. 太阳岛风景名胜区
2. 天姥山风景名胜区
3. 佛子山风景名胜区
4. 宝山风景名胜区
5. 福安白云山风景名胜区
6. 灵山风景名胜区
7. 桐柏山—淮源风景名胜区
8. 郑州黄河风景名胜区
9. 苏仙岭—万华岩风景名胜区
10. 南山风景名胜区
11. 万佛山—侗寨风景名胜区
12. 虎形山—花瑶风景名胜区
13. 东江湖风景名胜区
14. 梧桐山风景名胜区
15. 平塘风景名胜区
16. 榕江苗山侗水风景名胜区
17. 石阡温泉群风景名胜区
18. 沿河乌江山峡风景名胜区

19. 瓮安江界河风景名胜区
20. 唐古拉山—怒江源风景名胜区
21. 纳木错—念青唐古拉山风景名胜区

（八）第八批国家级风景名胜区名单（共 17 处，2012 年 10 月审定）

1. 太行大峡谷风景名胜区
2. 响堂山风景名胜区
3. 娲皇宫风景名胜区
4. 碛口风景名胜区
5. 大红岩风景名胜区
6. 灵通山风景名胜区
7. 湄洲岛风景名胜区
8. 神农源风景名胜区
9. 大茅山风景名胜区
10. 凤凰风景名胜区
11. 沩山风景名胜区
12. 炎帝陵风景名胜区
13. 白水洞风景名胜区
14. 潭獐峡风景名胜区
15. 土林—古格风景名胜区
16. 须弥山石窟风景名胜区
17. 罗布人村寨风景名胜区

（九）第九批国家级风景名胜区名单（共 19 处，2017 年 3 月审定）

1. 额尔古纳风景名胜区
2. 大沽河风景名胜区
3. 大盘山风景名胜区
4. 桃渚风景名胜区
5. 仙华山风景名胜区
6. 龙川风景名胜区
7. 齐山—平天湖风景名胜区
8. 九龙漈风景名胜区
9. 瑞金风景名胜区
10. 小武当风景名胜区
11. 杨岐山风景名胜区
12. 汉仙岩风景名胜区
13. 千佛山风景名胜区
14. 丹江口水库风景名胜区
15. 九嶷山—舜帝陵风景名胜区
16. 里耶—乌龙山风景名胜区
17. 米仓山大峡谷风景名胜区
18. 关山莲花台风景名胜区
19. 托木尔大峡谷风景名胜区